UNA REFORMA TERRITORIAL PARA ESPAÑA

José Alberto León Alonso

ÍNDICE

1. INTRODUCCIÓN

La España de las Autonomías es un desastre. Visto con perspectiva, el intento de lograr el encaje de las nacionalidades dentro del estado surgido de la Constitución de 1978 no ha funcionado, y no haber dado una solución satisfactoria al encaje de los nacionalismos vasco y catalán es el más importante fracaso de la actual Constitución. Equivale a decir que políticamente el Estado autonómico ha fracasado en su principal objetivo, porque el principal motivo político para la descentralización prevista en la Constitución no fue otro que encontrar solución al histórico problema de la reivindicación nacionalista en esos territorios. Pese a la generosidad y el espíritu de concordia que alumbró aquella Constitución, en el que todas las fuerzas sociales y políticas cedieron en parte de sus pretensiones para ponerse de acuerdo en lo fundamental, ese espíritu se ha perdido con el transcurso del tiempo y lo que ahora predomina es el comportamiento desleal por parte de las comunidades vasca (con el Plan Ibarretxe de 2005) y catalana (con el referéndum por la independencia de 2014). La carencia de un diseño final de la organización territorial del Estado y de límites en el proceso de descentralización política, configurado como un sistema abierto e impulsado de abajo-arriba a partir del denominado principio dispositivo, que otorgó en el momento constituyente el ejercicio del derecho de acción a las provincias y a las Comunidades Autónomas (CC.AA.) en la actualidad, nos ha conducido a un modelo de descentralización irracional e insostenible, con un Estado que apenas puede cumplir con sus funciones y responsabilidades y unas CC.AA. cada vez más centradas en sus particularidades y menos en el interés general.

De igual manera, en lugar de acercar la administración al ciudadano, como se publicitaba, las Autonomías han extendido y multiplicado el clientelismo, la arbitrariedad y el despilfarro en sus territorios, con ausencia total de control sobre las connivencias entre políticos y los nuevos caciques que se han arrimado a ellos. Crearon así enormes e inútiles estructuras donde colocar a sus partidarios y conocidos y desataron un enorme intervencionismo sobre la vida de individuos y empresas, con el fin de que su influencia fuese indispensable para retirar las obstáculos que, artificialmente, las mismas autonomías habían colocado en su camino con la multiplicación de normas en su mayor parte innecesarias. Y es que su objetivo último no era adecuar las normas generales a la realidad diferenciada de sus territorios, sino imponer barreras a la entrada de competidores, favorecer a los amigos en su particular versión del "capitalismo de amiguetes" y fomentar la corrupción, de la que las élites políticas su nutrirían para vivir mejor. En conclusión, la descentralización política en España no ha servido para beneficiar a los ciudadanos, sino a los políticos territoriales y a su clientela política y empresarial afín.

La lógica de la diferenciación (los llamados "hechos diferenciales"), implícita en el artículo 2 de la Constitución que diferenciaba entre "nacionalidades y regiones", se rompió por Andalucía, que en 1981 logró el acceso al grupo competencial máximo, reservado en principio para las autonomías históricas, abriendo el camino para que el resto de CC.AA. acabara haciendo lo mismo. Así, desde los años 90, tal y como describe Rodríguez Bereijo[1] "se inició una carrera hacia la igualación competencial que culminó en la burbuja política de diecisiete fragmentos de Estado emulando miméticamente la arquitectura institucional del Estado y todos sus aparatos. Burbuja que estalló con la crisis económica y financiera al compás de las otras dos burbujas, la inmobiliaria y la financiera. Se cierra así el dramático cuadro de la crisis del Estado en la que estamos instalados hoy en España".

El actual desafío de algunos territorios a la unidad de España no es un asunto reciente. Ortega y Gasset decía durante la 2ª República, que "la cuestión catalana no se puede resolver, solo se puede conllevar". De hecho, la "República Catalana" fue proclamada dos veces (en 1931 y 1934) por Francesc Macià y Lluís Companys, respectivamente, aunque esas proclamaciones acabaron en nada. La primera pacíficamente y con acuerdo; y la segunda con el envío de tropas republicanas, la detención de Companys y su Gobierno, cuarenta y seis muertos y la suspensión temporal de la autonomía. Algunos autores, como César Molinas[2], comparan la actual efervescencia nacionalista con la fiebre causada por algún virus, que

---

[1] RODRÍGUEZ BEREIJO, Álvaro, *La Constitución y la articulación del Estado español*, Ed. Fundación para el Análisis y los Estudios Sociales (FAES), Cuadernos de pensamiento político, Madrid, 2013.

[2] MOLINAS, César, *Qué hacer con España: Del capitalismo castizo a la refundación de un país,* Ed. Destino, Barcelona, 2013.

experimenta fases agudas de vez en cuando, como en la actualidad, y ante lo único que hay que hacer es esperar a que la fiebre baje. Otros, como Solozábal[3] y Garicano[4], recomiendan reconocer que España es un estado plurinacional, y delegar nuevas y blindadas competencias a las naciones "internas". Finalmente, unos pocos, como Bereijo[5] y yo mismo, creemos que el Estado de las Autonomías funciona francamente mal y que lo que procede es reformarlo bajo los principios de racionalidad, eficacia y eficiencia en la prestación de los servicios públicos a los ciudadanos, que es al fin y al cabo lo que importa, de modo que nuestro Estado del bienestar sea sostenible. Si España funciona bien no será tan atractivo abandonarla.

Sobre este asunto se han escrito muchos libros y se escribirán muchos más. Esta obra no ha sido escrita para que la lean eruditos en derecho, sino cualquier persona con interés sobre el tema, aunque en buena medida he fundamentado mis propuestas en los análisis de prestigiosos especialistas en derecho constitucional, como Rodríguez Bereijo[6], Muñoz Machado[7], Eliseo Aja[8], Juan José Solozábal[9], De la Quadra Salcedo Fernández del Castillo[10], Fernández Rodríguez[11], así como otros autores que han publicado artículos y análisis sobre el tema. Pero la pregunta que surge a continuación es obvia. Si ya se ha escrito tanto sobre la reforma territorial de España, ¿para qué escribir un libro propio?

En primer lugar, porque los textos citados centran su contenido en la gestación y descripción de los problemas de nuestro sistema territorial, y es

---

[3] SOLOZÁBAL ECHEVERRÍA, Juan José, *La reforma federal: España y sus siete espejos (dossier del siglo XXI)*, Ed Biblioteca nueva, Madrid, 2014.

[4] GARICANO, Luis, *El dilema de España*, Ed. Península, Barcelona, 2014.

[5] RODRÍGUEZ BEREIJO, Álvaro, *op. cit.*

[6] RODRÍGUEZ BEREIJO, Álvaro, *op. cit.*

[7] MUÑOZ MACHADO, Santiago: *"Informe sobre España: Repensar el Estado o destruirlo"*, Ed. Crítica, Barcelona, 2012.

[8] AJA FERNÁNDEZ, Eliseo, *Estado autonómico y reforma federal*, Alianza editorial, Madrid, 2014.

[9] SOLOZÁBAL ECHEVERRÍA, Juan José, *op. cit.*

[10] DE LA QUADRA SALCEDO FERNÁNDEZ DEL CASTILLO, Tomás, *El modelo territorial español treinta y cinco años después*, Fundación Alternativas, Madrid, 2014.

[11] FERNÁNDEZ RODRÍGUEZ, Tomás Ramón, *La reforma del modelo territorial*, Fundación FAES, Madrid, 2012.

mi intención repasarlos brevemente, considerando que existe un amplio consenso acerca de ellos, brillantemente expuesto en cualquiera de los trabajos citados, y que no tengo nuevas aportaciones que realizar.

Segundo, porque las obras de estos autores se centran más en el diagnóstico de los problemas que en las propuestas de solución, que algunos apenas aventuran, pero sin una gran concreción. Considero que para salir de una forma constructiva de nuestro actual atolladero necesitamos concretar las posibles soluciones y reformas, detallando cómo debemos organizar España y, en definitiva, quién debe hacer qué y cómo. Así pues, la mayor parte de esta obra se centrará en desarrollar una propuesta concreta de reforma territorial para España, que resuelva los problemas descritos, no tanto para proponer la redacción específica del nuevo texto, tarea que corresponde a los expertos, como para definir qué aspectos precisos deben reformarse y en qué sentido.

Tercero, porque no comparto algunas de las propuestas aventuradas en los libros citados que, en mi opinión, generarían en algunos casos otros problemas peores que los actuales.

Por lo tanto, aprovecho estas líneas para presentar mi propia propuesta con el fin de estimular el debate y contraste sobre las virtudes y defectos de las distintas opciones, como fórmula para avanzar hacia la resolución de nuestros problemas.

2. UN MODELO TERRITORIAL AGOTADO

2.1. LOS PECADOS ORIGINALES DE LA TRANSICIÓN

Algunos de nuestros actuales problemas territoriales parten de dos *pecados originales* cometidos durante la Transición democrática, aunque no comparto la actual práctica de demonizar esta etapa de nuestra historia. Con sus aciertos y errores, nos permitió pasar de un régimen totalitario a otro democrático sin matarnos unos a otros en el tránsito, lo que, conociendo nuestra historia, no es un éxito menor. La Constitución de 1978 ha sido la primera en nuestra historia que no expresa la voluntad de un partido o una alianza de partidos, sino el acuerdo entre la práctica totalidad de las fuerzas políticas del Parlamento. La dramática experiencia de la 2ª República y su desenlace final en un conflicto bélico civil vacunó a los agentes políticos contra la tentación de posiciones maximalistas y abusos de poder a la hora de diseñar las nuevas instituciones. El compromiso latente era "esta vez tenemos que hacerlo bien", y el resultado fue el mejor posible en aquellas circunstancias. Pero aun así, fue una etapa no exenta de errores, como casi cualquier obra humana.

Como indica César Molinas[12], los políticos de nuestra Transición política eran muy distintos de los actuales. No tenían espíritu de gremio ni un interés particular como colectivo. De hecho, muchos no se veían siquiera como políticos profesionales, sino como profesionales sin interés por el poder y una gran capacidad de trabajo y de entendimiento que deseaba evitar la repetición de nuestra peor historia de enfrentamientos. Por ello, dedicaron algunos años de su vida (algunos apenas unos meses) a colaborar para crear un marco político de convivencia entre los españoles. No lo hicieron nada mal, pero en su momento tomaron dos decisiones trascendentales que dieron forma a la clase política que les siguió. La primera fue adoptar un sistema electoral proporcional corregido, con listas electorales cerradas y bloqueadas. El objetivo era consolidar el sistema de partidos fortaleciendo el poder interno de sus dirigentes, algo que, entonces, en el inicio de una democracia incipiente y dubitativa, parecía razonable. La segunda decisión no fue realmente planificada, sino

---

[12] MOLINAS, César, *op. cit.*

improvisada. Buscando resolver el problema catalán y vasco, se diseñó una fuerte descentralización y reparto de poder hacia estas Comunidades (y hacia Galicia), las llamadas nacionalidades o "Comunidades históricas", mientras se descentralizaba la gestión de un número limitado de competencias hacia el resto de las regiones. La pluralidad de vías de acceso a la autonomía, las primeras por la vía fácil y rápida del artículo 151.1[13] y de la disposición transitoria segunda[14] para "los territorios que en el pasado hubiesen plebiscitado afirmativamente proyectos de Estatuto de autonomía", y las segundas a través de la vía más limitada y lenta de los artículos 143[15] y el 148.2[16], indican que el legislador tenía en mente dos tipos de regiones: unas, las "históricas", con amplia autonomía política y leyes propias, y otras con una simple descentralización en la gestión y sin Asamblea Parlamentaria. El plan, en aquel momento, parecía sensato.

---

[13] Artículo 151 CE: "1. No será preciso dejar transcurrir el plazo de cinco años, a que se refiere el apartado 2 del artículo 148, cuando la iniciativa del proceso autonómico sea acordada dentro del plazo del artículo 143.2, además de por las Diputaciones o los órganos interinsulares correspondientes, por las tres cuartas partes de los municipios de cada una de las provincias afectadas que representen, al menos, la mayoría del censo electoral de cada una de ellas y dicha iniciativa sea ratificada mediante referéndum por el voto afirmativo de la mayoría absoluta de los electores de cada provincia en los términos que establezca una ley orgánica."

[14] DT Segunda C.E.: "Los territorios que en el pasado hubiesen plebiscitado afirmativamente proyectos de Estatuto de autonomía y cuenten, al tiempo de promulgarse esta Constitución, con regímenes provisionales de autonomía podrán proceder inmediatamente en la forma que se prevé en el apartado 2 del artículo 148, cuando así lo acordaren, por mayoría absoluta, sus órganos preautonómicos colegiados superiores, comunicándolo al Gobierno. El proyecto de Estatuto será elaborado de acuerdo con lo establecido en el artículo 151, número 2, a convocatoria del órgano colegiado preautonómico."

[15] Artículo 143 CE: "1. En el ejercicio del derecho a la autonomía reconocido en el artículo 2 de la Constitución, las provincias limítrofes con características históricas, culturales y económicas comunes, los territorios insulares y las provincias con entidad regional histórica podrán acceder a su autogobierno y constituirse en Comunidades Autónomas con arreglo a lo previsto en este Título y en los respectivos Estatutos. 2. La iniciativa del proceso autonómico corresponde a todas las Diputaciones interesadas o al órgano interinsular correspondiente y a las dos terceras partes de los municipios cuya población represente, al menos, la mayoría del censo electoral de cada provincia o isla. Estos requisitos deberán ser cumplidos en el plazo de seis meses desde el primer acuerdo adoptado al respecto por alguna de las Corporaciones locales interesadas. 3. La iniciativa, en caso de no prosperar, solamente podrá reiterarse pasados cinco años."

[16] Artículo 148.2. CE: "Transcurridos cinco años, y mediante la reforma de sus Estatutos, las Comunidades Autónomas podrán ampliar sucesivamente sus competencias dentro del marco establecido en el artículo 149."

Aunque no se cerraba por completo la posibilidad de que alguna de las regiones de la vía del artículo 143 pudiera utilizar la vía rápida del artículo 151.1, los requisitos establecidos para ello eran ciertamente disuasorios[17]. Pero este plan se torció pronto. En febrero de 1980, algunos partidos andaluces, y en especial el PSOE, detectaron la posibilidad de debilitar al partido en el poder (UCD), e intentaron y lograron el acceso a la autonomía plena y rápida para Andalucía[18], incluso violentando la Constitución[19]. Con ello el PSOE logró acelerar el principio del fin de la UCD, que se había opuesto al proceso, y establecerse como partido

---

[17] Exigía que lo aprobaran las correspondientes diputaciones, "las tres cuartas partes de los municipios de cada una de las provincias afectadas que representen, al menos, la mayoría del censo electoral de cada una de ellas y que dicha iniciativa sea ratificada mediante referéndum por el voto afirmativo de la mayoría absoluta de los electores de cada provincia."

[18] Las ocho diputaciones provinciales andaluzas y el 97% de los municipios de la región se había pronunciado a favor de canalizar la iniciativa autonómica de Andalucía por la vía establecida en el artículo 151 de la Constitución española de 1978, por lo que el referéndum era el tercer y último requisito exigido para el acceso a la autonomía de la región establecido en dicho artículo. Fue el primer y el único referéndum de acceso a la autonomía planteado por esta vía en España.

[19] Según lo dispuesto en los Artículos 151.1 y 151.2.4 de la Constitución Española, para que el proceso de constitución en Comunidad Autónoma de Andalucía siguiese adelante a través de esta vía era necesario que en todas las provincias al menos la mitad más uno del censo electoral votase afirmativamente. Esto no sucedió así en el caso de Almería, donde únicamente el 42% del censo electoral votó favorablemente. En caso de no conseguirse esa mayoría el proceso quedaría detenido, y tendría que esperarse otros cinco años antes de volver a ser iniciado, tal y como marca el artículo 148.2, al que hace referencia el artículo 151.1 del mismo texto legal. Para soslayar esa imposibilidad legal, se optó por reformar ad-hoc una Ley Orgánica para ¡dejar sin efecto un precepto de una Ley de rango superior, la Constitución Española! Tras largas negociaciones entre todos los partidos políticos y el Gobierno finalmente se reforma la Ley Orgánica 2/1980, de 18 de enero, sobre Regulación de las Distintas Modalidades de Referéndum. Se le da una nueva redacción a su artículo 8, de tal forma que el referéndum se considera ratificado en todas sus provincias si la mitad más uno de los electores de la futura Comunidad Autónoma en su conjunto votaron afirmativamente: "Celebrado el referéndum, si no llegase a obtenerse la ratificación por el voto afirmativo de la mayoría absoluta de los electores de cada provincia, no podrá reiterarse la iniciativa hasta transcurridos cinco años. Esto no obstante, la iniciativa autonómica prevista en el artículo 151 no se entenderá ratificada en las provincias en las que se hubiere obtenido la mayoría de votos afirmativos previstos en el párrafo anterior, siempre y cuando los votos afirmativos hayan alcanzado la mayoría absoluta del censo de electores en el conjunto del ámbito territorial que pretenda acceder al autogobierno. Previa solicitud de la mayoría de los Diputados y Senadores de la provincia o provincias en las que no se hubiera obtenido la ratificación de la iniciativa, las Cortes Generales, mediante Ley Orgánica, podrán sustituir la iniciativa autonómica prevista en el artículo 151 siempre que concurran los requisitos previstos en el párrafo anterior."

dominante cuasi-permanente en Andalucía, pero en el proceso dinamitó el Estado de las Autonomías tal y como se había prediseñado precisamente por estos dos partidos. La gran relevancia histórica de la decisión andaluza no reside en el hecho de que accediera a la autonomía plena, sino a que "obligó a revisar la estrategia de definición de la estructura del Estado y de construcción del Estado de las Autonomías"[20]. El plan del gobierno de la UCD de conducir las iniciativas autonómicas de las regiones no históricas por la vía del 143 saltó por los aires y forzó la adopción en 1981 de la versión "café para todos" (Autonomía para todos) del Estado de las Autonomías, muchas más de las previstas inicialmente, y todas con Asamblea parlamentaria, leyes propias y autonomía política.

Como indica Molinas, "tal como le ocurrió al doctor Frankenstein, lo que creó al monstruo no fue el plan, que no era malo, sino su implementación". La descentralización del estado fue mucho más allá de lo imaginable cuando se aprobó la Constitución pues, como señala Juliana[21], el Estado de las autonomías que presumía de una descentralización controlada de arriba abajo, se vio rápidamente desbordado por un movimiento de abajo a arriba liderado por las élites locales que, por no ser menos, acabó imponiendo la versión de "café para todos" del Estado autonómico. ¿Y quiénes eran esas "élites locales"? Pues los antiguos caciques y beneficiarios de los sistemas clientelares de toda la vida de la España de provincias que, para no perder su poder político, se apuntaron a una descentralización que favorecía su acceso a la cúpula del nuevo poder regional. El resultado fueron 17 administraciones autonómicas, 17 parlamentos y miles de nuevas empresas, fundaciones y organismos públicos autonómicos cuyo principal objetivo era y es "colocar" a los "suyos". El consenso de 1978 tuvo el acierto de integrar inicialmente a los nacionalismos históricos, pero el modelo de 1981 del "café para todos" nunca gustó a los nacionalistas, para quienes enfatizar la diferencia es cuestión de vida o muerte, y acabó por estallar en el preludio de la crisis, empeorando con ésta. Y es que el modelo constitucional de

---

[20] PÉREZ ROYO, Javier, *Curso de Derecho Constitucional*, Ed. Marcial Pons, Madrid, 2007.
[21] JULIANA, Enric, *Modesta España: Paisaje después de la austeridad*, Ed. RBA, Barcelona, 2012.

descentralización del estado tenía en su génesis varios problemas que acabaron llevándoselo por delante.

Para empezar la Constitución de 1978 se centró mucho más en la puesta en marcha del sistema autonómico que en su regulación una vez consolidado. Así, estableció el *principio dispositivo* como elemento estructural al regular la organización territorial. Su esencia consiste en atribuir a las CC.AA. una capacidad decisiva en la configuración de la organización territorial, introduciendo un modelo abierto que se ve sometido a permanente discusión y definición desde la aprobación del texto constitucional. Así, por un lado, la Constitución no decide el número y la extensión de las CC.AA., sino que establece un procedimiento para que lo propongan las provincias o "preautonomías", proceso que se abandonó a la dinámica política posterior y a la voluntad manifestada de cada territorio para constituirse en comunidad autónoma a través de la aprobación o de la reforma de sus Estatutos de Autonomía[22]. Así, se generalizaron las autonomías uniprovinciales, nada menos que siete (Asturias, Cantabria, la Rioja, Navarra, Murcia, Baleares y Madrid), pese a que ya en 1981 el Informe de la Comisión de Expertos sobre Autonomías[23] indicaba que "estimando la Comisión que resulta conveniente la generalización del sistema de autonomías, cree también que no es menos necesario que las Comunidades autónomas que se constituyan deban ser suficientemente sólidas, con dimensión, población y recursos bastantes para asegurar el óptimo prestacional de los diferentes servicios públicos cuya titularidad han de recibir. La propia Constitución ha previsto este problema y ha establecido principios de los que debe hacerse uso decididamente. En efecto, para nuestro texto fundamental que accedan a la autonomía provincias aisladas es algo rigurosamente excepcional." Tan excepcional que "solamente" el 40% de las CC.AA. acabó siendo uniprovincial, cuando parece claro que en principio se pensaba restringir esta posibilidad a un único caso, el de Navarra, por circunstancias

---

[22] RODRÍGUEZ BEREIJO, Álvaro, *op. cit.*

[23] GARCÍA DE ENTERRÍA, DE LA QUADRA-SALCEDO; WAGNER; MONTANER; RAMÓN FERNÁNDEZ; SÁNCHEZ MORÓN; y MUÑOZ MACHADO, *Informe de la Comisión de Expertos sobre las Autonomías,* Centro de Estudios Constitucionales, Madrid, 1981.

históricas muy específicas[24]. El *principio dispositivo* es un procedimiento definido de abajo a arriba que carece de un diseño previamente concebido de la organización territorial del Estado, sin un límite claro de hasta dónde se quiere llegar con el proceso de descentralización política, diseñando un proceso abierto donde las competencias supuestamente exclusivas del Estado son delegables infinitamente mediante una simple ley orgánica, a través del artículo 150.2[25] de la CE.

Asimismo, la descentralización del estado se basó en una fórmula, la del Estatuto de Autonomía, muy peculiar y sin uso en otras constituciones de estados descentralizados. Como sostiene Muñoz Machado[26], en las "deficiencias de los Estatutos como normas en que pueda fundarse la organización de un Estado federal o autonómico radica la crisis constitucional que ahora padecemos." El Estatuto de Autonomía, copiado en 1978 del texto constitucional de 1931, es una norma singularísima que se forjó en aquel entonces de manera improvisada para resolver la cuestión de la autonomía de Cataluña, y que "no tiene sentido que se convirtiera en un instrumento repetidamente utilizado por el resto de las regiones españolas." Esta vía podía ser factible si la autonomía se concedía únicamente a las comunidades denominadas históricas, pero no si se generalizaba a todo el Estado.

El reparto o la distribución de quién hace qué es fundamental en cualquier estado descentralizado. Un rasgo distintivo de los sistemas federales es el doble nivel de Constituciones. Existe la Constitución Federal (la de Alemania, Estados Unidos, Austria, Suiza, etc.) y existe una Constitución para cada uno de los estados miembros o federados, que configura sus instituciones y, a veces, reconoce derechos adicionales a sus ciudadanos. No contienen sin embargo las competencias ni la financiación,

---

[24] Ya que se trató del último reino peninsular en incorporarse a la Corona española (en 1512) y, gobernada por un virrey, conservó su estatus de reino de la Corona de Castilla y España hasta 1841, fecha en la que pasó a ser considerada "provincia foral" española.

[25] Art. 150.2 CE: *"El Estado podrá transferir o delegar en las Comunidades Autónomas, mediante ley orgánica, facultades correspondientes a materia de titularidad estatal que por su propia naturaleza sean susceptibles de transferencia o delegación. La ley preverá en cada caso la correspondiente transferencia de medios financieros, así como las formas de control que se reserve el Estado."*

[26] MUÑOZ MACHADO, *op. cit.*

que figuran en la Constitución Federal. En el federalismo comparado, las competencias son distribuidas por la Constitución Federal, atribuyendo expresamente algunas a la federación, y dejando todas las demás para los estados federados (cláusula de atribución residual), sin necesidad de que éstos las asuman expresamente, lo que para los estados federados tiene la ventaja de incorporar las nuevas competencias que vayan surgiendo por cambios jurídicos, sociales o tecnológicos. Pero analizando el caso español y el Título VIII de nuestra Constitución, el que se encarga de la estructura territorial del Estado, la conclusión es que "todos hacen de todo", propiciado en gran medida por la interpretación del reparto de competencias del Tribunal Constitucional en el sentido de transformar las competencias exclusivas en competencias concurrentes, reduciendo cada vez más el ámbito de materias de competencia exclusiva del Estado. La distribución de competencias en España comienza en la Constitución, pero, a diferencia de los estados federales, no termina en ella, ya que contiene una lista de máximos para el Estado y una de mínimos paras las CC.AA., y reenvía a cada Estatuto de Autonomía la concreción de las competencias que corresponden a cada región. La imprevisión de las consecuencias políticas y prácticas que resultan de la complejidad de las fórmulas y técnicas empleadas, así como la fragmentación de muchas de las competencias en legislación básica (del Estado) y de desarrollo legislativo y ejecución (de las CC.AA.), ha convertido el otorgamiento de las competencias en un semillero inagotable de conflictos ante el Tribunal Constitucional. Así, la razón principal de la elevada conflictividad ante éste reside en los propios sistemas de distribución de competencias, que reproducen el conflicto. De modo que no extraña que nuestro estado autonómico, con una descentralización equivalente a la de los estados federales, funcione mal, con un número medio de entre cincuenta y sesenta conflictos competenciales ante el Tribunal Constitucional al año (algunos años más de cien), cuando en Alemania apenas se producen uno o dos al año.

¿Se pudo hacer algo antes de llegar a esta situación? Ya en el año 1981 se advertían las disfunciones que la falta de un modelo territorial definido estaba provocando, y se temía las que pudiera generar y ha acabado generando: un estado central débil y sin poder ante la deslealtad de alguna comunidad autónoma. De ese temor nació la Ley Orgánica de Armonización del Proceso Autonómico, más conocida como LOAPA, una ley orgánica aprobada por las Cortes Generales de España el 30 de julio de 1982 merced a un pacto subscrito entre el PSOE y la UCD, que, siguiendo las recomendaciones de la Comisión de Expertos mencionada, utilizaba la potestad armonizadora del artículo 150.3[27] de la Constitución, para controlar y poner orden en el proceso de descentralización territorial que se había iniciado en 1978, sin necesidad de reformar el título VIII de la Constitución. La famosa "armonización" no era sino una forma de evitar que una comunidad autónoma ejerciera competencias de forma incompatible con el interés nacional o de forma contraria a la Constitución.

Sin embargo, el Tribunal Constitucional declaró inconstitucionales 14 de sus 38 artículos y, específicamente, los que permitían un cierto control de las autonomías. Entre ellos el artículo 1.2, que decía que "el ejercicio de dichas competencias no será obstáculo para la actuación por el Estado de las que a éste se reservan por la Constitución, ni podrán excusar el exacto cumplimiento por las Comunidades Autónomas de los deberes que ante el propio Estado y los ciudadanos españoles les impone la Constitución" y, en especial, los artículos 138 y 139 referidos a la imposibilidad de privilegios económicos o sociales y a la igualdad de derechos y obligaciones en cualquier parte del territorio español. También se consideró inconstitucional el artículo 7.2, que decía que "el Gobierno velará por la observancia por la Comunidades Autónomas de la normativa estatal aplicable y podrá formular los requerimientos procedentes, a fin de subsanar las deficiencias en su caso advertidas. Cuando tales requerimientos sean desatendidos, el Gobierno procederá, en su caso, en los términos previstos en el artículo 155 de la Constitución", que faculta para suspender la autonomía. Igualmente fue declarado inconstitucional el

---

[27] Art. 150. 3 CE: "*El Estado podrá dictar leyes que establezcan los principios necesarios para armonizar las disposiciones normativas de las Comunidades Autónomas, aun en el caso de materias atribuidas a la competencia de éstas, cuando así lo exija el interés general. Corresponde a las Cortes Generales, por mayoría absoluta de cada Cámara, la apreciación de esta necesidad.*"

artículo 4 de la LOAPA, que institucionalizaba la prevalencia del derecho del Estado sobre el de las CC.AA.[28].

Esta sentencia consagró los estatutos de autonomía como normas de rango superior a las leyes armonizadoras y que, por lo tanto, no podían ser modificados por ellas, incluyendo el ámbito competencial, y dejó sin efecto y sin sentido el artículo 150.3 que permitía armonizar y dotar de sentido general al proceso autonómico. Desde entonces ningún otro Gobierno del Estado ha intentado jamás armonizar un proceso de descentralización que se ha ido de las manos. Los magistrados subrayaron que el procedimiento de armonización previsto en el artículo 150.3 de la Constitución era excepcional y sólo sería aplicable en el caso de que no existieran "atribuciones constitucionales específicas", justo lo contrario que dice el propio artículo: "El Estado podrá dictar leyes que establezcan los principios necesarios para armonizar las disposiciones normativas de las Comunidades Autónomas, aun en el caso de materias atribuidas a la competencia de éstas, cuando así lo exija el interés general." El Tribunal Constitucional comenzó así una larga carrera de polémicas sentencias que han colaborado a conducirnos a nuestro fracasado modelo territorial actual, anulando los resortes de poder que se reservó el Estado sobre las CC.AA. y que no eran otros que los establecidos pero no aplicados en la Constitución Española. Comenzó entonces una fase de continuos conflictos entre el Estado y las comunidades autónomas, que alcanzó su cúspide en 1985, cuando el Tribunal Constitucional tuvo que resolver hasta 131 conflictos de competencia.

Por otra parte, de la Constitución parece interpretarse que existirían dos tipos de CC.AA. según hubieran elaborado su Estatuto por la vía reforzada del artículo 151 (País Vasco, Navarra, Galicia, Andalucía y Cataluña) o por la ordinaria, para lo cual establecía dos niveles competenciales, aunque tras un plazo de cinco años las últimas pudieran incrementar sus competencias. Sostiene Rodríguez Bereijo[29] que la

---

[28] Art. 4 LOAPA: "*Las normas que el Estado dicte en el ejercicio de las competencias que le reconoce el artículo 149/1 de la Constitución prevalecerán sobre las normas de las comunidades autónomas*".

[29] RODRÍGUEZ BEREIJO, *op. cit.*

distinción entre "*nacionalidades y regiones*" del art. 2^{30} de la CE y la doble vía de acceso a la autonomía para las de la vía rápida (art. 151^{31} CE) y las de la vía lenta (art. 143^{32} CE), con niveles competenciales distintos, seguramente necesaria para lograr un amplio consenso constitucional, ha sido, sin embargo, un factor de perturbación en la articulación territorial del Estado, cuyas consecuencias últimas se han puesto de manifiesto dramáticamente en los últimos años con el desafío independentista planteado por la Generalidad de Cataluña. La lógica de la diferenciación (los llamados "hechos diferenciales"), que estaba implícita en el art. 2 de la Constitución, se rompió por Andalucía, cuando tras una gran manifestación logró que su Estatuto se aprobara por la vía del artículo 151, con el argumento de que no quería ser "autonomía de segunda". A partir de ahí, se inició la carrera, y Canarias y la Comunidad Valenciana accedieron a un autogobierno de máximos por la vía de la delegación abierta por el artículo 150.2, a despecho de que la Comisión de Expertos[33] avisara sobre "la necesidad de aplicar la Constitución en sus estrictos términos y postular la no utilización con carácter general de las previsiones constitucionales (en

---

[30] Art. 2 CE. La Constitución se fundamenta en la indisoluble unidad de la Nación española, patria común e indivisible de todos los españoles, y reconoce y garantiza el derecho a la autonomía de las nacionalidades y regiones que la integran y la solidaridad entre todas ellas.

[31] Artículo 151. 1 CE. No será preciso dejar transcurrir el plazo de cinco años, a que se refiere el apartado 2 del artículo 148, cuando la iniciativa del proceso autonómico sea acordada dentro del plazo del artículo 143, 2, además de por las Diputaciones o los órganos interinsulares correspondientes, por las tres cuartas partes de los municipios de cada una de las provincias afectadas que representen, al menos, la mayoría del censo electoral de cada una de ellas y dicha iniciativa sea ratificada mediante referéndum por el voto afirmativo de la mayoría absoluta de los electores de cada provincia en los términos que establezca una ley orgánica.

[32] Artículo 143 CE. 1. En el ejercicio del derecho a la autonomía reconocido en el artículo 2 de la Constitución, las provincias limítrofes con características históricas, culturales y económicas comunes, los territorios insulares y las provincias con entidad regional histórica podrán acceder a su autogobierno y constituirse en Comunidades Autónomas con arreglo a lo previsto en este Título y en los respectivos Estatutos. 2. La iniciativa del proceso autonómico corresponde a todas las Diputaciones interesadas o al órgano interinsular correspondiente y a las dos terceras partes de los municipios cuya población represente, al menos, la mayoría del censo electoral de cada provincia o isla. Estos requisitos deberán ser cumplidos en el plazo de seis meses desde el primer acuerdo adoptado al respecto por alguna de las Corporaciones locales interesadas. 3. La iniciativa, en caso de no prosperar, solamente podrá reiterarse pasados cinco años.

[33] GARCÍA DE ENTERRÍA, *op. cit.*

concreto, el artículo 150.2) que permiten transferir a las Comunidades autónomas competencias de titularidad estatal."

Así no extraña que Muñoz Machado[34] se pregunte por qué todas las CC.AA. están organizadas igual, y cuentan con un Parlamento elegido por sufragio universal que ejerce funciones legislativas y de control del Gobierno, cuando las diferencias entre las regiones españolas son enormes en capacidad económica, diversidad y población. Afirma Muñoz Machado que el mapa autonómico español es un resultado improvisado del "principio dispositivo", y aunque es fácil comprender que, para asegurar la mejor integración en el Estado de algunos territorios que reclaman autogobierno, la Constitución les reconozca la facultad de lo disposición organizativa descrita, no encuentra razón alguna para que dicho principio se universalice y reconozca igualmente a provincias en las que nunca existieron reivindicaciones parecidas. Sin embargo, nuestra Constitución lo hizo, y nuestro Estado se construyó de abajo arriba sin un patrón definido.

Advertía igualmente la Comisión de Expertos que resultaría gravemente inconveniente para la salud del sistema que las CC.AA. decidieran reproducir en su propio espacio los esquemas organizativos de la Administración del Estado. Que "los ejecutivos regionales deberán estar integrados por un número reducido de miembros, variable, desde luego, en atención a la cantidad de competencias asumidas y a la población y extensión territorial de cada Comunidad autónoma. Las Asambleas legislativas, cuya generalización le parece a la Comisión conveniente, deberán tener períodos de sesiones reducidos y sus puestos no deben ser retribuidos de forma regular y permanente, sino por dietas." "Un esquema organizativo como el propuesto impone lógicamente la utilización necesaria de las Corporaciones locales, y destacadamente de las Diputaciones provinciales, para que ejerzan ordinariamente las competencias administrativas que pertenecen a las Comunidades autónomas." Por supuesto, se hizo caso omiso a todas estas recomendaciones, y las CC.AA. replicaron asambleas permanentes, con diputados con sueldos por trabajar en exclusiva, y multiplicaron el resto de instituciones nacionales en las autonomías: defensores del pueblo,

---

[34] MUÑOZ MACHADO, *op. cit.*

tribunales de cuentas, consejos consultivos, consejos económicos y sociales, televisiones autonómicas y miles de empresas y fundaciones autonómicas. Si a esto le añadimos los 8.117 municipios, 1.023 mancomunidades, 49 diputaciones, 11 Cabildos y Consejos Insulares, y las miles de empresas e instituciones propiedad de las corporaciones locales encontraremos otro de nuestros problemas: la "elefantiasis" de nuestras administraciones públicas territoriales. En España según la Encuesta de Población Activa en el segundo trimestre de 2014 existían algo más de 2,9 millones de empleados públicos, mientras que en el Reino Unido con casi un 30% más de población, apenas alcanzan los 2,5 millones, lo que supone aproximadamente un 50% más de empleados públicos por habitante.

Por otro lado, en España nos encontramos con el curioso fenómeno, único en el mundo, de que lo local o particular es moderno, mientras que lo general es retrógrado y antediluviano. En el siglo XIX, lo moderno en todo el mundo era que la ilustración y la modernidad iban de la mano en el impulso de leyes generales que fueran superando los privilegios locales o regionales, que los había y muchos. En España, todo esto cambia tras la Guerra Civil y cuarenta años de dictadura. Por arte de magia, lo que ya era retrógrado en el siglo XIX, en el XX y en el XXI pasa a convertirse en progresista. En una verdadera obra de arte del disfraz político, los nacionalistas, como perseguidos por el franquismo, consiguen hacer pasar por modernidad, nada menos que la defensa de privilegios otorgados por antiguos reyes y por razones que poco tenían que ver con la inteligencia. Los sueños ilustrados de leyes generales y perfectas se nos consiguen presentar como algo reaccionario y caduco. El mundo al revés. De esta forma, resulta reaccionario preguntarse si la descentralización es eficiente, y cualquier conquista de las regiones se considera irrenunciable, no importa los problemas que ello comporte. Tras treinta y cinco años de descentralización política, aún no es posible preguntarse si alguna política concreta de descentralización no se debería corregir por sus evidentes consecuencias negativas, multiplicación de instituciones, ruptura de la unidad de mercado, ineficiencia en la prestación de servicios públicos, etc. Hacerlo es "franquista", "centralista" o "retrógrado", no importa que las recientes modificaciones constitucionales de, por ejemplo, Suiza (1999) y Alemania (2006 y 2010), hayan optado por otorgar mayores poderes al

Estado Federal para poder cumplir eficazmente con las necesidades de sus ciudadanos en el siglo XXI. En España eso es simplemente imposible de cuestionar. Habrá que pensar en ir modificando esta forma de pensar y abrir la mente para debatir que una reforma en la estructura territorial de España no tiene que significar necesariamente nuevas delegaciones de competencias a las CC.AA., sino que puede significar que en algunos casos lo más eficaz sea que el Estado central recupere algunas de ellas.

A todo lo anterior se añaden los efectos perniciosos de nuestro sistema electoral. El reparto de la población española es muy desigual entre las provincias, lo que se produce es una acusada sobrerrepresentación de las menos pobladas y la infrarrepresentación de las más pobladas. Aunque el sistema proporcional en teoría permite una representación adecuada de todas las tendencias políticas, la existencia de pequeñas circunscripciones electorales imprime un doble sesgo mayoritario de nuestro sistema electoral[35], que premia a aquellos partidos que compiten solamente en unas pocas circunscripciones donde concentran la mayoría de su electorado, y castiga a aquellos partidos de ámbito nacional que tienen fuerza en toda España, pero no en cada una de las circunscripciones. La fórmula D'Hondt es la menos favorable a las minorías de todas las proporcionales, pero es su combinación con tamaños de distrito pequeños la que tiene alguna consecuencia. Las circunscripciones pequeñas producen los efectos típicos de un sistema electoral mayoritario: gran desproporcionalidad y tendencia al bipartidismo. Por este motivo los pequeños partidos de ámbito nacional están infrarepresentados en ellas. Cuanto mayor es una circunscripción, más proporcionales son los resultados que se obtienen y viceversa. Como fruto del sistema electoral, en España los partidos bisagra que garantizan gobiernos estables nunca han sido partidos minoritarios de alcance nacional (como en Alemania), sino partidos regionales y nacionalistas. Para alcanzar el Gobierno del Estado, el PSOE o el PP siempre han estado dispuestos a descentralizar aún más el país, otorgando graciosamente ésta o aquella competencia para satisfacer las inacabables ansias de poder de los partidos nacionalistas. El resultado tras 35 años de "deconstrucción" es el

---

[35] PENADÉS, Albertos y SANTIUSTE, Salvador, *La desigualdad en el sistema electoral español y el premio a la localización del voto*, Revista Española de Ciencia Política, núm. 32, Madrid, 2013.

actual estado de descontrol, deslealtad e impotencia. Y es que los partidos nacionalistas en España han alcanzado una relevancia exagerada de tal modo que, aunque no representen a la mayoría del electorado de su región, se arrogan el título de representantes "auténticos" de los intereses de su comunidad. Así, si el PNV o CiU se oponen a cualquier política nacional, no son estos partidos sino el conjunto de Euskadi o Cataluña quienes se oponen y si no se les hace caso es el País Vasco y Cataluña quienes se ven "agredidos".

Mientras tanto, el proceso de delegación de competencias estatales ha seguido adelante. En 1992 se alcanzó un pacto autonómico para ampliar las competencias de las diez CC.AA. de ritmo "lento", igualándolas prácticamente al resto al final de un largo proceso transitorio. Ya con Aznar en el poder, en 1996, se transfirió Tráfico a Cataluña, aunque dicha competencia no aparecía en su Estatuto, a cambio del apoyo de CiU a su investidura. En esta época se modificaron también los Estatutos de la mayor parte de estas diez regiones, eliminando las restricciones de sus antiguos Estatutos sobre limitación de reuniones del parlamento, número máximo de Consejerías, prohibición de sueldos a parlamentarios, etc., y la mayor parte introdujeron también la posibilidad de disolver el parlamento. En 1999 finalizó la transferencia de la educación no universitaria a las que no la tenían, y en 2001 se les transfirió la sanidad. Finalmente con Zapatero en el poder, cuando España, según él, era una "nación discutida y discutible", llegó la segunda ronda de reformas estatutarias que convirtió los Estatutos en verdaderas Constituciones, con más artículos que la propia Constitución Española y que, en algunos casos, vulneraban el reparto de competencias de la propia Constitución, como sucedió con el de Cataluña, aprobado en referéndum en esa región para ser posteriormente enmendado por el Tribunal Constitucional.

Como resume De Carreras, "El Estado de las autonomías se había ido transformando en una forma de Estado federal desde los años noventa mediante el pacto suscrito en 1992 entre el PSOE y el PP por el cual todas las CC.AA. asumían las mismas competencias, a excepción de determinados hechos diferenciales establecidos en la Constitución: lengua, derechos históricos, derecho civil e insularidad. Eran diferencias justificadas en la cultura, la historia, el derecho y la geografía. Sin embargo, establecían la igualdad entre comunidades autónomas, el vilipendiado por los nacionalistas "café para todos" que no es otra cosa que una estructura federal del Estado. Pero ello no podía ser admitido por los nacionalistas, que ante todo se dedicaban a fomentar las fantasmales diferencias en lugar de cultivar las evidentes similitudes."[36]

Una vez las CC.AA. obtuvieron amplias competencias legislativas se lanzaron como posesas a hacer uso de ellas, aunque no fuera estrictamente necesario. Al comienzo de la Transición se pensó que cada Comunidad legislaría en sus asuntos propios y nada más, pero la realidad es que todas legislan incluso en aquellos asuntos en los que existe una legislación general más que suficiente. Así, de acuerdo con Molinas[37] existen en la actualidad más de 100.000 disposiciones legales vigentes (leyes, reglamentos, órdenes ministeriales e instrucciones menores), 60.000 de las cuales corresponden a las CC.AA. Si tenemos tantas normas, es fácil comprender que es imposible conocerlas y aplicarlas, y que no se contradigan unas con otras. Pero es que nuestra clase política está interesada en mantener y ampliar esta complejidad normativa, pues favorece el intercambio de favores y la corrupción para soslayar toda suerte de trabas e interpretaciones conflictivas entre ellas. Buena parte de los ingresos de los partidos, y de sus dirigentes, proviene de favores consistentes en promulgar una legislación ventajosa a cambio de regalos en metálico o especie, o garantía de un puesto en consejo tras el mandato. Esto explica el gigantesco y desordenado crecimiento de toda una compleja selva de leyes, normas y regulaciones, de reglas con infinidad de excepciones, contradictorias entre sí, e interpretables de múltiples maneras. Muchas leyes autonómicas superan el ámbito de sus competencias y son incluso inconstitucionales pero, tras un pacto político por conveniencias electorales, nadie las recurre y permanecen vigentes. Tal y como explica Muñoz Machado[38], la restricción que hace la Constitución Española de la

---

[36] DE CARRERAS, Francesc, *Adelante, adelante: ¿sin ideas y sin plan?*, El País, Madrid, 2014.
[37] MOLINAS, *op. cit.*
[38] MUÑOZ MACHADO, *op. cit.*

legitimación para impugnar leyes[39], supone que en la práctica en ocasiones la Constitución deja de aplicarse porque los habilitados para solicitar la impugnación no lo hacen por conveniencia política. Incluso a veces simplemente se llega a un acuerdo político para retirar los recursos, no por motivos jurídicos, sino políticos. Así, leyes manifiestamente anticonstitucionales pueden mantenerse vigentes.

La redundancia de normas de todo tipo que apilan requisitos, a menudo contradictorios, sobre la actividad empresarial, afecta a la unidad de mercado, y a las cruciales economías de escala, necesarias para competir en el mercado internacional en un mundo globalizado. El informe CORA[40] detectó unas 5.800 normas autonómicas de 28 sectores económicos distintos que podrían estar afectando a la unidad de mercado, aunque no detalla cuáles son. Parecería razonable que las leyes laborales, las barreras de entrada, las licencias previas y las normas impositivas fueran simples para evitar dar ventajas al que vive en la economía sumergida o dispone de gabinetes jurídicos y/o contactos para saltárselas, pero en España no ocurre así, sino todo lo contrario.

Finalmente, las normas dedicadas en nuestra Constitución a la financiación autonómica son tan genéricas que resultan ineficaces, ya que toda la trascendencia recae en la ley orgánica que la regula. Y es que cuando se hace el pacto constitucional se opta por un modelo de cobertura financiera de la descentralización política montado sobre la irresponsabilidad fiscal de las comunidades autónomas y de las corporaciones locales. En este sistema es el Estado el que ingresa y recauda y quien distribuye los fondos a las entidades territoriales, a las que se encomienda fundamentalmente la función del gasto. Las CC.AA. y municipios se convierten así, primordialmente, en haciendas de gasto, un ente mucho más popular que el voraz recaudador de impuestos, cuyo papel queda reservado al Estado. Las CC.AA. tienen gran libertad para establecer

---

[39] A través del recurso de inconstitucionalidad al Presidente del Gobierno, el Defensor del Pueblo, 50 Diputados, 50 Senadores, los gobiernos de las Comunidades Autónomas y las Asambleas de las mismas.
[40] COMISIÓN para la reforma de las administraciones públicas (CORA), *Reforma de las Administraciones Públicas,* Ministerio de Hacienda y Administraciones Públicas, Madrid, 2013.

recargos sobre impuestos del estado, con un potencial importante de financiación, pero han hecho escaso uso de esta posibilidad por la impopularidad que comporta una tributación adicional. Políticamente les resulta más sencillo y rentable electoralmente reclamar mayores transferencias del Estado que no supongan incrementar los tributos cobrados al contribuyente/elector. Y cuando disponen de capacidad normativa la utilizan para reducir los impuestos, particularmente en patrimonio, donaciones y sucesiones, en una "carrera fiscal" para atraer empresas y fortunas a su territorio.

Pero ¿cómo se ha mantenido en el tiempo todo este entramado? La burbuja inmobiliaria y financiera del periodo que va desde 1997 hasta 2007 hizo vivir a los españoles los años más placenteros de su historia. Garicano[41] lo explica brillantemente. El origen del caos de la burbuja parte de una desafortunada sentencia del Tribunal Constitucional. En 1994 la Comunidad Valenciana introdujo dos figuras novedosas en nuestro ordenamiento urbanístico. La primera era la figura del convenio urbanístico, que permitía al propietario hacer lo que deseara con el suelo si llegaba a un acuerdo con el ayuntamiento. El agente urbanizador era la segunda de esas figuras. Era un promotor que proponía un plan de desarrollo de un terreno de un tercero. Ofrecía una parte al ayuntamiento, otra se la quedaba él y la tercera se la daba al propietario. En ambos casos, si el ayuntamiento aprobaba el plan, el proyecto no estaba sujeto a las clasificaciones previas del terreno (urbano, urbanizable y rústico). Esta ley suponía una descentralización sin precedentes del proceso urbanístico y daba una enorme responsabilidad a los ayuntamientos. Otra vez la inadecuada descentralización. La administración central del estado impuso un recurso de inconstitucionalidad pero fue rechazado por el Tribunal Constitucional en 1997 con el argumento de que la Constitución otorgaba las competencias de derecho urbanístico a las autonomías. La famosa ley del suelo de 1998 no es la causa del desastre, como muchos piensan, sino un intento (fallido) de liberalizar la oferta de suelo y de crear un marco libre para evitar la arbitrariedad de los ayuntamientos. Por si acaso, el Tribunal Constitucional tumbó también esta ley en 2001, con el resultado

---

[41] GARICANO, *op. cit.*

de que en la práctica cualquier Comunidad Autónoma podía hacer lo que quisiera con el suelo. Y vaya si lo hicieron.

Tras estos cambios legales, un promotor podía hacerse rico desarrollando suelo que nunca antes había estado en el mercado, solo con conseguir la aprobación del alcalde de turno. Además, dado que el municipio recibía también altas compensaciones en metálico, el desarrollo urbanístico se convirtió en la fuente de financiación fundamental para las autoridades locales, que podían así expandir sus programas sociales y ganar elecciones. Para redondear el círculo, sólo hacía falta conseguir financiación fácil y barata, y para eso estaban las Cajas de Ahorro. Las Cajas llevaban existiendo sin mayores problemas durante más de un siglo, pero con la llegada de la democracia, en 1985, su control fue transferido graciosamente por el PSOE a las CC.AA. (otro error, como se demostró después), lo que abrió la puerta a su "captura" por parte de los políticos locales. Mediante sistemáticas modificaciones de la legislación autonómica, sufrieron un verdadero asalto a sus órganos de dirección por parte del poder político y los caciques locales, que procedieron a nombrar gestores normalmente de bajísima formación financiera y empresarial, y a utilizar a las Cajas como bancos regionales de financiación de los proyectos que los políticos consideraban deseables...para la región o para sí mismos y sus amigos.

Con esa financiación abundante, la burbuja estaba servida, y durante unos años vivimos en jauja. Eran años en los que no era necesario estudiar, trabajar duro o innovar para hacerse rico o, simplemente, vivir bien. Solo hacía falta tener un amigo en la administración adecuada. La consecuencia fue catastrófica sobre nuestras instituciones y las élites que nos gobiernan, pues los incentivos y la selección durante el *boom* fueron nefastos: los políticos desmontaron sistemáticamente todas las instituciones independientes para ponerlas a su servicio, pues nombraban en ellas a personas obedientes al poder político para soslayar los controles a sus tropelías. El Banco de España, el Tribunal Constitucional, el Consejo General del Poder Judicial, el Tribunal Supremo, el Tribunal de Cuentas, la Comisión Nacional del Mercado de Valores, las Cajas de Ahorro, la Comisión Nacional de la Energía, la Comisión Nacional del Mercado de las Telecomunicaciones, la Comisión Nacional de la Competencia (CNC), los tribunales superiores de justicia, las televisiones públicas y los medios de comunicación privados. Todos ellos cayeron en manos de los políticos o bajo su influencia. Únicamente la Agencia Tributaria y los cuerpos y fuerzas de la Seguridad del Estado parecieron quedar a salvo del asalto...hasta ahora, porque durante los últimos años comienzan a detectarse ascensos y demociones políticas para someterlas igualmente al control partidario.

Mientras la burbuja inmobiliaria permitió a los ciudadanos una vida fácil, tampoco los electores castigaban cuando podían a los corruptos, pues el razonamiento de muchos ciudadanos era el siguiente: "*roba, pero algo hace*". Al fin y al cabo, las administraciones públicas rebosaban de dinero fácil, que gastaban con aún mayor facilidad para lograr la reelección del político de turno. La burbuja en nuestro caso afectó la calidad de los políticos al frente de las instituciones, ya que nadaban en la abundancia y los votantes no podían juzgar su competencia de forma precisa. La burbuja financiera, por tanto, no sólo fue un desastre económico, sino que tuvo un enorme coste político. El mecanismo central de una democracia es que se puede apartar a los inútiles y premiar a los competentes. La burbuja de la década pasada hizo casi imposible detectar a los primeros, y les dio medios de sobra para inundar de fiestas, gastos sociales y obras públicas a los votantes. Sin embargo, con la crisis todo este andamiaje se viene abajo, y entonces y solo entonces los ciudadanos comienzan a preguntarse si el entramado territorial y político es sostenible. La crisis económica no generó la actual crisis institucional. Solo la puso al descubierto.

Y así hemos llegado hasta este momento, en el que la clase política catalana promete salvar a sus conciudadanos de la actual catástrofe económica mediante la independencia y separación de España. Cataluña no necesita más autogobierno, sino una mayor democracia, exactamente la misma medicina que el resto de España. El improvisado y masivo traspaso de competencias a unas autonomías descontroladas estableció un caciquismo de nuevo cuño, que usa los recursos públicos para repartir favores entre partidarios y afines. La multiplicación de la administración autonómica y las empresas públicas para colocar a los cercanos al partido y la concesión de contratas a los amigos a precios inflados constituyen unas prácticas demasiado frecuentes. El caótico sistema autonómico, vendido como un bálsamo para las tensiones centrífugas, finalmente ni siquiera logró su principal propósito: integrar a los partidos nacionalistas en el marco constitucional español. «Nos han hecho creer que la democracia depende del grado de descentralización del Estado, que el traspaso de competencias a las autonomías es un "avance" y la devolución un "retroceso", cuando por definición no se avanza ni se retrocede si no se sabe a dónde vamos. A menos que nos encaminemos a la desmembración de España, claro. De lo que se trata, dicen, es de acercar la administración al ciudadano, pero entonces ¿no sería la mejor opción traspasar las competencias…a los municipios?»[42]

El debate de las competencias se vende como crucial, y lo es para los políticos, pues cuanto mayor poder de decisión tienen mayores serán los beneficios de corromperse, pero a los ciudadanos realmente lo que les importa es que el servicio público se preste con la mayor calidad y al menor precio. Nunca se realiza un debate sensato sobre qué administración prestaría más eficientemente un servicio dado. Únicamente se lanzan improperios, agravios o dogmas de fe. La descentralización puede generar tanto beneficios como prejuicios. Los primeros al adaptarse a las particularidades de cada territorio, y a un control más cercano y directo de los votantes. Los segundos por una mayor corrupción, deseconomías de escala, y mayores gastos burocráticos. Lo último se exacerba cuando los ingresos de las CC.AA. dependen de las transferencias del Estado y no deben recaudar los impuestos por sí mismos. En un espacio más pequeño donde hay más interacciones personales, no resulta extraño que exista más corrupción. Y los electores tienen dificultades para atribuir responsabilidades sobre una competencia en concreto. Lo peor es que cuantas más competencias asumen las autonomías, mayor es la insatisfacción de éstas y mayores son las reivindicaciones de otras competencias nuevas.

El proceso autonómico se ha revelado en la crisis como un auténtico fracaso. Impulsado para contener el incipiente separatismo en Cataluña y el País Vasco, ha acabado alimentándolo. En lugar de acercar la

---

[42] BENEGAS, Javier y BLANCO, Juan, *Catarsis. Se vislumbra el final del Régimen*, Ed. Foca, Madrid, 2013

administración al ciudadano, lo ha hecho al clientelismo, la arbitrariedad, el despilfarro y la corrupción. Urge reformar un modelo territorial agotado.

2.2. LA DISTRIBUCIÓN DE COMPETENCIAS EN EL TÍTULO VIII DE LA CONSTITUCIÓN

Visto lo visto, no extraña que el mismo Muñoz Machado[43] concluya que "el Título VIII de la Constitución, que ha dado lugar a la organización del sistema autonómico, es un desastre sin paliativos, un complejo de normas muy defectuosas técnicamente, que se juntaron en dicho texto sin mediar ningún estudio previo ni una reflexión adecuada sobre las consecuencias de su aplicación". Bereijo[44] afirma que «el mayor problema que tiene hoy planteado nuestro Estado constitucional no es el de "la profundización del autogobierno". Hoy el verdadero desafío de la Constitución y del Estado por ella alumbrado es cómo prevenir los riesgos de la fragmentación política en un modelo de organización territorial tan peligrosamente abierto que no parece tener fin, y que amenaza con la centrifugación de un Estado trabajosamente construido a lo largo de estos años.» La descentralización ha generado graves inconvenientes en nuestra vida política, como el centralismo autonómico, fenómenos de caciquismo y nepotismo, corrupción y despilfarro de recursos financieros. La cercanía al administrado no ha mejorado el contacto con los gobernantes, salvo para el acceso de los caciques locales. Tampoco ha logrado el éxito esperado en el otro objetivo que estaba en la base y origen del pacto constitucional: la vieja cuestión del modo de articulación de la pluralidad y diversidad territorial de España, particularmente en lo que se refiere a la integración de los nacionalismos periféricos, vasco y catalán. Concluye Muñoz Machado[45] que "es temerario no querer ver que el reparto de competencias entre el Estado y las CC.AA. es muy oscuro, ineficiente e inadecuado, que el ordenamiento jurídico general resulta inmanejable, que las relaciones entre la legislación estatal y la autonómica no se atienen a modelos experimentados, y que nuestras invenciones al respecto no funcionan; que la proliferación de normas constituyen estorbos para el desarrollo

---

[43] MUÑOZ MACHADO, *op. cit.*
[44] RODRÍGUEZ BEREIJO, Álvaro, *op. cit.*
[45] Ibíd.

económico; que las estructuras y empleados públicos se multiplican sin justificación; que es difícil el cumplimiento de las leyes del Estado; que el Tribunal Constitucional no puede hacer de garante del funcionamiento del Estado autonómico, y que sus sentencias se incumplen."

El Título VIII de la Constitución no solo es un desastre, sino que ha dejado de aplicarse, pues conviven de forma caótica normas estatales y autonómicas de escasa calidad técnica, sentencias inaplicadas del Tribunal Constitucional, etc. El sistema competencial español por su propia naturaleza, tal como está diseñado por la Constitución y según la interpretación que del mismo ha realizado el Constitucional, constituye una fuente innata de duplicidades, causadas por la indefinición constitucional de las competencias y por el uso extensivo de los títulos transversales y básicos que realiza el legislador estatal, por la inexistencia de competencias exclusivas autonómicas y por su alta conflictividad como consecuencia de la inestabilidad material y funcional de las competencias. Si analizamos las duplicidades competenciales, tanto desde el punto de vista normativo como ejecutivo, encontramos numerosos ámbitos materiales regulados tanto por el Estado como por las Comunidades Autónomas y, a veces, mediante normas del mismo rango; es decir, se produce tanto la duplicidad material como funcional.

De la Quadra Salcedo[46] resume con claridad las cuatro fuentes de problemas más frecuentes que ha suscitado la distribución de competencias:

1) La delimitación vertical de las "bases", de competencia estatal, respecto de su "desarrollo", de competencia autonómica. El primer tópico sobre los conflictos se ha originado por la delimitación entre lo que se consideran "bases" reservadas al Estado y lo que es "desarrollo" de esas bases. El problema se origina en que con las competencias exclusivas del Estado, determinadas directamente en la Constitución, no siempre se pretendía que se ocupase todo el ámbito funcional (legislación y ejecución) de una materia, sino, en algunos casos solo de parte de ella. Por otra parte, incluso cuando la competencia estatal se ceñía únicamente a la legislación, se podían establecer límites a esa competencia legislativa, constriñéndola a

---

[46] DE LA QUADRA SALCEDO FERNÁNDEZ DEL CASTILLO, Tomás, *op. cit.*

las bases exclusivamente. La dificultad del deslinde no solo ha obligado a la intervención del Tribunal Constitucional cuando una comunidad autónoma interponía un recurso de inconstitucionalidad o planteaba un conflicto de competencia, sino también aunque no se llegase a plantear recurso. En efecto, las CC.AA. frecuentemente legislaban ignorando las previsiones de la ley básica estatal con el argumento de que, como esta se habría excedido del contenido propio de las "bases" invadiendo la competencia autonómica, la norma básica era, en realidad, inconstitucional y, por tanto, nula, por lo que la comunidad autónoma podía legislar ignorándola. En esas condiciones podían convivir de facto, y de hecho han convivido, dos regulaciones contradictorias sobre una misma materia, que subsistían hasta que un tribunal planteaba una cuestión de constitucionalidad que daba lugar a una sentencia del Tribunal Constitucional o hasta que el Estado impugnaba la ley autonómica. Todo ello daba lugar a un cierto desorden jurídico, especialmente ante el retraso del Tribunal Constitucional en dictar sentencia.

2) La delimitación horizontal entre materias nominalmente diferentes que se atribuyen a uno u otro nivel, pero que presentan zonas de solapamiento. El segundo tópico de la conflictividad se refiere al deslinde entre ámbitos formal y materialmente distintos, pero que, sin embargo, presentan inevitablemente zonas comunes. Las obras públicas de interés general, competencia del Estado, y la ordenación del territorio, competencia de las CC.AA., por ejemplo, son un caso de competencias nominal y materialmente distintas que, sin embargo, tienen zonas de confluencia o interferencia. Este tipo de conflictos es frecuente y casi inevitable en países federales, como es conocido.

3) El alcance y límites de las competencias estatales de vocación transversal (artículo 149.1.1ª[47] y 13ª[48]). Aquí tenemos competencias del Estado que, desde el principio, tiene vocación de ser transversales y, por

---

[47] Artículo 149. 1.1ª CE. El Estado tiene competencia exclusiva sobre las siguientes materias: 1ª La regulación de las condiciones básicas que garanticen la igualdad de todos los españoles en el ejercicio de los derechos y en el cumplimiento de los deberes constitucionales.
[48] Artículo 149. 1.13ª CE. El Estado tiene competencia exclusiva sobre las siguientes materias: 13ª Bases y coordinación de la planificación general de la actividad económica.

tanto, de interferir en las competencias de las CC.AA. por exclusivas que sean. Se trata de competencias definidas con criterios funcionales, es decir, sin referencia a una materia o sector concreto de la actividad social o personal. Son competencias que se refieren a funciones que el Estado debe asegurar, como es el caso de las *"condiciones básicas que garanticen la igualdad de todos los españoles en el ejercicio de los derechos y en el cumplimiento de los deberes"* del artículo 149.1.1ª. Desde tal competencia, el Estado queda apoderado para hacer regulaciones que pudieran interferir, condicionar o desplazar regulaciones autonómicas no conformes o contradictorias con tales condiciones básicas. Esa competencia está en la Constitución así de clara desde su aprobación y resulta así de indiscutible. Lo que podría discutirse por las CC.AA. es la aplicación y uso concreto de esa competencia, pues es evidente que, invocando esa finalidad, el Estado podría tratar de extender la competencia estatal abusivamente más allá de lo razonable sobre cualquier materia de competencia exclusiva autonómica. Ese riesgo de extensión abusiva e ilimitada debería ser conjurado por el Tribunal Constitucional en la medida que verificase en cada caso si se da el supuesto de hecho que habilita tal competencia estatal: la garantía de las condiciones básicas que garanticen la igualdad. En todo caso, de nuevo surge aquí una eventual zona de fricción entre las competencias estatales y las autonómicas.

4) Finalmente, la configuración de los Estatutos como normas en las que fundamentar un estado autonómico o federal ha contribuido igualmente a generar buena parte de la actual crisis institucional. Esta vía podía ser factible si la autonomía se concediera únicamente a las comunidades denominadas históricas, pero no si se generaliza a todo el Estado. Adicionalmente, los Estatutos son tan difíciles de cambiar como la Constitución, y además es necesaria una aprobación del Parlamento autonómico por mayoría muy cualificada, de modo que para la reforma territorial del Estado estamos abocados a una reforma parcial de la Constitución que, a su vez, modifique los Estatutos.

La organización autonómica generalizada se ha demostrado inviable no solo por ella misma sino también por la formación de redes clientelares que han derivado en despilfarro y, en demasiadas ocasiones, corrupción. Al mismo tiempo, la Administración central no ha adelgazado en igual proporción a como aumentaba la administración autonómica, lo que también ha producido un gasto enorme, y no siempre productivo para al ciudadano. Finalmente, desde las fuerzas políticas que preconizan otro modelo territorial del Estado no siempre ha habido lealtad constitucional.

Por fin, llegamos al punto actual en que caemos en la cuenta de que: a) la proliferación autonómica plena fue un sinsentido poco sostenible, y b) hay que reformular la división territorial de España. Es imprescindible, por lo tanto, una reforma a fondo del modelo territorial. Esa reforma tiene que serlo de la propia Constitución, de su Título VIII, que si se lee hoy carece en su mayoría de contenido directivo, ya que se elaboró a partir del principio dispositivo y dejó, en consecuencia, en manos de las comunidades que pudieran constituirse y de los Estatutos por aprobar las decisiones más importantes. Si el nivel de la reforma se rebajase tropezaríamos, con el obstáculo de los Estatutos de Autonomía en vigor. El objeto básico de la reforma no puede ser otro que el establecimiento de un modelo territorial claro y de perfiles bien definidos. Ese modelo puede seguir siendo el del Estado de las Autonomías, pero debidamente corregido a la vista de la experiencia.

¿Qué correcciones habría que introducir?

1° Racionalizar el número de entes y niveles territoriales, reduciendo el número de CC.AA. para que ganen el tamaño necesario para gestionar eficientemente sus competencias; estableciendo un procedimiento de agrupación de municipios, que les permita un tamaño suficiente para prestar adecuadamente sus servicios; disolviendo las diputaciones provinciales (con las posibles excepciones como hechos diferenciales de las diputaciones vascas, y los Cabildos y Consejos Insulares en Canarias y Baleares), vestigio de una descentralización territorial que ha perdido sentido ante la aparición de las CC.AA., y cuyas funciones asumirían éstas; y eliminando duplicidades de organismos e instituciones redundantes mediante la concentración de órganos de Control Externo (tribunales de cuentas), gestión (agencia tributaria; empleo público, cooperación al desarrollo; protección de datos; registros oficiales de licitadores y de empresas clasificadas; servicios de Astronomía, Meteorología, Geodesia, Geofísica y Cartografía, etc.), consultivos (consejos consultivos), reguladores (defensa de la competencia, etc.) y supervisores de CC.AA. y Estado en uno solo que prestaría sus servicios a todas las administraciones públicas, y que sería gestionado de forma conjunta.

Habría que reducir el número de comunidades autónomas porque no tiene ningún sentido regiones tan pequeñas y con una población tan reducida como algunas de las comunidades autónomas actuales. A estos efectos es oportuno recordar que la Constitución italiana de 1948 estableció en su artículo 132[49] que para crear regiones nuevas sería preciso contar con un mínimo de un millón de habitantes. Sesenta años después sería lógico elevar ese mínimo. Una solución que daría racionalidad, estabilidad e igualdad sería reducir el número de comunidades autónomas de las diecisiete actuales hasta unas once con una población media cercana a los cuatro millones de habitantes, un tamaño más razonable para prestar los servicios públicos encomendados, aunque se establecieran ciertas excepciones por razón de la insularidad (Baleares y Canarias) o de la foralidad (Navarra).

En cualquier caso, un nivel administrativo y político que debería desaparecer es el provincial, cuyas funciones actuales se repartirían entre las CC.AA. y los municipios con una cierta población. Si las CC.AA. estimasen necesaria su existencia, y en el caso de las más pobladas probablemente lo sería, les correspondería a éstas establecer las funciones de ese nivel administrativo intermedio. En consecuencia, también tendrían que desaparecer (o reducirse mucho) las delegaciones de la Administración federal central en los territorios, limitándose a las competencias que le quedasen como exclusivas.

---

[49] Art. 132 Constitución Italiana: Se podrá disponer mediante ley constitucional, oídos los Consejos Regionales, la fusión de Regiones existentes o la creación de Regiones nuevas con un mínimo de un millón de habitantes cuando así lo soliciten unos Ayuntamientos que representen como mínimo a un tercio de las poblaciones interesadas y la propuesta se apruebe en referéndum por la mayoría de éstas. Se podrá, con el voto favorable, expresado en referéndum, de la mayoría de las poblaciones interesadas de la Provincia o Provincias interesadas o del Municipio o Municipios interesados y mediante ley de la República, después de oídos los Consejos Regionales, autorizar que determinadas provincias o municipios que así lo hayan solicitado, queden segregados de una Región e incorporados a otra.

La desaparición de muchas de las diputaciones provinciales (exceptuando las vascas) impone igualmente un proceso de concentración municipal como el que se ha llevado a cabo en media Europa, con el objeto de que los municipios ganen el tamaño mínimo necesario para poder prestar las funciones que se les encomienden, que deberían estar establecidas igualmente en la Constitución. Tras esta concentración municipal, los municipios con una población menor de veinte mil habitantes deberían ser la excepción y no la regla, tener unas competencias a prestar reducidas y estar justificados por su lejanía de los centros de prestación de servicios de otros municipios. Así pues, la reforma territorial debe dibujar el mapa territorial completo, sin olvidar a los municipios. No es sensato hacer gravitar sobre el ciudadano cuatro y hasta cinco administraciones territoriales diferentes: Estado, comunidad autónoma, provincia, municipio y en algunos casos comarca. Tampoco lo es mantener artificialmente en pie más de ocho mil municipios, de los cuales solo un millar, como mucho, es viable. El informe de la Comisión *Redcliffe-Maud* en Inglaterra a finales de los años sesenta del siglo pasado, proponía la sustitución de los miles de condados, burgocondados, distritos y parroquias ingleses por solo cincuenta y cinco autoridades, cuyo tamaño y población las hacía aptas para actuar eficazmente como administraciones prestadoras de servicios. En España tampoco sería necesario llegar tan lejos, pero los municipios podrían reducirse a menos de mil sin ningún menoscabo en su capacidad de prestación de servicios sino, por el contrario, con una escala más adecuada para prestar más servicios y más eficientemente.

2º Es asimismo imprescindible establecer mecanismos de participación, coordinación y cooperación entre las CC.AA. y el Estado, dado que estas funciones serán aún más importantes que ahora para diseñar un estado funcional. Para ello propongo sustituir nuestro incompetente Senado por un Consejo de las Autonomías a semejanza del *Bundesrat*, donde estén representados los gobiernos autonómicos, con competencias legislativas y capacidad de decisión sobre las leyes de interés autonómico (aquellas en las que las CC.AA. estén encargadas de la ejecución o el desarrollo reglamentario), y con instrumentos para favorecer la cooperación entre las CC.AA. y el Estado. Si las CC.AA. deben perder algunas de las competencias legislativas que desarrollan actualmente para favorecer la unidad de mercado y reducir la duplicidad de organismos y funciones, a cambio deberán tener una mayor capacidad de influir y determinar el rumbo y el alcance de las políticas del Estado que les afecten. Para ello, es necesario habilitar una segunda Cámara legislativa que sea realmente territorial, a diferencia de nuestro actual Senado. El Estado no debería, como ha hecho en ocasiones, imponer obligaciones funcionales, organizativas y presupuestarias a las CC.AA. sin su consentimiento previo. Dicho Consejo Autonómico funcionaría de manera similar al *Bundesrat* alemán, y participaría igualmente en la política europea que tanto impacto tiene sobre las políticas competencia de las autonomías. Igualmente, a través de este Consejo de las Autonomías nombrarían representantes en las delegaciones encargadas de representar al Estado ante la UE, y ejercerían el poder de nombramiento en los organismos comunes, en los reguladores y en las instituciones constitucionales con influencia sobre las autonomías. Se trataría de que las CC.AA. estén más implicadas en la política nacional y tengan un mayor poder en el diseño y ejecución de la misma, pero de forma conjunta, no cada una haciendo la "guerra" por su cuenta. El Consejo de las Autonomías también tendría que aprobar una posible reforma constitucional, y en él deberían celebrarse periódicas Conferencias de Presidentes en las que los gobiernos de las CC.AA. se coordinasen entre sí y expresasen sus inquietudes y problemas comunes al Gobierno del Estado. Lo cierto es que actualmente los mecanismos de coordinación y cooperación multilaterales, salvo excepciones, se ignoran, se eluden o se mantienen bajo mínimos, lo cual resta eficacia al conjunto de un sistema.

3° La creación de una cámara de representación territorial facilitaría la regulación de los derechos y obligaciones ante la UE de los distintos entes territoriales. Cuando se creó la Constitución del 78, España aún no pertenecía a la UE y ésta ha ido ganando poderes que afectan a las competencias del Estado y las CC.AA. Incluso, como han hecho las Constituciones de otros países, debería introducirse un nuevo Título constitucional relativo a la Unión Europea, el VII bis. Este nuevo Título resultaría oportuno no sólo para dar estatuto constitucional a la regulación de nuestra integración europea (ahora muy precariamente normativizada en el art. 93[50] de la Constitución) sino también para establecer prerrogativas de participación autonómica en la negociación y aprobación de las normas comunitarias, ya que buena parte de ellas versan sobre materias de interés autonómico. Otras constituciones, como la alemana, ya han sido modificadas en ese sentido y podrían servir como ejemplo a seguir.

4° Cerrar el modelo competencial, concretando las competencias de cada nivel territorial en la propia Constitución, y no dejándolo a la negociación bilateral en cada coyuntura política. Las competencias se detallarían en la Constitución, y no en los Estatutos, y en adelante para su modificación sería precisa una reforma constitucional, de modo que el reparto de nuevas competencias se excluirá de las negociaciones partidistas para formar gobierno. Dentro de ese cierre del modelo, se delimitarían más claramente de las competencias entre Estado y territorios, eliminando las competencias repartidas según el conflictivo binomio bases-desarrollo, e introduciendo la primacía de la legislación estatal sobre la autonómica en el caso de competencias concurrentes, para aclarar las responsabilidades de cada uno, y evitar buena parte de la conflictividad competencial actual. En ese modelo competencial se debería introducir la cláusula de lealtad constitucional, a semejanza de la lealtad federal que el Tribunal Constitucional alemán obliga a considerar en el ejercicio de las competencias de los entes territoriales.

El reparto competencial entre Estado, CC.AA. y municipios debería hacerse en la propia Constitución, no dejarlo a expensas de los Estatutos de

---

[50] Artículo 93 CE. Mediante ley orgánica se podrá autorizar la celebración de tratados por los que se atribuya a una organización o institución internacional el ejercicio de competencias derivadas de la Constitución. Corresponde a las Cortes Generales o al Gobierno, según los casos, la garantía del cumplimiento de estos tratados y de las resoluciones emanadas de los organismos internacionales o supranacionales titulares de la cesión. *Téngase en cuenta que la Resolución TC-Pleno de 13 de Diciembre de 2004, declara que no existe contradicción entre la Constitución española y los artículos I-6, II-111 y II-112 de la Constitución Europea por los que se delimita el ámbito de aplicación de la Carta de Derechos Fundamentales de la Unión y los criterios definidores de su interpretación y alcance y que el art. 93 de la Constitución Española es suficiente para la prestación del consentimiento del Estado al Tratado referido («B.O.E./Suplemento 4 enero 2005»). Resolución 1/2004 del TC, Sala Pleno, 13 Dic. (Rec. 6603/2004) Declaración Pleno TC 1/2004 de 13 Dic. (requerimiento 6603-2004, sobre constitucionalidad arts. I-6, II-111 y II-112 del Tratado por el que se establece una Constitución para Europa, firmado en Roma 29 Oct. 2004)*

las comunidades autónomas, como se hizo en 1978. De otra manera volveremos a presenciar la experiencia del Estatuto de Cataluña de 2006 y otros de su generación (como el de Andalucía), que recogieron numerosas competencias que entran en conflicto con la Constitución. Para que eso no ocurra, esta propuesta de reforma constitucional elabora una lista más exhaustiva del reparto de competencias. El modelo de distribución competencial entre el Estado y las entidades subestatales que me sigue pareciendo más apropiado es el de la Ley Fundamental alemana, porque admite, junto a las competencias propias de la Federación (aquí, el Estado) y de los *Länder* (aquí las comunidades autónomas), un abanico de competencias concurrentes, en el que los últimos también pueden legislar, aunque solo "mientras y en la medida" en que aquella no lo haga. A estos efectos es primordial la precisión que hace el artículo 72.2[51] de la Ley Fundamental alemana, según la cual "la Federación tiene la competencia legislativa, si y en la medida que sea necesaria una regulación legislativa federal en interés de la totalidad del Estado para la creación de condiciones de vida equivalentes en el territorio federal o el mantenimiento de la unidad jurídica o económica." La inclusión de una regla como esta es algo irrenunciable.[52]

El texto constitucional reformado debería incluir cuatro listas de competencias en otros tantos artículos: uno con las competencias exclusivas del Estado; otro con las de legislación estatal, esto es, aquellas en las que el Estado tiene la competencia legislativa y las CC.AA. la ejecución de las mismas; otro con las concurrentes, aquella en la que las CC.AA. tienen la facultad de legislar mientras y en la medida que el Estado no haya hecho uso mediante ley de su competencia legislativa; y otro con las competencias de los municipios, con unas sublistas que se van incrementando de acuerdo con la población. Para cerrar el modelo, se establecería una cláusula de atribución residual por la cual las

---

[51] Artículo 72 Ley Fundamental Alemana. Legislación concurrente de la Federación. (2) En las materias del artículo 74, apartados 1 nos 4, 7, 11, 13, 15, 19 a, 20, 22, 25 y 26, la Federación tiene la competencia legislativa, si y en la medida que sea necesaria una regulación legislativa federal en interés de la totalidad del Estado para la creación de condiciones de vida equivalentes en el territorio federal o el mantenimiento de la unidad jurídica o económica.
[52] FERNÁNDEZ RODRÍGUEZ, Tomás Ramón, *op. cit.*

competencias no asignadas a ninguna otra administración pertenecerían a las CC.AA., así como un artículo detallando las competencias estatales que algunas CC.AA. ejercerían en virtud de sus hechos diferenciales. La ventaja que tiene una distribución de competencias como la que propongo empieza porque cierra el proceso de atribución de competencias en la propia Constitución, con independencia de si en los estatutos se dispone o no algo en relación solo con las competencias residuales. Las competencias serían las que serían y vendrían determinadas en la Constitución. Los Estatutos dejarían de ser una fuente de otorgamiento de competencias y si se deseara incluir alguna competencia adicional para todas o alguna región habría que reformar la Constitución. Se acabaría así con la práctica del apoyo nacionalista al gobierno nacional de turno a cambio del traspaso de alguna competencia nueva. Ni que decir tiene que el artículo 150.2 a través del cual se produce en la actualidad esta práctica se derogaría.

Los preceptos relativos a la distribución de competencias no pueden ir solos, como lo está el actual artículo 149 de la Constitución. Necesitan inexcusablemente la compañía de una serie de reglas instrumentales que definan con claridad los términos en que ha de desarrollarse la imprescindible colaboración entre los dos niveles institucionales. En la Ley Fundamental alemana, que tiene bastantes menos artículos que nuestra Constitución, se dedican siete al reparto de los poderes legislativos y quince al de las competencias de ejecución. "Como la experiencia de estos últimos treinta años muestra, la tarea de articular el complejo entramado institucional de un Estado compuesto no puede entregarse en su totalidad a un Tribunal Constitucional, que es, desde luego, intérprete supremo de la Constitución, pero no un oráculo que pueda extraer normas de conducta prácticamente de la nada."[53] En general, y siguiendo la evolución del federalismo alemán, el Estado debería asumir la legislación de algunas competencias ahora concurrentes con las CC.AA., como Sanidad, Educación y Justicia, mientras que las CC.AA., como los *Lander* alemanes, deberían ser principalmente entes ejecutores y prestadores de servicios. Se reduciría así sustancialmente la diversidad y número de normas autonómicas que tanto perjudican la unidad de mercado y se

---

[53] FERNÁNDEZ RODRÍGUEZ, Tomás Ramón, *op. cit.*

incrementaría la eficacia en la prestación de servicios públicos, al adaptar la prestación a las peculiaridades de cada región.

Fernández Rodríguez[54] considera inexcusable incluir garantías institucionales precisas de la efectiva observancia por las comunidades autónomas de las reglas, porque hay que asegurarse de que la autonomía no vaya en perjuicio de la irrenunciable unidad, que no es en absoluto su enemiga, sino el contexto dentro del cual esa autonomía encuentra su verdadero sentido y su razón de ser. También aquí la experiencia demuestra que no basta con el remedio extremo del artículo 155[55] de la vigente Constitución. Entre la nada y la "ejecución estatal" de las competencias autonómicas que este artículo prevé tiene que haber no una, sino varias fórmulas intermedias, practicables y efectivas, no solo meramente retóricas como la "alta inspección" y otras similares. La Ley Orgánica 2/2012, de 27 de abril, de Estabilidad Presupuestaria y Sostenibilidad financiera, ha dado ya algunos pasos en esa dirección. Es un tema en el que no hay que tener ya el más mínimo complejo después de lo que ha pasado y de las actitudes de franca insumisión que se han producido, mediando incluso sentencias constitucionales y contencioso-administrativas que han declarado lo que es de Derecho en un asunto dado. Los británicos no lo han tenido nunca y han dejado en suspenso la autonomía del Ulster cuando lo han considerado necesario.[56]

5° Detallar en la propia Constitución el sistema de financiación autonómica y municipal. La reforma constitucional debe establecer las bases de la hacienda estatal y de las haciendas autonómicas, porque ya se ha visto que remitir este grave asunto a una ley orgánica, como lo hace el

---

[54] FERNÁNDEZ RODRÍGUEZ, Tomás Ramón, *op. cit.*
[55] Artículo 155 CE. 1. "Si una Comunidad Autónoma no cumpliere las obligaciones que la Constitución u otras leyes le impongan, o actuare de forma que atente gravemente al interés general de España, el Gobierno, previo requerimiento al Presidente de la Comunidad Autónoma y, en el caso de no ser atendido, con la aprobación por mayoría absoluta del Senado, podrá adoptar las medidas necesarias para obligar a aquélla al cumplimiento forzoso de dichas obligaciones o para la protección del mencionado interés general. 2. Para la ejecución de las medidas previstas en el apartado anterior, el Gobierno podrá dar instrucciones a todas las autoridades de las Comunidades Autónomas."
[56] FERNÁNDEZ RODRÍGUEZ, Tomás Ramón, *op. cit.*

artículo 157.3[57] de la vigente Constitución, solo conduce al desastre financiero. Mucho más importante que la idea de que todos los españoles paguemos lo mismo en todas las partes del territorio nacional es que los políticos autonómicos den la cara ante los ciudadanos de su comunidad y les pidan que paguen más si, en efecto, quieren recibir más. Lo que no puede ser es que asuman el papel de buenos reclamando continuamente al Estado y dejen para el Estado el papel de malo por no poder atender sus continuas y crecientes reclamaciones. Hemos hecho en el pasado muchas cosas mal por inexperiencia, y una de las más importantes y de las más graves es precisamente esta. El Estado se ha quedado con lo más ingrato: las Fuerzas de Seguridad y los impuestos, esto es, con "lo que quita", con lo que hace daño. Las comunidades autónomas, en cambio, se han quedado con "lo que da", el estado del bienestar y la asistencia social. Lo que la gente percibe es esto, que las comunidades autónomas "dan", e incluso que son ellas las que otorgan lo que en realidad "da" la Unión Europea. Con esa percepción, que no es solo errónea sino también gravemente dañina, hay que acabar.

En general, es necesaria una definición más clara y sencilla, más funcional, de la distribución constitucional de competencias entre el Estado, las Comunidades Autónomas y las Administraciones locales, que podría hacerse por la vía más rápida y menos costosa políticamente del art. 167[58] C.E., mediante una Ley Orgánica de modificación del Título VIII de la Constitución, y de algunos aspectos de otros títulos, aprobada por mayoría de tres quintos de cada una de las Cámaras y con la posibilidad de

---

[57] Art. 157.3 CE. "Mediante ley orgánica podrá regularse el ejercicio de las competencias financieras enumeradas en el precedente apartado 1, las normas para resolver los conflictos que pudieran surgir y las posibles formas de colaboración financiera entre las Comunidades Autónomas y el Estado."

[58] Artículo 167 CE. "1. Los proyectos de reforma constitucional deberán ser aprobados por una mayoría de tres quintos de cada una de las Cámaras. Si no hubiera acuerdo entre ambas, se intentará obtenerlo mediante la creación de una Comisión de composición paritaria de Diputados y Senadores, que presentará un texto que será votado por el Congreso y el Senado. 2. De no lograrse la aprobación mediante el procedimiento del apartado anterior, y siempre que el texto hubiere obtenido el voto favorable de la mayoría absoluta del Senado, el Congreso, por mayoría de dos tercios, podrá aprobar la reforma. 3. Aprobada la reforma por las Cortes Generales, será sometida a referéndum para su ratificación cuando así lo soliciten, dentro de los quince días siguientes a su aprobación, una décima parte de los miembros de cualquiera de las Cámaras."

ser sometida a referéndum. Dicho referéndum sería no solo conveniente sino ineludible por la importancia de las cambios a introducir y porque, de este forma, todos los españoles ejerceríamos nuestro "derecho a decidir", como depositarios de la soberanía nacional. Ni que decir tiene, que los catalanes también ejercerían este derecho, pero dentro de las normas constitucionales, y su voz se haría oír con total normalidad. En este sentido, habría que abordar dos procesos de decisión. La reforma de la Constitución, que sería votada por el conjunto de los ciudadanos, y la subsiguiente reforma de los Estatutos para adaptarse a la Constitución reformada, refrendada en cada una de las comunidades donde fuera necesario.

En 2006 se aprobaron de una sola vez en Alemania nada menos que 40 modificaciones constitucionales. Unas lo fueron para recuperar competencias para el Estado central y otras para lo contrario, siempre en función de un criterio pragmático de simplificar los procedimientos legislativos y facilitar la gobernabilidad. En España la reforma constitucional es un tabú. La Constitución ha sido vital en la estabilidad y modernización de España, pero ahora necesita una reforma que incorpore lo que hemos aprendido y lo que necesitamos para regenerar la vida democrática. Que la Constitución se haya reformado únicamente dos veces, y por exigencias europeas, constituye una anomalía cuando se compara con cualquier otro país. Es imprescindible aumentar la eficacia del sistema autonómico: fijar la distribución competencial y los criterios de financiación autonómica, que son los principales puntos débiles del modelo.

Naturalmente, el nacionalista recalcitrante nunca se contentará, pero sí podemos ampliar mucho la base de apoyo de los que quieren una solución razonable a un problema real, y hoy no ven una propuesta alternativa que de respuesta a sus aspiraciones. La alta descentralización política de España resultó incompatible con las ansias de singularidad de los partidos nacionalistas, por lo que fue una ingenuidad pensar que el modelo autonómico diseñado en 1978 serviría para integrar al nacionalismo; "se hizo la España de las autonomías para que el nacionalismo pasara a ser autonomía y resulta que las autonomías pasaron a ser nacionalistas. No cometamos ahora el mismo error; pretender calmar al nacionalismo —secesionista o no— con propuestas de federalismo es una soberana tontería. Reformemos la Constitución atendiendo a la realidad política de la sociedad española y no a la forma en la que los nacionalistas expresan sus demandas. Los independentistas se integrarán, con mayor o menos satisfacción, dependiendo de las circunstancias. Pero esa integración será siempre temporal, por lo que nunca deberá condicionar nuestras decisiones. Si tenemos éxito con nuestras reformas, la mayoría de la sociedad se mostrará satisfecha, incluidos los que estaban dispuestos a seguir a los nacionalistas en su estrategia rupturista hacia la tierra prometida; y a los nacionalistas no les quedará otro remedio que adaptarse o se quedarán en minoría."[59] No sirve de nada realizar cambios o aceptar concesiones creyendo que los secesionistas quedarán conformes: jamás lo harán. Se trata de reformar el sistema para que la mayoría de los españoles, catalanes o no, se encuentren bien representados y puedan confiar en sus instituciones. Una emoción negativa solo puede contrarrestarse con la ilusión colectiva de construir una España mejor.

[59] DÍEZ, Rosa, *Una propuesta para la igualdad*, El País, Madrid, 2013.

3. ¿HACIA UN MODELO FEDERAL?

3.1. LOS DISTINTOS MODELOS: UNITARIO, AUTONÓMICO, FEDERAL, CONFEDERAL.

El modelo territorial del Estado de la Constitución de 1978 fue fruto de un pacto entre dos visiones de España completamente distintas, la que explicita su artículo segundo, en el que "reconoce y garantiza el derecho a la autonomía de las nacionalidades y regiones que la integran y la solidaridad entre todas ellas." Allí se proclamaba la unidad de la nación española y, a su vez, la referencia explícita a nacionalidades históricas y regiones. Aunque no se explicitaba, las nacionalidades históricas eran aquellas que ya habían ratificado su estatuto de autonomía durante la Segunda República. Cataluña, País Vasco y Galicia, a las que se les reconocía un nivel de autonomía política muy superior al resto de regiones[60]. Para Romero[61], se trata de un "criterio cuestionable, pero en su momento e incluso ahora pareció un motivo válido para la diferenciación competencial, y de esa interpretación se hubiera derivado un Estado autonómico con dos niveles de autonomía política: el de las nacionalidades y el de las regiones. Algo parecido al proceso de *devolution* seguido en el Reino Unido a partir de 1999, donde la autonomía política, a su vez asimétrica, únicamente afecta a Escocia, Gales e Irlanda del Norte, después de que prosperase la negativa en el referéndum de descentralización en el noreste de Inglaterra. En el caso de España, un hecho alteró aquella posibilidad inicial. Andalucía decidió, al amparo de una de las vías que la propia Constitución establecía, promover un referéndum por el cual quedaría equiparada al grupo de nacionalidades históricas. Su trascendencia sería de tal magnitud que el propio proceso de construcción del Estado autonómico empezó a transitar por otra de las posibles vías desde aquel momento. La ratificación popular de la iniciativa andaluza introdujo un cambio sustancial del escenario político: una región pasaba a

---

[60] Hago un inciso para indicar que reconocer una mayor autonomía por este motivo me resulta bastante tosco. ¿Por qué esa circunstancia histórica tiene mayor valor que otras? Después de todo, la concesión de autonomía a distintas regiones durante la segunda república se vio interrumpida por el inicio de la Guerra Civil, pero la tendencia hacia su generalización existía.

[61] ROMERO GONZÁLEZ, Joan, *España inacabada*, U. Valencia, Valencia, 2011.

integrarse en el grupo de nacionalidades históricas." De resultas, un Estado que en sus inicios fue concebido por algunos como asimétrico, hoy es simétrico en lo fundamental.

Y es precisamente esta cuestión, relacionada con la referencia en el texto constitucional a nacionalidades y regiones y con el reconocimiento de derechos históricos, la que de nuevo ha vuelto a cobrar una gran importancia política. Después de treinta años, las nacionalidades históricas catalana y vasca, reclaman el derecho a ser reconocidas como comunidades nacionales. No se trata de obtener concesiones o reconocimiento a determinados hechos diferenciales genéricos, que, por otra parte ya están recogidos en la Constitución, sino a la necesidad de abordar lo que se ha convenido en llamar "encaje" de las naciones internas. Para resolver estos problemas se requiere una modificación de la Constitución, ya que los Estatutos son muy complicados de cambiar uno a uno. La nueva Constitución debería responder a las siguientes preguntas.

¿Cuál es el modelo de referencia para nuestra reforma constitucional? ¿El estado federal? ¿Y, si es así, simétrico o asimétrico? ¿El estado unitario? ¿El confederal? Expresadas de una u otra manera, con mayor o menor amplitud, intensidad o profundidad, en las propuestas de reforma de la Constitución se parte de la convicción de que el ciclo del Estado autonómico está agotado. Cabrían las siguientes variantes: el mantenimiento del Estado autonómico tal como ha llegado al presente con una determinada reforma constitucional; su conversión en Estado federal mediante la reforma de la Constitución, propugnada por el PSOE, con respaldo doctrinal, y con diferentes modalidades; la supresión de las Comunidades Autónomas; o el Estado en clave confederal, en opinión reiterada por el Partido Nacionalista Vasco y por Unió.

La vuelta al estado unitario o la evolución hacia el estado confederal pueden descartarse casi de antemano. El primero porque no existe una amplia demanda social que lo apruebe, ya que apenas el 19,2% de los españoles se expresa en este sentido, según la encuesta del segundo trimestre de 2014 del Centro de Investigaciones Sociológicas (CIS), y porque la descentralización de las autonomías no es disfuncional en España por su mera existencia, sino por lo incorrecto y abierto de su formulación.

Estados federales con una descentralización similar a la nuestra, como Estados Unidos, Alemania y Suiza, son un ejemplo de eficiencia y funcionalidad, así que no es la descentralización *per se* la que resulta un problema, sino la descentralización que hemos improvisado los españoles. Además, hay que tener en cuenta que el Título VIII de la Constitución nació especialmente para resolver el problema de las dos regiones con mayor identidad en España, es decir, el País Vasco y Cataluña, y resultaría demencial suprimir en estas dos regiones la autonomía que consideran como intrínsecamente necesaria…al menos mientras no puedan alcanzar la independencia. El segundo porque la historia política mundial demuestra que el estado confederal es en sí mismo inestable y tarde o temprano evoluciona hacia el modelo federal o hacia la desintegración. Esta última podría ser una opción política de las fuerzas que lo reclaman (PNV y Unió). Esto es, una secesión por etapas, pero no es solución en modo alguno a la actual situación de crispación e inoperancia si de lo que se trata es de adoptar un modelo territorial que funcione, como es mi pretensión y el de la mayoría de los autores que debate sobre este tema.

Así pues, nos quedamos con las opciones de mantener el modelo autonómico con algunas reformas, o evolucionar hacia el modelo federal, y, si se hace así, hacia un modelo federal simétrico o asimétrico. Pero ¿es federal o no *de facto* nuestro estado autonómico?

Nuestra actual ordenación territorial es singular, pero también lo es la de casi todos los estados federales del mundo. Nuestro nivel de descentralización en cuanto a las competencias asumidas por las distintas CC.AA. es equivalente y, en muchos casos, supera a las propias de un Estado federal. Aunque algunos así lo piensan, al Estado federal no lo caracteriza ni un eventual supuesto derecho a independizarse de los Estados miembros –la Guerra de Secesión americana (1861-1865) es la prueba trágica de ello– ni un Estado central inerme. Tampoco que el estado se construya sobre la base de un supuesto pacto federal, a partir de unos Estados soberanos. Este es ciertamente el caso de los Estados Unidos, Alemania y Suiza, donde los estados federados son pre-existentes al acuerdo, siendo entonces el problema asegurar la unidad sobre la pluralidad, esto es, afirmar los rasgos e instituciones centrales sobre los centrífugos. Pero en otros estados federales, lo que se produce es una descentralización o devolución realizada desde un Estado unitario, como en Canadá, Bélgica, España y, con matices, Reino Unido. En estos últimos la soberanía recae en el Estado en su conjunto que, por la vía de la descentralización política, la transfiere a unidades constitutivas de nueva creación, siendo la principal preocupación asegurar la diversidad en la unidad. El origen del Estado a partir de unos Estados soberanos no es condición *sine qua non* para hablar de un Estado federal. Tampoco lo caracteriza el hecho de que los Estados miembros se denominen estados. En Canadá se denominan provincias y en Alemania *Länder*, o *Land* en singular, que más bien sugiere la idea de "territorio", y en Suiza, cantones. Y tampoco, que los territorios puedan elaborar o no sus propias leyes. La capacidad legislativa se da tanto en estados federales como en estados descentralizados. Las diferencias de nuestro estado autonómico con uno federal se miden en realidad, no con los techos competenciales, sino con las reglas técnicas propias de un Estado federal, como la técnica de distribución de competencias en la Constitución y la existencia de una cámara de representación de los territorios. En España, la técnica de distribución de competencias es abierta, indefinida, parcial y deficiente, y la cámara de representación de los territorios no existe, pues nuestro Senado de ninguna manera representa a los territorios sino a los partidos políticos. Sin embargo incluir la denominación de España como Estado Federal en la propia Constitución sí que tendría sus consecuencias. Muñoz Machado[62] mantiene que tal decisión exigiría "desmontar el Estado unitario que se corresponde con nuestra tradición secular, sobre cuyos cimientos se ha construido una descentralización política importante", decidida por los agentes políticos de arriba abajo. La opción del Estado federal significaría que los partidos políticos decidieran refundar un nuevo Estado, construido de abajo arriba, estableciendo qué intereses generales deberían cederse a las regiones. En definitiva, "esto sería el pacto federal que algunos solicitan, que implicaría cambiar la residencia de la soberanía para situarla en las entidades infraestatales (la mayor parte de ellas artificialmente constituidas a partir de 1978) y nos llevaría hacia un confederalismo de nuevo cuño y de futuro ahora inexplorable". Por lo

---

[62] MUÑOZ MACHADO, *op. cit.*

demás, parece que sería difícil que Cataluña y el País Vasco aceptaran un federalismo igualitario.

Las relaciones entre nacionalismo y federalismo no son tan sencillas de establecer. De hecho la cultura del federalismo, basada en la transacción, el pacto y la disposición a la presentación jurídica de los problemas, se opone a la actitud del nacionalismo, renuente a renunciar a su demanda básica de autodeterminación y a encontrar acomodo en un espacio político que no sea exclusivo. Por ello los países federales exitosos no tienen nada que ver con el nacionalismo y resisten mal las tensiones de las nacionalidades, al menos cuando acogen a estos elementos explícitamente en sus estructuras institucionales. Yugoslavia saltó por los aires y Canadá en sus setenta años de existencia independiente lleva una convivencia bien difícil, que no sabemos cómo concluirá. Suiza es otro caso, pues no se trata de una Federación articulada sobre las nacionalidades, sino sobre una realidad territorial nueva (el cantón) que no coincide con ellas, y que aparece como un vínculo que resta, y no refuerza, la lealtad política a la nacionalidad.

No falta autorizada doctrina científica que sostenga que el Estado autonómico actual, después de la generalización igualitaria comenzada en 1981, es un Estado federal, tan peculiar y diferente de los demás existentes en el mundo como lo son ellos entre sí, afirmación esta última de fácil aceptación. Se suele objetar que el federalismo no es solución, porque no satisface a los nacionalistas, pero no se trata de establecer si satisface o no a los nacionalistas, sino de si es el modelo desde el que mejor se afronta la integración política de la diversidad; y, por tanto, si es el terreno más idóneo para enfrentarse al reto rupturista de los nacionalismos.

Las reclamaciones nacionalistas, por su propia naturaleza, son imposibles de satisfacer plenamente, porque evolucionan, se van adaptando y porque solo la llegada a la particular Ítaca de sus sueños sería capaz de lograrlo. Aceptar las reclamaciones nacionalistas tal y como se plantean en cada momento no evita el riesgo de la temporalidad, de la transitoriedad de esa satisfacción. Siempre permanecerá larvada en los nacionalistas la voluntad de materializar su último sueño. Por tanto, hay que atender a la realidad política más que a la forma en que los nacionalistas expresan sus demandas. Las demandas nacionalistas pueden ser un síntoma, pero los síntomas suelen ser engañosos y hay que saber interpretar qué se esconde tras ellos. Los nacionalistas se integrarán, con más o menos satisfacción, o no se integrarán dependiendo de las circunstancias. Lo que está en juego es si la mayoría de la sociedad les sigue cuando plantean alternativas de ruptura. Y para que eso no ocurra hay que afrontar los problemas reales que subyacen a las reclamaciones nacionalistas y darles una solución razonable suficientemente satisfactoria. Solución que, en muchas ocasiones, será diferente a la querida por los nacionalistas e, incluso, insatisfactoria para ellos. La solución será exitosa si logra que la mayoría de la sociedad la considere suficientemente satisfactoria, incluidos parte de los que estaban dispuestos a seguir a los nacionalistas en la estrategia de ruptura. Si esto se logra, los nacionalistas, de forma más o menos renuente, adaptarán su estrategia o se quedarán en minoría.

En mi opinión convendría no caer en el nominalismo en el debate sobre el federalismo, pues los nombres pueden suponer un obstáculo para la aceptación de la realidad que expresan. Modifiquemos lo que haga falta para que el estado descentralizado que tenemos funcione adecuadamente y dejemos las discusiones filosóficas sobre si el resultado es o no un estado federal y de qué tipo para los expertos en derecho constitucional. Para qué necesitamos un debate visceral (otro más) para cambiar un nombre, si lo importante es que la funcionalidad se adapte a la realidad existente. Deng Xiaoping, máximo líder de la República Popular China desde 1978 hasta los últimos años de su vida, dijo en 1960 "da igual que el gato sea blanco o negro, lo importante es que cace ratones". Introduzcamos en nuestra Constitución las reglas técnicas que posibilitan que los estados federales funcionen eficientemente, tal y como demuestran Estados Unidos, Australia, Suiza o Alemania, y dejémonos de polémicas nominales. Si el término federal no concita consenso suficiente en España porque arrastra una carga simbólica negativa que hunde sus raíces en nuestra historia, con sangrantes conflictos durante los siglos XIX y XX, intentemos dejar a un lado por el momento debates nominalistas que nada aportan y sigamos hablando de Estado autonómico. Será nuestra contribución a la pluralidad de estados federales existentes en el mundo.

Lo que sí es un elemento fundamental del federalismo es que las unidades sub-estatales participen formando la voluntad del centro político, de gobierno compartido. Esto último se consigue cuando los estados federados tienen que participar obligatoriamente de una reforma constitucional, hay un Senado fuerte en el que pueden vetar o condicionar la política federal, los estados pueden decidir los impuestos nacionales o se hace necesario acuerdos intergubernamentales para aplicar las políticas. Estos aspectos no existen en el caso español, lo que "desconecta" a las CC.AA. de la gobernabilidad del estado, centrándose únicamente en la gestión y defensa a ultranza de sus competencias actuales, así como en la incesante demanda de nuevas competencias. Dado que no "mandan" nada en la gestión del estado, para ganar poder se centran únicamente en arrebatar nuevas competencias al Estado para ejercerlas por ellas mismas. Así pues, una cámara de representación territorial fuerte que permita la participación de los territorios en las políticas del estado constituye en los estados federales una herramienta para implicar a las unidades sub-estatales en la gestión del estado. En España hay importantes niveles de autogobierno, pero las CC.AA. participan muy poco de las decisiones nacionales.

3.2.   ¿SIMÉTRICO O ASIMÉTRICO?

Una vez zanjado el debate nominal, permanece el de la simetría o asimetría entre los territorios. Aquí también se precisa introducir algo de racionalidad y realismo. No se trataría de desandar todo el camino. El Estado seguiría siendo autonómico, ni centralizado, ni federal. Y si una buena parte de los ciudadanos de algunas CC.AA. se sienten diferentes, habrá que reconocer esas singularidades. De hecho, la propia Constitución de 1978 ya lo hace, así como muchas otras. En Portugal existen dos regiones insulares autónomas y el resto del territorio peninsular está descentralizado administrativamente; en Italia hay 20 regiones autónomas, pero cinco de ellas con más competencias que las demás; en Canadá, Quebec se trata como un caso especial.

Los defensores de la simetría en las competencias autonómicas defienden que introducir singularidades crea "ciudadanos de primera y de segunda". El problema es que cuanto más se alejen Cataluña y el País

Vasco de las otras Comunidades Autónomas más querrán acercarse éstas a las primeras. Mientras los unos hablan de los hechos diferenciales y de los rasgos identitarios, los otros hablan de agravios comparativos. Y eso sería cierto si unos ciudadanos tuviesen más derechos individuales que otros, pero que unas CC.AA. tengan competencias distintas no implica más derechos para sus ciudadanos, sino que desarrollarán algunas funciones de forma singular respecto al resto del Estado. La asimetría es una buena solución para países con varias identidades, pero para que el estado siga siendo funcional debe ser necesariamente limitada y no debe comportar privilegios. Habría que garantizar "la simetría en los derechos de ciudadanía de tipo social, cívico y político —y de las competencias, así como de las necesidades financieras que de ello se derivan— y la asimetría en aquellas competencias y disposiciones simbólicas que afectan a la plurinacionalidad del Estado, así como su carácter pluricultural y plurilingüístico"[63]. Otro tipo de asimetrías no parece que tengan muchas posibilidades de prosperar[64]. Así pues, nuestro estado lo que debe garantizar es que los derechos fundamentales sean iguales en todo el territorio, no que cada territorio tenga exactamente las mismas competencias. Algunos territorios tienen lengua propia y otros no, algunos son insulares y otros no, algunos usan un derecho civil propio y otros no. Y esas diferencias de hecho deben suponer competencias diferenciadas para tratar de forma diferenciada lo que es diferente. Pero más allá de unas competencias limitadas en número, detalladas en la propia Constitución y justificadas por las diferencias de partida, la mayor parte de las competencias deberían ser las mismas para todos los territorios para evitar asimetrías en los derechos ciudadanos, pues éstos deben ser equivalentes en toda España. En cualquier caso, lo que debe hacerse es cerrar definitivamente el diseño del Estado, acabando con la inseguridad jurídica y con la permanente reclamación de nuevas competencias.

---

[63] COMÍN, Antonio, *Federalismo de la diversidad, en nombre de la igualdad*, en Hacia una España plural, social y federal, Anoia: Catalunya Segle XXI y Mediterrània, Barcelona, 2005.
[64] REQUEJO, Fernando y NAGEL, Kristen, *Descentralització, asimetries i processos de resimetrització a Europa. Bèlgica, RegneUnit, Italia i Espanya*, Ed. Institut d'Estudis Autonòmics, Barcelona, 2009.

En nuestro país muchos vinculan reforma de la Constitución con poner todo patas arriba, con un nuevo proceso constituyente; y lo hacen tanto muchos de los que quieren reformarla para hacer una nueva, como los que no quieren que se toque, los que la han sacralizado hasta petrificarla. Hay que ser prudente tanto con la laxitud descontrolada como con el exceso de rigidez. Hay poco que modificar de las declaraciones de derechos de la Constitución Española, pero mucho de todo lo demás. Es tan necesario revisar el reparto material de competencias, como definir el contenido de los conceptos que se utilizan para hacer efectiva la distribución. Bien podríamos dejar más o menos el Estado de las Autonomías como ha llegado hasta nuestros días, pero esto equivaldría a un suicidio, porque el actual modelo es imposible que siga funcionando correctamente. Mi posición es reformar el Título VIII de la Constitución y algunos artículos de otros títulos, intentando el mayor acuerdo general, culminando la reforma con la convocatoria de un referéndum que la apruebe.

Finalmente, debe existir una financiación semejante en todos los territorios, de modo que no haya privilegios para alguno de ellos. Un componente clave a resolver es cómo se articula un modelo de corresponsabilidad fiscal. La corresponsabilidad fiscal se basa en que las administraciones sean responsables de los gastos y los ingresos que realizan en el ejercicio de sus atribuciones de autogobierno. De esta manera, pueden proveer los servicios al nivel que demandan sus ciudadanos y, lo que es más importante, que ellos soporten la carga fiscal correspondiente. Así, lo importante es que se permita que haya claridad en la atribución de responsabilidades; los ciudadanos podrían distinguir con claridad qué autoridad se encarga de dar el servicio público, hacerles pagar por ello y votar en consecuencia.

España tiene un sistema de financiación caracterizado por integrar un modelo confederal (con Euskadi y Navarra) y uno de régimen común. El primero se basa en que las diputaciones forales recaudan y gastan para luego negociar cuánto pagan al Estado por los servicios prestados. El segundo se caracteriza por el desequilibrio entre el gasto y el ingreso, ya que las CC.AA. pueden gastar mucho mientras recaudan poco por ellas mismas, dependiendo de las transferencias de la recaudación de los impuestos estatales, lo que se presta a la renegociación continua de nuevas transferencias. Las Comunidades Autónomas han tendido a hacer un uso escaso de su capacidad tributaria, ante la continua expectativa de mejoras en la renegociación del modelo[65].

En materia de financiación autonómica, los cambios tienen que ser sustanciales. La Constitución no puede limitarse a mencionar los principios, sino que debe contener los principios y reglas principales de este sector del ordenamiento, así como establecer las previsiones para que las leyes estatales y autonómicas desempeñen la función de desarrollo que les corresponde. La Constitución debe establecer los criterios de reparto de los grandes impuestos y una asignación concreta de qué tributos ostentarán las autonomías para financiar sus propios servicios. Hay que hacer visibles las transferencias entre regiones, y los fondos nacionales que se creen deben estar afectos a finalidades y destinos específicos, a los cuales tengan acceso todos aquéllos que reúnan las condiciones requeridas. La adjudicación de los mismos debe corresponder al Congreso y a la cámara territorial.

Cualquier tipo de reforma del sistema de financiación autonómica tiene que centrarse en eliminar sus disfuncionalidades para potenciar la corresponsabilidad fiscal de las Comunidades Autónomas. Una provisión adecuada de recursos y una mejor identificación por parte de los ciudadanos de la responsabilidad de cada gobierno en la gestión de las políticas requiere de mayores niveles de corresponsabilidad, por lo que cualquier futura reforma del Estado de las Autonomías debe ir en ese sentido.

3.3. AUTOGOBIERNO O GOBIERNO COMPARTIDO

De acuerdo con un estudio sobre 42 democracias desarrolladas realizado por Hooghe[66], la media de los niveles de descentralización política en los países desarrollados otorga menos autogobierno que en España a los entes descentralizados, pero por el contrario les asigna una

---

[65] POLITIKON, *La viabilidad económica del Estado de las Autonomías*, Fundación Alternativas, Madrid, 2012.
[66] Hooghe, L., Marks, G. and Schakel, A. H.: *"The Rise of Regional Authority: A Comparative Study of 42 Democracies"*. Ed Routledge, 2010.

mayor participación en el gobierno general. Si la mediana de estos países está en un "5" para el gobierno compartido y un "14" para al autogobierno de los entes descentralizados, las CC.AA. españolas ostentan un "3" de gobierno compartido y un "19" de autogobierno. Las comunidades autónomas tienen unas cuotas de poder político, volumen de gasto público y responsabilidades comparables o superiores a muchos estados federados (los únicos con más poder son los estados de los Estados Unidos de América, algunas provincias canadienses y los cantones suizos). Nuestro problema es que nuestro modelo ha sido construido a base de improvisaciones, transferencias al azar, acuerdos aleatorios y reformas chapuceras hechas sin una idea de conjunto coherente. "Nuestro estado autonómico es una federación construida por Víctor Frankenstein sobre las bases de una Constitución ambigua"[67]. Los partidos durante la transición decidieron dejar la estructura territorial del estado para otro día, optando por un modelo abierto, y durante tres décadas hemos construido este edificio con muchas ganas pero sin arquitectos supervisando la obra. Gran parte de las reclamaciones de los nacionalistas catalanes, y de las obvias deficiencias del sistema, proviene de esta falta de coherencia dentro del sistema.

Así pues, la solución a nuestro problema territorial parece que debe venir por una reducción del nivel de autogobierno y un aumento en el gobierno compartido, para asemejar más a España el resto de naciones descentralizadas.

3.4.   ALEMANIA, EL MODELO A SEGUIR

El federalismo alemán es un federalismo evolutivo. Su Constitución ha sido modificada decenas de veces en 65 años, adaptándose a la realidad social y política de cada momento, corrigiendo defectos y mejorando su eficacia continuamente. A lo largo de esta evolución, la capacidad legislativa de los *Länder* (el equivalente a nuestras CC.AA.) no ha hecho más que reducirse, hasta el punto de que éste ha sido uno de los aspectos centrales de la última reforma constitucional de 2006. A cambio, los *Länder* se encargan de la ejecución de la mayor parte de las normas:

---

[67] POLITIKON, *op. cit.*

además de ejecutar sus propias leyes, ejecutan casi todas las federales. Leyes federales en cuya elaboración, por otro lado, pueden participar de un modo relevante gracias a la presencia de sus gobiernos en el *Bundesrat*, cuyas funciones legislativas son mucho más relevantes que las de nuestro Senado, que no deja de ser una institución irrelevante tal y como está configurado. El *Bundesrat*, junto con una tupida red de conferencias y órganos de cooperación de todo tipo, viene a conformar así un modelo claro de federalismo cooperativo.

El *Bundesrat* es un órgano que participa en el proceso legislativo del *Bundestag* manifestando su opinión, que en ocasiones ("leyes de aprobación") será vinculante, y en otras ("leyes de oposición") no.

La Ley Fundamental o Constitución alemana establece dos modalidades de participación del *Bundesrat* en el proceso legislativo. Las "leyes de aprobación" son las leyes federales que ocasionan a los Estados Federados costos administrativos adicionales o sustituyen a leyes propias de los mismos, y que requieren la aprobación del *Bundesrat* para que pueda entrar en vigor. En este caso la posición del *Bundesrat* como cuerpo colegislador es equivalente a la del *Bundestag*. Como ejemplo de leyes de aprobación podemos citar diferentes leyes tributarias y leyes donde los *länder* deban ejecutar leyes federales. En estos casos, el *Bundestag* no puede pasar por alto la falta de aprobación del *Bundesrat*. En la práctica, antes de la reforma de 2006 más del 60% de las leyes federales eran leyes de aprobación.

Distinto es el caso de las denominadas "leyes de oposición", que el *Bundesrat* no puede vetar de forma definitiva. Si el *Bundesrat* se opone a una ley de este tipo, el *Bundestag* a la postre puede invalidar el veto (relativo) del *Bundesrat* por la misma mayoría que éste en un procedimiento complejo, requiriéndose la mayoría simple o la mayoría de dos tercios. Cuando exista oposición por parte del *Bundesrat* a una ley se creará una Comisión paritaria con el *Bundestag* para buscar un acuerdo entre las cámaras, para lo que se pueden proponer modificaciones que deberán ser votadas de nuevo.

En cuanto al reparto de competencias, originariamente la Constitución alemana contenía un reparto competencial establecido en tres artículos y una cláusula residual. El artículo fundamental era el 72.2, que establecía en qué supuestos podía la Federación regular tales ámbitos, pues en esos supuestos la norma federal desplazaba a la de los estados, convirtiéndola en inaplicable, esto es, la competencia en la materia se convertía en exclusiva de la Federación. Con la regulación del artículo 72.2 la Federación fue ganando paulatinamente competencias para su órbita, hasta que el Constitucional alemán dictaminó que la Federación debía realizar la "menor intervención posible en el ámbito competencial de los territorios", de modo que la lista de competencias concurrentes se convertía en la práctica en una lista de competencias en la que la Federación podía dictar apenas una regulación básica. Sus regulaciones comenzaron a ser recurridas y rechazadas por el Tribunal Constitucional y este hecho, junto con el cada vez mayor número de "leyes de aprobación" que amenazaban con ser vetadas en el *Bundesrat* llevó a que la Federación decidiera que se hacía necesario reformar la Constitución y pactar con los territorios para reequilibrar su peso. De esta manera comenzó la negociación que llevó a la reforma constitucional de 2006.

Me he molestado en describir el proceso porque resulta sospechosamente similar al caso español, excepto en su conclusión. En Alemania, en el momento en el que la conflictividad constitucional se incrementó y las competencias de la Federación se vieron fuertemente limitadas, se hizo necesaria la reforma constitucional para remediarlo, dado que la eficacia del estado alemán se estaba viendo en entredicho. ¿En qué consistió la reforma de 2006? En cuatro puntos fundamentales:

1º Una delimitación más clara de las competencias entre Federación y territorios, reduciendo los casos de competencias concurrentes y de legislación estatal, para aclarar las responsabilidades de cada uno.

2º La disminución del número de casos en que el *Bundesrat* debe dar su consentimiento a los proyectos de ley federales.

3º La regulación de la responsabilidad financiera de Federación y territorios en caso de incumplimientos frente a la UE.

4º La reducción de los casos de financiación mixta Federación-territorios, y la introducción de una nueva regulación de las ayudas financieras de la Federación que resultara menos invasiva de sus competencias.

Según el "nuevo" artículo 72.2, "la Federación tiene la competencia legislativa, si y en la medida que sea necesaria una regulación legislativa federal en interés de la totalidad del Estado para la creación de condiciones de vida equivalentes en el territorio federal o el mantenimiento de la unidad jurídica o económica" en una serie de apartados[68], en los cuales se mantiene la competencia de legislación básica para la Federación, pero se "recuperan" para la Federación el resto de los apartados en los que no es necesario justificar que se hace necesario intervenir para crear "unas condiciones de vida equivalentes en toda la Federación"[69]. Supone "sacar" del ámbito concurrente un buen número de competencias en los que el derecho de la Federación desplaza e inaplica el de los territorios. De *facto*,

---

[68] Son: el derecho de residencia y establecimiento de los extranjeros; la asistencia social; el Derecho de la economía (minería, industria, energía, artesanía, pequeña industria, comercio, régimen bancario y bursátil, seguros de derecho privado); la regulación de las ayudas para la formación profesional y el fomento de la investigación científica; la economía colectiva; la financiación de los hospitales y la regulación de las tarifas de los mismos; protección al consumidor; el tráfico por carretera, la construcción y el mantenimiento de las carreteras; la responsabilidad del Estado; y la inseminación artificial humana, la investigación sobre manipulaciones genéticas así como las regulaciones sobre trasplante de órganos y tejidos.

[69] Son: caza; la protección de la naturaleza y el cuidado del paisaje; la distribución de la tierra; la ordenación del territorio; el régimen hidráulico; la admisión a las universidades y los diplomas universitarios; la eliminación de basuras, el mantenimiento de la pureza del aire y la lucha contra el ruido; los ferrocarriles; la navegación de alta mar y de cabotaje, así como las señales marítimas, la navegación interior, el servicio meteorológico, las vías marítimas y las vías navegables interiores destinadas al tráfico general; las medidas contra enfermedades humanas y animales contagiosas y peligrosas para la colectividad, la admisión al ejercicio de las profesiones médicas, paramédicas y afines, así como el comercio de medicamentos, remedios, estupefacientes y tóxicos; las transacciones inmobiliarias, el Derecho del suelo y el régimen de los arrendamientos rurales, de las viviendas, de las colonias y hogares; el fomento de la producción agrícola y forestal (con exclusión del Derecho de concentración parcelaria); el aseguramiento del abastecimiento de alimentos, la importación y exportación de productos agrícolas, ganaderos y forestales; la pesca costera y de alta mar y la protección de las costas; la prevención del abuso de una posición de poder económico; el Derecho laboral con inclusión del régimen orgánico de las empresas, la protección laboral y las oficinas de colocación, así como el seguro social con inclusión del seguro de desempleo; los asuntos relativos a los refugiados y expulsados; el estado civil; el derecho de asociación; derechos estatuarios y obligaciones de los funcionarios de los Länder, municipios y otras corporaciones de Derecho público; empadronamiento; protección del patrimonio cultural alemán frente a su traslado al extranjero.

estas últimas pasan a ser exclusivas de la Federación, puesto que no tendrá ya límites a su ejercicio. Esta reducción de la aplicación del artículo 72.2 se compensa con la conversión de algunas de las anteriores competencias concurrentes y marco en competencias exclusivas de los *Länder*.[70] De nuevo, un buen número de competencias concurrentes se convierten en exclusivas, en este caso, de los territorios.

En cuanto a las funciones de las constituciones de los *Länder*, a diferencia de lo que ocurre en España con los Estatutos, no juegan ningún papel en la determinación de las competencias regionales, ya que éstas se derivan de la Constitución federal, a partir del uso de la cláusula residual. Las constituciones territoriales se limitan a cubrir la organización territorial del *Land*, donde se incluye el nivel local; los derechos y deberes de los ciudadanos del territorio; así como las instituciones propias y su funcionamiento.

Por otro lado, la Constitución alemana dedica nada menos que doce artículos y quince páginas a detallar la financiación de los entes[71]. Nuestra Constitución, en cambio, despacha el tema garantizando autonomía presupuestaria a los distintos entes territoriales, así como que "las Comunidades Autónomas y las Corporaciones locales podrán establecer y exigir tributos de acuerdo con la Constitución y las leyes", dejando su regulación concreta para leyes por desarrollar, y fomentando recurrentes y periódicas batallas por la financiación entre todas las administraciones públicas.

---

[70] ¿Cuáles son? Ejecución penal y prisión preventiva; derecho de reunión, centros geriátricos y de asistencia; horarios de comercios; establecimientos de restauración, salones recreativos, ferias, exposiciones y mercados; concentración parcelaria; transacciones inmobiliarias rústicas; arrendamientos rústicos; vivienda (excepto subvenciones y ayudas para acceder a la vivienda); lucha contra el ruido provocado por instalaciones dedicadas al ocio o con fines sociales; normativa sobre centros de enseñanza superior (excepto acceso y fin de estudios); y régimen jurídico de la prensa.

[71] Haciendo énfasis en: la distribución de gastos entre Federación y Länder, y su responsabilidad; las ayudas financieras para inversiones; la competencia legislativa sobre los distintos impuestos; la distribución de los ingresos tributarios y el producto de los monopolios fiscales; compensaciones financieras por la desaparición de algunos impuestos; la administración financiera de los recursos de cada impuesto; la gestión presupuestaria de la Federación y de los Länder; las situaciones de crisis presupuestaria; el plan presupuestario y la ley de presupuesto de la Federación; y los límites en la toma de créditos.

En conjunto, creo que la Constitución alemana nos señala el camino a seguir. No se trata de recentralizar el Estado. Las Autonomías pueden ser reforzadas mediante la integración de las competencias y presupuestos de las Diputaciones, un nivel administrativo del que se puede prescindir sin ninguna distorsión grave del sistema actual, ganando nuevas competencias exclusivas (como el régimen local), cogobernando el estado a través de la legislación compartida, y participando decisivamente en el desarrollo de la legislación europea, de la que ahora están excluidas. De lo que se trata, entre otros objetivos, es de alcanzar una mayor eficacia, y de que los ciudadanos conozcan mejor las competencias de los distintos niveles de organización del Estado, sabiendo en cada caso a quién deben exigir responsabilidades. De ello se desprende la necesidad de delimitar las competencias de las distintas Administraciones Públicas en el país, eliminando las duplicidades existentes, reduciendo los costes asociados a la gestión que se producen en la actualidad, y aumentando la eficiencia de la gestión pública.

4. ¿QUÉ HACER CON "EL PROBLEMA CATALÁN"?

4.1. ¿CÓMO HEMOS LLEGADO HASTA AQUÍ?

No haber dado una solución satisfactoria a los nacionalismos vasco y catalán es el más importante fracaso territorial de la actual Constitución. Equivale a decir que políticamente el Estado autonómico ha fracasado en su principal objetivo. Porque la razón política de la descentralización prevista en la Constitución no fue otra que encontrar solución al histórico problema de la reivindicación nacionalista de esos territorios. Las grandes manifestaciones de las tres últimas Diadas, de claro sentido independentista, subrayan que algo ha tenido que hacerse mal. Algunos piensan que fue el "café para todos" lo que empezó a enturbiar las perspectivas de una solución definitiva al problema catalán y vasco, pues un número excesivo de autonomías venía a difuminar el carácter diferenciador que suponía el autogobierno. Otros que los problemas actuales se derivan de la cesión de las competencias en educación, o la supuesta persecución contra las lenguas cooficiales regionales, o los privilegios no compartidos en la financiación de algunas comunidades autónomas. Pero lo cierto es que la política de los nacionalistas nada tiene que ver con agravios reales ni con falta de reconocimiento por los demás españoles. Los apoyos a la lengua y a la cultura vasca o catalana son extraordinarios y la recuperación lingüística es un hecho. Si algún peligro tienen es el de marginar a quienes no las hablan. La razón principal de los nacionalistas para mantener su política de seguir pidiendo cada vez más es, por supuesto, haber constatado que ha sido una política rentable, porque siempre han encontrado gobiernos dispuestos a intentar calmar su sed imaginando que podía ser saciada.

Algunos políticos nacionales han intentado aparecer como más nacionalistas que los nacionalistas. Unos porque temían ser considerados pocos respetuosos con el pluralismo cultural, y otros porque simplemente pensaban en el nacionalismo como un caladero de votos en el que pescar, pero en la práctica sólo han conseguido legitimarles. Se ha convertido en una tautología entre políticos nacionalistas catalanes advertir que una vez dado un paso hacia el soberanismo, no puede haber vuelta atrás. Creo que hay una buena dosis de oportunismo en la efervescencia nacionalista actual. También en el País Vasco, en octubre de 1997, se dio por enterrado el Estatuto de Guernica por quienes propugnaban romper el pacto del PNV con los socialistas para sustituirlo por un acuerdo soberanista con Herri Batasuna. La advertencia sobre el irreversible giro soberanista estuvo a punto de verificarse a través del Pacto de Lizarra, pero no prosperó y hoy el Estatuto sigue vigente.

De hecho, la efervescencia nacionalista no llegó hasta que estalló la crisis económica. Sin desconocer que el llamado encaje catalán viene de antiguo (ya decía Ortega que es algo que no se puede resolver, que sólo se puede conllevar), en la situación actual ha jugado un papel crucial la crisis económica y, en particular, la actitud que las élites políticas catalanas han tenido frente a ella, desviando el descontento producido con los recortes hacia un enemigo externo, culpable de que no haya dinero porque no retorna a Cataluña tanto como ésta da, todo ello encarnado en el famoso lema "España nos roba". Con la crisis, el nacionalismo abandonó su discurso culturalista y esencialista, y apostó por un relato mucho más persuasivo, en el que la lengua y la historia pasaron a un segundo plano. Así se inició la campaña del agravio fiscal y del "España nos roba", que tan hondo ha calado. Una primera lectura sería que los partidos independentistas en Cataluña han sabido capitalizar la crisis y conseguir que cale en la sociedad catalana un relato favorable a sus intereses: "la crisis y los recortes son culpa de España que vampiriza a Cataluña, que sería rica y feliz sin ese lastre". Por supuesto, en este relato, el Gobierno de la Generalidad saldría indemne de su nefasta gestión. Parte de esa siembra desaparecerá con la mejoría económica, pero no toda, por lo que es preciso mostrar la verdadera cara del nacionalismo, y contar las verdades que el nacionalismo esconde de forma que la realidad cale en la sociedad catalana, y que los independentistas sientan que hay alguien enfrente que no les va a poner tan fáciles las cosas. Porque hasta la fecha no hay un discurso estructurado que combata las falacias nacionalistas.

El "España nos roba" funcionó hasta que sus promotores se dieron cuenta de que provocaba rechazo en el resto de Europa. Desde entonces los independentistas han dibujado dos nuevos eslóganes, que se han desplegado en paralelo. Por un lado, han centrado el debate en la apelación constante a la legitimidad democrática, y por otro la independencia se presenta como la oportunidad de construir un país nuevo para un nuevo futuro, como solución drástica al evidente agotamiento del sistema político actual. Su éxito radica en que genera ilusión en un mundo desencantado, como todo proyecto novedoso. Los discursos de sus líderes recuerdan a los que hacían los republicanos a principios de los años 30, cuando la República se presentaba como promesa de "redención" para toda España, pues también la República fue una metáfora de la esperanza. Todo ello nos conduce a la conclusión de que, a largo plazo, solo superaremos el independentismo si logramos que España vuelva a ser un proyecto que ilusione. Un país que funcione. En eso estamos inmersos algunos con ésta y otras propuestas de reforma constitucional.

En cuanto a la legitimidad democrática, los nacionalistas y los analistas argumentan que la sentencia de 2010 del Tribunal Constitucional[72] sobre el Estatuto catalán fue un grave error que ha causado la desafección actual, ya que corrigió un texto aprobado en referéndum por los catalanes (eso sí, votado por apenas un 36% del censo, tal era el desinterés ciudadano). Naturalmente, parece más razonable que la constitucionalidad de una ley se determine antes de someterse a votación ciudadana, y eso debería corregirse para evitar nuevos problemas futuros, pero que los tribunales corrijan o incluso anulen votaciones populares no es una excepción en los regímenes democráticos. En la democracia más antigua del mundo, Estados Unidos, donde tan aficionados son a someter a votación popular los más variopintos asuntos, los tribunales de justicia han anulado por inconstitucionales más de treinta consultas populares celebradas, y nadie se ha echado las manos a la cabeza por ello. Habiendo disfrutado de un régimen democrático durante más de 200 años, los ciudadanos americanos son plenamente conscientes de que la primacía y el respeto a la ley está por encima de cualquier otra causa en una democracia, pues no existe ésta sin aquél.

En mi opinión, más grave que la sentencia contra un Estatuto con cláusulas evidentemente inconstitucionales, fue la propia reforma del Estatuto propuesta, que pretendió modificar la Constitución en un sentido confederal por la puerta de atrás, sin la utilización de los mecanismos

---

[72] STC 031/2010 de 28 de junio de 2010. BOE núm. 172, de 16 de julio de 2010.

establecidos para ello. La realidad es que el nuevo estatuto catalán rompía las costuras constitucionales. Como Ángel de Fuente concluyó: "Primero, con el nuevo Estatuto en la mano, la Generalitat podrá hacer en su casa lo que le de la gana sin interferencia alguna por parte del Estado, mientras que éste último habrá de pedirle permiso a aquella cada vez que quiera mover un dedo, incluso en temas que constitucionalmente son de su exclusiva competencia. Y, segundo, que la Generalitat se queda con las llaves de la caja y tiene el firme propósito de reducir gradualmente su aportación a la solidaridad interterritorial"[73]. Aragón, exmagistrado del Tribunal Constitucional reivindica de hecho la sentencia que ajustó ese texto a la legalidad, y advierte que "el pueblo de una Comunidad Autónoma no es soberano" y que "hay cosas que no se pueden hacer sin reformar la Constitución"[74]. Esa sentencia, pese a sus defectos, también tuvo sus virtudes, como señala el mismo Aragón: "Una, señalar claramente que hay límites constitucionales frente a los estatutos de autonomía. Si el legislador autonómico puede hacer lo que quiera, para qué la Carta Magna. Otra, expresar que hay opciones para reformar el modelo autonómico, pero exigen la reforma constitucional. Y esta no se puede hacer a través de una reforma estatutaria."

Las últimas reformas estatutarias pretendieron decirle al Tribunal Constitucional cuáles eran sus límites a la hora de interpretar el artículo 149.1 de la Constitución. El Tribunal respondió en la STC 31/2010 que le corresponde a él como intérprete supremo de la Constitución dilucidar el alcance de las competencias reservadas al Estado. "La respuesta del TC no debería sorprendernos, pues es la misma que se obtendría en la mayoría de los sistemas políticos descentralizados de nuestro entorno", opina De la Quadra Salcedo[75]. El destino de Cataluña no podrá ser diferente al de los territorios europeos asimilables: si uno conoce Escocia, Baviera, Sajonia, Alsacia, Piamonte, Bretaña, Córcega, etc. descubrirá que tienen una historia que, desde el punto de vista nacional, desborda la que tienen los

---

[73] DE LA FUENTE, Ángel, *Reflexiones sobre el proyecto de Estatuto catalán.* El País, 5 de octubre de 2005, Madrid.
[74] ARAGÓN, Manuel, *El grave error fue la reforma del Estatuto, no la sentencia,* Crónica global, Barcelona, 2014.
[75] DE LA QUADRA-SALCEDO JANINI, Tomás, *El tribunal constitucional en defensa de la Constitución,* Revista Española de Derecho Constitucional, Madrid, 2010.

territorios de este tipo en nuestro país. Por mencionar el caso, que se invoca frecuentemente, de Baviera, lo cierto es que, dejando incluso al margen el tema competencial, en lo puramente político, ésta tiene una arraigada historia nacional y una lengua propia tan diferente del alemán como pueda ser el catalán del castellano. Ahora bien, nadie osa allí escribir señales de tráfico en bávaro o redactar leyes que lo promuevan, o adoctrinar en clave bávara en los colegios.

Repartiendo culpas, es obvio que la mayor parte de la responsabilidad del agravamiento de este proceso durante los últimos años la tiene el Presidente de la Generalidad catalana; y es socorrido culpar también al presidente del Gobierno español y al PP: si actúan, ofenden al catalanismo y provocan su desafecto; si permanecen pasivos y callados, también. Cierto es que su falta de interés en convencer a los nuevos independentistas ha dejado al campo libre al discurso único del soberanismo, aunque este utilice argumentos más que discutibles y hasta ridículos. Pero oyendo a los líderes del PSOE y del PSC parece como si la izquierda fuera ajena al enredo y no tuvieran responsabilidad alguna. En 2003, Zapatero prometió que aceptaría el Estatuto que los catalanes decidieran por sí mismos pensando, en su optimismo irreductible, que el texto que se aprobara sería digerible, y no lo fue. En su lugar, el PSC se unió a los partidos nacionalistas a ver quién era más catalanista y así Maragall, líder del PSC durante la pasada década, instauró un nacionalismo de izquierdas cuya única tarea fue redactar un nuevo Estatuto de Autonomía divisorio, conflictivo y que nadie le había pedido. Cuando se pregunta a los ciudadanos, la reforma de su estatuto nunca es un problema relevante, exceptuando para una ínfima minoría[76]. Pero sí parece ser fundamental para las élites políticas nacionalistas, que lo convierten en santo y seña de su política. En cualquier caso, una vez elaborado, el propio Maragall dijo: "Ya tenemos una nueva Constitución, una nueva ley fundamental en Cataluña", en la cual "el Estado tiene un carácter meramente residual". Igualmente, fue José Montilla, también del PSC,

---

[76] Según el barómetro 2633 de enero de 2006, ni siquiera era un gran problema para los votantes nacionalistas. De hecho, únicamente el 5% de los electores de CiU y del PNV, y apenas el 12% de los de ERC consideraban que la reforma de su Estatuto fuera "uno de los tres problemas principales que existen actualmente en España".

quien siendo el mayor representante del Estado en Cataluña (Presidente de la Generalidad) encabezó una multitudinaria manifestación contra las correcciones del Tribunal Constitucional al Estatuto, necesarias por la evidente inconstitucionalidad del texto.

Dicho esto, ¿de verdad el independentismo es un sentimiento mayoritario en Cataluña como para promover la secesión? En realidad, los independentistas siguen en las cifras de siempre. Pese a lo ilegal y estrafalario del referéndum, apenas cosechan nuevas adhesiones. El índice de participación en su "proceso participativo" del 9 de noviembre de 2014 se situó por encima del 37% de la población de Cataluña con derecho a voto (unos 2,3 millones de votantes sobre un total de 6,2 millones), y los que votaron decididamente por la independencia (1,85 millones) no alcanzaron el 30% del total del censo. Tras años de propaganda y desinformación independentista, la Cataluña silenciosa sigue sin estar por la independencia, sino por otra cosa. Y eso si no ha existido manipulación en las cifras, porque la consulta estaba financiada y organizada por los partidarios de la independencia, y no existía la obligada neutralidad democrática hasta tal punto que el recuento lo realizaron independentistas declarados sin control de ningún tipo. En resumen, el voto secesionista no logra acercarse ni de lejos a la barrera del cincuenta por ciento. Los independentistas tienen un núcleo de 1,8 millones de votantes que se apuntan absolutamente a todo; están motivados y movilizados. Son muchos, indiscutiblemente, pero no es un resultado mayoritario que exprese un sentir generalizado, en especial si observamos el recuento en el cinturón industrial del país y en Barcelona. Los independentistas han demostrado ser una fuerza numerosa y compacta, aunque minoritaria, que se ha acrecido ante la incomparecencia del Estado y la inhibición de la gran mayoría de la población. El sueño de los independentistas era que una gran mayoría de catalanes eran partidarios de la independencia. Despertaron el 9 de noviembre: menos del 30% se apuntaron a ella. El separatismo catalán no solo carece de fuerza para imponerse a España, sino que ni siquiera la tiene para imponerse a Cataluña.

No resulta difícil pensar que en un referéndum pactado que tuviera fuerza decisoria, los contrarios a la independencia se sentirían más concernidos y movilizados y podrían alcanzar mayorías cualificadas en, al menos, muchos territorios. Esa es la mayor fragilidad del proyecto secesionista. En este caso, ¿iban a estar dispuestos los líderes nacionalistas a admitir la partición de Cataluña para que esas porciones de territorio permanecieran en España? Porque España no debería estar dispuesta a renunciar a defender la voluntad mayoritaria de los habitantes de esos territorios. Y, aún si lo estuviera, el nuevo Estado nacería con una fractura interna terrible, que amenazaría su estabilidad. Los casos de Ucrania, y de otros países de la antigua Unión Soviética con zonas de mayoría prorrusa, y los conflictos que por ello se han producido, deberían ser al respecto un motivo de reflexión.

4.2.   EL PROBLEMA DE LA LENGUA

Sostiene la Generalidad que la inmersión es un modelo de éxito y que aumenta la cohesión. Aunque sea difícil de creer, los catalanes creen de forma abrumadora que unos alumnos que reciben cero horas de español a la semana en educación infantil, dos en educación primaria y tres en secundaria tienen un mejor nivel en esa lengua que aquellos en el resto de España que reciben toda su educación en ella. Esa falacia se sostiene sobre los resultados de las pruebas PISA de evaluación de las competencias lingüísticas, pero la realidad es que en Cataluña esas pruebas se hacen en catalán, no en español[77], y demuestran por lo tanto el dominio de la lengua catalana, no de la española. Lo que muestran los estudios serios[78] es que,

---

[77] Los independentistas aseguran en reiteradas ocasiones que los alumnos catalanes tienen la misma comprensión lectora de español que cualquier otro alumno de España, citando como ejemplo Valladolid. Todo ello basándose en el Informe PISA. El ex responsable del informe PISA en Cataluña y ex presidente del Consejo Superior de Evaluación del Sistema Educativo de la Generalidad, Joaquim Prats Cuevas, ha reconocido que ninguna de las tres ediciones del informe PISA que ha recogido una muestra específica de Cataluña -correspondientes a los años 2003, 2006 y 2009- han evaluado el nivel de comprensión lectora en español de los alumnos catalanes. "El PISA se hace en catalán, por tanto, no mide la comprensión lectora en español", subraya Prats Cuevas ante la Comisión de Enseñanza y Universidades del Parlamento autonómico de Cataluña. Una sentencia que demuestra que los argumentos en los que se basa la Generalidad no son ciertos. Asimismo admite que de esta prueba quedan excluidos "los alumnos que no tienen un dominio idiomático suficiente de la lengua en que se hace la prueba". Así, los que no conozcan bien el catalán sí realizan la prueba aunque sus resultados no se tienen en cuenta, una artimaña que ha hecho subir puestos a Cataluña en el último informe PISA.
[78] CUMMINS, J., *The role of primary language development in promoting educational success for language minority students,* Ed. California State Department Of Education: Schooling and Language Minority Students. A Theoretical Framework. Los

como no podía ser de otra manera, la inmersión perjudica significativamente la competencia de los estudiantes que estudian en su lengua no habitual, en este caso los que estudian en catalán cuando su lengua habitual es el castellano.

La inmersión lingüística suele defenderse también como garante de cohesión social, pero la catalana siempre ha sido una sociedad cohesionada aun teniendo dos lenguas y personas de diferentes orígenes geográficos. Pero basta con ver lo revuelto que está el patio y, ya de paso, compararse, por ejemplo, con Finlandia, donde la libre elección de la lengua vehicular en la educación no parece que haya conducido al cainismo. Hasta hace bien poco una mayoría indiscutible de la sociedad se sentía catalana y española en una flexibilidad identitaria símbolo de pluralidad y cohesión, pero eso no llevaba a la construcción nacional deseada por una minoría y por eso había que extender el sentimiento de querer ser sólo catalán, lo que se logra adoctrinando a los jóvenes desde el sistema educativo, incluso si ello supone inventarse una historia en la que no existen los lazos con España o en la que aparece como una malvada represora. Así no extraña que en los últimos años haya crecido el número de quienes se sienten sólo catalanes y rechazan cualquier vínculo con España. La inmersión lingüística es sólo uno de los elementos que ha producido este giro social, pero ha sido determinante. Curiosamente ese cambio va paralelo a más crispación y menos cohesión en la sociedad catalana, pero es positiva para el objetivo independentista.

Pese a todo, según una encuesta realizada por la Generalidad de Cataluña en 2013, el castellano es la lengua materna del 58% de los ciudadanos censados mayores de 15 años, mientras que el catalán lo es de un 43% y un 10% en otra lengua. Estos porcentajes incluyen a los bilingües perfectos por lo que la suma supera el 100%. Según un estudio realizado conjuntamente por profesores de las universidades de Princeton,

Angeles, California State Department of Education, 1981. También *Bilingualism and Special Education: Issues in Assessment and Pedagogy*, Clevedon, Multilingual Matters, 1984, asi como *Conversational and academic language proficiency in bilingual contexts*, en Ed. J. H. Hulstijn y J. F. MATTER: Reading in two languages, AILA review, 1991, e *Interdependence of first and second language proficiency in bilingual children*, en E. BIALYSTOK: Language processing in bilingual children. Cambridge, University Press, 1991.

Comillas y Clemson, el 80% de los inmigrantes prefiere utilizar el castellano independientemente del país de origen. El castellano es actualmente la lengua mayoritaria de los ciudadanos de Cataluña en todas las franjas de edad excepto en los más pequeños debido, en parte, a que la educación hasta los 9 años se imparte exclusivamente en catalán. A partir de los 9 años se introduce una asignatura en castellano (Lengua y literatura castellana) dos horas a la semana, y la tendencia se invierte y el castellano se convierte en la lengua habitual en esa franja de población.

En otra encuesta realizada por la empresa DYM en Cataluña para el diario ABC en el año 2010, el 40 por ciento de los catalanes quería que la mitad de las asignaturas se impartiesen en catalán y la otra mitad en castellano; el 37% optaba por la mayoría en catalán y alguna en español, y un 4% abogaba por la mayoría en castellano, con alguna en catalán. Sólo el 15 por ciento era partidario de que todas las asignaturas se impartiesen en catalán. En cuanto al apoyo a la Ley del Cine, que establece multas por incumplimiento de las cuotas de doblaje (la mitad de las copias deben estar dobladas o subtituladas en catalán), la opinión mayoritaria, un 73 por ciento, es favorable a que los cines decidan libremente el idioma de las películas que proyectan, sin ninguna obligación legal de emitir una parte en catalán, frente a un 22% que se declara en contra de esa libertad. Los encuestados también están en contra de las sanciones a los empresarios que rotulan solo en castellano. El 68% apoya que los establecimientos comerciales puedan decidir el idioma en el que instalan sus rótulos, sin ninguna obligación legal de hacerlo en catalán, frente a un 28% que sí defiende la regulación.

En toda esta polémica, parece olvidarse lo primordial: el derecho de los ciudadanos a elegir la lengua oficial en la que educarse y, más aún, el de los niños a aprender en la lengua oficial en que sean capaces de desarrollarse de forma más eficiente. Como indica Leal[79], "primar el conocimiento de la lengua catalana a costa del desarrollo integral de los escolares castellano-hablantes no es ético, ya que se utiliza al niño como un medio para ser país y no como un fin en sí mismo." Una cosa es conocer

---

[79] LEAL SEQUEIROS, Carmen, *Precisiones sobre 'bilingüismo' y 'bilingüe'*, EL MUNDO, Madrid, 2013

una lengua como medio de comunicación, que supone habilidades básicas para la intercomunicación, lo que se puede y se debe adquirir en la escuela y no necesariamente por inmersión, y otra muy distinta poder pensar y razonar por medio de una lengua que no es la propia y en la que la competencia lingüística del alumno de orden cognitivo-académico no está garantizada para todos. Por esta razón en la mayoría de los territorios europeos que tienen dos o más lenguas oficiales la enseñanza se imparte en una sola lengua, la materna o natural, con la obligación paralela del aprendizaje de la otra lengua, con un peso horario importante, con objeto de facilitar el entendimiento entre las dos comunidades lingüísticas. El ejemplo paradigmático es Finlandia, con el sueco y el finés, que cosecha muy buenos resultados académicos. Otros países tienen escuelas separadas o líneas diferentes en la misma escuela.

La cooficialidad lingüística compromete a las instituciones, no al ciudadano particular. Significa igualdad de derechos de los hablantes de una y otra lengua ante las Administraciones de cualquier ámbito en sus territorios. Eso quiere decir que es el ciudadano el que, sin dar explicaciones sobre sus preferencias, escoge lengua en sus relaciones con la Administración y ésta se pone a su servicio. Jurídicamente, no hay más. Pero aquí, es obvio que la oficialidad del español se ha quedado en el papel. La pretensión de establecimiento de un régimen de doble oficialidad lingüística de carácter asimétrico, configurando la lengua distintiva oficial como lengua preferente supone un paso más en el proceso de eliminar el español como lengua cooficial en Cataluña, y empezó a estar crecientemente presente en la normativa legal y reglamentaria autonómica desde que la Generalidad asumió las competencias sobre la materia, elevándose a rango estatutario en la pasada década. Como resultado, nos encontramos ante una auténtica paradoja: al establecer la preferencia del uso de la lengua oficial distintiva de la Comunidad Autónoma se establece, a la inversa, una relegación del castellano en su utilización por parte de los poderes públicos, lo que afecta restrictivamente al derecho a su uso por los ciudadanos. Pero las CC.AA. sólo tienen legitimidad para determinar el régimen de la lengua oficial distintiva, careciendo de cualquier capacidad de incidir en el régimen del castellano como lengua oficial. Se produce, así, una extralimitación en la regulación autonómica del régimen jurídico de la lengua propia.

Toda esta regulación se basa en una defensa de la lengua regional, en este caso el catalán, del supuesto "asedio" al que la somete el castellano o español. ¿Pero realmente está asediado el catalán? Los dos últimos informes del Consejo de Europa sobre la aplicación de la Carta Europea de las Lenguas Regionales y Minoritarias (2008 y 2012) consideran a España como un país cumplidor con los requerimientos de la Carta. Ningún otro informe internacional indica que el Estado la viole o incumpla recomendación alguna sobre la promoción de la diversidad lingüística en los países plurilingües. España firmó la Carta Europea en los términos más amplios posibles de forma que, en los lugares con varias lenguas oficiales, se pudiese impartir toda la educación obligatoria en la lengua minoritaria, dando por supuesto que en cualquier caso la educación se podría impartir en ellos igualmente en español. La Carta explicita que la escolarización en una lengua u otra debería ser voluntaria e indistinta, con objeto de facilitar la permeabilidad e integración entre las comunidades con distinta lengua materna. Es decir, la Carta aboga por la libertad lingüística para todos.

Hay que denunciar un propósito político obsesivo de los sucesivos Gobiernos catalanes: que toda la población se transforme de bilingüe (en distintos grados de competencia) a monolingüe catalán. Por ello, la escuela bilingüe, ha sido sustituida por la "escuela de todo-en-catalán", sacando a relucir que lo que proclamaban los nacionalistas sobre su pretensión de lograr un bilingüismo equilibrado era pura retórica. El ataque a la lengua catalana ha sido frecuentemente utilizado en la lista de agravios del victimismo nacionalista. Según esta teoría, la lengua catalana, la nacional, ha sido relegada por la agresión española a un papel secundario desde hace siglos, y aún está en peligro de convertirse en una lengua irrelevante o incluso desaparecer. La realidad es que la lengua catalana se utiliza como elemento diferenciador y excluyente por parte de al menos cierto nacionalismo, cuya máxima *"un sol poble, una sola llengua"* (un solo pueblo, una sola lengua), lo dice todo. Con la tradicional política de avanzar paso a paso, la normalización lingüística del catalán ha consistido en considerar a la lengua catalana como la lengua propia (la española es impropia) y preferente en el uso cotidiano en Cataluña. Así, el catalán se convierte en vehicular en la enseñanza, las comunicaciones con las administraciones catalanas, las comunicaciones internas en las administraciones catalanas, e incluso en el comercio. Naturalmente, esto implica que los trabajadores del sector público deben dominar la lengua catalana, de modo que su conocimiento pasa a ser un mérito en todas las oposiciones y, en algunos puestos como la enseñanza y la policía autonómica, una obligación. Más de diez mil docentes debieron abandonar Cataluña con la imposición de esta política en los años ochenta. Así, la libre circulación de trabajadores se ve seriamente limitada hacia Cataluña, que no hacia fuera, ya que a los catalanes se les supone el conocimiento del español en cualquier oposición en el resto de España. Huelga decir que la estigmatización del español por parte de los nacionalistas como lengua foránea o impuesta militarmente en sus comunidades no se ajusta a la historia ni es respetuosa con sus hablantes. Además el español es, como toda lengua franca, un eficaz instrumento de comunicación, cuyo uso en órganos comunes parecer ser exigido por el principio de racionalidad administrativa.

Ante una posible reforma constitucional, desde Cataluña se reclama, entre otras cosas como el reconocimiento de su entidad como nación y una financiación mejor, el "blindaje" de su lengua en la Constitución. Sobre esto último cabe preguntarse qué significa blindar una competencia. La iniciativa lingüística radica en la Comunidad Autónoma de Cataluña, que ha legislado ampliamente sobre ella, pero, por ejemplo, el Constitucional declaró inconstitucional su pretensión de considerar el catalán como lengua "preferente" en Cataluña, así como que el conocimiento del catalán fuese "imprescindible" en términos extensivos (para todos los puestos) para acceder a las administraciones públicas en Cataluña. Igualmente, diversos tribunales han dictaminado que el castellano debe ocupar "al menos el 25%" del horario lectivo en la enseñanza en Cataluña, aunque esta sentencia, como tantas otras, no se cumple. Ante estas "agresiones", el "blindaje" parece hacer referencia a algo más. Se trata no de que los poderes Ejecutivo y Legislativo nacionales renuncien a legislar en el ámbito estatal sobre la lengua, sino de que el poder judicial se inhiba a la hora de enjuiciar la constitucionalidad de las leyes que emanen del Parlamento catalán, con la consecuente exclusión de la posibilidad de que los tribunales puedan amparar a los ciudadanos que estimen dañados sus derechos por la normativa catalana. Vilarrubias y De Ramón[80] entienden que, en definitiva, por blindaje "el nacionalismo parece entender la suspensión de la jurisdicción constitucional en determinadas áreas en las que no quiere intromisiones de los jueces. En ese sentido la técnica del blindaje no tiene nada de federal —es, de hecho, antifederal—, y los federalistas harían bien en no replicar el lenguaje nacionalista. El federalismo no blinda competencias. Un grupo, no tan pequeño como se pregona, de ciudadanos catalanes considera que la normativa lingüística catalana vulnera derechos civiles y, tal y como harían en cualquier país federal, recurren a los tribunales." Y deberían poder seguir haciéndolo, añado.

España no es el único país de nuestro entorno donde se hablan varias lenguas. ¿Qué ocurre en otros países desarrollados con lenguas regionales? Pues nada parecido a lo que en España[81]. En Francia, Reino Unido, Irlanda, Italia o Alemania se hablan otras lenguas, y algunos como el occitano por más de doce millones de personas. Muchas son más antiguas incluso que la oficial, pero sin embargo, en ninguno de estos países se reconoce que estas lenguas o dialectos tengan carácter oficial. En el plano institucional, esas diferencias lingüísticas no tienen mayores consecuencias. "La conclusión que se puede extraer es que España, con su pintoresca política lingüística, no sólo causa un agravio serio a sus ciudadanos y dificulta la movilidad por el territorio nacional, sino que es una nota discordante dentro del panorama europeo. Existen, por tanto, varias razones de peso que aconsejan una modificación de esta situación."[82]

¿Cuál es la opción? ¿Imponer el bilingüismo? No, en mi opinión. Las escuelas bilingües en los países de Europa son escasas. Son minoritarias en cualquier país, por mucha importancia que se le conceda a las distintas lenguas. Otra cosa es que se haya intensificado el conocimiento de otra lengua extranjera o regional con mayor presencia

---

[80] VILARRUBIAS, Mercè y DE RAMÓN, Juan Claudio, *Blindar la convivencia, no las lenguas,* El País, Madrid, 2014.

[81] GONZÁLEZ-VARAS IBÁNEZ, Alejandro, *España no es diferente*, Ed. Tecnos, Madrid, 2002.

[82] GONZÁLEZ-VARAS IBÁNEZ, Alejandro, *El régimen jurídico de las lenguas en las escuelas españolas*, Revista jurídica de Castilla y León, Valladolid, 2011.

horaria. Para los alumnos poder pensar y razonar por medio de una lengua que no es la propia es más complicado y dificulta su aprendizaje, y éste debería ser el derecho prioritario a proteger. La solución no pasa por facilitar un aprendizaje indebido y, muy probablemente, indeseado, sino por poder elegir la lengua de escolarización. Así, cuando concurren dos lenguas oficiales de forma simultánea en un mismo territorio, el eje del sistema de pluralismo lingüístico debe situarse en la libertad de opción lingüística y en el derecho de uso de la lengua de elección del ciudadano. Derecho de uso de la lengua oficial de elección que no puede verse limitado por el establecimiento por parte de los poderes públicos de una preferencia de uso de una de las lenguas oficiales en detrimento de la otra. Por ello creo oportuno establecer algunos principios generales y elementos de garantía para que se produzca una correcta relación entre la lengua oficial del estado, el español, y las lenguas cooficiales, tanto en el ámbito de la administración como de la educación, partiendo siempre de la dimensión constitucional de los derechos lingüísticos y de la jurisprudencia del Tribunal Constitucional sobre la materia. Dado que la interpretación del Tribunal Constitucional del derecho a conocer el español establecido en el artículo 3[83] de la Constitución Española está resultando ser conflictiva, creo que será preciso aclarar suficientemente qué incluye este derecho en la reforma a realizar de la misma.

En este tema, un artículo memorable de Mosterín[84], en el que apuesta por un Estado más parecido a un hotel que a una Iglesia, aclara muchas dudas. El hotel –decía– está al servicio de sus clientes, y toma nota de sus preferencias (lingüísticas, gastronómicas, deportivas o de cualquier otra índole) e intenta satisfacerlas lo mejor posible. Una Iglesia tiene su propia doctrina que predicar, sus propios valores culturales que imponer. Las eventuales preferencias discrepantes de los feligreses han de someterse y adaptarse a las de la Iglesia. En cuestiones culturales, los Estados están a medio camino entre los hoteles y las Iglesias. Cuanto más liberales y

---

[83] Artículo 3 CE: "1. El castellano es la lengua española oficial del Estado. Todos los españoles tienen el deber de conocerla y el derecho a usarla. 2. Las demás lenguas españolas serán también oficiales en las respectivas Comunidades Autónomas de acuerdo con sus Estatutos. 3. La riqueza de las distintas modalidades lingüísticas de España es un patrimonio cultural que será objeto de especial respeto y protección."

[84] MOSTERÍN, Jesús, *El Estado como hotel y como Iglesia*, El País, Madrid, 1996.

respetuosos son con los derechos y libertades de sus ciudadanos, tanto más se parecen a los hoteles. Cuanto más totalitarios, ideologizados o nacionalistas, más se parecen a las Iglesias. En el Estado-hotel el ciudadano es rey, el cliente siempre tiene razón y los políticos son meros administradores y camareros a su servicio. Un hotel no tiene religión ni doctrina. Las creencias, ideologías y valores de los clientes no son de la incumbencia de la dirección. Tampoco lo son sus prácticas religiosas o sexuales, mientras éstas no impliquen agresiones a otros clientes. El hotel respeta todas las ideas y no promueve ninguna. Las Iglesias, a veces, tienen lengua propia. En las mezquitas turcas el Corán se lee en árabe, aunque nadie lo entienda, pues el árabe es la lengua del islam. Los hoteles nunca tienen lengua propia, sino que tratan de adaptarse a cualesquiera lenguas que hablen sus clientes, en la medida en que ello resulte económicamente viable. Respecto a cuestiones lingüísticas, en un Estado de libertades el ciudadano sólo tiene derechos y el Estado sólo tiene obligaciones. Los derechos de los ciudadanos son incondicionales. Las obligaciones estatales están condicionadas y limitadas por la factibilidad económica. El Estado, como el hotel, sólo dispone de recursos limitados, con los que no puede atender en su lengua a todos los residentes, sino sólo a los que representen un porcentaje suficiente (por ejemplo, un cinco por ciento de la clientela o de la población). Huelga decir que prefiero un Estado-hotel al Estado-Iglesia que algunos pretenden edificar en Cataluña.

Así pues, en el día a día del Estado-hotel de Cataluña deben primar los derechos ciudadanos individuales sobre pretendidas intenciones políticas. La Administración catalana tiene que estar preparada para que cualquier padre que desee escolarizar a su hijo en castellano pueda hacerlo. Entiendo que ese es el deber principal que ningún proyecto colectivo que responda a una sociedad democrática puede obviar. Lo mismo ocurre en todos los ámbitos de la Administración donde un ciudadano podría exigir que se le atendiera en castellano. Podríamos aprender del modelo americano, que es eficaz y práctico y donde puedes ser atendido en *spanish* en un gran número de instituciones y locales públicos y privados sin grandes debates sobre si se tiene o no derecho. Igualmente, la libre circulación de personas, ya no dentro del contexto europeo, sino simplemente dentro de España, parece incompatible con el hecho de que una persona que viva en una determinada Comunidad Autónoma, se traslade por motivos de trabajo con su familia a otra en la que haya bilingüismo, y se obligue a sus hijos a que aprendan una lengua que a lo mejor sólo tienen que manejar durante un corto periodo de tiempo. No son los casos más usuales, pero requieren atención.

En cuanto a las prohibiciones, no debería estar lejos de la memoria de cualquier nacionalista catalán lo que supuso la prohibición del uso de la lengua propia. Y cómo no ha conseguido casi nada. Visto con perspectiva histórica, pasado el tiempo, el catalán no sólo no desapareció sino que, como decía el poeta: "los muertos que vos matáis, gozan de buena salud"[85]. Toda la política de prohibiciones y multas a la rotulación, anuncios de comercio y etiquetados en español no tiene sentido. El prohibicionismo no lleva a ningún lado en una sociedad que quiere vivir libre. La política de multas y sanciones impedirá que la inmersión lingüística cumpla su objetivo de normalización catalana y engendrará en el seno de la sociedad tensiones y enfrentamientos que hará que nunca esté normalizada.

La cuestión idiomática se traslada también a la igualdad de oportunidades para desempeñar un puesto de trabajo público, al exigirse al candidato que sepa perfectamente la lengua autonómica, cuando en muchos de los puestos ofertados, no es preciso el uso de ese idioma para el desempeño de la función requerida. Sin embargo, una persona radicada en esa Comunidad Autónoma, sí que podría concursar a puesto público en cualquier otra Comunidad en la que no hubiera bilingüismo, provocando una asimetría en los derechos de los ciudadanos a concursar a puestos en las administraciones públicas. En lo que respecta a la administración, habría que modificar la exigencia de acreditar el conocimiento de la lengua cooficial, bien replanteándose el nivel de dicha acreditación o bien estableciendo cuotas porcentuales que garanticen el acceso de los ciudadanos de la correspondiente Comunidad Autónoma en las lenguas oficiales que manejen. Se trata de compatibilizar los derechos lingüísticos

---

[85] Aunque esta frase se suele atribuir erróneamente a Zorrilla en su Don Juan Tenorio, la realidad es que esta frase no aparece en su obra. La versión más aceptada es que en su forma actual responde a una traducción al español de la comedia francesa Le Menteur (El Mentiroso), escrita por Pierre Corneille en 1643, a su vez una suerte de imitación y reelaboración de la comedia "La verdad sospechosa", de Juan Ruiz de Alarcón, 1630.

con el derecho de acceso a la función pública de todos los españoles, teniendo en cuenta la eficacia y la calidad de las administraciones autonómicas. Ello permitirá que los ciudadanos se involucren con una mayor naturalidad en el aprendizaje de la lengua cooficial, aunque no sea su lengua materna.

Con el desarrollo autonómico, en algunas Comunidades Autónomas se ha producido un claro proceso de discriminación por razón del idioma. Se ha pasado de una situación prohibicionista en materia de uso de lenguas regionales a una situación en la que el castellano, lengua oficial del país, es discriminado tanto en el ámbito de la enseñanza como en el acceso a puestos de trabajo autonómicos y locales. Se impone la no discriminación por razones lingüísticas en el ámbito de la administración y la enseñanza. Así, el eje del sistema del pluralismo lingüístico, allí donde concurren dos lenguas oficiales, debe situarse necesariamente en el derecho de opción lingüística y en el derecho de uso de la lengua de elección del ciudadano, evitando la imposición como lengua de enseñanza de solo una de las lenguas oficiales. En un contexto de dos lenguas oficiales que coexisten de forma simultánea, la posibilidad de imponer como lengua de enseñanza una lengua oficial que no es la de elección del ciudadano debe estar sometida a fuertes limitaciones. Esta imposición no puede realizarse por la voluntad de convertir la lengua propia en lengua del territorio, lo que sería arbitrario, sino que sólo puede estar legitimada por la pretensión de garantizar, de forma razonable y proporcionada, el adecuado dominio de la lengua oficial que no es la de elección al final del sistema educativo obligatorio.

Así pues, la reforma de la Constitución que propongo describiría los principios generales para esclarecer los aspectos que se verían afectados por la existencia de una lengua autóctona. La concreción de los mismos debería regularse a través de una ley orgánica de lenguas. En mi opinión los principios generales que por la experiencia acumulada parece necesario que sean suficientemente detallados y esclarecedores, serían los siguientes:

1) Allí donde concurran dos o más lenguas oficiales, los ciudadanos españoles tendrán derecho a elegir la lengua de escolarización tanto en la enseñanza pública primaria, como en la secundaria, formación

profesional y universidad. Las materias troncales de enseñanza en cada una de esas etapas se impartirán exclusivamente en la lengua elegida por el ciudadano. La administración pública encargada de la impartición de la enseñanza pública, tendrá el deber de ofrecer a los ciudadanos de forma equilibrada a lo largo del territorio y sin discriminación respecto a la otra lengua, un número de plazas en cada lengua equivalente al de la población que la utilice como lengua materna.

2) Será obligatorio el aprendizaje de la otra lengua oficial en un número de horas suficiente para garantizar, de forma razonable y proporcionada, el adecuado dominio de la lengua oficial que no es la de elección al final del sistema educativo obligatorio.

3) La exigencia de acreditación del conocimiento de la lengua cooficial en el acceso al empleo en las administraciones públicas se establecerá con arreglo a cuotas porcentuales que garanticen el acceso de los ciudadanos de la correspondiente Comunidad Autónoma en las lenguas oficiales que manejen.

4) En aquellas CC.AA. con idiomas cooficiales, los rótulos, formularios, oficios e instancias oficiales estarán disponibles en ambas lenguas oficiales. Los ciudadanos tendrán derecho a dirigirse tanto de forma oral como escrita a cualquier institución pública en la lengua oficial de su elección y a ser respondidos en la misma lengua.

5) No se permitirán restricciones a la unidad de mercado ni a la libertad de movimiento de personas, mercancías y servicios por motivo de la lengua.

En la ley orgánica de lenguas se detallarían los procedimientos para cumplir con los principios generales enumerados. Así, se detallaría la forma en la que las instituciones públicas organizarán sus medios de modo que en los servicios de atención al público exista siempre personal capaz de utilizar ambas lenguas oficiales. Igualmente, por razones de eficacia y ahorro debería establecerse que las comunicaciones con instituciones de otras regiones de España se realizarán en español, al igual que con las instituciones extranjeras. En cuanto al acceso a la función pública se detallarían las medidas para compatibilizar los derechos lingüísticos con el derecho de acceso a la función pública de todos los españoles, teniendo en cuenta la eficacia y la calidad de las administraciones autonómicas. Ello permitiría que los ciudadanos se involucren con una mayor naturalidad en el aprendizaje de la lengua cooficial, aunque no sea su lengua materna. Finalmente, en esta ley debería establecerse que no será obligatoria la rotulación en ambas lenguas oficiales, bastará con una (la que sea). Los empresarios cuyos productos vayan dirigidos al mercado interior rotularán en la lengua que consideren más conveniente, aunque tengo la impresión de que la propia UE tomará cartas en el asunto y eliminará incluso estas restricciones utilizando su competencia para evitar las restricciones a la libre competencia. Un ejemplo más de que la obsesión nacionalista por incluir su lengua propia en todos los aspectos de la vida ciudadana está condenada al fracaso en una Europa unida.

4.3. LAS BALANZAS FISCALES

El germen independentista nunca cuajó cuando se intentó extender sobre motivaciones supuestamente históricas, como los de la Guerra de Secesión contra Felipe V, la conquista de Barcelona por éste en 1714 y el Decreto de Nueva Planta de 1715. En su lugar, tuvo que aparecer el agravio fiscal y el "España nos roba" en la peor crisis económica desde los años 30 para que dicho germen prendiera y se extendiera.

Según la versión extendida por los partidarios de la independencia, si Cataluña se independizara tendría a su disposición 16.000 millones de euros adicionales que actualmente España "les roba", con los que hacer frente a la crisis sin ningún esfuerzo ni recorte. No entraré en discutir a fondo la falsedad de los argumentos utilizados. Solo haré unas pocas precisiones técnicas. De acuerdo con el Ministerio de Hacienda[86] y el Sistema de Cuentas Públicas Territorializadas (SCPT) o balanzas fiscales,

---

[86] DE LA FUENTE, Ángel y otros, *Sistema de Cuentas Públicas Territorializadas (SCPT): Informe sobre la dimensión territorial de la actuación de las Administraciones Públicas, Ejercicio 2011,* Ministerio de Hacienda y Administraciones Públicas, Madrid, 2014.

en 2011 el saldo fiscal relativo de Cataluña presentaba un déficit de 8.455 millones de euros. Es decir, no los publicitados 16.000 millones sino apenas la mitad. Este saldo, en sí mismo, no tiene nada de extraño ya que Cataluña es una de las CC.AA. más ricas, de modo que resulta lógico que, con un sistema fiscal progresivo, sus ciudadanos paguen más impuestos. Y es que la enconada disputa sobre las balanzas fiscales de cada Comunidad parte de un presupuesto erróneo, que es que los territorios pagan impuestos, cuando son las personas y las empresas, y no los territorios, quienes lo hacen. Así, es lógico que la recaudación de impuestos sea mayor en los territorios en el que hay personas con más renta, y empresas con mayores beneficios que en otros en los que las personas tienen menos renta y las empresas obtienen menos beneficios.

El Sistema de Cuentas Públicas Territorializadas (SCPT) recientemente hecho público por el Ministerio de Hacienda, ha sido objeto de numerosas valoraciones, con elogios y críticas diversas. La crítica más reiterada hace hincapié en que solo se aplica uno de los enfoques metodológicos existentes para el cálculo de balanzas fiscales, lo cual se interpreta como muestra de parcialidad. De este modo se pretende descalificar el trabajo ante la opinión pública al tiempo que se la confunde con la falsa idea de que hay numerosos enfoques metodológicos para aproximarse a la medición de la incidencia territorial de la actividad presupuestaria de la Administración central y que lo realmente riguroso es dar a elegir a los usuarios. Sin embargo, como Barberán y Uriel[87] explican, no todo vale para todo en el debate sobre las balanzas fiscales. "En la elaboración de las balanzas fiscales de las comunidades autónomas con respecto a la Administración central en los últimos años solamente se han aplicado en España dos enfoques metodológicos: el de carga-beneficio y el de flujo monetario. En 2006, la Comisión de expertos del Instituto de Estudios Fiscales (IEF) identificó dos finalidades distintas de las balanzas fiscales, una para cada uno de esos enfoques: la valoración del efecto redistributivo entre territorios ocasionado por los ingresos y gastos públicos se atribuye al enfoque de carga-beneficio; el análisis de la influencia de la acción del sector público sobre la actividad económica de

---

[87] BARBERÁN ORTÍ, Ramón y URIEL, Ezequiel, *No todo vale en las balanzas fiscales*, El País, Madrid, 2014.

un territorio, al enfoque de flujo monetario. Posición que coincide con la adoptada en 2005 por el Grupo de trabajo creado por la Generalidad de Cataluña para actualizar la metodología y las cifras de la balanza fiscal de esta comunidad. Teniendo esto claro, no hay ningún problema en que se calculen los saldos por ambos enfoques o solo por uno de ellos, siempre que se utilicen para la finalidad establecida. Lo que no resulta aceptable es dar al saldo obtenido por un enfoque la interpretación del otro. Precisamente esto último es lo que se viene haciendo por la vía de los hechos y de modo sistemático en la difusión de los resultados de la balanza fiscal de Cataluña que cada año elabora la Generalidad. Un claro ejemplo se da en la presentación de los resultados de 2010, donde se dice que el objetivo de la balanza fiscal es medir el efecto redistributivo entre territorios de la política fiscal de la Administración central. De esta afirmación parece desprenderse que la Generalidad se decanta muy claramente por el método de carga-beneficio; sin embargo, en la difusión de los resultados da una prioridad absoluta a los saldos obtenidos por el método de flujo monetario que, como hemos expuesto, no reflejan para nada los aspectos redistributivos. Sería deseable prescindir de este enfoque, tal y como se ha hecho en el SCPT, para evitar equívocos en la interpretación de sus resultados".

El debate sobre las balanzas fiscales se complica y oscurece porque en los estudios de la Generalidad, de forma interesada, no se difunden los saldos reales sino solamente los saldos "neutralizados", con la que se pretende eliminar las oscilaciones cíclicas de las series de saldos, es decir, los saldos neutralizados muestran la balanza fiscal en condiciones económicas "normales", no en medio de una profunda crisis. Borrell y Llorach[88] aclaran suficientemente que es errónea la idea de que el déficit fiscal con España impide la recuperación catalana. El supuesto déficit fiscal no llega en realidad a 800 millones en 2010, y si se cuentan los servicios que benefician a los catalanes, Cataluña tiene un superávit de 4.000 millones, dado que el Estado (la malvada España) se está endeudando para financiar en Cataluña el gasto público que no se paga con impuestos. En realidad Cataluña recibió 4.105 millones de euros más de

---

[88] BORRELL, Josep y LLORACH, Joan, *¿Dónde están los 16.000 millones?*, El País, Madrid, 2014.

los aportados por su recaudación de impuestos, por lo que si se independizaran deberían endeudarse en esa cuantía para financiar los actuales servicios públicos.

Finalmente, y aún más relevante, equivocadamente se ha vinculado la balanza fiscal -que es una herramienta contable que calcula el saldo de la actividad financiera del sector público en un territorio, y cuya función no es la de valorar si la distribución es justa o injusta, sino hacerla explícita-con el sistema de financiación, que regula las fuentes de ingresos con que los gobiernos autonómicos sufragan las políticas que les han sido transferidas. El resultado de la balanza depende de las relaciones presupuestarias entre las regiones y la Administración Central, sin guardar relación alguna con el sistema de financiación de las regiones, que puede ser suficiente o insuficiente con independencia de cómo sea el saldo de la balanza fiscal[89]. Una cosa es medir en cuánto contribuyen los ciudadanos de un territorio y qué gasto hace el Gobierno central en ese territorio, que es lo que mide una balanza fiscal, y otra la financiación de los servicios de titularidad autonómica. Un ejemplo puede servir para entenderlo: Supongamos que el Gobierno incrementa su inversión en Cataluña, el déficit fiscal de la balanza disminuirá, pero el sistema de financiación seguirá siendo el mismo y no por ello la Generalidad tendrá más dinero para efectuar inversiones en escuelas y hospitales, pese a lo que pregonan de forma interesada los independentistas, que ya están gastando el supuesto superávit fiscal de la independencia.

La utilidad práctica de estos trabajos es escasa en un Estado unitario ya que, por ejemplo, las empresas pagan en el territorio en el que tienen su domicilio social los impuestos sobre las ventas y los beneficios generados en toda España, y Cataluña es la segunda región de España con más empresas cuyo mercado es nacional o internacional, así que buena parte de los ingresos declarados por las empresas en Cataluña, se han generado en realidad por ventas realizadas en toda España (caso de la recaudación por el Impuesto sobre el Valor Añadido –IVA–) y por los beneficios obtenidos en todo el país (a través del Impuesto de Sociedades –IS–). En caso de una

---

[89] PADROS ABELLÓ, Alejandro, *Balanzas fiscales: historia, política y metodología*, Papeles de la Economía Española, n° 99, Madrid, 2004.

hipotética independencia catalana, tanto el IVA como el IS de las ventas y beneficios de esas empresas en el resto de España (si se siguieran produciendo) se declararían en algún otro territorio de España y no los recaudaría la Generalidad, por lo que se reducirían los ingresos fiscales (y el saldo fiscal) por ese motivo.

Es algo elemental que el principal motor de una empresa y también de la economía de un territorio es su capacidad de vender. Sin ventas, no hay ingresos y sin ingresos no existen beneficios económicos, sin los cuales no hay posibilidad de crear ni empleo ni riqueza. La importancia del mercado español es innegable para las empresas catalanas. Es una relación obvia y absolutamente evidente. Sin embargo, en el debate político catalán se olvida a menudo dónde se generan esas ventas y esos ingresos que sostienen la riqueza de Cataluña. Si trasladamos los datos en valores absolutos a proporción sobre el PIB, los ingresos procedentes del resto de España representan aproximadamente un tercio (32%) de la riqueza anual generada en Cataluña. Cataluña vende más a Murcia que a Estados Unidos, el doble a Galicia que a la China, más a Aragón que a Alemania, más a Castilla-La Mancha que al Reino Unido, más a Andalucía que a Italia, y cinco veces más a Castilla y León que a Japón[90]. A pesar de su importancia fundamental las balanzas comerciales han sido las grandes olvidadas en el debate económico en Cataluña y en el conjunto de España cuando deberían ocupar un papel principal dado que determinan los orígenes y destinos de los flujos de comercio y son determinantes de los flujos de dinero dentro de un país. Si no existiera el superávit comercial con el resto de España la riqueza media de cada catalán caería 2.900 euros anuales y los impuestos a ellos recaudados también se reducirían.

Una vez clarificados estos términos técnicos, lo que sí hay que decir es que la hipotética reforma de la Constitución en un sentido federal no pondría fin al debate vasco y catalán sobre la independencia, pues este debate no deriva del modelo constitucional, sino que es anterior, y debe solucionarse por la vía política. Lo que sí procedería es establecer una financiación justa y una serie de instituciones en las que las CC.AA.

---

[90] CONVIVENCIA CIVICA CATALANA, *Las cuentas claras de Cataluña*, Ed. CCC, Barcelona, 2014.

pudieran colaborar en el gobierno del Estado del que forman parte y en las que el Estado tenga en cuenta sus legítimas demandas. Las legítimas, que no las insolidarias y desleales. El camino a seguir no es modificar la Constitución para contentar a los secesionistas, sino para desarrollar un modelo de estado funcional y exitoso que pueda luego administrar su éxito ante las demandas periféricas. El territorio nacional debe estar integrado y cohesionado, el estado debe ser funcional y eficaz, y los derechos ciudadanos deben ser los mismos. Todo lo que no sean derechos ciudadanos, unidad del mercado nacional y condiciones de vida equivalentes podría admitir la diferenciación entre CC.AA.

4.4. LA SOLUCIÓN NO ES EL FEDERALISMO ASIMÉTRICO, EL BLINDAJE COMPETENCIAL O EL CONCIERTO FINANCIERO

Para resolver el problema del "encaje" catalán, algunos propugnan una reforma constitucional que reconozca que España es un país plurinacional, con varias naciones diferenciadas en su seno, y que por ello debe instaurarse un tipo de federalismo que, para tener una oportunidad de éxito, tendría que ser asimétrico. Esa propuesta supone, en realidad, unas mayores cesiones competenciales a la Generalidad catalana. Se habla de "blindar" las políticas lingüísticas, culturales y educativas. "Sin embargo, si algo ha demostrado el proceso soberanista en marcha es que la administración española y su poder real son ya prácticamente residuales, o casi inexistentes, en Cataluña. Y con ello no se ha conseguido aplacar los afanes soberanistas de los partidos nacionalistas, sino al contrario. Así que los defensores de estas propuestas deberían esforzarse en explicarnos por qué piensan que avanzar en la misma línea con nuevas cesiones iba a dar ahora otro resultado. En esa misma línea, otra propuesta es el establecimiento de un nuevo sistema fiscal que trajera consigo la cesión a la Administración catalana de la recaudación de los impuestos y la limitación de su contribución en favor de las regiones españolas más pobres. Es muy difícil que pudiera ser viable un país organizado conforme a esta estructura, que sería una reunión de entidades soberanas más confederal que federal. La Historia nos ha enseñado que esos intentos han fracasado, y que esas estructuras estatales o bien han acabado por estallar (como el Imperio austro-húngaro) o bien han evolucionado hacia sistemas federales, con una progresiva asunción por la autoridad central de mayores competencias (caso de Suiza)."[91]

La frase de que España es una "nación de naciones", es decir, que en su seno existen comunidades con una identidad nacional propia, parece ser cada vez más aceptada. Dicho así, parece evidente que en Cataluña, País Vasco y, en cierta medida, Galicia el sentimiento de identidad propio es importante. Algunos analistas y constitucionalistas abogan por reconocer esa acusada identidad, definiendo en el artículo 2 de nuestra Constitución a esas CC.AA. como "nacionalidades" o, mejor aún, como "naciones", por el acusado valor simbólico de ese hecho, lo que contribuiría a mejorar el "encaje" de estas CC.AA., y especialmente de Cataluña en España. En mi opinión ese hecho sería un error. Aunque los teóricos no dejan de debatir sobre el tema, parece claro que el término "nación" no es un término abstracto sin ningún valor concreto. Después de todo, la soberanía se reconoce a las naciones y/o sus ciudadanos, así que la definición de algunas CC.AA. como naciones podría ser un nuevo paso, uno más, hasta alcanzar la (por algunos) ansiada independencia. Por otro lado, la definición de algunas CC.AA. y no otras como nacionalidades o naciones, reabriría un proceso de emulación por buena parte del resto de CC.AA., como supuso la descentralización autonómica, en el que nadie querría ser menos. Y es que, puestos a bucear en la historia, todas las CC.AA. pueden encontrar momentos en los que alguna parte de su territorio vivió una existencia previa a la española.

En el mundo hay algo menos de 7.000 lenguas, unas 5.000 etnias y algo menos de 200 Estados. El mundo (y la UE) sería un gallinero si los miles de etnias o poblaciones existentes con su propia lengua reclamaran su Estado[92]. El camino de Europa, que es también el camino de la emergente civilización mundial, potencia la unión política, no la división. Si España es compuesta y plural, que lo es, Cataluña lo es mucho más. También Cataluña sería una nación de naciones, y tiene a España metida tan dentro como Cataluña está metida dentro de España. El catalanismo

---

[91] RODRÍGUEZ PRIETO, Fernando, *Cataluña tras el referéndum secesionista (I). Lo que no sirve*, Blog ¿Hay Derecho?, 2014.
[92] LAMO DE ESPINOSA, Emilio, *¿Importa ser nación?*, El País, Madrid, 2015.

percibe con nitidez la diversidad de España, pero se niega a ver la suya propia pidiendo un respeto que, al parecer, no está dispuesto a otorgar. Puestos a buscar precedentes en nuestro entorno sobre "naciones de naciones", el único relativamente cercano en la geografía y el tiempo es el del Imperio austro-húngaro, que desapareció tras la 1ª Guerra Mundial. Sosa Wagner[93], un experto conocedor del mismo, sostiene que el modelo "dual" de la Monarquía austro-húngara ha estado presente en el debate histórico y político español desde hace tiempo y se ha reavivado en el último tercio del siglo XX como consecuencia de nuestro nuevo sistema constitucional autonómico. Las ideas, que hoy tanto circulan en los medios de comunicación, de "nación de naciones", de Estado "plurinacional", o de un rey que reinaría sobre diversas naciones peninsulares, hunden sus raíces en la forma de organización que adoptó aquella amalgama de pueblos centroeuropeos. La realidad del ejercicio del poder en Austria-Hungría fue un paralizante embrollo lingüístico, y la decisión política de privilegiar a una parte del territorio de la Monarquía (Hungría) tuvo una enorme influencia en el desmoronamiento final del sistema. "Su funcionamiento fue un disparate que no satisfizo ni a unos ni a otros", concluye Sosa Wagner, que defiende la importancia de una Europa fuerte, de unos Estados fuertes, de unas regiones fuertes y de unos municipios fuertes, poderes públicos legitimados democráticamente para luchar contra aquellas resistencias sociales donde se enrocan las injusticias.

Después de todo, queremos reformar la Constitución para resolver los problemas de funcionamiento del Estado autonómico, no para apaciguar al independentismo. Resolver lo primero requiere unas medidas, y lo segundo, si renunciasen a la secesión, exigiría un trato privilegiado para unas regiones que sería inaceptable para otras. De hecho, esa fue la fracasada fórmula inicial del diseño autonómico, con tres CC.AA. con autogobierno de verdad (País Vasco, Cataluña y Galicia), y el resto con descentralización administrativa. "Si fracasó entonces, ¿cómo no va a fracasar ahora cuando las CC.AA. tienen ya un poder y una densidad

---

[93] SOSA WAGNER, Francisco, *El Estado fragmentado. Modelo austro-húngaro y brote de naciones en España*, Ed. Trotta, Madrid, 2006.

política y jurídica muy fuerte?"[94] Si el PSOE plantea modificar la Constitución debe especificar qué quiere reformar y con qué objetivo. Según parece, pretende con ello integrar a los nacionalismos, pero, ¿cómo?, porque si proyecta darle un trato privilegiado a Cataluña y al País Vasco fracasará, pues las restantes CC.AA. pedirán el mismo trato. "La única solución es que el nacionalismo vuelva a la senda de la Constitución, de la pluralidad. Que reconozca que en los territorios donde hay nacionalismos fuertes, como Cataluña y el País Vasco, hay unas sociedades plurales que sólo pueden convivir armónicamente en la pluralidad y, por tanto, en la pertenencia al territorio nacional. Y que no se pueden generar agravios ni diferencias territoriales que van a ser inaceptables para las otras CC.AA."[95]

Es evidente que el desafío de algunos territorios a la unidad de España no es un asunto reciente. Ortega y Gasset decía durante la 2ª República, que "la cuestión catalana no se puede resolver, solo se puede conllevar". En mi opinión no existe la más mínima posibilidad de acuerdo o negociación con el nacionalismo catalán, y esto hay que asumirlo. Y aunque la ley debe cumplirse, la solución a un problema político debe ser política, no jurídica. Esa solución, desde mi punto de vista, consiste en presentar a toda la sociedad española (y por ende a la catalana) un proyecto ilusionante de futuro que desplace y sustituya al proyecto secesionista. El proyecto debe ser que España sea un país moderno y eficiente, con unas reglas claras de funcionamiento, donde la corrupción se mantenga al mínimo y con unas instituciones que nos representen y funcionen adecuadamente. Si España funciona bien no será tan atractivo abandonarla.

En muchos editoriales y en artículos de opinión se lee que el Gobierno del Estado debe dialogar, buscar el entendimiento, hacer propuestas para que los nacionalistas no radicales se desmarquen del soberanismo. Y en todas estas propuestas de entendimiento se habla de lo que el Estado, el Gobierno central debiera ofrecer: reconocimiento de la nación catalana, de la singularidad catalana, mejora de la financiación, y respeto por la exclusividad de la política lingüística -entiéndase aceptar la

---

[94] BLANCO VALDÉS, Roberto, *El laberinto territorial español*, Alianza editorial, Madrid, 2014.
[95] BLANCO VALDÉS, Roberto, *op. cit.*

inmersión lingüística en la escuela-. Pero no se ve en ninguna parte lo que el otro dialogante, la otra parte del entendimiento, ofrece[96]. Si se busca un nuevo pacto: ¿qué ofrecen los nacionalistas catalanes o los vascos para llegar a un acuerdo? ¿O el pacto sólo es posible con ofertas y cesiones de una sola parte? "No estaría mal que se pudiera leer por alguna parte algo que suene a lealtad constitucional como contrapartida, a asunción del sistema constitucional y del Estado de derecho, con la consecuencia de la obligación de cumplir y hacer cumplir las leyes y las sentencias. De otra forma no se trata de un nuevo pacto, sino de un nuevo paso hacia un futuro que sigue siendo el mismo: queja, acusación, frustración y más radicalidad nacionalista"[97].

Poner sobre la mesa lo único que no es negociable para la otra parte (la soberanía), no parece un adecuado método de negociación, sino más bien de confrontación. No sería aceptable reordenar el sistema autonómico actual reformando la Constitución como una imposición de la presión del nacionalismo catalán. Desde hace años se viene insistiendo en la necesidad de proceder a una revisión del modelo autonómico español para que funcione mejor, así como a una adaptación de nuestra Constitución a nuevas realidades acontecidas desde su aprobación. Lo que propongo aquí es reformar la Constitución para hacer un Estado autonómico más eficiente y más económico, con menos duplicidades, con cooperación política, y con coordinación administrativa, con más gobierno compartido y menos autogobierno, pero para eso las reformas son justamente las contrarias al modelo asimétrico y a una mayor descentralización.

La propuesta federal en sí no es necesariamente mala. España ya tiene características de un estado federal, pero carece de algunos aspectos de las federaciones, y es muy probable que funcionara mejor si los tuviera. Un modelo federal implicaría el establecimiento constitucional de un reparto fijo e inmutable de competencias, evitando el permanente regateo de transferencias que hemos contemplado estas últimas décadas, en el que lo que menos importaba era la eficacia y eficiencia de los servicios ofrecidos a los ciudadanos. Pero ese nuevo terreno de juego no va a

---

[96] ARREGI, Joseba, *Algo de Marx y mucho sentido común*, El Mundo, Madrid, 2014

[97] ARREGI, Joseba, *op. cit.*

satisfacer a nuestros nacionalismos disgregadores. ¿Y qué? La solución no pasa por asumir la agenda política nacionalista en torno a un mayor autogobierno, sino por la defensa de una reforma constitucional centrada en los derechos de los ciudadanos y no en los de las naciones, reales o supuestas. La discusión sobre las ventajas e inconvenientes de un modelo federal, debe y puede plantearse desde lo que es bueno o malo para los españoles, no como respuesta a las demandas de un nacionalismo catalán del que razonablemente cabe esperar que nunca se va a dar por satisfecho. Su objetivo es la construcción de un Estado-nación catalán, no mayores o menores cuotas de autogobierno o de dinero.[98] Las palabras de Cambó son clarificadoras: "quiero más una Cataluña sin ninguna libertad, hablando en catalán y sintiendo en catalán, que eso les dará la libertad, que una Cataluña con los mayores atributos de soberanía política, pero teniendo amortecida su conciencia nacional". No cabe pensar que si realizamos nuevas concesiones al nacionalismo van a cejar en su empeño. Van a utilizar cualquier recurso a su alcance para acelerar la consecución de su objetivo. Hemos acumulado ya suficiente experiencia como para saber que la integración de los nacionalistas en un proyecto común no se consigue atendiendo a sus demandas, igual que no se logró el abandono del terrorismo manteniendo siempre la puerta abierta a la negociación y a sus reclamaciones[99]. La historia nos dice que las demandas satisfechas al nacionalismo, siempre consideradas históricas, mínimas, imprescindibles y de justicia, son sustituidas por otras con las mismas características en cuanto se alcanzan, en un proceso inacabable hasta la independencia final. La estrategia no puede ser otra que reformar la Constitución para que todos los ciudadanos, partiendo de la actual soberanía del pueblo español, se pronuncien sobre el particularmente ineficiente Título VIII, el de la estructura territorial del Estado, y acuerden como quieren organizarse territorialmente para los próximos veinte o treinta años, momento en el que habrá que modificar de nuevo lo que no funcione y profundizar en lo que sí lo haga.

---

[98] PÉREZ VEJO, Tomás, *El nudo gordiano del laberinto catalán*, El País, Madrid, 2014.

[99] Y espero que nadie se sienta aludido por la comparación, pues es evidente que mientras que sus fines son los mismos (la independencia de su territorio), los medios empleados son bien diferentes.

A mi juicio en este momento la cuestión catalana es sólo un síntoma, quizá el más grave, de la "cuestión española". En España tenemos un problema político de primera magnitud. No solo por la amenaza de la secesión catalana sino por la amenaza de la secesión ciudadana. Dicho de otra forma, los ciudadanos, y no solo los ciudadanos catalanes, no estamos "cómodos" en nuestra democracia por múltiples motivos: crisis económica, crisis política e institucional, crisis moral, y falta de proyecto nacional ilusionante de futuro. Esto no se arregla con leyes desde luego, aunque hay que ser consciente de que cualquier solución política necesitará de un itinerario jurídico. Este problema político no se puede resolver con más de lo mismo. No caben más cupos ni conciertos fiscales, no caben más cesiones de competencias, simbólicas y no simbólicas, no caben más particularismos, más ocupación de todos los espacios públicos y privados por élites extractivas políticas o más cambalaches en reservados porque entonces el Estado español puede devenir en inviable. Sí que caben principios básicos como la igualdad de los ciudadanos, el sometimiento de todos los poderes públicos a la Ley y la separación de poderes, para que no se conviertan en meros enunciados formales, carentes de contenido y de significado.

La cesión de ciertas competencias, como Educación y Justicia, no parece haberse realizado con el objetivo de conseguir el mejor servicio posible a los ciudadanos, sino para satisfacer otros intereses. La cesión de la educación ha sido utilizada en algunas regiones con claros propósitos de adoctrinamiento. Y la Justicia buscando la impunidad de jueces más "afines". La realidad es que si se reordenan las competencias territoriales lo que debería primarse serían los principios de racionalidad, eficacia y eficiencia en la prestación de los servicios públicos a los ciudadanos. Además, puestos a reformar, habría que cambiar otras muchas cosas: reducir la discrecionalidad administrativa, tantas veces convertida en pura y simple arbitrariedad; limitar o suprimir la hiperregulación evitando leyes absurdas y contradictorias; impedir la ocupación sistemática de las instituciones y organismos públicos por los partidos y su clientela, eliminando los que son superfluos o funcionan como agencias de colocación; incrementar la responsabilidad fiscal de las CC.AA.; reformar los partidos políticos; modificar el sistema electoral; garantizar la transparencia y la rendición de cuentas, etc. Estos problemas no se solucionan solo con leyes, sino que es necesario un verdadero proyecto nacional ilusionante, pero ese proyecto no puede triunfar sin esos instrumentos. Más vale afrontar la realidad y cuanto antes mejor. Modifiquemos la Constitución no para que los catalanes puedan "estar cómodos", sino para que podamos estarlo todos los ciudadanos españoles. Cambiar la Constitución para modificar estos aspectos sí que sería una reforma pensada para solucionar los problemas de los ciudadanos y no los de los políticos. Necesitamos plantear un nuevo proyecto de España que sea capaz de ilusionar. El desafío secesionista catalán no tendría opciones en ese nuevo escenario.

4.5.   LA CORRIENTE DE LA HISTORIA

En términos objetivos, España es el país más estable de Europa occidental, sin apenas cambios territoriales posteriores a la anexión de Navarra en 1512. Sin embargo, los españoles tenemos la costumbre de poner en duda nuestra identidad común, preguntándonos cada mañana quiénes somos y de dónde venimos, algo que la mayoría de las naciones europeas dejó de hacer a lo largo del siglo XX, concentrándose únicamente en el adónde vamos, en la construcción de un proyecto de futuro[100]. La ensoñación nacionalista nació durante el siglo XIX y tuvo su punto culminante durante el siglo XX, con dos guerras mundiales que llevaron a la muerte a centenares de millones de personas pero, al menos en Europa, generó alergia e inmunidad a una nueva infección nacionalista, y su visión carece de presente y de futuro cuando se está construyendo una nueva realidad que se llama Unión Europea. No tiene sentido plantear hoy el problema nacionalista en los mismos términos que en la segunda mitad del siglo XIX, pues el mundo ha cambiado desde entonces, y la soberanía de los pueblos y los estados (reduciéndola), también. Los asuntos que podían resultar discutibles antes de la 2ª Guerra Mundial, cuando el nacionalismo y otros ismos (comunismo y fascismo) infectaron con sus alucinaciones a media Europa, parecen hoy delirios a la luz de la Europa unida.

---

[100] BARREIRO RIVAS, Xosé Luis, *La España evidente,* Ed. Nobel, Asturias, 2014.

Muchos catalanes creen que la independencia arreglaría todos los problemas. El imaginario del independentismo no se tiene en pie ante la razón y la realidad, pero se ha apoderado del sentimiento de bastantes catalanes azotados por la crisis, aferrados a la creencia de que Cataluña fue independiente hasta 1714, que es soberana y que puede exigir ella solita la separación de España, con el añadido de que, una vez independiente, su importancia es tal que seguirá en el euro, en la Unión Europea, y actuará como locomotora económica para los países mediterráneos. La realidad es que el peso económico de Cataluña es similar al de Grecia, y es evidente para cualquier observador neutral que la posible salida de Grecia del euro y de la Unión Europea no se contempla como una idea descabellada entre los gobiernos y las opiniones públicas de media Europa, y que en algunos de ellos se considera incluso deseable. La pretensión independentista es ridícula en una Europa unida. Organizar Europa a partir de las balanzas fiscales, con la sola intención de eliminar las transferencias solidarias entre países y regiones es una bomba en los tratados europeos, que apuestan por edificar Europa sobre una doble premisa: los estados más ricos sufragan fondos de cohesión para el desarrollo de las regiones menos desarrolladas, para que éstas sean capaces de adquirir los productos elaborados por los países más desarrollados. No se puede centrar el debate sobre las balanzas fiscales sin tener en cuenta las comerciales que favorecen a los países productores. Nada menos que el 35% de los fondos europeos se destinan a políticas estructurales y de cohesión en favor de las regiones europeas menos desarrolladas. ¿De verdad alguien piensa que un nuevo estado que rechaza esas políticas dentro de su propio país sería bienvenido en la actual Europa?

La estrategia de proliferación de nuevos Estados nacidos de secesiones más o menos arbitrarias, cuya pretensión se resume en gozar de todas las ventajas de las grandes entidades supranacionales de tal manera que puedan burlar las exigencias de solidaridad territorial aún a costa de incrementar la ingobernabilidad del conjunto están destinadas al fracaso en Europa. La estrategia utilizada por los independentistas de adherirse a la UE para beneficiarse de sus ventajas mientras evitan la reciprocidad fiscal va contra el sentido de la historia, además de contra el artículo 4.2 del Tratado de la UE que garantiza la integridad territorial de los Estados miembros. Quien crea que la UE desea una proliferación de nuevos estados insolidarios que complique aún más la gobernanza europea no escuchó el suspiro de alivio en todos los dirigentes europeos tras la derrota independentista en Escocia, ni se ha leído los artículos 4.2[101], 49[102], 50[103] y 52[104] de los tratados europeos, que consagran las actuales fronteras

---

[101] Art. 4.2 TUE. La Unión respetará la igualdad de los Estados miembros ante los Tratados, así como su identidad nacional, inherente a las estructuras fundamentales políticas y constitucionales de éstos, también en lo referente a la autonomía local y regional. Respetará las funciones esenciales del Estado, especialmente las que tienen por objeto garantizar su integridad territorial, mantener el orden público y salvaguardar la seguridad nacional. En particular, la seguridad nacional seguirá siendo responsabilidad exclusiva de cada Estado miembro.

[102] Artículo 49 TUE. Cualquier Estado europeo que respete los valores mencionados en el artículo 2 y se comprometa a promoverlos podrá solicitar el ingreso como miembro en la Unión. Se informará de esta solicitud al Parlamento Europeo y a los Parlamentos nacionales. El Estado solicitante dirigirá su solicitud al Consejo, que se pronunciará por unanimidad después de haber consultado a la Comisión y previa aprobación del Parlamento Europeo, el cual se pronunciará por mayoría de los miembros que lo componen. Se tendrán en cuenta los criterios de elegibilidad acordados por el Consejo Europeo. Las condiciones de admisión y las adaptaciones que esta admisión supone en lo relativo a los Tratados sobre los que se funda la Unión serán objeto de un acuerdo entre los Estados miembros y el Estado solicitante. Dicho acuerdo se someterá a la ratificación de todos los Estados contratantes, de conformidad con sus respectivas normas constitucionales.

[103] Artículo 50 TUE. 1. Todo Estado miembro podrá decidir, de conformidad con sus normas constitucionales, retirarse de la Unión. 2. El Estado miembro que decida retirarse notificará su intención al Consejo Europeo. A la luz de las orientaciones del Consejo Europeo, la Unión negociará y celebrará con ese Estado un acuerdo que establecerá la forma de su retirada, teniendo en cuenta el marco de sus relaciones futuras con la Unión. Este acuerdo se negociará con arreglo al apartado 3 del artículo 218 del Tratado de Funcionamiento de la Unión Europea. El Consejo lo celebrará en nombre de la Unión por mayoría cualificada, previa aprobación del Parlamento Europeo. 3. Los Tratados dejarán de aplicarse al Estado de que se trate a partir de la fecha de entrada en vigor del acuerdo de retirada o, en su defecto, a los dos años de la notificación a que se refiere el apartado 2, salvo si el Consejo Europeo, de acuerdo con dicho Estado, decide por unanimidad prorrogar dicho plazo. 4. A efectos de los apartados 2 y 3, el miembro del Consejo Europeo y del Consejo que represente al Estado miembro que se retire no participará ni en las deliberaciones ni en las decisiones del Consejo Europeo o del Consejo que le afecten. La mayoría cualificada se definirá de conformidad con la letra b) del apartado 3 del artículo 238 del Tratado de Funcionamiento de la Unión Europea. 5. Si el Estado miembro que se ha retirado de la Unión solicita de nuevo la adhesión, su solicitud se someterá al procedimiento establecido en el artículo 49.

[104] Artículo 52.1 TUE: "Los Tratados se aplicarán al Reino de Bélgica, a la República de Bulgaria, a la República Checa, al Reino de Dinamarca, a la República Federal de Alemania, a la República de Estonia, a Irlanda, a la República Helénica, al Reino de España, a la República Francesa, a la República de Croacia, a la República Italiana, a la República de Chipre, a la República de Letonia, a la República de Lituania, al Gran Ducado de Luxemburgo, a la República de Hungría, a la República de Malta, al Reino de los Países Bajos, a la República de Austria, a la República de Polonia, a la República Portuguesa, a

estatales y obligan a cualquier nuevo estado a negociar su incorporación a la UE donde cualquier estado miembro tendría poder de veto. A diferencia de lo que ocurre en España, a ningún dirigente europeo se le pasa por la cabeza ignorar las leyes (y los tratados europeos tienen relevancia cuasi-constitucional) para satisfacer demandas políticas. La Europa en construcción no va a aceptar naciones sin Estado como futuros Estados. Y fuera de la UE se pasa mucho frío. Los líderes europeos son conscientes de que la imprudente apertura de una válvula de escape secesionista daría al traste con el proyecto europeo antes de que alcanzase su fin último: la unión política. Si el movimiento secesionista catalán ya resulta extraño en un Estado consolidado como el español, constituye una aberración desde la perspectiva europea, en cuyo proceso unificador sembraría una dinámica disgregadora e ingobernable de consecuencias impredecibles.

Ortega y Gasset lejos de reconocer recorrido histórico al problema catalán, identificó su causa con la debilidad estructural del Estado, que durante todo el siglo XIX y la mayor parte del XX, generó oportunidades artificiales para cualquier reivindicación territorial. Para Ortega "el Estado carece de autoridad positiva para hacer frente a las fuerzas de la disgregación". En efecto, el Estado español actual sigue siendo moralmente débil, al haber aceptado sin enfrentarla una tautología según la cual el centralismo ha sido el responsable en el pasado de todas las regresiones históricas y el autoritarismo, mientras que los nacionalismos son una vía hacia la modernización y la libertad. En España, cualquier reivindicación nacionalista es *per se* moderna, democrática y libertaria, mientras que el ejercicio de autoridad por parte del Estado es inmovilista, autoritario y propio "de otras épocas". En Europa, por el contrario, han sido los nacionalismos los que históricamente han traído consigo los demonios de

---

Rumanía, a la República de Eslovenia, a la República Eslovaca, a la República de Finlandia, al Reino de Suecia y al Reino Unido de Gran Bretaña e Irlanda del Norte." Nótese que en la lista de países a los que se aplica el Tratado de la Unión Europea no está incluido Cataluña, por lo que, de independizarse y pretender continuar en la UE, sería preciso modificar el TUE para hacerlo, lo que implicaría a su vez someterse al artículo 49 de ratificación de incorporación a la UE. Así pues, la independencia de Cataluña significaría automáticamente que los tratados de la UE dejarían de aplicarse en su territorio, no porque resultara expulsada de la misma, tal y como tergiversan los secesionistas, sino porque Cataluña como tal nunca ha pertenecido a la UE (sino como parte de España) y no estaría incluida en esta lista nominal de países.

la guerra, el autoritarismo y la regresión al pasado, por lo que este discurso no cuaja. Sin embargo, el ombliguismo nacionalista les impide ver que la era de los estados nacionales toca a su fin. Para los secesionistas antes del estado no existe nada, cuando la historia española nos enseña que el Estado se construyó desde la unión de las Coronas (y no al revés), y la prospectiva nos señala un camino futuro en el que los estados nacionales se difuminan en entes supranacionales desde donde se gestionarán las políticas públicas en una gestión global de los asuntos del planeta. La historia nos enseña que cada vez que los Estados se han gestado trazando líneas sobre un mapa se han generado enormes problemas que tardan décadas en resolverse, en el mejor de los casos, o, en el peor, jamás llegan a solucionarse. La partición de Yugoslavia es un ejemplo. Más de veinte años y tres guerras después, la región es un desastre y no se le vislumbra solución de futuro. Los liquidadores de la segunda guerra mundial asumieron que no había mayor combustible para la guerra que la alteración de las fronteras mediante anexiones o escisiones decididas unilateralmente, y por eso rechazaron nuevas modificaciones territoriales y pusieron las bases para crear un ente supranacional común (la UE) que englobase a los antiguos estados nacionales europeos que llevaban miles de años combatiéndose. El experimento fue un completo éxito y no tiene marcha atrás. El pasado es la guerra y el futuro la unión y la disolución de los estados nacionales en un estado europeo.

Lo más sorprendente es que España haya podido mantener su integridad nacional con una Constitución que, de haber estado en vigor en Alemania, Francia o Italia, habría llevado a esos países al desmoronamiento. Piénsese que Francia tiene, además de su País Vasco y su Cataluña, regiones que, como Córcega, Bretaña, Normandía, Alsacia, Lorena, Borgoña, y Saboya, son terreno históricamente abonado para la eclosión de partidos nacionalistas regionales secesionistas. Y no hablemos de Alemania e Italia, naciones compuestas de numerosos Estados que han sido independientes y soberanos hasta el siglo XIX, apenas 150 años atrás. Circunstancia que nada tiene que ver con Cataluña y el País Vasco, regiones que nunca fueron Estados independientes y soberanos, sino parte, en un caso, del reino de Aragón y, en el otro, del reino de Castilla, los cuales formaron España hace más de quinientos años. Que España siga unida con una Constitución tan mejorable me lleva a pensar que los vínculos de nuestra unidad son mayores de lo que creemos. España, y esto sí que no es historia-ficción, es una unión política y estratégica desde los Reyes Católicos, y los lazos de unión creados en España tras más de quinientos años de vida en común no pueden romperse unilateralmente, ni deben depender de las voluntades de algunos para aprovechar la oportunidad generada ante la debilidad del Estado central. España existe y se parece mucho al resto de los países del mundo. No hay una España diferente.

Por eso estoy convencido que la actual fiebre independentista, aunque puede funcionar mediática y electoralmente durante un tiempo, no puede mantenerse ni convertirse en mayoritaria, tal y como parece demostrar la charada organizada por el gobierno catalán, votada (según sus propias cifras sin contrastar ni controlar democráticamente) por menos de un 30% del censo. La demanda de estado propio para Cataluña es una creación de sus élites políticas autonómicas que fue sembrada en la sociedad y luego asimilada por ésta. No se trata de una demanda de abajo arriba sino lo contrario, pero es cierto que ha alcanzado un punto enfermizo, en el que no se atiende a razones.

4.6.   ¿RESUELVE ALGO UN REFERÉNDUM DE AUTODETERMINACIÓN?

No existe un derecho a la autoderminación en el ordenamiento jurídico interno, y desde luego no es, en contra de lo que afirma el presidente de la Generalidad, un derecho natural. Y no, no es propio de una sociedad antidemocrática el negar el derecho de autodeterminación a una parte de su pueblo. El Tribunal Supremo de Estados Unidos formuló hace casi 150 años una doctrina que niega de manera rotunda la secesión de cualquiera de los Estados de la Unión, y los estados del Norte de la Unión fueron a la guerra con los del Sur para defender ese "no derecho" en la Guerra de Secesión (1861-1865). En la Sentencia del Tribunal Supremo de los Estados Unidos Texas vs. White de 1869[105], el Tribunal se interrogó

---

[105] El Caso Texas contra White (74 US 700, 1869) es un caso tratado en la Corte Suprema de Estados Unidos en 1869, surgido a partir de la consideración, por parte del gobierno del Estado de Texas durante la Reconstrucción, de que los bonos estadounidenses

sobre la admisión del derecho a la secesión de Texas, afirmando que "la Unión de los Estados nunca fue un vínculo puramente artificial y arbitrario, sino forjada por un origen común, simpatías mutuas, principios afines, intereses similares, relaciones geográficas y necesidades compartidas." Su conclusión fue que la Unión es "perpetua e indisoluble,...y el objetivo de la Constitución fue formar una Unión más perfecta". Así, los tejanos no solo no tenían derecho a autodeterminarse, sino que el referéndum por el que lo hicieron es nulo de pleno derecho, sin ninguna eficacia jurídica. Estas ideas

---

en propiedad del Estado de Texas desde 1850 habían sido vendidos ilegalmente por el gobierno estatal confederado durante la Guerra civil. El caso fue directamente planteado por Texas ante la Corte Suprema de Estados Unidos, que, de acuerdo con la Constitución, ejerce como tribunal de primera instancia en ciertos casos que implican a un Estado como parte. Aceptando actuar como tribunal de primera instancia, la Corte Suprema estableció que Texas había seguido siendo un Estado de la Unión ininterrumpidamente desde que se adhirió a esta, pese a haber sido parte de la secesionista Confederación de Estados sudistas y estar bajo autoridad militar en el momento en el que el caso era tratado por la Corte. Al valorar la cuestión de los bonos, la Corte Suprema estableció, además, que la Constitución no permitía a un Estado de la Unión separarse unilateralmente de los Estados Unidos, y que por tanto, las órdenes de secesión y todas las acciones legislativas y ejecutivas destinadas a hacerlas efectivas en los Estados secesionistas, eran "nulas de pleno de pleno derecho" ("absolutely null"). En la sentencia se razonaba: *"La Unión no fue nunca una relación artificial o arbitraria. Empezó entre las Colonias, y se consolidó debido a un origen común, simpatías mutuas, principios similares, intereses parecidos y vínculos geográficos. Fue confirmada y fortalecida por las necesidades de la guerra, y recibió forma, carácter definido y sanción en los Artículos de la Confederación. A través de estos, la Unión fue solemnemente declarada 'perpetua'. Y cuando esos Artículos resultaron inadecuados para las necesidades del país, se diseñó la Constitución 'para formar una Unión más perfecta'. Es difícil expresar la idea de unidad indisoluble con más claridad que con estas palabras. ¿Qué podría ser indisoluble si una Unión perpetua, perfeccionada, no lo es?"*. Tras establecer el origen de la nación americana, Chase se centró en la relación de Texas con la Unión. En su argumentación, rechazó la idea de que Texas hubiera creado una Unión con los demás Estados; más bien defendió que se había incorporado a un cuerpo político indisoluble ya existente. De estas razones se seguía que Texas no había estado nunca fuera de la Unión, y cualquier acción estatal que se tomara para declarar la secesión o implementar los Decretos de Secesión (Ordinance of Secession) eran nulos y sin efecto. En consecuencia, los derechos del Estado, igual que los derechos de los tejanos como ciudadanos de los Estados Unidos, permanecieron inalterados. *"Así, considerados como elementos de legislación sujetos a la Constitución, los Decretos de Secesión, adoptados por una convención y ratificados por una mayoría de los ciudadanos de Texas, así como todos los actos legislativos diseñados para hacer efectivos estos Decretos, son nulos de pleno derecho. Están completamente fuera de la ley. Las obligaciones del Estado, como miembro de la Unión, así como los de cada ciudadano del Estado, como ciudadano de los Estados Unidos, permanecen completos e inalterados. Se sigue que un Estado no deja de ser Estado, ni sus ciudadanos dejan de ser ciudadanos de la Unión. Si así hubiera sido, el Estado se habría convertido en extranjero, y sus ciudadanos en extranjeros. La guerra habría dejado de ser una guerra contra la rebelión, para pasar a ser una guerra de conquista."*

no han cambiado en el Derecho constitucional norteamericano. Hace apenas cinco años, el 20 de enero de 2010, el Tribunal Supremo de Alaska prohibió una iniciativa de referéndum de independencia en ese territorio porque "la secesión es claramente inconstitucional". En definitiva, la cuna de la democracia considera que la Unión es indisoluble y que cualquier declaración unilateral de independencia es radicalmente nula. No caben los referéndums sedicentemente democráticos, y así se considera en la primera democracia del mundo. Sin rubor y sin complejos democráticos, como debería ser entre nosotros.

Si en derecho no hay norma alguna que justifique ese supuesto "derecho a decidir", tampoco hay ninguna regla general que se pueda aplicar para determinar dónde radica la soberanía nacional. La respuesta natural es "en el pueblo de la nación", pero este concepto varía según a quien se pregunte. En España la Constitución dice que "la soberanía nacional reside en el pueblo español", pero algunos catalanes (y vascos, y otros) dicen que su territorio es una nación soberana y que tienen "derecho a decidir". ¿Pero por qué Cataluña tendría derecho a decidir como un todo y no lo tendría España? ¿Tienen derecho a decidir también cada una de las provincias catalanas? ¿O sus comarcas? ¿O sus municipios, barrios, calles, edificios? De nuevo ¿dónde radica la soberanía nacional? El presidente de la Generalidad sostiene que la soberanía de Cataluña recae en los catalanes y no en el conjunto del pueblo español. ¿Y la de los badaloneses? ¿Podría el Ayuntamiento de Badalona convocar unilateralmente una consulta para decidir su segregación de Cataluña? ¿Y los de Granollers o Sabadell? No es ciencia ficción. Una mayoría de la sociedad alavesa amagó con independizarse del resto del País Vasco si el entonces lendakari imponía su plan soberanista de forma unilateral. Fue en octubre de 2003, cuando las Juntas Generales de Álava, su parlamento provincial, advirtieron de que si llevaba hasta las últimas consecuencias el plan Ibarretxe, los alaveses se sentirían liberados del compromiso contraído en 1979 en la configuración unitaria del País Vasco, cuando votaron el Estatuto de Autonomía. Era el tercer pronunciamiento de las Juntas Generales de Álava en este mismo sentido, desde el anuncio, en 2002, del plan soberanista de Ibarretxe.

La realidad es que es el peso de la historia el que marca la línea de dónde radica la soberanía. Pero no invenciones históricas. La soberanía nacional radica en el pueblo que la ha ejercido con éxito y ha logrado que sea admitida por el resto de naciones. Al menos de momento, ese pueblo es el español, y no el catalán ni el vasco. Pero, aunque esto sea así, ¿no se debería zanjar el debate votando? Después de todo, las encuestas de las que se dispone hasta el momento, incluso las más sesgadas y proindependentistas, afirman sistemáticamente que la posición independentista no es mayoritaria en Cataluña. Está creciendo, pero no es mayoritaria, así que una consulta sobre el tema llevaría las de perder. Y sin embargo los nacionalistas se obstinan en convocarla. ¿Por qué? La respuesta es que, en realidad, cualquiera que fuera el resultado de la consulta, al realizarla los nacionalistas lograrían el reconocimiento de Cataluña como un pueblo que tiene derecho jurídico y político a declararse como sujeto político autónomo, como pueblo soberano. Lo que en definitiva persiguen es votar la pregunta, porque el mero hecho de votarla lleva consigo la creación del derecho para ello, la pretensión de soberanía: "Si nos permiten votar esa cuestión, eso significa que tenemos derecho a hacerlo". Y desde esa perspectiva, claro, el resultado da igual. El destino de Cataluña una vez alcanzado el carácter de sujeto nacional con derecho a decidir sobre su futuro político acabará por ser, antes o después, la independencia. ¿Por qué? Pues porque si la respuesta es "no", la cuestión sigue abierta y puede repetirse la consulta indefinidamente; pero si la respuesta es "sí", el debate se da por cerrado y la decisión se considera irreversible. Esta fijación con la reiteración de las consultas fallidas es un notable rasgo del pensamiento nacionalista. Y un indicio claro de que, en efecto, su amor por la democracia tiene sus límites. En realidad sólo se apoya en ella cuando les viene bien. Ahí está si no Quebec, con un referéndum en el 80, otro en el 95 y un tercero ya anunciado para cuando convenga aunque sin fecha. En Canadá lo llaman el *everendum*, el referéndum permanente. Y no debemos dudar de que si lo llegan a ganar no volverían a convocar al pueblo a un nuevo ejercicio de democracia. El ciudadano catalán debe pensar por ello que vote lo que vote, no hace sino poner su destino en una pendiente en la que cada consulta fallida realimentará los mecanismos nacionalistas del poder social para demandar otra.

Por otro lado, un referéndum no es la mejor forma de solucionar los problemas. Pérez Royo[106] a resultas del posible referéndum para la independencia de Cataluña indica que "cuando de la estructura del Estado se trata, el referendo es un instrumento política y jurídicamente insuperable para ratificar un acuerdo, pero no lo es para arbitrar un desacuerdo. El problema territorial es el único problema constitucional por el que la gente se mata. La guerra civil en Estados Unidos es el ejemplo más expresivo. No hay nada potencialmente más peligroso para una sociedad que la ruptura de su integridad territorial. Obviamente, el referendo no puede ser equiparado a la guerra civil, pero ambos sí coinciden en un punto: en que se trata de fórmulas no negociadas de resolución de un conflicto de naturaleza territorial. La imposibilidad de alcanzar un acuerdo es el presupuesto de ambos. El resultado de que haya vencedores y vencidos es la consecuencia insoslayable. El arbitraje, a través de un referendo, del conflicto que procede de la dificultad de vivir juntos en el mismo territorio es siempre una mala solución, que no lo resuelve, sino que a lo sumo lo hace tolerable. Las heridas tardan en cicatrizar, si es que lo hacen. La naturaleza del referendo conduce al enfrentamiento a todo o nada. Incluso cuando el enfrentamiento se produce de manera civilizada. La angustia que genera ese tipo de enfrentamiento a medida que se acerca el momento de acudir a las urnas la están viviendo ingleses y escoceses, con los españoles, sobre todo, como espectadores privilegiados. Un conflicto territorial únicamente puede ser resuelto a través de la negociación, cuyo resultado después es muy conveniente que se someta a referendo. De esta manera se resuelve."

De Carreras[107] argumenta que "una vez más, se ha demostrado que el referéndum es un mal método de ejercer la democracia. Muchos ciudadanos desconocen la problemática acerca de aquello sobre lo que les hacen votar, las opciones que se le ofrecen son simples y poco matizadas, la propaganda gubernamental es arrasadora, y el ciudadano vota más con el corazón que con el cerebro. Una de las lecciones del referéndum escocés es que se trata de un método de participación democrática muy primitivo e imperfecto, que sólo es aceptable en casos excepcionales y muy bien

---

[106] PÉREZ ROYO, Javier, *Conflicto sin solución*, El Periódico, Barcelona, 2014
[107] DE CARRERAS, Francesc de, *Contra los referéndums*, El País, Madrid, 2014.

justificados, normalmente como complemento de la democracia representativa."

Así que cabe preguntarse si de verdad es democrático el derecho a decidir[108]. El triunfo de la tesis independentista comportaría no una ampliación sino un recorte del grupo beneficiario de la ciudadanía. Los otros españoles perderían los derechos políticos que hoy comparten con los catalanes, pasando a ser extranjeros. Un paso tan extremo podría, con todo, estar justificado si en España la desigualdad desfigurara de modo cierto el ideal de la ciudadanía compartida. Si los catalanes o los vascos fueran hoy ciudadanos de segunda, perjudicados y persistentemente discriminados, la secesión estaría moralmente justificada y podría merecer el sello de democrática. Los que no compartimos esa tesis estamos legitimados para sospechar que lo que ocurre nada tiene que ver con la democracia, sino con oscuras pulsiones etnicistas que no osan decir su nombre. Es, sencillamente, una lucha cultural promovida por un grupo considerable de ciudadanos catalanes que no desean ser españoles, al punto que querrían forzar a los que sí lo son o así se sienten a elegir o marcharse. Pueden ganar o pueden perder, pero, en mi opinión, ni defienden ni representan el ideal democrático.

El caso escocés es interesante. ¿Se ha resuelto el problema porque haya ganado el No, por un margen nada despreciable?[109] La respuesta está en el voto: No. De hecho, varios destacados miembros del partido nacionalista escocés insistieron en que las puertas de un segundo referéndum están abiertas "mientras Westminster no cumpla sus promesas". Apenas tres meses después de que los escoceses dieran un claro "no" a separarse del Reino Unido, el exministro principal escocés y líder del nacionalista SNP, Alex Salmond, ya hablaba de celebrar un nuevo referéndum. Y en una fecha relativamente próxima, a partir de 2017. También amagaba con que Escocia podría declarar la secesión sin necesidad de otro referéndum. Bastaría dice, que hubiera una mayoría independentista en el parlamento escocés para que éste, a las bravas, votase

---

[108] DE RAMON, Juan Claudio, *¿Es democrático el derecho a decidir?*, El País, Madrid, 2014.
[109] MARIMON, Ramón, *Interdependencia (no independencia)*, El País, Madrid, 2014.

la separación. Esta declaración todavía impacta más si tenemos en cuenta que unos días antes del referéndum aseguró que si ganaba el "No", no habría otro referéndum en una generación. Ahora ya, ni referéndum, ni generación, ni nada. Lo cual invita a pensar que, una vez logrado el derecho a convocarlo, la tensión social corre el riesgo de no bajar cual suflé, sino de mantenerse o empeorar. La tensión provocada por el referéndum ha dividido incluso hogares y familias. La división social en Escocia es hoy mayor que antes de que se plantease el referéndum.

Imaginemos, por un momento, que el Sí hubiese ganado (por ejemplo, por algo más del 50%). ¿Se hubiese resuelto el problema? El Sí hubiese abierto un gran número de temas a negociar, tanto internamente, para cerrar las heridas con el casi 50% de los escoceses, como con el resto de la Gran Bretaña (corona, moneda, deuda, recursos, políticas de legislación estatal, fronteras, etc.), con la UE y otros organismos internacionales. Todas ellas de mal arreglo si el Sí se percibe como "ruptura y desconfianza". La segunda lección que deja Escocia recoge una idea expresada al día siguiente del referéndum por el politólogo escocés Michael Keating: "Gobernar un país con una Constitución que solo apoya el 50% es imposible". Lo más dramático de un referéndum que plantee la secesión es que el Sí gane por una mayoría escueta. No puede ser bueno, ni seguramente democrático, que la mitad de los electores decidan construir un país extraño para la otra mitad. Aunque en tiempos de globalización es del todo improbable que un país se transforme radicalmente por el hecho de tener algo más de soberanía, ese cambio es lo que la gente percibe y espera de la ruptura. Por eso en Canadá optaron por una ley que, además de proponer una pregunta que no confundiera a los votantes, exigía que la mayoría que determinara el resultado de la votación fuera cualificada, mayor que la mitad más uno de los votos.

Y es que, pese a la pretendida lista de bondades del proyecto independentista, si Cataluña se convirtiera en un estado independiente, a todos y cada uno de los catalanes se les obligaría a tomar decisiones trascendentales para su vida. La fundamental sería decidir si optan por la nacionalidad catalana o la española. Los independentistas argumentan que sería posible para los catalanes mantener una doble nacionalidad, pero falsean la realidad o la olvidan premeditadamente, ya que para ese caso es necesario un acuerdo entre los dos estados. Los independentistas sostienen que el artículo 11.2[110] de la Constitución Española dice que a ningún español se le puede privar de su nacionalidad, así que los futuros nacionales de Cataluña no tendrían nada que temer, pero olvidan que el artículo 11.1[111] de la misma Constitución indica que la nacionalidad se puede perder conforme a la ley. No hay que confundir la privación de la nacionalidad -entendida como retirada, fruto de una sanción o un acto arbitrario- de la pérdida. La nacionalidad se puede perder, no te pueden privar de ella, no te la pueden quitar arbitrariamente, pero sí que la puedes perder siempre y cuando se den determinados requisitos legales, y entre esos requisitos en el código civil actualmente figura la adquisición de otra nacionalidad.

La doctrina internacional aplicable sobre este aspecto la podemos resumir en dos resoluciones jurídicas. La primera es la resolución 55/153 de Naciones Unidas, que en el apartado de separación de una parte del territorio en los artículos 10[112], 24[113], 25[114] y 26[115] de forma resumida viene

---

[110] Art. 11.2. CE: "Ningún español de origen podrá ser privado de su nacionalidad."

[111] Artículo 11.1 CE: " La nacionalidad española se adquiere, se conserva y se pierde de acuerdo con lo establecido por la ley."

[112] Artículo 10 A/RES/55/153: *"Pérdida de la nacionalidad por adquisición voluntaria de la nacionalidad de otro Estado: 1. El Estado predecesor podrá establecer que las personas afectadas que, en relación con la sucesión de Estados, adquieran voluntariamente la nacionalidad de un Estado sucesor perderán la nacionalidad del Estado predecesor. 2. El Estado sucesor podrá establecer que las personas afectadas que, en relación con la sucesión de Estados, adquieran voluntariamente la nacionalidad de otro Estado sucesor o, en su caso, conserven la nacionalidad del Estado predecesor perderán la nacionalidad del Estado sucesor que hubieren adquirido en relación con dicha sucesión."*

[113] Artículo 24 A/RES/55/153: *"Atribución de la nacionalidad del Estado sucesor Cuando una o varias partes del territorio de un Estado se separen de éste para formar uno o varios Estados sucesores mientras el Estado predecesor sigue existiendo, el Estado sucesor atribuirá su nacionalidad, salvo que se indique otra cosa mediante el ejercicio de un derecho de opción: a) A las personas afectadas que tengan su residencia habitual en su territorio; y b) Con sujeción a lo dispuesto en el artículo 8: i) A las personas afectadas distintas de las comprendidas en el apartado a) que tengan un vínculo jurídico apropiado con una unidad constitutiva del Estado predecesor que haya pasado a formar parte de ese Estado sucesor; ii) A las personas afectadas que no tengan derecho a la nacionalidad de ninguno de los Estados involucrados a tenor del apartado a) o del inciso i) del apartado b), que tengan su residencia habitual en un tercer Estado y que hayan nacido en lo que haya pasado a ser el territorio de ese Estado sucesor o que, antes de abandonar el Estado predecesor, hayan tenido su última residencia habitual en dicho territorio, o que tengan cualquier otro vínculo apropiado con ese Estado sucesor."*

a decir que el Estado predecesor y el nuevo concederán una opción a los ciudadanos que cumplan con una serie de condiciones (vivir en el nuevo estado o haber nacido en él), para que elijan nacionalidad. Y una vez se adquiere la nueva nacionalidad, se retira la "antigua". Igualmente el artículo 7 de la Convención Europea sobre Nacionalidad del Consejo de Europa[116], relativo a la pérdida de la nacionalidad por ley o a iniciativa de un Estado, fija la adquisición voluntaria de otra nacionalidad como uno de los motivos por los cuales un Estado puede establecer en su legislación interna la pérdida de la nacionalidad. La misma lógica común nos indica que no es razonable que en un país de nueva creación su población siga

---

[114] Artículo 25 A/RES/55/153: *"Retiro de la nacionalidad del Estado predecesor: 1. El Estado predecesor retirará su nacionalidad a las personas afectadas que reúnan las condiciones para adquirir la nacionalidad del Estado sucesor de conformidad con el artículo 24(...). 2. No obstante, salvo que se indique otra cosa mediante el ejercicio de un derecho de opción, el Estado predecesor no retirará su nacionalidad a las personas comprendidas en el párrafo 1 que: a) Tengan su residencia habitual en su territorio; b) No estén comprendidas en el apartado a) y tengan un vínculo jurídico apropiado con una unidad constitutiva del Estado predecesor que siga siendo parte del Estado predecesor; c) Tengan su residencia habitual en un tercer Estado y hayan nacido en lo que siga siendo parte del territorio del Estado predecesor o que, antes de abandonar el Estado predecesor, hayan tenido su última residencia habitual en dicha parte, o que tengan cualquier otro vínculo apropiado con ese Estado."*

[115] Artículo 26 A/RES/55/153: *"Concesión del derecho de opción por el Estado predecesor y el Estado sucesor: El Estado predecesor y el Estado sucesor concederán un derecho de opción a todas las personas afectadas comprendidas en el artículo 24 y en el párrafo 2 del artículo 25 que reúnan las condiciones para tener la nacionalidad del Estado predecesor y del Estado sucesor."*

[116] No existe traducción oficial al español, dado que no ha sido ratificado por España, así que se muestra la versión oficial inglesa. *"Article 7 – Loss of nationality ex lege or at the initiative of a State Party 1. A State Party may not provide in its internal law for the loss of its nationality ex lege or at the initiative of the State Party except in the following cases: a. voluntary acquisition of another nationality; b. acquisition of the nationality of the State Party by means of fraudulent conduct, false information or concealment of any relevant fact attributable to the applicant; c. voluntary service in a foreign military force; d. conduct seriously prejudicial to the vital interests of the State Party; e. lack of a genuine link between the State Party and a national habitually residing abroad; f. where it is established during the minority of a child that the preconditions laid down by internal law which led to the ex lege acquisition of the nationality of the State Party are no longer fulfilled; g. adoption of a child if the child acquires or possesses the foreign nationality of one or both of the adopting parents. 2. A State Party may provide for the loss of its nationality by children whose parents lose that nationality except in cases covered by sub-paragraphs c and d of paragraph 1. However, children shall not lose that nationality if one of their parents retains it. 3. A State Party may not provide in its internal law for the loss of its nationality under paragraphs 1 and 2 of this article if the person concerned would thereby become stateless, with the exception of the cases mentioned in paragraph 1, sub-paragraph b, of this article."*

teniendo la nacionalidad del país del que se ha separado. No sería aceptable para España ni para los españoles que, tras la secesión de Cataluña, siguieran votando en las elecciones generales catalanes independentistas. ¿Se imaginan a ERC en el Congreso tras la independencia de Cataluña? Sería una intromisión intolerable de un partido político de un país extranjero en nuestra política nacional. Pero podría suceder si no se retirara la nacionalidad española, con su derecho de voto, a los nacionales del nuevo país. De igual forma, no parece factible que, tras esa secesión, los españolistas votaran en las elecciones catalanas a partidos españoles o españolistas. Las acusaciones de traición o quintacolumnistas en el nuevo país serían inmediatas. Una secesión supone una modificación esencial del orden constitucional. Pensar o mantener que una secesión no comportaría alteraciones en la Constitución Española y su sistema es poco realista. Si una parte significativa del territorio y de la población se sitúa fuera del ámbito de aplicación de la Constitución, ello sin duda quedará reflejado legalmente, sin que necesariamente tenga la condición de sanción o castigo. Si el ciudadano se independiza de España y no reconoce su jurisdicción ¿cómo va a exigir la conservación de la nacionalidad española? La regulación de la nacionalidad es una cuestión de derecho interno de cada país y, en consecuencia, no dudo que la legislación se adaptaría rápidamente a la nueva situación, incluso con una regulación específica.

Las implicaciones políticas y personales de esta opción personal de nacionalidad serían tremendas. Rubio Llorente[117] lo muestra cuando dice que "no es disparatado imaginar que un número significativo de los españoles que hoy viven en Cataluña pudieran desear seguir siéndolo sin salir de ella y lo hagan valer así ante las autoridades catalanas y españolas. Como esa nacionalidad conlleva la europea y la naturaleza humana es desfalleciente, es posible que esa opción resultara tentadora también para otros, pero bastaría con que se inclinaran por ella quienes en el referéndum votaron en contra de la independencia para que el Estado fruto del alumbramiento naciera con una grave malformación: una democracia en la que no pueden votar ni tienen derechos políticos un 40-49% de los

---

[117] RUBIO LLORENTE, Francisco, *Ciudadanos de Catalunya*, La Vanguardia, Barcelona, 2014.

habitantes. Me atrevo a afirmar que ni la Constitución ni el Código Civil obligan al Estado español a otorgar la doble nacionalidad a los nacionales de un nuevo Estado." Pero aunque lo estuviera, "¿cómo forzar al Estado español a cumplir su obligación? ¿Acudiendo al Tribunal Constitucional?" Es risible.

Senserrich[118] dice que "el debate catalán no es sobre el derecho a decidir, ni sobre si el pueblo catalán es un sujeto soberano o no. El debate es sobre bajo qué circunstancias una minoría de perdedores perpetuos puede pedir a la mayoría que renuncie a aceptar lo que esta ha decidido de forma colectiva que es un derecho indiscutible fuera del debate político. En este caso, el debate versa sobre el derecho a vivir en territorio español sin que nadie te mueva la frontera y te deje fuera. Algo válido, ya que una secesión haría que un montón de gente fueran extranjeros en su propia casa."

Aun así, si finalmente lograran su ansiada independencia, ¿no solucionaría eso la queja y el agravio constante? Sumidos en el hartazgo, a muchos españoles la independencia de Cataluña les podría parecer la liberación de una pesada carga, la marcha de unos vecinos protestones[119]. Pero mucho me temo que la ruptura no constituiría el final de los problemas sino el comienzo de otros nuevos, incluso más graves. No solo el reparto de la deuda común sería complicado y proclive a nuevos reproches y quejas, sino que es probable que la Cataluña independiente mantuviera reivindicaciones territoriales sobre las regiones catalanoparlantes que permanecieran en España. El malvado enemigo español seguiría infiltrado y acechando tras la frontera, así que no habría descanso ante tanto enfrentamiento. Lo único que haríamos sería convertir un problema interno en otro internacional. Adicionalmente, ¿qué ocurriría con los millones de catalanes que dicen sentirse españoles y que podrían continuar viviendo en Cataluña tras la secesión? ¿Se respetarían sus derechos fundamentales o se les vería como el enemigo infiltrado? Después de todo, la actual apelación a los derechos fundamentales de los catalanes para votar que quieren independizarse se repetiría una vez

---

[118] SENSERRICH, Roger, *Democracia no es sólo votar*, Blog Politikon, 2014.
[119] LEÓN ALONSO, José Alberto, *Cuentos de hadas*, Diario de Avisos, Tenerife, 2013.

hubiera secesión, con los perdedores en este caso queriendo ser españoles, pero siendo minoría perpetua. Europa está repleta de experiencias de convivencia de minorías importantes dentro de una nación vecina y la historia nos enseña que suelen acabar de mala manera.

4.7. REFORZAR AL ESTADO

El 9 de noviembre de 2014 Cataluña celebró su consulta independentista pese de que su "proceso participativo" había sido suspendido por el Tribunal Constitucional. El Gobierno catalán lideró y organizó de la votación, y su presidente llegó a proclamar con actitud desafiante y chulesca que "si la fiscalía busca a algún culpable, soy yo". Muchos españoles observamos asombrados que un acto manifiestamente ilegal se celebró a las claras. Es obvio que el uso de la fuerza pública para retirar las urnas y cerrar los colegios hubiera sido un disparate. Pero el hecho que no se tomaran medidas cautelares no significa que las denuncias presentadas deban pasar a mejor vida. Los tribunales deberán ir tramitando las denuncias, y llegar hasta las últimas consecuencias. Impedir la votación, además del riesgo de incidentes violentos, la habría convertido en una fecha histórica para el independentismo, en el referente máximo del victimismo, con el Presidente Mas transformado en un mito para el secesionismo. España habría visto su imagen internacional debilitada, y el independentismo habría tenido más oportunidades de prosperar. Tras la jornada, la realidad es que únicamente se movilizó a los independentistas, a algunos extranjeros[120], y a unos miles de menores bien adoctrinados. Y los resultados del escrutinio -dando por buenas las cifras de los organizadores- no permiten asegurar que la mayoría de los catalanes quiera independizarse de España. Ningún país se ha independizado porque lo quiera el 30% del censo oficial.

Dura lex, sed lex, respondo cuando me preguntan qué hacer con el desafío soberanista del gobierno catalán. Es una expresión originaria del derecho romano, que traducida viene a decir "dura es la ley, pero es la ley",

---

[120] No deja de tener su gracia que los independentistas asuman que los extranjeros residentes en Cataluña puedan votar en una consulta para la independencia, y el resto de los españoles no. ¿Es que después de tantos siglos de convivencia, la independencia de Cataluña no nos compete de ninguna manera?

lo que significa que es preciso respetar la ley, en todos los casos. Que se aplique la ley es importante: en un Estado de Derecho es una irresponsabilidad prescindir de las reglas, porque eso alienta el caos, y con él, la injusticia. Si se permite incumplir la ley a algunos, todos estaríamos legitimados para incumplirla cuando nos viniera bien. Los nacionalistas han sobrepasado todas las líneas rojas de la democracia al convocar y celebrar una consulta sin las garantías de control y transparencia propias de cualquier proceso electoral democrático. Les da igual qué se vota, con qué censo, y quién controla el proceso electoral, sustituyendo a los funcionarios independientes por voluntarios independentistas. Y éstos son los que cuentan los votos y los custodian. Toda una garantía democrática. Lo más triste de todo es que hay quienes creen que así se construye un nuevo país. En ese mismo sentido, hay que lamentar que el Secretario General del PSOE afirme que no es tiempo de querellas y tribunales, sino de la política. Las querellas y demandas ante los tribunales en democracia no son más que las herramientas para proteger los derechos de las personas. Decir lo contrario es permitir lo alegal, la permisibilidad de que cada uno haga lo que quiera. En definitiva, la perversión de la democracia por una práctica corrupta. Claro que hay que seguir haciendo política, que no es otra cosa que un instrumento para resolver las disputas, pero no es menos cierto que la Justicia debe seguir trabajando en pro del mantenimiento del Estado de Derecho, y por eso los ciudadanos tiene el inalienable derecho a defenderse ante los tribunales frente a todos aquellos que transgreden la Ley, y con mucha mayor obligación y derecho, las querellas han de ser interpuestas por los poderes públicos.

Así que primero la Ley, con toda su contundencia y sin ridículos complejos. Después, la reforma de la Constitución para lograr un Estado de las Autonomías eficiente, que incorpore al proyecto común a esa mayoría silenciosa de catalanes que aún permanecen en sus casas. El derecho a decidir lo decidimos todos. La apelación a la democracia o al voto popular no es suficiente, porque esa voluntad popular no puede tener relevancia en una democracia si no se expresa en la forma legalmente establecida, que es lo que la hace válida; y tampoco supone una excepción la alegación de derechos supralegales como el derecho de autodeterminación, pensado para situaciones coloniales que no se dan en este caso. Ahora lo que toca es hacer cumplir la ley y que todo el peso del Estado de Derecho caiga sobre quien piensa eludirla. La "valentía" que exhiben los independentistas ignorando a los tribunales de justicia e incumpliendo las leyes, nace de su convicción sobre la debilidad del Estado, que creen tolerará cualquier cosa, o aceptará cualquier escenario (incluso uno secesionista) antes que ejercer la autoridad que le confiere la Constitución, las leyes y el pueblo español. Se trata de un problema coyuntural, pero extremadamente grave. Si se pasa por alto ahora el incumplimiento de las leyes no habrá forma en el futuro de que otros políticos y gobernantes autonómicos las cumplan.

Eso sí, resulta insólita la debilidad de nuestro sistema jurídico para responder ante el incumplimiento de una regla democrática. La desobediencia a las resoluciones de los tribunales es tratada simplemente como un delito contra la Administración Pública. Sin más. Como indica Domínguez[121], para nuestro Código Penal merece el mismo reproche el comportamiento de cualquier funcionario público que se niega a cumplir las decisiones u órdenes de sus superiores, que la acción de la autoridad que abiertamente se niega a cumplir las sentencias de los tribunales. Sin embargo, es obvio que son acciones muy diferentes. En el caso de la desobediencia del funcionario al superior, se ataca el principio de jerarquía en el ámbito administrativo público. En el caso del incumplimiento por las autoridades de las resoluciones judiciales, la lesión en nada afecta a los servicios públicos, sino a la división de poderes en que se apoya el Estado de Derecho, porque con tal conducta se niega al Poder Judicial su competencia para juzgar y hacer ejecutar lo juzgado. "Cuando es una autoridad quien incumple, no estamos sólo ante una desobediencia personal, sino ante la lesión de un pilar básico en toda organización política libre y democrática." Lo sorprendente es que en España la desobediencia de un particular a un agente de la autoridad se castigue con pena de prisión y, sin embargo, si el Presidente de una Comunidad Autónoma desobedece una resolución firme del Tribunal Supremo o del Tribunal Constitucional, a lo más que se enfrenta es a un pena de multa y a otra de inhabilitación. "Los acontecimientos recientes aconsejan una revisión de la actual regulación del delito de desobediencia a los tribunales, de modo que ésta

---

[121] DOMÍNGUEZ LUIS, Carlos, *¿Es rentable desobedecer a la Justicia?*, El Mundo, Madrid, 2014.

quede ubicada dentro de los delitos contra la Constitución, como un delito contra las instituciones del Estado y la división de poderes", concluye Domínguez. El nuevo tratamiento del delito debería incluir una banda amplia entre un mínimo y un máximo de penalidad, según la gravedad de la desobediencia, que dependería de la jerarquía del desobediente (funcionario, autoridad), y de la del órgano desobedecido (Tribunal Supremo, Tribunal Constitucional u otros). No es admisible que algunos consideren que resulta rentable transgredir la ley.

Con todo, es preciso que la defensa de la unidad de España no descanse únicamente en los tribunales, aunque éstos deben perseguir los incumplimientos de las leyes caiga quien caiga, sino que es necesario plantear una estrategia ilusionante, de recuperación de valores éticos y políticos, de regeneración política y social, que ofrezca un proyecto de futuro para que los ciudadanos concluyan que a todos nos irá mejor unidos.

La solución, por tanto, pasa por una reforma de la Constitución que no debería limitarse al tema territorial, aunque en esta obra me ceñiré a ese aspecto, dejando el resto de materias para otro libro específico sobre el tema. Hay que aprovecharla para regenerar nuestro maltrecho Estado de Derecho, adoptando las cautelas que aconseja la experiencia de conflictos durante estos años; para elegir un Tribunal Constitucional competente y prestigioso, y para garantizar unos jueces y fiscales responsables e independientes. No puede ser que la única opción del Estado para que una comunidad autónoma díscola sea suspender la autonomía. Es necesaria una gradación de controles y sanciones, tal y como la UE realiza con los estados que la componen. No es asumible que una sentencia de cualquier tribunal, y especialmente del Constitucional, se pueda ignorar o torear, pero eso es precisamente lo que vienen haciendo algunas administraciones autonómicas desde hace tiempo y, en especial, la Comunidad Autónoma de Cataluña, que ignora las sentencias de los tribunales acerca de la inmersión lingüística, y ahora las prohibiciones del Constitucional.

La actual situación supone el riesgo de desmembración de España, pero también un estímulo para vertebrar y cohesionar de una vez por todas el país, para lograr un país que merezca la pena para una amplia mayoría. Una España en la que todos los ciudadanos tengan los mismos derechos y obligaciones, con instrumentos de solidaridad entre territorios, un Estado del Bienestar amplio y eficiente, y una fiscalidad justa. La reforma a realizar no pasa necesariamente por la recentralización como principio, sino por la coordinación y racionalización. Sin embargo, la revisión competencial no puede ir siempre en contra del Estado sino, como ha sucedido por ejemplo en Alemania y Suiza, puede seguir en ocasiones el sentido contrario si resulta lo más conveniente. Habrá que preguntarse si alguna de las competencias que ha generado tantos abusos y corrupción, como el urbanismo, debe controlarse desde la instancia más cercana. En este sentido, parece que para determinadas competencias, pese a que su ejecución pueda estar depositada en las CC.AA. o en los ayuntamientos, el control debe emplazarse en una institución más alejada de influencias externas, como es el Estado.

El actual Estado del Bienestar está en manos de las CC.AA., si exceptuamos las pensiones y las prestaciones por desempleo. El resultado del proceso autonómico ha sido un Estado central débil, recaudador, un reparto confuso de competencias, falto de coordinación, unas CC.AA. gastadoras y en permanente reivindicación de recursos económicos recaudados por el Estado, y unos gastos autonómicos y locales desmesurados por la falta de corresponsabilidad fiscal, con un aparataje político multiplicado y excesivo. Nuestro estado autonómico se caracteriza por la transferencia de autogobierno a las CC.AA., pero sin implicarlas en la gobernación nacional, sin compartir el gobierno común. De hecho España es, dentro de los países desarrollados y descentralizados, en el que mayor es la distancia entre el autogobierno y el gobierno compartido. Hay que introducir más movilidad, más proyectos comunes, más solidaridad entre territorios, más coordinación y más decisiones conjuntas en las dos direcciones entre España y las Comunidades Autónomas. Recuperar un proyecto de país.

5. CERRAR Y RACIONALIZAR EL MODELO TERRITORIAL.

Cuando a Mitterrand, Presidente de Francia, un periodista le preguntó por qué no copiaba un modelo de descentralización como el español, éste le respondió irónicamente "es que España es un país rico y se lo puede permitir. Francia no se lo puede permitir". Nuestros Parlamentos Autonómicos cuestan 400 millones de euros anuales, y nuestras "embajadas" autonómicas otros 500 millones. Tenemos miles de empresas, fundaciones e instituciones públicas autonómicas en España cuya única utilidad es "colocar" a cientos de miles de enchufados del partido o la familia. Según el Tribunal de Cuentas, las empresas públicas autonómicas en 2011 recibieron 12.000 millones de euros en subvenciones públicas y aun así perdieron 6.000 millones, mientras que su deuda superaba en ese año los 28.000 millones de euros. Se desconoce el número de altos cargos, asesores y cargos de confianza que existen repartidos entre todas las instituciones públicas, pero se "sospecha" que son decenas de miles. De igual forma, en toda España existen 40.000 vehículos de alta gama a disposición de nuestros altos cargos, así como 16 televisiones autonómicas, 100 municipales y 17 provinciales. ¿Para qué sirven? Para propaganda del partido en el poder, pero cuestan 2.000 millones de euros anuales a los contribuyentes, y no los partidos o sus afiliados. Y nuestra multiplicidad de instituciones locales, con más de ocho mil municipios, centenares de comarcas y una cincuentena de diputaciones provinciales, cabildos y consejos insulares supone un sobrecoste en la prestación de servicios de 16.000 millones de euros al año. Un desbarajuste. Todas las instituciones se entrometen en lo que no les compete y acuden a los tribunales a la más mínima excusa, en ocasiones con la mera intención de ejercer la oposición política a través de la justicia. Ante esta situación, urge cerrar y racionalizar el modelo competencial, aclarando quién debe hacer cada cosa y reduciendo las multiplicidades para racionalizar el gasto público. Después de todo, España no es un país rico ni se puede permitir la actual estructura territorial.

5.1.   ¿QUIÉN DEBE HACER QUÉ?

El reparto actual de competencias en la Constitución Española es confuso e incompleto. Confuso porque distribuye las competencias entre CC.AA. y Estado en dos artículos, el 148.1 y el 149.1, pero el 148.1 indica un listado de las competencias que las CC.AA. podrán asumir (es decir potestativo), mientras que el 149.1 lista las competencias exclusivas del Estado, pero en su descripción incluye excepciones mezclando competencias en las que el Estado legisla y ejecuta en solitario, con otras en las que establece únicamente la legislación básica, con muchas otras en las que incluye la coletilla "sin perjuicio de las competencias que se atribuyan a las CC.AA." Si a esto se añade que cada uno de los Estatutos de Autonomía de cada una de las 17 CC.AA. distribuye nuevas competencias; que, a través del artículo 150.2 de la CE "el Estado podrá transferir o delegar en las Comunidades Autónomas, mediante ley orgánica, facultades correspondientes a materia de titularidad estatal que por su propia naturaleza sean susceptibles de transferencia o delegación"; que en ningún lugar se indica cuáles son esas competencias susceptibles de transferencia o delegación; así como que el Tribunal Constitucional ha sentenciado en numerosas ocasiones aclarando, ampliando o restringiendo esos listados de competencias, obtenemos una situación como la actual en la cual es absolutamente imposible saber quién hace qué en nuestro país.

Por todo ello, se hace necesario aclarar en la Constitución Española, tal y como se hace en todas las constituciones federales del mundo, el reparto competencial entre las distintas administraciones territoriales, delimitando el alcance de esas competencias. Así pues, propongo derogar los artículos 143, 144 y 146 de la CE, dedicados a la creación de CC.AA. que carecen de sentido en la actualidad, así como los artículos 148, 149, 150, 151 y 152 de la CE, dedicados al reparto de competencias, a las facultades de delegación, y a la forma de organización de las CC.AA. en los Estatutos, y sustituir esos artículos por unos nuevos de acuerdo con las siguientes características.

Primero, la distribución de competencias debe llevarse a la Constitución, donde se describirán las competencias del Estado, quedando las competencias "residuales" no descritas para el ejercicio de las CC.AA.

Esta es la forma habitual de reparto de competencias en los estados federales, con la excepción de Canadá, que emplea nuestro sistema de doble lista, pero cerrado, no potestativo y no delegable. La reforma debe poner fin al principio dispositivo, de modo que los Estatutos ya no definan las competencias propias e indirectamente las del Estado. El Estatuto debe ser la "Constitución" de la Comunidad Autónoma, la norma que organice las instituciones regionales, pero no la que enumere sus competencias. Ello obligará a modificar el procedimiento para su aprobación y la posibilidad de control del Tribunal Constitucional.

Segundo, de igual manera debe analizarse con rigor una nueva distribución de competencias que trate de poner fin, o reducir de forma significativa, los numerosos conflictos de competencias entre el Estado y las CC.AA. Que esta distribución de competencias se haga en forma de lista (como actualmente) o describiendo cada competencia y las atribuciones del Estado en ella, no deja de ser un asunto formal, aunque particularmente prefiero esta última opción, al estilo pormenorizado de la Constitución Suiza o, en otro nivel, de los Estatutos de Autonomía de Andalucía y Cataluña, ya que permite una descripción más detallada de cómo quiere el legislador deslindar las competencias, lo que permitirá en el futuro reducir los conflictos de competencias ante el Constitucional para hacerlo. Teniendo en cuenta la querencia de nuestros dirigentes políticos por resolver sus rivalidades políticas ante la justicia, creo que el sistema de lista general y con escaso detalle empleado en la Constitución alemana nos conduciría durante al menos algunos años tras la reforma constitucional a un incremento en la litigiosidad que debe ser evitado. En mi propuesta, emplearé pues el sistema descriptivo que recomiendo. La distribución de competencias puede incluir criterios asimétricos, pero tasados y limitados a unos pocos asuntos para permitir un estado eficiente y funcional.

Ante todo, hemos de abandonar la idea, hasta ahora implícita o explícitamente aceptada sin apenas discusión, de que más descentralización es la estrategia acertada siempre y en toda circunstancia. Descentralizar permite aumentar el acercamiento al ciudadano, pero también supone en ocasiones pérdidas de eficiencia y genera otras complicaciones, como un mayor gasto público por multiplicidades administrativas, así como una mayor facilidad para la corrupción y el caciquismo. En algún momento conviene plantear un análisis económico de los pros y contras de la descentralización actual en España, y ese momento es ahora. Todo avance en el sentido de la racionalidad del sistema pasa, inexorablemente, por el replanteamiento del actual mapa competencial. No se trata de dar marcha atrás en la descentralización, sino de asignar de forma más eficiente la responsabilidad en las competencias. Para ello se deberían evitar tanto las duplicidades innecesarias, como la asignación a las Administraciones Territoriales de competencias exclusivas en ámbitos donde ello suponga el desaprovechamiento de economías de escala, o la ruptura de la unidad de mercado.

Esta propuesta tendría la virtualidad de eliminar el principio dispositivo (de efectos perniciosos e incompatible con la estabilidad que requiere el Estado Constitucional) y llevar al Texto Constitucional, de la misma forma que ocurre en todos los Estados Federales, el reparto competencial. Este quedaría así fijado en la propia Constitución, y gozaría de las máximas garantías. Sólo mediante el procedimiento de reforma constitucional podría ser alterado. Con ello se cerraría el proceso constituyente, que el principio dispositivo mantiene indefinidamente abierto.

Tercero, el acuerdo político se traduciría en la inclusión en el nuevo Título VIII de la Constitución de unas competencias exclusivas que corresponden al Estado, que debe ejercer necesariamente y no puede delegar ni transferir. Así como otras competencias de legislación estatal y ejecución autonómica, donde el primero se encarga de la legislación, y las CC.AA. de la ejecución de acuerdo con la legislación del Estado. Igualmente existirían otras calificadas de competencias concurrentes, donde tanto el Estado como las CC.AA. pueden legislar, pero la legislación del Estado desplaza a la de las CC.AA. cuando existan contradicciones. Las competencias de bases para el Estado y desarrollo para las CC.AA. desaparecen en mi propuesta de reforma, pues se han demostrado como un enorme foco de conflicto no solo en España sino allí donde se han implementado, tal y como demuestra la reciente reforma constitucional de Alemania, que las ha abolido. Finalmente, las competencias no descritas se entiende que corresponden a las CC.AA. como consecuencia de la aplicación de la cláusula residual. También habría que dedicar un artículo a las competencias específicas de algunas CC.AA. en virtud de sus hechos diferenciales; y un último artículo a las competencias municipales, el gran olvidado de nuestra actual Constitución en lo que hace referencia a la descripción de sus competencias.

La reforma constitucional que propongo redefiniría todo el reparto competencial, sin necesidad de tener que modificar simultáneamente todos los Estatutos, algo que se antoja imposible políticamente. Simplemente los artículos relativos a la distribución de competencias en los estatutos serían nulos, y los Estatutos no contendrían competencias, sino que se centrarían en sus instituciones. En mi opinión, los estatutos deberían modificarse posteriormente para adaptarse a la nueva realidad constitucional y no confundir a un lector no avezado, pero si no hicieran, los artículos relativos al reparto competencial serían nulos de pleno derecho igualmente. Una vez modificados, los Estatutos se aprobarían únicamente por su parlamento, con control constitucional automático y un referéndum, en su caso, al final del proceso de validación constitucional. El Parlamento nacional nada tendría que decir sobre ellos pues no contendrían especificaciones competenciales que afectasen al Estado.

Cuarto, la nueva estructura territorial de España debe aclarar la maraña administrativa en la que anidan el despilfarro y la corrupción, prescindiendo de aquellas instituciones que ya no tienen sentido, como las Diputaciones. Respecto al mapa autonómico, debería prever la fusión voluntaria de Comunidades Autónomas que busquen optimizar extensión territorial, demografía e infraestructuras y recursos económicos de un modo más adecuado para la mejor gestión de sus competencias. La pequeña extensión o demografía de algunas Comunidades Autónomas que, sin embargo, se han dotado de instituciones casi propias de un Estado, es una las deficiencias y excesos más obvios del Estado autonómico.

Quinto, la Constitución, una vez reformada, garantizaría la autonomía municipal, para lo que se describirán unos impuestos propios, obligaría a un tamaño mínimo de los municipios para ejercer sus competencias y a las CC.AA. a realizar un proceso de fusión de municipios para que alcanzaran ese tamaño, y describiría las competencias mínimas de los municipios de acuerdo con su población. Cada Comunidad se hará cargo en exclusiva del régimen local de sus entes locales, ganando esta competencia para sí en la reforma constitucional propuesta, y podrá determinar si crea o no entes intermedios. Algunas, especialmente las más extensas o pobladas, es probable que lo hagan, y otras no, pero serán las CC.AA. las que deberán sufragar sus entes locales o intermedios con sus propios medios si los tributos locales no son suficientes para la prestación de los servicios locales. Así se evita el riego de crear estructuras intermedias innecesarias que financia otro (el Estado). Las CC.AA. podrán delegar competencias adicionales a los entes locales, pero deberán dotarlos económicamente para ello con sus propios recursos, mientras que el Estado no podrá delegarles ni transferirles recursos. A todos los efectos, los entes locales serán un asunto autonómico, en lugar de una competencia bifronte (conjunta del Estado y las CC.AA.), como sucede actualmente. El Estado descentralizado se compondrá así únicamente de tres niveles administrativos obligatorios (y uno o varios más potestativos): Estado, Comunidades Autónomas y Ayuntamientos. La distribución de competencias se hará entre estos tres niveles según los principios de idoneidad constitucional, economías de escala, eficiencia y subsidiariedad.

En la mayoría de los países europeos por lo que se refiere a la división vertical de funciones, se observa el siguiente esquema: la administración central es responsable de establecer las directrices generales de la política sanitaria y de la política social, mientras que la prestación de los servicios recae en las administraciones regionales y locales, siendo lo más habitual que la prestación de servicios de salud recaiga en el nivel regional y la prestación de los servicios sociales corresponda a las administraciones municipales. Así, en Dinamarca, la atención sanitaria es responsabilidad de 16 condados mientras que la prestación de servicios sociales recae en 275 municipios. Parece imprescindible que la lista de competencias del Estado incluya las necesarias para garantizar la unidad política, la unidad económica y la cohesión social, dejando en estas competencias al Estado cierto margen de maniobra. Hay que subrayar que en los dos modelos paradigmáticos de Estado federal, EEUU y Alemania, la Federación cuenta asimismo con un gran margen de apreciación en el ejercicio de sus competencias en los ámbitos político, económico y social. El paso del tiempo ha revelado en EEUU que el Congreso no sólo puede ejercer sus poderes expresamente delegados y, a través de la cláusula de supremacía[122], anular poderes concurrentes de los Estados, sino que puede anular también leyes estatales en materias exclusivas estatales a través de la doctrina de los poderes implícitos[123] y competencias más trasversales como la regulación del comercio interestatal o la cláusula del bienestar general[124]. También en Alemania la cláusula de necesidad (art. 72.2 Ley

---

[122] Artículo VI, Cláusula 2 de la Constitución de los Estados Unidos, conocida como la Cláusula de Supremacía, establece la Constitución de los EE.UU., las leyes federales y los tratados de Estados Unidos como "la ley suprema de la nación." El texto establece que se trata de la forma más elevada de la ley en el sistema legal de los EE.UU., y exige que todos los jueces estatales deben seguir la ley federal cuando se presenta un conflicto entre la ley federal y, o bien la constitución del estado o la ley del estado de cualquier estado. La "cláusula de supremacía" es el garante más importante de unión nacional. Asegura que las leyes y los tratados y la Constitución federal tiene prioridad sobre la ley estatal y obliga a todos los jueces a que se adhieran a este principio en sus tribunales. La Cláusula de Supremacía sólo se aplica si el Congreso actúa en pos de sus facultades constitucionalmente autorizadas. Las leyes federales son válidas y son supremos, siempre que dichas leyes fueron adoptadas en cumplimiento de la, es decir, de acuerdo con la Constitución.

[123] El enunciado de la teoría de los poderes implícitos se puede sintetizar en la siguiente tesis: "quien tiene el poder para hacer algo, tiene en consecuencia todos los poderes necesarios para poder hacer lo que tiene encomendado, aunque expresamente no se los hayan conferido". Tiene una importancia capital en las organizaciones políticas a la hora de determinar las competencias de un poder del Estado y es de uso habitual en las sentencias de los tribunales constitucionales de los estados federales. La doctrina de los poderes implícitos ha encontrado su mayor eco en el Derecho Constitucional de los Estados Unidos y en el Derecho Internacional Público. El Artículo 1 (sección octava, párrafo 18) de la Constitución de los EEUU dice que el Congreso y, por tanto, del Gobierno Federal tienen poder "para expedir todas las leyes que sean necesarias y convenientes para llevar a efecto los poderes anteriores y todos los demás que esta Constitución confiere al gobierno de los Estados Unidos o cualquiera de sus departamentos o funcionarios". Así se ha conseguido la ampliación de competencias del Gobierno Federal a partir de un catálogo escueto de competencias, contando con la anuencia del Tribunal Supremo, desde que esta teoría fue asentada por el juez Marshall."

[124] Ninguna normativa puede prever todas las situaciones específicas. Un régimen federal prevé qué tareas quedan a cargo del gobierno federal y cuales a cargo de los gobiernos estatales, pero siempre surgen tareas no previstas, lo que plantea el problema de quien es el portador de las "facultades residuales" necesarias para ocuparse de ellas. La cláusula del bienestar general alude a una frase del Preámbulo de la Constitución de los EE.UU que generalmente se interpreta en el sentido de que dichas facultades residuales competen al gobierno central. Ese preámbulo dice así: "NOSOTROS, EL PUEBLO de los Estados Unidos, a fin de formar una Unión más perfecta, establecer Justicia, asegurar la tranquilidad interior, proveer para la defensa común, promover el bienestar general y asegurar para nosotros y para nuestra posteridad los beneficios de la Libertad, establecemos y sancionamos esta Constitución para los Estados Unidos de América." Técnicamente, el preámbulo de la Constitución de los Estados Unidos no da poderes a entidades dentro del

Fundamental[125]) ha permitido a la Federación un gran margen de apreciación política para ejercer sus competencias en las más diversas materias, sin que en la práctica el *Bundesrat* se haya erigido en instrumento eficaz de compensación de este poder federal.

Sexto, el cierre del modelo competencial y la clarificación competencial exigiría eliminar la posibilidad de que el Estado delegue o transfiera las competencias que le atribuya la Constitución a las CC.AA., así como la posibilidad de que el Estado armonice en materias de competencia exclusiva de las CC.AA. En consecuencia se propone la supresión del artículo 150.2 de la CE[126].

Séptimo. Me parece del todo positivo que las CC.AA. tengan ciertas competencias, y especialmente aquellas que se gestionan mejor cuanto más cerca se esté del ciudadano. Educación y sanidad, por ejemplo. Pero para ello, lo imprescindible es que las competencias se ejecuten desde niveles cercanos, no que su legislación difiera en cada región. De hecho, en Cataluña se ha llegado a la perversión de la autonomía legislativa en el sistema educativo. Es un hecho evidente y asumido que la educación y los medios de comunicación públicos en manos nacionalistas supone el control ideológico de la población. Y ya conocemos y sufrimos día a día las consecuencias de ese hecho. Si estas se "blindaran" ante cualquier influencia del gobierno central, como propone por ejemplo el PSOE catalán y otros bien pensantes, lo que podemos esperar de sucesivos gobiernos nacionalistas no es una mejor gestión, sino su perversión. Por lo tanto, tanto la educación, como la sanidad, como otras competencias, tales como la ordenación del territorio, la protección del medio ambiente, y el

---

gobierno federal. Sin embargo, la Corte Suprema ha citado del preámbulo en consideración a la historia, intento y sentido de varias cláusulas que lo sigue en la Constitución.

[125] Artículo 72.2: "En las materias del artículo 74, apartados 1 nos 4, 7, 11, 13, 15, 19 a, 20, 22, 25 y 26, la Federación tiene la competencia legislativa, si y en la medida que sea necesaria una regulación legislativa federal en interés de la totalidad del Estado para la creación de condiciones de vida equivalentes en el territorio federal o el mantenimiento de la unidad jurídica o económica."

[126] "El Estado podrá transferir o delegar en las Comunidades Autónomas, mediante ley orgánica, facultades correspondientes a materia de titularidad estatal que por su propia naturaleza sean susceptibles de transferencia o delegación. La ley preverá en cada caso la correspondiente transferencia de medios financieros, así como las formas de control que se reserve el Estado."

urbanismo, en mi propuesta pasarían a ser competencias de legislación estatal y ejecución autonómica, en lugar de reservar para el Estado únicamente las bases generales y, en ocasiones, ni eso, tal y como sucede actualmente. De acuerdo con los datos de las encuestas, más de un 67% de la población no quiere diferencias en la prestación de servicios[127]. Es decir, considera que el principio de igualdad en todo el territorio nacional debiera predominar sobre otros principios, al menos en los servicios públicos esenciales. La proyección del principio del territorio de la Comunidad Autónoma como criterio de delimitación y definición de la acción política ha supuesto en el campo, por ejemplo, de la educación, no solo que las inversiones relativas al número de centros y su ubicación adoptados por cada Comunidad Autónoma dé como resultado un marco nacional ineficiente, sino que los contenidos educativos hayan venido también guiados por el criterio de diferenciarse hasta el límite que marcan los Reales Decretos de contenidos mínimos. O en la Sanidad, dando lugar a un resultado de número ineficiente de hospitales y centros de salud que sería distinto y más racional si se hubiesen decidido desde el Estado, además de establecer cada vez más carteras de servicios diferenciadas.

En cuanto a la justicia, en la mayoría (aunque no en todos) los estados federales la justicia ordinaria recae en manos regionales, mientras que la federal se encarga de la unificación de doctrina y de los recursos. Sin embargo, a diferencia de estos países en España no existe un Derecho sustantivo propio de las CC.AA. El código penal, mercantil, de comercio, laboral y, con algunas salvedades, el civil es común para toda España, igual que sus leyes procesales. La inexistencia de este Derecho autonómico propio no solo convierte en prescindible un Poder Judicial propio, sino que, en mi opinión, lo desaconseja. Si el Estado es el único competente en materia de legislación penal, mercantil, de comercio, procesal, laboral y, en buena medida, civil, creo suficientemente fundamentando por razones no solo organizativas, sino materiales, que el Poder Judicial mantenga y refuerce su estructura estatal, no solo conservando la jurisdicción sobre los jueces, sino recuperándola sobre "la administración de la administración de la justicia", esto es, los medios auxiliares de la justicia, según la creativa y

---

[127] GÓMEZ-POMAR, Julio, *Economía Política" de un cambio en las Administraciones Territoriales,* Círculo de Empresarios, Madrid, 2012.

exótica jurisprudencia del Tribunal Constitucional, a través de la cual se delegó en ocho CC.AA. estos medios.

Por otro lado, a mi entender en España no se dan en la actualidad las condiciones para que las CC.AA. controlen orgánicamente la justicia. Controlar Justicia significaría impunidad para el caciquismo regional. Ya resulta llamativo que ningún caso de corrupción autonómica haya sido detectado nunca por la policía autonómica allá donde existe, y que los imputados de partidos nacionalistas insistan en ser juzgados en su región, y no por la Audiencia Nacional. ¿Es que esperan justificadamente que el trato sea más favorable? Todo hace suponer que es así, y que tienen buenos motivos para ello. No en vano el parlamento regional nombra uno de los tres jueces del Tribunal Superior de Justicia de cada Comunidad Autónoma, y no lo hace precisamente por independencia y buen criterio jurídico, sino por su fidelidad partidista. En algunos casos, la cercanía al administrado y al regulador a lo único que conduce es a la corrupción, y esto parece así, no solo para la justicia, sino para otras áreas donde la cercanía nos ha llevado a una corrupción galopante. Hablo de la ordenación del territorio, con los pelotazos en las recalificaciones del suelo y en las promociones urbanísticas, y en la protección del medio ambiente. En estos casos, mi propuesta es alejar en la posible el control y el centro de decisión de los beneficiarios, así que la justicia (actualmente una competencia de legislación estatal) debería pasar a ser exclusiva del estado, mientras que la ordenación del territorio (actualmente exclusiva de las CC.AA., un caso único en el mundo) pasaría a ser competencia de legislación estatal. Finalmente, la protección del medio ambiente (actualmente una competencia donde el estado se limita a las bases mínimas) pasaría a ser una competencia de legislación estatal.

El punto crítico es la conversión o no de las administraciones autonómicas en administraciones que se ocupen de ejecutar la legislación y las decisiones estatales, para evitar reduplicaciones de estructuras administrativas. El ahorro, la simplicidad y la racionalidad de las organizaciones, así como los principios de la descentralización, postulan la concentración de la mayor parte del aparato administrativo territorial en dependencia directa de las administraciones autonómicas. La desconfianza política y el temor, nada larvado, a la deslealtad administrativa y los riesgos de incomunicación entre administraciones y de inaplicación de las leyes estatales, están recomendando al poder central justamente lo contrario. Existen competencias exclusivas del Estado cuya gestión es perfectamente territorializable. Hablo por ejemplo de la gestión de puertos, aeropuertos y carreteras. Respecto a los dos primeros, creo que la solución pasa por favorecer la autonomía propia de la que ya goza la gestión de los puertos de interés general, y en introducirla en la gestión individualizada de los aeropuertos de interés general, conservando la gestión común pero introduciendo elementos de desarrollo individual de cada aeropuerto, no con la entrada de cada Comunidad Autónoma en el órgano de representación, sino la de los usuarios y empresas. Respecto a las carreteras y ferrocarriles, el Consejo de las Autonomías debería participar en la codecisión de su desarrollo, con el fin de coordinarse con las actuaciones autonómicas.

En general, mi propuesta de reforma se basa en eliminar las competencias donde el Estado legisla unos mínimos (las bases) y las CC.AA. desarrollan y ejecutan la legislación, en beneficio de las competencias de legislación estatal y exclusivas o bien del Estado o bien de las CC.AA. El nuevo reparto de competencias no significa una recentralización. De hecho, mi modelo es el federal, el sistema descentralizado por antonomasia. En manos de las CC.AA. quedarían otras competencias importantes y la ejecución de muchas de las que el Estado recupera la competencia legislativa. No escondo que el objetivo en mi opinión debería ser acercarnos a un modelo federal cooperativo como el alemán, aunque manteniendo nuestras propias particularidades como, por otro lado, hace casi cualquier solución federal, ya que no existe un modelo único que se aplique en todas las federaciones, sino que se adaptan a la idiosincrasia de cada país. Así, lo que propongo es zanjar la gran fuente de nuestros problemas, las competencias del binomio bases-desarrollo en las que el Estado determina una legislación básica y las CC.AA. la desarrollan y ejecutan. La confusa distribución competencial de nuestra Constitución y de los Estatutos ha conducido en España a que esta competencia sea la predominante, lo que ha llevado, por un lado, a una conflictividad competencial sin precedentes en ningún otro país con objeto de determinar hasta dónde llega la legislación básica (competencia del Estado) y donde comienza la legislación de desarrollo (competencia de las CC.AA.); y, por otro lado, a la hipertrofia legislativa autonómica, donde cada región desarrolla su propia legislación sobre casi todo aun cuando en multitud de ocasiones no es necesario, pues la legislación estatal cubre las necesidades legislativas correctamente, en un intento de "marcar" el territorio antes de que el Estado se "entrometa" definiendo unas amplias competencias básicas. Así pues, propongo seguir el ejemplo alemán de convertir a las CC.AA. en las principales ejecutoras de las políticas públicas allí donde la proximidad al ciudadano en la prestación es relevante, convirtiéndolas de facto en el Estado, porque son Estado dentro de sus términos territoriales, pero reservar para el Estado la acción de inspección y control en la ejecución y desarrollo de las políticas públicas, especialmente en aquellos asuntos en los que se hace necesario alejar estas funciones de los administrados con el fin de reducir las posibilidades del caciquismo y la corrupción fomentados por la cercanía.

Mi propuesta asigna algunas competencias de bases o de legislación estatal como exclusivas del Estado (Justicia; Parques Nacionales; organismos comunes; régimen, infraestructuras y aprovechamientos hidráulicos); convierte en competencia de legislación estatal las competencias de bases-desarrollo más importantes (Sanidad, Educación, Ordenación del Territorio, Urbanismo y Medio Ambiente, Protección Civil); así como en exclusivas de las CC.AA. algunas de las actualmente concurrentes (régimen local y dependencia, becas, vivienda y, en general, la asistencia social). En conjunto, las CC.AA. pierden capacidad legislativa y se especializan más que ahora en la ejecución. A cambio, por un lado, los gobiernos autonómicos participan de forma decisiva en el desarrollo legislativo del Estado de las competencias de legislación estatal y concurrentes, y en la planificación de las inversiones del Estado en sus territorios, a través de la creación de un Consejo de las Autonomías, que sustituye al incompetente Senado, en el que estarán representados los gobiernos autonómicos y que tendrá un mayor poder que el actual Senado; al igual que en las deliberaciones y acuerdos con la UE en asuntos que le afecten, igualmente a través de la deliberación del Consejo de las Autonomías y de la participación de delegados suyos en las delegaciones de España ante la UE.

Los hechos diferenciales (lengua, régimen foral, régimen fiscal insular, derecho civil propio, régimen local diferenciado) se incluirían en la propia Constitución para cada Comunidad con su competencia asociada a ellos, de modo que algunas CC.AA. tendrían competencias superiores al resto, pero tasadas y limitadas a unos casos justificados en la Constitución y no sujeta a negociaciones partidarias. En el resto de asuntos, las competencias autonómicas deberían ser básicamente las mismas. La singularidad no debe llevar necesariamente a un régimen totalmente diferenciado, a crear Comunidades autónomas de régimen especial que se integran en el Estado de modo diverso, que se relacionan con el mismo sólo a través de relaciones bilaterales y que poseen un régimen competencial totalmente diferenciado. La singularidad autonómica también puede manifestarse dentro de la simetría competencial en la medida las Comunidades Autónomas en el ámbito de sus competencias podrán ejercer opciones políticas diversas en la ejecución de estas materias. La singularidad se ejercerá en buena medida con el ejercicio diferenciado de idénticas competencias, y con la prestación específica de determinadas competencias por parte de algunas CC.AA. cuyos hechos diferenciales lo aconsejen.

Respecto a la financiación de las competencias, propongo que el Estado financie de forma condicionada la prestación de servicios públicos fundamentales tales como Sanidad y Educación, de acuerdo con quién realice de forma efectiva la prestación, y no según dónde residan los ciudadanos. De esta forma, sería posible la responsabilidad financiera de las CC.AA., que podrían suspender pagos sin afectar al menos a los servicios públicos fundamentales, como Sanidad y Educación, ya que el Estado conservaría la competencia de pago directo por los servicios. Igualmente, propongo una clarificación en la distribución de los impuestos, en este caso más centrado en el modelo estadounidense (que recaude quien gaste) que en el alemán (la recaudación de los impuestos federales se reparte con las regiones). Así, las CC.AA. tendrían su propio IRPF, cuya recaudación utilizarían para la ejecución de sus competencias propias, mientras que el resto de impuestos los recaudaría el Estado, sin apenas transferencias incondicionadas a las CC.AA. De la recaudación de todos los impuestos se encargaría (como una más de esos entes consultivos, reguladores y de apoyo nacionales al servicio de todas las administraciones públicas) una Agencia Tributaria única para todas las administraciones, en la que el Consejo de las Autonomías tendría sus delegados. En Alemania, incluso los organismos que, en principio, tienen una naturaleza claramente federal, y ejercen funciones prestacionales, como la administración tributaria o la seguridad social, en rigor no lo son. Para entender desde una perspectiva española esta naturaleza, podríamos calificarlos de organismos conjuntos o comunes, sin dependencia orgánica de una administración en concreto, y con presencia en sus órganos directivos de ambas administraciones, alejando su gestión del control de alguna de ellas y profesionalizando y despolitizando la ejecución de sus tareas.

En conjunto, este reparto competencial supondría una reducción sustancial de la conflictividad competencial entre Estado y CC.AA., en una clarificación de quién se encarga de qué, en una mayor responsabilidad y rendición de cuentas de las CC.AA., que deberán sufragar los servicios que presten recaudando impuestos por ello a sus ciudadanos y no reclamando transferencias de fondos del Estado, en una reducción de las normas en vigor que permita la unidad de mercado en todo el país, y en una significativa reducción de entes duplicados e ineficaces.

En breve las principales modificaciones competenciales de mi propuesta serían las siguientes:

- Nuevas competencias exclusivas del Estado:

    o Organización, actuación y funcionamiento del Poder Judicial; Administración de Justicia y medios personales y materiales al servicio de la misma. Es decir, los medios al servicio de la justicia pasarían a depender del Estado, y no de las CC.AA. como hasta ahora.

    o Policía judicial bajo la dependencia orgánica del poder judicial. Se crearía un nuevo cuerpo policial bajo la dependencia orgánica de los jueces, dedicado a la investigación de presuntos delitos.

    o Condiciones de vida equivalentes y unidad jurídica y económica. El Estado tendría la competencia legislativa en cualquier asunto, si y en la medida que sea necesaria una regulación legislativa estatal en interés de la totalidad del Estado para la creación de condiciones de vida equivalentes en el territorio nacional, el mantenimiento de la unidad jurídica o económica, o una necesidad especial de una normativa uniforme en el Estado. Estas leyes requerirán la aprobación del Consejo de las Autonomías.

o Políticas activas de empleo.

o Parques Nacionales y protección de las Costas.

o Organismos comunes. Los órganos de control externo, consultivos, reguladores y supervisores; registros oficiales de licitadores y de empresas clasificadas; servicios de Astronomía, Meteorología, Geodesia, Geofísica y Cartografía; servicios de protección de datos; y Agencia Tributaria serán organismos de todas las administraciones públicas cuya regulación requerirá la aprobación del Consejo de las Autonomías y en cuya dirección participarán representantes del Consejo y del Gobierno. El personal y los medios de estos órganos se integrará en los organismos nacionales.

o Relaciones internacionales, cooperación al desarrollo, tratados y acuerdos internacionales y oficinas en el exterior. El Estado recuperará la exclusiva de las relaciones internacionales con la única excepción de la representación ante la UE, por tratarse de un caso especial casi de política interna. En este último caso las CC.AA. podrán tener oficina permanente en Bruselas y mantener relaciones y firmar acuerdos con otras regiones de la UE. Igualmente, se establecería un sistema para que las CC.AA. pudiesen participar en las negociaciones ante la UE en asuntos de su competencia.

o Protección de la Competencia y prevención del abuso de una posición de poder económico. El Estado dictará y ejecutará las normas conducentes a luchar contra las consecuencias sociales y económicas perjudiciales de los cárteles y otras formas de limitación de la libre competencia. Tomará, entre otras, las medidas necesarias para impedir que se fijen precios abusivos por parte de empresas u organizaciones de derecho privado o público que ocupen una posición dominante en el mercado, y luchar contra la competencia desleal.

o Sanidad exterior, así como las medidas contra enfermedades humanas y animales contagiosas y peligrosas para la colectividad, y el comercio de medicamentos, remedios, estupefacientes y tóxicos. Coordinación e inspección general de la sanidad y de los controles y actuaciones médicos, veterinarios y fitosanitarios.

o El régimen, las infraestructuras y los aprovechamientos hidráulicos. Se recupera el principio de unidad de cuenca para la gestión de los ríos, dando marcha atrás en la política de territorialización de la misma, que conduce a la descoordinación y la inacción.

- Nuevas competencias de legislación estatal:

o Sanidad.

o Educación.

o Territorio: Urbanismo, ordenación del territorio y medio ambiente.

o Protección civil. Normas para la intervención de la protección civil en caso de catástrofes, extinción de incendios, situaciones de emergencia y conflicto armado.

- Nuevas competencias concurrentes. Supondría la conversión de las competencias de legislación bases-desarrollo actuales en concurrentes, en la que tanto el Estado como las CC.AA. tendrían la facultad de legislar y la potestad reglamentaria, pero en caso de conflicto el derecho estatal prevalecería sobre el autonómico. Serían: ordenación de crédito, banca y seguros; planificación general de la actividad económica; investigación científica y técnica; legislación de la Seguridad Social; régimen jurídico de las Administraciones públicas y de los funcionarios; pesca marítima; legislación sobre montes, aprovechamientos forestales y vías pecuarias; régimen minero y energético; régimen de todos los medios de comunicación social; caza y pesca; y protección al consumidor.

- Competencias exclusivas de las CC.AA:

o   Régimen local.

o   Dependencia.

o   Asistencia y servicios sociales.

o   Protección de la infancia, de la juventud y de la mujer.

o   Ayudas a la educación universitaria y no universitaria.

o   Promoción en la construcción de viviendas y del acceso a la propiedad. Subvenciones a la vivienda y vivienda de protección oficial.

o   Cultura.

o   Cláusula de atribución residual. Cualquier otra no atribuida al Estado o los municipios.

5.2.   ¿CUANTAS CC.AA. SON NECESARIAS?

¿A qué criterio responde el mapa autonómico actual? Digámoslo claro: a ninguno. ¿Cómo se elaboró? Sin establecer previamente ningún diseño racional, sino atendiendo a conveniencias políticas, a apaños y acuerdos entre bambalinas. Se hizo de forma atolondrada y sin el más mínimo rigor. Lo lógico hubiera sido establecer un criterio general básico que atendiera, no a fantásticos orígenes, sentimientos, esencias o derechos históricos, sino a elementos objetivos como la geografía, la lengua y el número de habitantes, estableciendo un mínimo poblacional que garantizara cierta eficiencia en la prestación de servicios públicos, que al fin y al cabo es a lo que se dedican las CC.AA.

¿Cómo podemos justificar hoy la existencia de comunidades uniprovinciales como La Rioja, Murcia, Asturias, Cantabria o Navarra, al lado de otras como Castilla y León o Andalucía? El actual mapa autonómico debería ser sustituido por otro más racional, más equilibrado, que responda a criterios objetivos como la mejora de los servicios públicos, de estímulo al desarrollo productivo y una mejor organización administrativa. Una reforma técnicamente justificada pero que igualmente busque la igualdad de todos los ciudadanos en el acceso a la educación, la sanidad, el trabajo y las comunicaciones.

¿Cuántas CC.AA. son necesarias? 17 son demasiadas. Alemania tiene una menos con un 75% más de población, y numerosos estudios realizados en el país bávaro proponen reducirlas aún más. Francia aprobó en 2014 una reducción paulatina de sus regiones administrativas de 22 a únicamente 13, con una población un 40% superior a la española. Incluso en Italia, con una población un 30% superior a la española, la reforma constitucional prevista contempla reducir el número de regiones de 21 a 11 o incluso menos. La idea es marcar nuevos confines a las regiones reduciéndolas, con el fin de racionalizar costes, servicios y nuevas funciones, eliminando así una burocracia monstruosa y el despilfarro.

Hay una serie de países que funcionan bajo un sistema federal con entes regionales cuya población oscila entre cinco y diez millones de habitantes por territorio. Son Brasil, con 7,3 millones de media; Estados Unidos, con 6,2 millones; Sudáfrica, con 5,6 millones; y Alemania, con 5,1 millones de habitantes por territorio. Otro grupo presenta una ratio menor, entre dos y cinco millones de habitantes por entidad federativa de media. Se trata de México, con 3,5 millones; Canadá, con 2,6 millones; y Australia, con 2,4 millones de habitantes por territorio, pero en estos últimos casos se trata de países muy extensos, con enormes extensiones de terreno casi despobladas o despobladas por completo. España tiene unos 2,8 millones de habitantes por Comunidad Autónoma, pero debería aproximarse a la ratio de Alemania, un país que con un 75% más de habitantes tiene 16 estados federados, uno menos que las 17 CC.AA. españolas. La multiplicidad de CC.AA. con pequeña población genera sobrecostes en sus gastos de funcionamiento y, lo que es peor, multiplica el número de normas que cumplir sin estar justificado por el pequeño número de habitantes gobernados.

FUNCIVA[128] coincide en esta línea: "Esta reducción tendría tres efectos muy positivos: a) En primer lugar supondría una notable disminución del gasto público. El gasto estructural del Estado disminuiría. Y esto es algo imprescindible para asegurar la estabilidad de las finanzas públicas. La simplificación del mapa autonómico es necesaria para hacer

---

[128] TAJADURA, Javier y otros, *Cinco propuestas para la reforma constitucional en clave federal*, Ed. Fundación Ciudadanía y Valores (FUNCIVA), Madrid, 2012.

sostenible económicamente el Estado. b) La supresión supondría una notable simplificación del funcionamiento del Estado, en general, y de los órganos e instituciones de cooperación e integración. c) Y desde un punto de vista político, la supresión de aquellas comunidades que no se fundamentaron sobre una auténtica demanda social de autogobierno, reforzaría la identidad de las entidades federativas en que esa demanda es real. En definitiva, con esta reducción lograremos un Estado más barato, más eficaz y más integrador. "

Respecto al primer punto, en la siguiente tabla se muestran los gastos de funcionamiento (gastos de personal y gastos corrientes en bienes y servicios) de las CC.AA. españolas, ordenadas de menor a mayor población.

GASTOS DE FUNCIONAMIENTO		
	Población	Gasto Func./ hab. (€)
Rioja, La	319.002	2.076,10
Cantabria	588.656	2.087,65
Navarra	640.790	2.541,04
Asturias	1.061.756	2.085,06
Extremadura	1.099.632	2.110,11
Baleares	1.103.442	1.487,47
Aragón	1.325.385	1.861,98
Murcia	1.466.818	1.706,67
Castilla - La Mancha	2.078.611	1.800,88
Canarias	2.104.815	1.751,48
País Vasco	2.188.985	2.431,79
Castilla y León	2.494.790	1.909,84
Galicia	2.748.695	1.721,23
Comunidad Valenciana	5.004.844	1.580,58
Madrid	6.454.440	1.516,90
Cataluña	7.518.903	1.808,34
Andalucía	8.402.305	1.539,00
TOTAL	**46.771.341**	**1.734,91**
Fuente: Padrón municipal 2013 (INE) y Presupuestos de 2014		

En general, como cabía esperar, se observa que las CC.AA. con una población menor o cercana al millón de habitantes tienen mayores gastos de funcionamiento por habitante, aunque hay que tener en cuenta que la estructura institucional y competencial de las CC.AA. difiere, por lo que una comparación estricta debe hacerse con cautela. La primera línea punteada muestra el límite inferior de las CC.AA. de menor población. Su gasto de funcionamiento por habitante ronda una media de 2.075 €/habitante. Estos mayores gastos vienen a representar un sobrecoste de alrededor del 20% sobre la media nacional en el coste por prestación de los servicios públicos (1.735 €), lo que supone un sobrecoste significativo. Las excepciones son dos. Por un lado, Baleares tiene un menor coste de funcionamiento por habitante, pero se debe a su entramado institucional, ya que esta Comunidad ha descentralizado parte de su prestación de servicios a los Consejos Insulares, que desempeñan algunas de las funciones autonómicas e incluyen en sus presupuestos los gastos de funcionamiento necesarios para su desarrollo. Por otro lado, Navarra muestra un gasto de funcionamiento superior a la media de estas CC.AA., pero por el motivo inverso, sus competencias son superiores a las habituales, con competencias hacendísticas y policiales, lo que implica un mayor gasto de funcionamiento. Las CC.AA. con una población entre 1,3 y 2,8 millones de habitantes muestran un gasto de funcionamiento por habitante (1.721 €/hab.) en torno a la media (1.735 €/hab.), con la excepción del País Vasco con competencias mayores que la media, mientras que las CC.AA. con más de 5 millones de habitantes (con la excepción de Cataluña, también con competencias superiores a la media como instituciones penitenciarias y policía propia) tienen un gasto por habitante de 1.528 €, lo que supone un 11% menos que la media. Igualmente una reducción significativa.

Es decir, si todas las CC.AA. tuvieran más de cinco millones de habitantes, los gastos de funcionamiento totales se reducirían en torno a 9.200 millones de euros al año, con una prestación de servicios igual o mejor que la actual. Esta cifra es similar a la que supusieron los recortes en sanidad y educación implementados en 2012 por el gobierno del Partido Popular, pero en este caso el ahorro no se haría a costa de una reducción en el nivel de los servicios. Más importante aún sería probablemente el impacto económico de la reducción en el número de normas autonómicas que la agrupación de CC.AA. comportaría. Evidentemente existen circunstancias geográficas (el hecho insular en el caso de Baleares y Canarias), e históricas (Navarra) que pueden aconsejar mantener un régimen de autogobierno propio, pero muchas de las CC.AA. actuales fueron creadas artificialmente a partir de 1978, por los intereses de sus oligarquías, sin una demanda real de autogobierno de sus poblaciones detrás.

¿Cómo habría que reagrupar las regiones? Cualquiera diría que atendiendo a aspectos económicos, geográficos e históricos, pero la concreción es la que desata pasiones pues, como no podría ser de otra forma, la historia de nuestras regiones ha entrecruzado unas con otras en numerosas ocasiones. A continuación expondré mi propuesta que, salvo acontecimientos históricos y evidencias geográficos insalvables, pretende introducir un criterio de racionalidad en la división regional. La idea sobre la que se basa toda la división que propongo es intentar acercarnos en lo posible a unas regiones con unos 4-5 millones de habitantes de media, tal y como proponen los estudios económicos. No creo que sea desdeñable un potencial ahorro de 9.200 millones de euros al año que se podría obtener con regiones de un mayor tamaño.

Como de algún sitio hay que partir, la división provincial que ha llegado a nuestros días me parece un buen principio. En 1833, Javier de Burgos dividía el territorio español en 49 provincias a partir de un criterio racional, con un tamaño relativamente homogéneo y eliminando la mayor parte de los exclaves y enclaves del Antiguo Régimen. A su vez, agrupaba las provincias en 15 regiones con un carácter meramente clasificatorio, sin reservarles ningún tipo de competencia u órgano administrativo común a las provincias que agrupaban. Eran éstas: Andalucía, Aragón, Asturias, Baleares, Canarias, Castilla la Nueva, Castilla la Vieja, Cataluña, Extremadura, Galicia, León, Murcia, Navarra, Valencia y Vascongadas. La división provincial perduró hasta nuestros días con notable éxito de identificación popular, pero no así la regional, para la que durante el siglo XIX hubo varias propuestas de regionalización que, sin embargo, nunca fueron aprobadas.

La delimitación de algunas CC.AA. parece bien asentada. Se trata de las CC.AA. de Galicia, Andalucía, País Vasco, Navarra, Aragón, Cataluña, Baleares, Canarias y Valencia. De todas ellas, la que más chirría es Navarra por su pequeño tamaño poblacional. De hecho, el País Vasco lo considera uno de los territorios vascongados y en la parte más occidental se habla el vascuence. Pero Navarra viene autodeterminándose elección tras elección rechazando esa adscripción al País Vasco e históricamente su existencia individualizada está bien justificada, dado que es el último reino independiente incorporado a la unión de las dos coronas de Aragón y Castilla, y una de las comunidades cuyo fuero ha permanecido vigente incluso durante el absolutismo y el franquismo, así que no soy partidario de alterar sus límites. Crearíamos un problema donde actualmente no lo hay, y ya tenemos bastantes.

Evidentemente la historia de cada uno de los territorios de España es muy rica y variada, y buena parte de ellos han pertenecido a varios de los reinos antiguos que acabaron conformando España. Partiendo de que se trata de incrementar la población gestionada por cada comunidad autónoma hasta un mínimo de 4-5 millones de habitantes, pero que ello no puede hacerse creando comunidades artificiales que se enfrenten a una gran oposición ciudadana, como punto de agrupación de las distintas provincias en CC.AA. propongo establecer: 1°) la geografía allí donde suponga una delimitación clara (Canarias y Baleares); 2°) la lengua, allí donde las lenguas distintas del castellano mantienen su vigor y son lenguas oficiales (Galicia, Cataluña, País Vasco, Valencia); y 3°) la historia tomando como punto de referencia el momento de unión de los reinos castellano y aragonés (1469), lo que delimita dos comunidades más (Navarra, cuyos fueros se reconocen incluso en la actual Constitución, y Aragón). En la práctica, se trata de agrupar al menos las CC.AA. con una población en torno al millón de habitantes o menos, claramente disfuncionales. Así, las CC.AA. de La Rioja, Cantabria, Asturias, Extremadura y Murcia se agruparían con otras CC.AA. con las que comparten lazos históricos.

La gran dificultad es la división regional de Castilla. Actualmente está dividida en siete CC.AA. diferentes: Cantabria, La Rioja, Castilla y León, Asturias, Extremadura, Castilla-La Mancha, Madrid y Murcia. Su población total asciende a 15,6 millones de habitantes, con una media de

2,2 millones de habitantes por comunidad castellana. Mi propuesta sería agrupar esas CC.AA. en dos: por un lado, Castilla La Vieja, que sería la resultante de la unión de Asturias, Cantabria, Castilla y León, Extremadura y la Rioja, con un total de 5,6 millones de habitantes tras la unión; y, por otro lado, Castilla la Nueva, que sería la resultante de la unión de Castilla-La Mancha, Murcia y Madrid para formar una Comunidad propia, con 10 millones de habitantes. Pese a que pueda parecer una población demasiado elevada, se trata de un tamaño poblacional gestionable, tal y como demuestra que tres *Länder* alemanes (Renania del Norte-Westfalia, Baviera y Baden-Wurtemberg), superen esa población (con 18,1; 12,4 y 10,7 millones de habitantes, respectivamente) y sean eficientes. La racionalidad económica sería evidente, pero además existen múltiples motivos históricos para esta agrupación.

En lo que respecta a Castilla La Vieja, La Rioja, Cantabria, Asturias, Extremadura y Castilla-León son comunidades que han vivido una historia común desde hace un mínimo de ochocientos años. Me extenderé ahora en cada una de ellas.

Castilla y León. Tras la aprobación de la Constitución Española de 1978, se aprueba el régimen pre-autonómico de Castilla y León formado inicialmente por las provincias que se habían adscrito a León en la reforma de 1833 (Salamanca, Zamora y León) y las adscritas a Castilla La Vieja (Santander, Logroño, Palencia, Valladolid, Segovia, Soria, Ávila y Burgos). Posteriormente, Santander y Logroño se descolgarían, formando comunidades uniprovinciales. Así que el resultado final de las CC.AA. bien podría haber sido otro.

En cuanto a Asturias, el Reino de Asturias fue la primera entidad política cristiana establecida en la península ibérica después del colapso del reino visigodo de Toledo, tras la conquista musulmana de la península ibérica. Con posterioridad, los reyes asturianos iniciaron una vigorosa expansión que a principios del siglo X alcanzó el río Duero. Sin embargo, en el año 914 Asturias es absorbida por el Reino de León. En 1072 Alfonso VI recupera todo el territorio, gobernando como Rey de León, Castilla y Galicia. Con la división territorial de Javier de Burgos en 1833, la región de los Asturias de Oviedo se convirtió en la provincia de Oviedo, integrando una porción del territorio de las Asturias de Santillana, mientras el resto de las Asturias de Santillana se integró en la provincia de Santander, posterior comunidad autónoma de Cantabria. Así que desde hace mil años Asturias ha estado vinculado a León, Castilla o Cantabria de una forma u otra.

Cantabria fue siempre el puerto de Castilla y nunca tuvo reino propio. Perteneció primero al Reino de Asturias, y siguió las vicisitudes de éste pasando a manos del Reino de León y del de Castilla, hasta que en 1833 formó una provincia independiente integrando una porción del territorio de las Asturias de Santillana. A comienzos del actual régimen democrático estaba destinada a formar parte de Castilla y León, hasta que los intereses locales forzaron su creación como comunidad uniprovincial, donde se antojaba más sencillo acceder y lograr prebendas políticas.

La Rioja pasó a formar parte del Reino de Pamplona en el 960, pero desde 1163 fue incorporada a la Corona de Castilla, tras muchos años de disputas, y en ella permaneció hasta nuestros días. De igual forma que en el caso de Cantabria, su constitución como comunidad autónoma uniprovincial fue producto más de los intereses caciquiles que por ninguna otra razón, ya que ni la historia, ni la eficacia administrativa apoyaba esta medida.

Extremadura es el nombre que reciben los territorios "extremos", más alejados y en primera línea de defensa frente al enemigo islámico de la Extremadura leonesa durante la Reconquista del Reino de León, que ocuparía inicialmente buena parte de la actual provincia de Cáceres, para extenderse hacia el sur tras la conquista del reino taifa de Badajoz. La conquista la lleva a cabo principalmente el Reino de León, en su segunda etapa como reino independiente (1072–1230), quienes tomaron Cáceres, Alcántara, Mérida y, por último, Badajoz. Por su parte la Corona de Castilla también avanzó en la reconquista y en el año 1186 el rey Alfonso VIII de Castilla funda la ciudad de Plasencia sobre un asentamiento anterior, estableciendo la Vía de la Plata (entre Mérida y Astorga) como frontera entre los reinos de León y Castilla. La actual Extremadura surge en 1653 cuando la ciudad de Plasencia decide recuperar el voto en Cortes que durante la Edad Media había tenido y comprarlo por valor de 80.000

ducados. Para ello propone una alianza a las ciudades de Badajoz, Mérida y Trujillo y a las villas de Cáceres y Alcántara para comprar conjuntamente dicho voto y conformar de este modo la provincia de Extremadura. Es pues en este momento cuando surge Extremadura como entidad política, algo más de 350 años, pero antes estuvo adscrita a León o Castilla durante cuatrocientos años o más. La escasa población extremeña (1,1 millones de habitantes) y su baja renta (es la Comunidad más pobre de España) es la que determina la necesidad de su unión con Castilla y León, pues difícilmente podrá por sus propios medios sostenerse por sí misma. Simplemente, no genera suficiente actividad económica y renta para sostener los servicios públicos y las instituciones de autogobierno. Hoy nada menos que el 24% de sus ocupados trabajan en el sector público, cuando la media nacional no alcanza el 17% y ninguna otra Comunidad supera el 20%. Su unión con Castilla y León permitiría al menos reducir el coste administrativo en la prestación de servicios públicos y hacerlos más sostenibles.

En cuanto a Castilla La Nueva, la agrupación de Castilla-La Mancha con Murcia y Madrid tiene también antecedentes históricos. Casi la totalidad de Madrid, Castilla-La Mancha y Murcia, además de Almería, quedó englobada en el Imperio Romano en la provincia Carthaginense. La actual Castilla-La Mancha devino en el Reino visigodo de Toledo y en la Taifa de Toledo, que incluía también territorios de la actual Madrid hasta la Sierra de Guadarrama, y posteriormente en el Reino de Toledo, para quedar a partir del siglo XIII bajo el dominio castellano. En 1833 se crea la región de Castilla la Nueva, que abarcaba las provincias de Ciudad Real, Cuenca, Guadalajara, Madrid y Toledo. El Reino de Murcia ocupó históricamente buena parte de los territorios que hoy pertenecen a Albacete y ha estado bajo la jurisdicción de Castilla como Reino de Murcia ininterrumpidamente desde 1304 hasta 1833, y desde entonces formó región junto con Albacete, ahora en Castilla-La Mancha, hasta 1982. No existe ningún criterio histórico para desagregar a Madrid de las otras Castillas, y su existencia diferenciada parte de la Constitución de 1978.

Como su propia etimología indica existirían dos CC.AA. castellanas, que derivarían de la histórica Castilla. Su unión en una sola formaría una gigantesca y pobladísima Comunidad, de unos 15,7 millones de habitantes, que se antoja difícil de gestionar regionalmente casi más por su extensión (más de 250.000 km^2, la mitad de España) que por su población, pero que desequilibraría las relaciones con el resto de CC.AA. Tal y como indiqué, el tamaño mínimo razonable debería sobrepasar los 4-5 millones de habitantes y con mi propuesta las dos CC.AA. resultantes lo harían.

El resto de las CC.AA. mantendrían su configuración actual. La única Comunidad no insular con escasa población (inferior a los dos millones de habitantes) no diferenciada por la geografía sería la de Aragón, pero la avala su historia, ya que fue uno de los reinos fundadores de la actual España, al unirse con Castilla. Podría pensarse en unir Aragón a la Comunidad Valenciana, pues esta última perteneció más o menos definitivamente a la Corona de Aragón desde 1305 hasta 1707, pero mantuvieron instituciones propias y territorios diferenciados, ya que el Reino de Aragón y el de Valencia mantenían sus Cortes y división territorial. Así, el Reino de Aragón, junto con el Condado de Barcelona, el Reino de Valencia, el Reino de Mallorca y otros territorios de Francia, Italia y Grecia conformaron durante siglos la histórica Corona de Aragón. Sin embargo, el diferente tratamiento lingüístico de la lengua propia, cooficial el valenciano (una variante del catalán) en la Comunidad Valenciana, y no oficial el castellano-aragonés (una variante del castellano) ni el catalán de Aragón, aconsejaría mantenerlas por separado por razones lingüísticas. Asimismo, las actuales fronteras de Aragón coinciden casi plenamente con las del antiguo Reino de Aragón en el momento de la unión dinástica con Castilla, un motivo más para no tocar lo que se ha mantenido igual desde hace más de quinientos años.

Esto reduciría el mapa autonómico a once CC.AA., un 35% menos de regiones que ahora. Solo Navarra contaría con menos de un millón de habitantes, y el número de CC.AA. con menos de dos millones de habitantes se reduciría a tres, una por su insularidad (Baleares) y dos por su historia (Aragón y Navarra). Con menos de cinco millones de habitantes quedarían tres comunidades autónomas más, dos por motivos lingüísticos e históricos (País Vasco y Galicia) y una por su insularidad (Canarias). La media de habitantes por comunidad autónoma ascendería a unos 4,2 millones, una cifra mucho más razonable que la actual.

Nuevas CC.AA.	Población
Castilla La Nueva y Murcia	9.999.869
Andalucía	8.402.305
Cataluña	7.518.903
Castilla la Vieja y León	5.563.836
Comunidad Valenciana	5.004.844
Galicia	2.748.695
País Vasco	2.188.985
Canarias	2.104.815
Aragón	1.325.385
Baleares	1.103.442
Navarra	640.790
Ceuta	84.963
Melilla	84.509
TOTAL	**46.771.341**

Soy consciente de las dificultades de esta agrupación, así que en el resto del documento seguiré partiendo de que el número de CC.AA. se mantendrá tal cual está ahora, pero dado que mantener el despilfarro de 9.200 millones de euros anuales en gasto de funcionamiento inútil no me parece una buena solución, propondré en su lugar, incluir dentro de la Constitución un artículo que prevea el procedimiento de agrupación de CC.AA. por si se considerara oportuno activarlo en algún momento, dado que actualmente este procedimiento no está establecido. Por ello, recomiendo utilizar el procedimiento establecido en el artículo 29[129] de reordenación del territorial federal de la constitución alemana, que constituye una de mis principales fuentes de inspiración en lo que respecta a la redefinición de la estructura territorial de España.

---

[129] En síntesis este artículo asume que "29.1. El territorio federal puede ser reorganizado para garantizar que los *Länder*, por su tamaño y su capacidad económica, estén en condiciones de cumplir eficazmente las tareas que les incumben. A tal efecto deben tenerse en cuenta las afinidades regionales, los contextos históricos y culturales, la conveniencia económica, así como las exigencias de la ordenación territorial y planificación regional", y que la reordenación se realizará mediante ley federal y se aprobará por referéndum en los Lander afectados. Se considerará negativo si uno de los Lander vota en contra.

5.3.   ¿CUÁNTOS MUNICIPIOS SON NECESARIOS?

La desaparición de las diputaciones provinciales (exceptuando las vascas) impone igualmente un proceso de concentración municipal como el que se ha llevado a cabo en media Europa, con el objeto de que los municipios ganen el tamaño mínimo necesario para poder prestar las funciones que se les encomienden, que deberían estar establecidas igualmente en la Constitución. Tras esta concentración municipal, los municipios con una población menor de veinte mil habitantes deberían ser la excepción y no la regla, tener unas competencias a prestar reducidas y estar justificados por su lejanía de los centros de prestación de servicios de otros municipios. Así pues, la reforma territorial debe dibujar el mapa territorial completo, sin olvidar a los municipios. No es sensato hacer gravitar sobre el ciudadano cuatro y hasta cinco administraciones territoriales diferentes, además de la europea: Estado, comunidad autónoma, provincia, municipio y en algunos casos comarca. Tampoco lo es mantener artificialmente en pie 8.000 municipios, de los cuales solo un millar, como mucho, es viable.

En la actualidad nuestro país cuenta con 8.117 municipios, lo que supone una ratio de un municipio por cada 5.000 habitantes aproximadamente. Ello choca con los datos de Estados Unidos, donde hay cerca de 20.000 municipios para una población superior a los 300 millones de habitantes, una ratio de un municipio por cada 15.000 habitantes, tres veces más que en España; o con el caso de Alemania, en el que existen cerca de 8.500 municipios en un país de 82 millones de habitantes, una ratio de un municipio por casi 10.000 habitantes, el doble que en España. Así, la reducción de municipios debe ser una cuestión ineludible en la reforma, e irá en la línea de otros países de nuestro entorno, como Gran Bretaña, donde se pasó de unas 1.500 corporaciones locales a 400; Alemania donde se redujeron de 25.000 a 8.400; Bélgica de 2.359 a 596; o Grecia, de 5.300 a poco más de 1.000.

Las fusiones de municipios constituyen el remedio más directo de los problemas de la excesiva fragmentación del mapa municipal, siempre y cuando respondan a una actuación sistemática y, en alguna medida, obligatoria[130]. Las fórmulas alternativas no acaban de solucionar el problema: a) las fusiones voluntarias resultan demasiado lentas y ofrecen escasos resultados, tanto si se considera el número absoluto de municipios afectados como si se valoran las entidades resultantes; b) las mancomunidades intermunicipales tienden a depender excesivamente, en su gestación y en su desarrollo, de los poderes públicos superiores, además de ofrecer el permanente foco de tensiones que supone la posibilidad de su desgajamiento; y c) las comarcas manifiestan una proclividad a generar su propia dinámica, que pudiera ser complementaria de los municipios, pero que de cualquier manera parece ajena a los mismos o deja, al menos, sin cubrir amplias parcelas de la vida local.

La intermunicipalidad voluntaria, única posible bajo nuestro fundamentalismo municipal está condenada a repetir el fracaso de siempre, como muestra el ejemplo francés, donde el éxito de los establecimientos de cooperación intermunicipal, integrados por la agrupación de varios municipios para desarrollar competencias comunes, ha sido posible gracias a su imposición forzosa por la ley y a su articulación desde el centralismo prefectoral. El ejemplo francés revela, pues, que la intermunicipalidad o es obligatoria, una primera fase para la fusión de municipios, o es un fraude. En Aragón, la idea inicial de configurar unas comarcas que cooperaran con los municipios, que salvaran de su decrépita situación a los centenares de ayuntamientos aragoneses incapaces de valerse por sí solos, parece estar lejos de ser una realidad. La gran mayoría de los pequeños municipios vegeta sin apenas poder sostener una secretaría compartida. Las comarcas funcionan, sí, pero ante todo prestando sus propios servicios, y no tanto como uniones de municipios, sino más bien como ámbitos de reparto de poder de los partidos políticos. La situación de las comarcas aragonesas quizá no sea muy diferente de la descrita por Aparicio en relación con las vecinas comarcas catalanas, donde éstas "han servido y sirven como tablero de reparto desigual de las cuotas de poder político y social de los distintos partidos y agrupaciones políticas en presencia", concurriendo el dato característico de que "los consejos comarcales y su presidente no representan ni a los ciudadanos ni a los municipios", pues "son elegidos

---

[130] LÓPEZ RAMÓN, Fernando, *Políticas ante la fragmentación del mapa municipal*, Revista de Estudios de la Administración Local y Autonómica, Madrid, 2010.

directamente por los partidos y agrupaciones políticas en función del número de concejales que han obtenido". La configuración de Administraciones públicas superpuestas con funciones asistenciales plantea siempre problemas de muy difícil solución, pues la práctica de las tareas de cooperación con los municipios produce con frecuencia, y no siempre sin fundamento, sentimientos de desigualdad en el reparto de los recursos. De ahí la tendencia a incrementar los servicios propios de los entes intermedios con desatención a las necesidades primarias de municipios. Las comarcas buscan el propio ámbito de desenvolvimiento al margen de los municipios, pues así evitan chocar con el límite de la autonomía comarcal que deriva del necesario respeto a las competencias municipales.

La importancia del tamaño subyace en uno de los conceptos claves de la economía: las economías de escala. Se dice que existen economías de escala cuando el coste de producción de un producto decrece con el número de unidades producidas. De existir economías de escala en la prestación de los servicios municipales, el coste de su prestación se reducirá conforme se preste a más personas, así que agrupar municipios en otros mayores sería una estrategia sensata para ahorrar costes. Por ejemplo[131], en 2012 los municipios canarios con población inferior a 5.000 habitantes multiplicaban por dos el gasto medio de personal por habitante de las ciudades de más de cien mil habitantes, los municipios entre 5.000 y 20.000 habitantes lo superaban en nada menos que un 33% de media, y en un 25% los municipios entre 20.001 y 50.000 habitantes. Así que parece evidente la existencia de economías de escala en el tamaño municipal. El proceso de concentración municipal en Europa se ha realizado en múltiples ocasiones, pero no en España desde hace más de doscientos años.

Con el reparto competencial actual entre Estado y CC.AA., esta reorganización se antoja muy complicada. Teóricamente el Estado podría aprobar una Ley de Bases que incluyera disposiciones para obligar a la fusión de municipios con una tamaño reducido, pero numerosos constitucionalistas creen que esta norma sería inconstitucional, dado que el artículo 148.2 de la Constitución concede a las CC.AA. competencias

---

[131] LEÓN ALONSO, José Alberto, *Reforma a medias de la administración local*, Diario de Avisos, Tenerife, 2013.

exclusivas sobre "las alteraciones de los términos municipales comprendidos en su territorio". Para evitar este problema, debería aprovecharse la reforma constitucional no solo para incluir en ella las competencias municipales y su sistema de financiación, sino alguna disposición sobre su tamaño mínimo y la agrupación de los municipios menores. La reforma constitucional soslayaría los problemas actuales de competencia y otorgaría homogeneidad al tamaño de los municipios en todo el país, permitiéndoles desempeñar adecuadamente sus funciones, que podrían incrementarse.

Lo razonable sería reducir el número de municipios para que ganasen tamaño a través de procesos de fusión que, a mi juicio, podrían utilizar a las comarcas como aglutinadoras. El mapa comarcal en general puede considerarse aceptado, y, si no todas, bastantes comarcas podían integrar en su seno a los municipios existentes para formar nuevos municipios que unieran las capacidades brindadas conjuntamente por el tamaño de la comarca y por los poderes del municipio. Esto reduciría el número de municipios actuales en toda España de 8.112 a un número entre 400 y 800. Así, la reforma constitucional debería incluir un artículo que dijera que los municipios españoles deberán contar con al menos 20.000 habitantes, excepto si su capital está situada, por ejemplo, a más de 30 km (o 40 km o los que se acuerden) de la capital de cualquier otro municipio de su misma provincia. Igualmente debería procederse a la fusión, independientemente de la población de los municipios, cuando se produzca la confusión de los principales núcleos de población de dos municipios, de modo que ya no existan dos comunidades diferenciadas con intereses distintos, sino un único colectivo con intereses y preocupaciones comunes. De esta forma, los pocos municipios realmente alejados de otros conservarían su tamaño actual, pero todos los cercanos se agruparían en uno solo, y es que si bien hace dos siglos una distancia de treinta kilómetros requería al menos un día de viaje, hoy en día incluso en carreteras locales puede realizarse en media hora o menos. De la misma manera, los núcleos de cualquier población unidos en la práctica se gestionarían de manera unitaria, lo que permitiría ofrecer mejores y más eficaces servicios públicos, especialmente en el transporte.

Una disposición transitoria obligaría a las CC.AA. en un plazo máximo de dos años a reorganizar por ley los municipios por su tamaño y su capacidad económica, para que estén en condiciones de cumplir eficazmente las tareas que les incumben. A tal efecto deberían tenerse en cuenta la existencia de comarcas naturales, las afinidades locales, así como los contextos históricos y culturales. Para evitar que la agrupación se realizase en función de los intereses electorales del momento, esto es, ganar una nueva alcaldía para sus siglas (son capaces), la misma disposición transitoria establecería que la efectividad de la agrupación de municipios se pospondría hasta las siguientes elecciones locales, independientemente del momento en el que se haya tomado la decisión de la agrupación. Habría que establecer igualmente la prohibición de segregación de un municipio si condujera a que alguno de los resultantes tuviese una población inferior a 20.000 habitantes, así como instaurar para el futuro que cualquier municipio cuya población incumpla el mínimo de población deberá agruparse con otro dentro del rango establecido en ese mismo punto siguiendo el procedimiento y plazos establecidos.

Finalmente, una vez efectiva la ley de reordenación de términos municipales en una Comunidad Autónoma, las Diputaciones Provinciales de la misma perderían buena parte de su razón de ser (apoyar a los pequeños municipios que no pueden desempeñar sus funciones por sí solos), y deberían disolverse, integrando sus activos, pasivos y competencias en manos de la Comunidad Autónoma respectiva, con la posible excepción de las Diputaciones Vascas y Cabildos Insulares, que cuentan con un número de competencias delegadas muy superior al resto de diputaciones. Las diputaciones se crearon con la Constitución de 1812, y su misión era ayudar a los municipios rurales y más pequeños en su gestión y funcionamiento. Cumplieron su función. A aquellos municipios con pocos recursos les suministraban agua, luz y los comunicaban con carreteras, pero con la llegada de las CC.AA. sus funciones mermaron hasta que han dejado de tener sentido.

El ahorro potencial ascendería a unos 16.142 millones de euros cada año en toda España[132], y la calidad y el coste de los servicios municipales mejorarían sustancialmente al aprovechar las economías de escala de una mayor población a la que abastecer. Otro beneficio para el ciudadano sería que los nuevos municipios se encargarían de gestionar el transporte público en el interior de las actuales comarcas (el 33% de los desplazamientos totales), con sustanciales mejoras para el ciudadano. Igualmente, los "nuevos" municipios de mayor tamaño deberían establecer líneas urbanas de transporte colectivo entre los territorios de la actual comarca, unidos en la práctica pero separados por fronteras ficticias que impiden una gestión eficaz.

Naturalmente esta reforma tiene un único perjudicado: la élite política que nos gobierna y que no ha perdido ninguno de sus privilegios durante la crisis. Una reforma como la propuesta en estas líneas reduciría en España el número de concejales en 45.000 personas y en más de mil los diputados provinciales. Y a éstos habría que añadirles el personal de confianza que los acompaña, junto con la legión de "enchufados" introducidos como personal laboral indefinido o eventual en las administraciones, fundaciones y empresas públicas locales. No menos de cien mil personas (probablemente más, nadie lo sabe con exactitud) en puestos completamente inútiles y superfluos viviendo a costa del contribuyente. Esperar que una reducción en la clientela política de los partidos de estas características se tome *motu proprio* por los propios políticos es complicado ya que, como dicen en Alemania, "las ranas nunca votarán la desecación de la charca en la que viven", pero en el conjunto de una reforma territorial del Estado y en un ambiente regeneracionista de la política española se antoja posible y ciertamente deseable. Al menos dos partidos políticos de implantación nacional (UPyD y Ciudadanos) lo ofrecen ya en sus programas electorales, así que se trata de una demanda política en ascenso. Incluso el PSOE propuso en 2011 la desaparición de las diputaciones provinciales.

---

[132] UPyD - Grupos de Economía y Administración Pública, *El coste de las Entidades Locales*. Unión, Progreso y Democracia (UPyD), Madrid, 2011

5.4. ELIMINAR INSTITUCIONES DUPLICADAS

La institucionalización del Estado autonómico ha estado presidida por un indisimulado intento de articular en cada región un sistema político similar al que se configura en el Estado. Lo que se puso en marcha un día con el loable propósito de "acercar la Administración al administrado" y así profundizar en la democracia, ha devenido en una multiplicación sin fin de instituciones regionales. Casi todas las Comunidades Autónomas cuentan, al igual que el Estado, con sus respectivos defensores del pueblo, consejos económicos y sociales, consejos consultivos y tribunales de cuentas en sus administraciones. Los órganos anteriormente citados se encuentran excesivamente politizados, y son dóciles con el poder establecido, y en las escasísimas ocasiones en que se les ocurre llamar la atención sobre irregularidades o malas prácticas políticas y administrativas, los poderes públicos tratan de eludir de diferentes formas sus dictámenes e informes, incluso creando nuevos órganos más manejables y castigando a los rebeldes con, horror, buscarse un trabajo fuera de la política. Al margen de la escasa funcionalidad, es importante llamar la atención sobre el alto coste que en dietas y personal supone el mantenimiento de estas instituciones, que en algunos casos cuentan con miembros profesionalizados, a pesar de que realizan tareas que se superponen a las de otros miembros de la administración tanto en el Estado como en la propia Comunidad Autónoma.

Según mi propuesta, en la reforma habrá que proceder a constitucionalizar una racionalización administrativa de organismos, entes e instituciones redundantes, de forma que se evite la actual multiplicación de órganos superfluos. Si se deja a una regulación legal inferior a la constitucional nunca se procederá a la reducción de órganos superfluos o, si se acometiera, se reproduciría de nuevo más tarde o más temprano en virtud de las componendas habituales de los partidos, cuyas clientelas políticas son las principales beneficiadas de la multiplicación de entes públicos a todos los niveles. El Informe CORA[133] pormenoriza en un loable intento de describir la realidad actual las disfuncionalidades y multiplicidades de nuestra estructura territorial, pero acaba concluyendo

---

[133] COMISIÓN para la Reforma de las Administraciones Públicas, *op. cit.*

que buena parte de la racionalización y ahorros depende de la voluntad de las CC.AA., y «no las veo muy por la labor de cerrar sus "chiringuitos" por muy inútiles que sean. Y es que al frente de cada uno de ellos están un buen puñado de los "suyos" y a ver dónde les buscan cobijo, porque muchos no han dado un palo al agua en su vida. Lo cierto es que la mayoría de estos organismos autonómicos y locales redundantes son sitios estupendos para colocar gente que no ha tenido que pasar ningún proceso de selección mínimamente riguroso y, por tanto, son lugares muy adecuados para colocar a la clientela de los partidos políticos, a la que hay que alimentar a toda costa. Lo lamentable del asunto es que el Estado carece de mecanismos para poner orden en las CC.AA. y en las Administraciones locales. No solo es que existan evidentes dificultades de tipo político para ello, sino que no hay herramientas jurídicas para aplicarla si se vencieran esas dificultades. El problema fundamental es que el informe no cuestiona el modelo de organización territorial y político que ha convertido en ineficiente y caro nuestro sector público.»[134]

De lo que se trata en definitiva es de localizar las duplicidades que se producen entre las CC.AA. y el Estado, así como con órganos administrativos y funcionariales autonómicos que pueden cumplir con las tareas asignadas a instituciones independientes. Las duplicidades se solucionarían integrando los entes redundantes en los del Estado, en los que el Consejo de las Autonomías podría tener sus delegados o representantes, para que dichas instituciones pasasen a ser consideradas "de las administraciones públicas" y no del "Estado". Dada su naturaleza técnica y no política, todos nos beneficiaríamos de una mayor competencia técnica y de una unificación en la doctrina utilizada, además del evidente ahorro en medios humanos y materiales.

Los Consejos Consultivos sustituyen al Consejo de Estado en las Comunidades que los tienen, pero cualquier parecido de aquéllos con éste es pura coincidencia, porque sus consejeros y letrados son de "quita y pon", a diferencia de los Consejeros Permanentes de Estado, que son inamovibles, y de los propios Consejeros electivos de Estado, que tampoco

---

[134] LEÓN ALONSO, José Alberto, *Hacer una tortilla sin romper los huevos*, Diario de Avisos, Tenerife, 2013.

pueden ser removidos por el Gobierno durante su mandato. Y del soporte técnico no hay ni que hablar porque los Consejos autonómicos no tienen nada que se parezca lo más mínimo al Cuerpo de Letrados del Consejo de Estado. Dada la escasa sustancia legislativa de muchas de las leyes autonómicas, resulta difícil de entender la función de los consejos consultivos, que no hacen sino el trabajo asignado a los letrados de los parlamentos y gobiernos autonómicos. Lo mismo podría decirse de los tribunales de cuentas o los consejos económicos y sociales, que en un caso tratan de corregir políticamente las competencias de los interventores financieros y en el otro superponen opiniones de organizaciones sociales que participan *de iure* en la elaboración de leyes y reglamentos a través de diferentes formas. Todas estas funciones las pueden realizar perfectamente el Consejo de Estado, el Tribunal de Cuentas y el Consejo Económico y Social.

La racionalización no debe limitarse a órganos de naturaleza institucional. Los gobiernos autonómicos han promocionado a través de diferentes leyes un gran número de consejos, institutos y observatorios destinados a asuntos locales de todo tipo. Se trata de órganos que sirven para crear puestos de designación política que a lo único que contribuyen es a reducir las arcas públicas de forma innecesaria. Igualmente es innecesaria la existencia de más de 2.000 empresas públicas autonómicas.

En el ámbito externo, prácticamente todas las Comunidades Autónomas han encontrado en la paradiplomacia un estupendo escaparate para que los políticos locales muestren sus habilidades con viajes al extranjero donde el único éxito seguro es la correspondiente noticia en los periódicos de difusión regional. En este sentido, no pocas Comunidades Autónomas cuentan con costosas sedes en ciudades extranjeras, dedicadas a gestionar los asuntos de "sus propios ciudadanos", que como es lógico, acaban acudiendo a las embajadas del Estado para resolver los asuntos más complejos. Todo ello sin mencionar la escasa cualificación de las personas que ocupan los cargos de esas sedes, generalmente afines al partido gobernante y poco familiarizados con la política internacional y la actividad diplomática. No es razonable la existencia de centenares de "embajadas autonómicas" en el extranjero, y muchas más que se atisban en el horizonte, donde ya están establecidas las verdaderas embajadas.

Por si no fuera bastante, a la megalomanía de los políticos periféricos se ha unido sorprendentemente la jurisprudencia del Tribunal Constitucional, que les allanó inopinadamente el camino para crear también Tribunales de Defensa de la Competencia, cosa que no se les había ocurrido siquiera. Lo peor de todo es que este aparatoso tinglado, insostenible en términos económicos, no sólo no ha mejorado en nada la eficacia del denostado centralismo anterior, sino que ha empeorado claramente la situación porque está en permanente pugna con el Gobierno del Estado y vive ajeno a cualquier forma de coordinación. Con los Jurados de Expropiación ocurre otro tanto. El Jurado estatal que regula la vieja Ley de Expropiación Forzosa de 16 de diciembre de 1954 tiene una composición paritaria, en la que los intereses públicos y los privados cuentan con idéntica representación. En cambio, en los Jurados autonómicos la proporción es de ocho representantes públicos a uno privado. Si te expropia la Administración del Estado tienes una cierta garantía, por lo tanto, de obtener un justiprecio razonable; si, por el contrario, te expropia una Comunidad Autónoma, lo más probable es que pierdas por goleada. Una misma propiedad puede ser valorada de forma muy diferente según quien te expropie, lo que no tiene justificación posible. Y lo peor es que al Tribunal Constitucional esto no le ha parecido mal[135].

Varias regiones han anunciado su propósito de crear agencias tributarias propias, para las que en algunos casos reivindican competencias exclusivas de recaudación en sus respectivos territorios, no sólo en relación con los impuestos propios y cedidos, sino para el conjunto de las figuras tributarias, incluyendo los grandes impuestos compartidos con el Estado. "El desmantelamiento de la Administración tributaria central (la AEAT) sería un disparate que traería problemas sin cuento de descoordinación y redundaría en un aumento del fraude y de la ocultación fiscal."[136] La opción sensata sería justamente la contraria: la creación de un organismo común que agrupase a todas las agencias recaudatorias centrales y autonómicas en una administración única y profesional dotada de un

---

[135] STC 251/2006, de 25 de julio de 2006.
[136] DE LA FUENTE, Ángel, *Los mecanismos de cohesión territorial en España: un análisis y algunas propuestas*, Fundación Alternativas, Madrid, 2005.

sistema unificado de información y gestión. Las comunidades autónomas y el Gobierno central estarían representados en los órganos de gobierno del consorcio y tendrían derecho a recabar toda la información que consideren de interés para la formulación de las políticas tributarias en sus respectivos ámbitos territoriales. Una ventaja importante de esta propuesta es que ofrecería a los ciudadanos mayores garantías de una gestión tributaria "neutral" y no politizada como la actual o la que plantean las nuevas reivindicaciones regionales.

Los siguientes capítulos los dedicaré a pormenorizar las reformas propuestas.

6. REFORMA DEL TÍTULO III. DE LAS CORTES GENERALES

6.1. UN CONSEJO DE LAS AUTONOMÍAS

Nuestro Senado actual es una copia del Congreso, siempre subordinado a este y replicando básicamente su composición, ya que su sistema de elección es muy similar al del Congreso, pese a la elección de unos cuantos senadores autonómicos. Así que acaba siendo un duplicado del Congreso, pero con escasos poderes, por lo que no extraña que muchas voces reclamen su disolución.

Sin embargo, la función de una cámara de representación territorial es básica en cualquier estado descentralizado. Esa cámara debería ser el lugar donde las regiones participaran en la gobernanza del Estado y donde coordinaran sus políticas. Lamentablemente, ese papel no lo juega nuestro Senado actual, por lo que se impone su transformación. Su reforma constitucional, siguiendo las ideas de Eliseo Aja[137], podría seguir tres grandes líneas: igualdad de funciones con el Congreso, como en Italia; elección de senadores por los parlamentos autonómicos en un Senado con menos poderes, como en Austria; o por los gobiernos autonómicos en un Senado con poderes sobre leyes de relevancia autonómica, como en Alemania. El primer caso suele conducir a bloqueos legislativos cuando las mayorías en el Congreso y en el Senado divergen, tal y como muestra precisamente el caso italiano, que está sujeto a revisión constitucional en la actualidad. Nos conduciría probablemente a legislaturas de parálisis y a nuevas crisis institucionales, y ya tenemos bastantes. En el segundo caso, desembocaríamos en un Senado con una composición partidista similar al actual. La legitimidad democrática ya descansa en el Congreso, y el hecho de que nuestro actual Senado sea electivo no lo hace más útil. El Senado seguiría respondiendo a los partidos políticos y no a las CC.AA. El tercer caso, sería un Senado integrado por miembros de los gobiernos autonómicos, como el *Bundesrat* alemán, que es el modelo que propongo seguir. La clave, insiste Aja, se encuentra en el papel decisivo que los gobiernos desempeñan en las democracias actuales. En España la razón

---

[137] AJA FERNÁNDEZ, Eliseo, *Estado autonómico y reforma federal*, Alianza editorial, Madrid, 2014.

principal para la reforma del Senado no es tanto su escasa utilidad, dado que entonces a respuesta sería su supresión, sino la necesidad de contar con una institución del Estado donde participen las CC.AA., se llame Senado Federal, Senado Autonómico o Consejo Autonómico. Esa reforma podría inspirarse en la experiencia federal alemana, justamente porque necesitamos la integración de las CC.AA. y su participación en el Estado, tal y como sucede en Alemania con los *Lander* y el Estado Federal.

La propuesta federal del PSOE[138] propone que los miembros del Senado tengan poder de veto en la aprobación de aquellas leyes que afecten a las autonomías, de tal forma que su composición exprese "la voluntad política de las CC.AA.". La Cámara no tendría periodos de sesiones como los del Congreso y sólo se reuniría cuando existieran proyectos de ley de contenido territorial. Englobaría también la Conferencia de Presidentes autonómicos, las conferencias sectoriales, el Consejo de Política Fiscal y Financiera y la comisión que aplica el derecho europeo a las CC.AA. Con los resultados autonómicos actuales el PP tendría mayoría absoluta, pero lo habitual serían las mayorías relativas, lo que obligaría al pacto para sacar adelante normas de contenido territorial. Comparto en general el sentido de la reforma propuesta por el PSOE, aunque en mi propuesta el veto del Senado podría ser levantado por el Congreso por una mayoría de igual relevancia (simple, absoluta, de tres quintos, unánime) que el voto contrario del Senado, para evitar periodos de bloqueo cuando las mayorías de ambas cámaras sean distintas y estén muy enfrentadas.

Un Senado formado por representantes elegidos por las Asambleas autonómicas o por el electorado, siguiendo criterios de proporcionalidad, no sería territorial sino parlamentario, esto es, los representantes se adscribirían en función de su ideología y el resultado final variaría poco respecto a la situación actual. Esto no significa excluir la influencia partidista, imposible en un sistema político de partidos, sino compensarla con la lógica territorial, en cuanto los distintos gobiernos, más allá de su adscripción partidista, no pueden soslayar su vinculación territorial y la

---

[138] CÁMARA VILLAR, Gregorio y otros, *Por una reforma federal del estado autonómico*, Ed. Fundación Alfonso Perales, Sevilla, 2012

necesidad de resolver problemas concretos en sus territorios. La representación de los gobiernos regionales no va a perder su ideología, su filiación política, pero a ella se le adiciona su condición de representante territorial, que actúa como contrapeso. Adicionalmente, los consejeros serían expertos en las diferentes materias que deberían aprobar (a diferencia de los diputados, de formación y experiencia generalista), ya que tratan de las materias a su cargo, aportando un plus técnico a la elaboración de las leyes. Aja concluye que "sería un órgano muy político, pero al mismo tiempo mucho más técnico que un parlamento, porque el consejero autonómico sin duda es un buen conocedor del ámbito de su administración".

Mi propuesta es seguir la línea marcada por Aja, reformando la Constitución para crear un nuevo órgano con unas nuevas funciones y composición diferente de la actual, que denominaría Consejo de las Autonomías, a semejanza del Consejo Federal (*Bundesrat*) alemán que representa a los *lander*, o del Consejo de los Estados de Suiza, donde están representados los cantones que representara a los ejecutivos o gobiernos autonómicos. La palabra Consejo tiene sus antecedentes históricos en los Consejos de Castilla, Aragón, Indias, Flandes, etc., donde actuaba como órgano superior de gobierno que asistía al rey en la administración del reino, y que tomaba el nombre del territorio de su competencia, y entre sus definiciones está la de órgano colegiado que informa, dirige o administra una organización pública, así que encajaría con nuestra historia y sus nuevas funciones, y de esta forma se diferenciaría en la nueva etapa respecto a nuestro inútil Senado actual. Ya he venido haciendo uso de la nueva denominación que propongo, pero, en cualquier caso, no soy partidario de debates nominales y podría perfectamente seguir denominándose Senado. Para hacer posible esta reforma habría que modificar el artículo 69 de la Constitución, y sería igualmente necesario modificar la prohibición de mandato imperativo, en lo relativo a los miembros del Senado, que refleja el artículo 67.2 de la Constitución, ya que los representantes de los gobiernos autonómicos actuarían bajo mandato del órgano colegiado de los mismos.

6.2.   DISTRIBUCIÓN Y COORDINACIÓN DE TAREAS

El Consejo de las Autonomías está llamado a convertirse en el eslabón que una el Estado y a las CC.AA. pues, a semejanza del *Bundesrat* alemán, debe asegurar que, a pesar de la división de tareas, no se llegue a una encontrada oposición entre el Estado y la autonomías, tal y como sucede en la actualidad.

El Consejo de las Autonomías debería ser un órgano constitucional del Estado, pero compuesto por representantes de las CC.AA. De esa manera, las CC.AA. obtendrían una compensación por la reasignación de competencias de la reforma constitucional y simultáneamente una participación en la formulación de las regulaciones legales del Estado. A través del Consejo de las Autonomías, las CC.AA. también podrían participar en la negociación y toma de decisiones de la Unión Europea. Asimismo, pese a ser un órgano legislativo para los asuntos de interés de las CC.AA., al estar compuesto por miembros del Poder Ejecutivo (de las CC.AA), las experiencias administrativas de las CC.AA. fluirían directamente hacia la legislación del Estado, mejorándola y haciéndola más eficiente.

6.3.   ORGANIZACIÓN Y FUNCIONAMIENTO

A) Parlamento de los gobiernos autonómicos

A semejanza del *Bundesrat* alemán[139], mi propuesta es que el Consejo de las Autonomías se componga de miembros de los Gobiernos de las CC.AA., que los designan y los cesan. Sólo quien tiene voz y voto en el Gobierno de una Comunidad Autónoma podría ser por lo tanto miembro del Consejo de las Autonomías. Quién de los miembros del Gobierno es enviado al Consejo lo decide el propio Gobierno, pero cada Comunidad podría nombrar tantos miembros ordinarios del Consejo como votos tiene en el órgano. Tal y como sucede en el *Bundesrat, e*l resto de los miembros de los Gobiernos de las CC.AA. podrían ser nombrados miembros suplentes, para que pudieran intervenir cuando se trataran asuntos de su

---

[139] REUTER, Konrad, *El Bundesrat y el Estado Federal: El Bundesrat de la República Federal de Alemania*, Director del Bundesrat, Berlín, 2006.

competencia, por lo que en la práctica todos los miembros del Gobierno autonómico serían miembros del Consejo autonómico, unos titulares y otros suplentes. Así pues, el Consejo de las Autonomías es un "Parlamento de los Gobiernos de las CC.AA.". La oposición en cada una de ellas no tiene posibilidad alguna de hacerse oír directamente en el Consejo.

No existirían "elecciones para el Consejo". Por ello, en el Consejo no existen legislaturas. Desde el punto de vista del Derecho Constitucional se trataría de un "órgano eterno", que se renueva de tiempo en tiempo como consecuencia de la elección de nuevos Gobiernos en las CC.AA., como resultado de nuevas elecciones o de cambios de gobierno.

B) La distribución de los votos

Mi propuesta sería que cada C.A. tuviera tres representantes (y votos) como mínimo, y uno más por cada dos millones de habitantes. Ceuta y Melilla tendrían un representante cada una. Esta configuración recoge la tradición federal de igualdad básica de representación (Estados Unidos y Suiza, dos por estado miembro o cantón), y a la vez pondera el peso de la población de cada región. En Alemania y Austria, por ejemplo, cada región se mueve entre un mínimo de tres y un máximo de seis y doce representantes, respectivamente. Con esta propuesta se logra adicionalmente un cierto equilibrio entre las CC.AA. Así, las más pobladas no superarán con holgura siempre a las demás, mientras, por otro lado, las menos pobladas tampoco vencerán siempre por mayoría de votos al resto. La composición por CC.AA. del futuro Senado sería la siguiente, de acuerdo con la población de 2014.

COMPOSICIÓN DEL CONSEJO		
	Población	Consejeros
Andalucía	8.402.305	7
Cataluña	7.518.903	6
Madrid	6.454.440	6
Comunitad Valenciana	5.004.844	5
Galicia	2.748.695	4
Castilla y León	2.494.790	4
País Vasco	2.188.985	4
Canarias	2.104.815	4
Castilla - La Mancha	2.078.611	4
Murcia	1.466.818	3
Aragón	1.325.385	3
Baleares	1.103.442	3
Extremadura	1.099.632	3
Asturias	1.061.756	3
Navarra	640.790	3
Cantabria	588.656	3
Rioja, La	319.002	3
Ceuta	84.963	1
Melilla	84.509	1
Total	**46.771.341**	**70**

Así, las siete comunidades más pobladas podrían imponer sus puntos de vista en una votación. Estas CC.AA. sumarían el 74% de la población y el 41% de los territorios (excluidos Ceuta y Melilla). Otros autores, como Aja[140], proponen un mínimo de tres representantes y uno más por cada millón de habitantes. La propuesta del PSOE[141] va en un sentido similar. A cada comunidad le correspondería un mínimo de tres representantes (uno de ellos podría ser el propio presidente regional) y uno más por cada millón de habitantes, hasta un máximo de siete. Esto nos llevaría a un

---

[140] AJA FERNÁNDEZ, Eliseo, *Estado autonómico y reforma federal*, Alianza editorial, Madrid, 2014.
[141] CÁMARA VILLAR, Gregorio, *op cit.*

número de 82 senadores, en lugar de los 265 actuales. En la práctica, deberían sumarse igualmente las siete comunidades más pobladas para obtener una mayoría y el número de consejeros ascendería a 94, en lugar de 70, un número que comienza a volverse inmanejable, ya que resulta conveniente respetar la necesidad de que el órgano resultante no se acerque ni supere los cien miembros, para no mermar su operatividad. El *Bundesrat* tiene 69, y ya que la ampliación de su número según la propuesta de Aja o del PSOE no cambiaría la correlación de fuerzas, y sí mermaría su operatividad, creo que sería mejor mantener mi propuesta.

Lógicamente todos los votos de cada CA tendrían el mismo sentido, porque reflejarían la posición del mismo gobierno, incluso cuando se tratara de gobiernos de coalición, tal y como sucede en Alemania. Los Gobiernos de las CC.AA. deberían por lo tanto ponerse de acuerdo antes de las votaciones. Bastaría con que uno de los miembros votase para que todos los votos se contabilizasen.

Nuevas CC.AA.	Población	Consejeros
Castilla La Nueva y Murcia	9.999.869	7
Andalucía	8.402.305	7
Cataluña	7.518.903	6
Castilla y León	5.563.836	5
Comunidad Valenciana	5.004.844	5
Galicia	2.748.695	4
País Vasco	2.188.985	4
Canarias	2.104.815	4
Aragón	1.325.385	3
Baleares	1.103.442	3
Navarra	640.790	3
Ceuta	84.963	1
Melilla	84.509	1
TOTAL	46.771.341	53

Si se aplicase la agrupación de CC.AA. propuesta, la distribución de consejeros sería la de la tabla precedente, donde se reduce el número de senadores a 53 y las CC.AA. a once, y convertiría al Consejo de las Autonomías en una institución muy manejable, donde se podrían forjar consensos y cooperaciones con cierta facilidad. Serían necesarios los votos de las cinco CC.AA. más pobladas de las once nuevas para obtener la mayoría.

C) Miembros

Miembros del *Bundesrat* pueden ser sólo los Ministros Presidentes y Ministros de los *Länder*[142]. En mi propuesta para España serían los miembros de los gobiernos autonómicos (Presidentes, Vicepresidentes y Consejeros autonómicos). La pertenencia al Consejo se fundaría en una decisión del Gobierno de cada Comunidad y finalizaría automáticamente al dejar de pertenecer la persona al Gobierno o cuando el Gobierno decide retirarla del Consejo.

Todos los miembros del Consejo de las Autonomías tendrían por lo tanto una doble función. Por un lado ejercerían un cargo en su Comunidad Autónoma y simultáneamente otro en el Estado, asumiendo una vasta responsabilidad política. Serían a un tiempo políticos regionales y nacionales, formando parte de una de las instituciones más importantes del Estado, lo que ayudaría a que cambiasen la mentalidad de constante enfrentamiento con el Estado y sus instituciones, a los que ven como algo ajeno. A diferencia de lo que ocurre actualmente, en las actividades políticas que realizan en su región no podrían pasar por alto las consecuencias nacionales, pero también experimentarían las consecuencias de la política estatal directamente en su Consejería. Las actividades en el Consejo no estarían retribuidas, como no se retribuye a los miembros del *Bundesrat,* y sólo recibirían dietas y el reembolso de los gastos de viaje. A semejanza del artículo 43.2 de la Ley Fundamental de Alemania, los miembros del Consejo de las Autonomías deberían disfrutar del mismo privilegio que los del Gobierno del Estado, esto es, el libre acceso a todas las sesiones del Congreso y de sus comisiones, y a ser escuchados en cualquier momento, asegurando así que la voz de las CC.AA. se oiga en la tramitación legislativa del Congreso. Como es natural, sería inadmisible e incompatible una doble pertenencia al Congreso y al Consejo.

---

[142] REUTER, Konrad, *op. cit.*

El Consejo se reuniría en sesión plenaria pública generalmente cada tres o cuatro semanas, aunque entre sesiones exista una comisión permanente y otras técnicas, que constituyen verdaderamente el corazón de su actividad. Cada moción se debatiría primero en las comisiones, a las que asistirían los Consejeros del ramo o funcionarios de las consejerías de las CC.AA. que actuarían por encargo de éstos, analizando detalladamente las mociones. Cada Comunidad Autónoma enviaría un miembro a cada comisión.

En las comisiones tendría lugar también una parte del constante diálogo entre el Estado y las CC.AA., algo que en la actualidad no ocurre. El Presidente del Gobierno y los Ministros tendrían el derecho –y a solicitud del Consejo también la obligación– de participar en las sesiones de las comisiones (y también en las sesiones plenarias) y de ser oídos en todo momento. En las sesiones podrían participar también "Delegados del Gobierno del Estado", es decir, funcionarios de los Ministerios. De esa forma, en las salas de las comisiones se sentarían frente a frente los respectivos expertos del Ejecutivo del Estado y de los Ejecutivos de las CC.AA. Las sesiones de las comisiones no serían públicas, porque para poder hablar abierta y sinceramente se necesita una atmósfera de discreción y porque también son tratadas cuestiones confidenciales. En las comisiones igualmente se intercambiaría información, se comunicarían los proyectos de ley y reglamentos de las CC.AA., se establecerían criterios para la distribución de subvenciones, las experiencias de interés, y se debatiría sobre los criterios para las políticas públicas respectivas. De esta forma, las experiencias positivas se trasladarían rápidamente a todas las CC.AA. para su implementación, si lo considerasen oportuno. Las comisiones asumirían el papel de las actuales Conferencias Sectoriales, cuyo funcionamiento actual deja mucho que desear. Igualmente asumirían las funciones de los actuales Consejos de Coordinación (Consejo de Política Fiscal y Financiera, Consejo Interterritorial del Sistema Nacional de Salud, Consejo General de la Ciencia y la Tecnología, Consejo Territorial del Sistema para la Autonomía y Atención a la Dependencia) y de los órganos que se creen para desarrollar las competencias concurrentes, facilitando la labor de coordinación que la Constitución reserva al Estado. Igualmente, serían materia de análisis en estas comisiones los Convenios de Colaboración tanto verticales (entre Estado y CC.AA.), como horizontales (entre CC.AA.). Los primeros ascienden a un millar, mientras que los segundos a un puñado.

6.4. LAS TAREAS DEL CONSEJO DE LAS AUTONOMÍAS

En cuanto a las tareas a desempeñar, en su propuesta de reforma, Eliseo Aja propone que las funciones del Consejo de las Autonomías consistan en aprobar las leyes que afectan a las CC.AA., en paridad con el Congreso, canalizar las relaciones de colaboración entre CC.AA. y con el Estado, articular las posiciones de las CC.AA. con el Estado respecto a las decisiones de las instituciones comunitarias, y facilitar el diálogo y la negociación de los responsables políticos de las CC.AA., entre ellos y con el Estado. Así, se atribuiría al Consejo la participación en la potestad legislativa solo en los concretos términos en que se estimara pertinentes, sin ser titular de la misma, y ninguna participación en las potestades presupuestaria y de control. En general, estoy de acuerdo con su propuesta.

A) Función legislativa

La función legislativa del Estado es importante para las CC.AA. tanto si la ley estatal es básica, y condiciona la legislación de desarrollo autonómica, como si es concurrente (sustituye a la legislación autonómica), como si es legislativa y debe ser aplicada por las CC.AA. (competencias de legislación estatal o compartidas). En muchas ocasiones, estas leyes son aprobadas por el Congreso sin atender los puntos de vista de las CC.AA., que deben legislar sobre ellas y/o aplicarlas. Pero la participación de las CC.AA. en su elaboración sería cualitativamente aún más importante porque así entre el Estado y las CC.AA. delimitarían el contenido de las competencias, la fuente más frecuente de conflicto entre CC.AA. y Estado ante el Tribunal Constitucional.

El origen de las mayor parte de los conflictos está en la delimitación de lo que es o no legislación básica y en la invasión de competencias de las competencias concurrentes, pues las CC.AA. consideran que el Estado se extralimita en el detalle de lo básico, invadiendo sus competencias. En cuanto a las competencias de legislación estatal, en las que el Estado elabora la ley y su reglamento ejecutivo, tal y como interpreta el TC en su sentencia STC 18/1982, y las CC.AA. los reglamentos organizativos y la realización de la gestión, la aprobación de las mismas por el Consejo tiene también relevancia, ya que el Estado puede tender a ignorar los problemas de ejecución que plantea la aprobación de una ley, ya que al fin y al cabo no le afectan directamente.

Mi propuesta de reforma elimina las competencias con el binomio bases-desarrollo, continua fuente de conflictos, pero siguen existiendo competencias de legislación estatal y ejecución autonómica, así como competencias concurrentes, en las que tanto el Estado como las CC.AA. pueden legislar. Con la participación del Consejo, la delimitación de lo que debe legislar o no el Estado se produciría en la tramitación legislativa y las CC.AA. participarían en la aprobación de las leyes que afectan a competencias concurrentes o compartidas. El Tribunal Constitucional dejaría de ser la tercera cámara en la que se ha convertido.

De acuerdo con Aja, existen otras leyes de relevancia autonómica, que merecerían ser aprobadas por el Consejo y que deberían venir claramente especificadas en la Constitución. En cualquier caso, sus competencias estarían enumeradas y tasadas. En mi opinión estas leyes serían la Ley del Fondo de Compensación Interterritorial, la Ley de Financiación Autonómica, y la Ley del IRPF (dado que los ingresos de las CC.AA. vendrían dados en su mayor parte por esta fuente de ingresos).

Un aspecto de gran importancia es el de las tareas comunes en asuntos en los que ambas ostentan alguna competencia, en las que participarían CC.AA. y Estado. En otros estados descentralizados estas tareas revisten una gran importancia, pero no ocurre lo mismo en España. Mediante estas tareas las CC.AA. intervienen en la decisión de un órgano estatal. Este instrumento debería estar dirigido a los casos más delicados de gestión común de competencias. Ejemplos serían: planificación hidrológica, trasvases de agua entre cuencas, puertos y aeropuertos de interés general, red viaria del Estado, obras públicas de interés general, etc. De esta manera, la Constitución, al precisar las facultades competenciales del Estado, debería mencionar también los supuestos en los cuales se habilita la participación de las CC.AA. en ese ejercicio competencial a través de un informe preceptivo y previo o la reunión de la comisión bilateral.

Las funciones del nuevo Senado, o Consejo de las Autonomías, deben circunscribirse a las de interés autonómico. Así, el Consejo de las Autonomías no ejercería la función de control del Gobierno, que correspondería al Congreso en exclusiva, pues es en esa cámara en la que los ciudadanos y la soberanía popular estarían representados, ya que en el Consejo estarían representados los gobiernos autonómicos, no el pueblo. Tampoco tendría el Consejo de las Autonomías competencias para aprobar los Presupuestos Generales del Estado, ni participarían en la aprobación de las leyes de competencia exclusiva del Estado.

Cualquier proyecto de ley, tanto aquellos cuya tramitación inicia el Gobierno como los que se inician en el Congreso debería remitirse simultáneamente a las Mesas del Congreso y del Consejo, que se reunirían en sesión conjunta para determinar en un plazo máximo de tres semanas si, en su opinión, se trata de un proyecto de ley de interés o relevancia autonómica que requeriría la toma en consideración del Consejo. De esta forma se evitarían controversias entre las Cámaras a la hora de calificar los proyectos de ley. Si su posición es que no requiere su paso por el Consejo, la norma quedaría aprobada tras su paso por el Congreso, reduciendo significativamente el tiempo de tramitación parlamentaria actual. A diferencia de lo que ocurre en Alemania, donde el *Bundesrat* toma posición respecto a todos los proyectos de ley[143], mi propuesta es que el Consejo de las Autonomías se centre exclusivamente en los asuntos de interés o relevancia autonómica. Si las CC.AA. pueden legislar en sus propias competencias sin interferencia del Estado, tampoco éstas deberían interferir en las competencias exclusivas del Estado. Así, el gobierno compartido se limitaría en España a los asuntos de interés autonómico, que de por sí son suficientemente amplios. Teniendo en cuenta nuestra tradición no pactista, a diferencia de lo que ocurre en la mayor parte de los países federales, de otra forma correríamos el riesgo de bloquear la actividad legislativa del Estado.

---

[143] REUTER, Konrad, *op. cit.*

En caso de que sea controvertido si una ley requiere la aprobación del Consejo o no, la Mesa del Congreso debería decidir la forma de tramitación, pero si se prescindiera del trámite ante el Consejo, éste podría aprobar por mayoría simple la presentación de un recurso ante el Tribunal Constitucional, que tomaría una decisión sobre el tema. Si el TC dictaminase que la ley había sido aprobada sin el preceptivo visto bueno del Consejo, decretaría su nulidad por defectos formales en su aprobación.

Para aquellas normas de interés autonómico, el Consejo de las Autonomías dispondría de un plazo de seis semanas desde la recepción del proyecto de ley para "tomar posición" con respecto a esos proyectos. Estos plazos se podrían reducir a tres semanas para proyectos de tramitación urgente o a nueve semanas para aquellos en los que solicite debido a su especial complejidad. Este sería el primer trámite. Una de las áreas principales de actividades del Consejo sería así verificar los proyectos del Gobierno y del Congreso que les afecten y debatir sobre ellos. Las experiencias y los conocimientos que las CC.AA. extraen de la aplicación de las leyes –y buena parte de las leyes serían aplicadas por las CC.AA. – se verterían en la legislación estatal a través de ese "primer trámite". Los Poderes Ejecutivos de las CC.AA. mantendrían en ese plano un intenso diálogo técnico con el Gobierno del Estado o el Congreso, ante el que formularían sus objeciones, o la falta de ellas, ante el articulado enviado. El establecimiento de una primera lectura o "lectura previa" por parte del Consejo de todas aquellas leyes que vayan a ser tramitadas en las Cortes y que afecten competencias autonómicas, podría dar buenos resultados para reducir la conflictividad. El Congreso podrá tomar o no en consideración esas objeciones, pero esa "primera palabra" es una importante señal acerca de cómo será la "última palabra" del Consejo en el "segundo trámite". Por ello, las tomas de posición del Consejo no deberían ser ignoradas. El Congreso debatirá y expondrá su opinión al respecto por escrito en una "respuesta", y modificará o no el articulado de acuerdo con las consideraciones del Consejo. Una vez aprobada una ley de interés autonómico por el Congreso, será enviada al Consejo como proyecto de ley, junto con la respuesta dada a las objeciones, si las hubiera.

El Consejo de las Autonomías no podría modificar ni enmendar las leyes procedentes del Congreso, sino únicamente aprobarlas o rechazarlas.

En caso de conflicto entre las Cámaras, cualquiera de ellas podría invocar la convocatoria de una Comisión Mixta entre ambas como la descrita en el artículo 74.2 de la Constitución[144]. En Alemania la mayor parte de los conflictos se resuelven en una comisión de este estilo. Si aun así, no se alcanzara un acuerdo podría decidir el Congreso por mayoría cualificada del mismo grado que el rechazo. Así, un proyecto de ley de relevancia autonómica que fuese rechazado debería negociarse en la Comisión Mixta Congreso-Consejo. Si no se modificara tras esa negociación, el Congreso podría aprobarla por la misma mayoría que fue rechazada en el Consejo (simple, absoluta, de tres quintos o unánime). Si se modificara en la Comisión, volvería al Congreso para enmendarla para su posterior aprobación por el Consejo.

¿Para qué normas sería necesaria la aprobación del Consejo de las Autonomías? Esas normas pueden dividirse en cuatro grupos:

- **Leyes que modifican la Constitución.** Requieren la aprobación del Consejo con una mayoría de dos tercios. El "sí" o "no" del Consejo podría ser expresado por éste con respecto a una ley sólo en su totalidad. Una negativa parcial, es decir, el rechazo sólo de algunas disposiciones, no sería posible.

- La prestación del consentimiento para la **ratificación de los tratados** a través de los que se lleva a cabo la participación de España en la integración europea requerirá la previa autorización de las Cortes Generales por mayoría absoluta de ambas Cámaras. Si no hubiera acuerdo entre ambas, el Congreso, por la misma mayoría que el grado rechazo, podrá autorizar la celebración de dichos tratados.

- **Leyes acerca de competencias concurrentes**, sobre competencias de legislación estatal o con consecuencias para las finanzas de las CC.AA.

---

[144] Art. 74.2. CE: "Las decisiones de las Cortes Generales previstas en los artículos 94,1, 145,2, y 158, 2, se adoptarán por mayoría de cada una de las Cámaras. En el primer caso, el procedimiento se iniciará por el Congreso, y en los otros dos, por el Senado. En ambos casos, si no hubiera acuerdo entre Senado y Congreso, se intentará obtener por una Comisión Mixta compuesta de igual número de Diputados y Senadores. La Comisión presentará un texto que será votado por ambas Cámaras. Si no se aprueba en la forma establecida, decidirá el Congreso por mayoría absoluta."

Además de las leyes donde el Estado y las CC.AA. comparten la legislación sobre la competencia en cuestión, se cuentan, del lado de los ingresos, todas las leyes sobre impuestos cuya recaudación de destina al menos en parte también a las CC.AA. o los ayuntamientos (Ley del Fondo de Compensación Interterritorial, la Ley de Financiación Autonómica, la Ley del IRPF y leyes sobre impuestos municipales). Del lado de los gastos, se cuentan todas las leyes estatales que imponen a las CC.AA. obligaciones de prestaciones monetarias, prestaciones materiales con valor monetario o servicios similares ante terceros. Requieren la aprobación del Consejo de las Autonomías por mayoría simple, pero su oposición puede ser salvada por el Congreso por una aprobación por la misma mayoría que se opone en el Consejo. Esto es, si el Consejo manifiesta su oposición por mayoría simple, absoluta, de tres quintos, o unánime, la ley volverá al Congreso que deberá aprobarla por mayoría simple, absoluta, tres quintos, o unánime respectivamente (normalmente tras su debate y negociación en la Comisión Mixta). Una negativa parcial, es decir, el rechazo sólo de algunas disposiciones, no sería posible.

- Los **reglamentos jurídicos de ejecución** (normas generales vinculantes para la ejecución de las leyes) de las competencias de legislación estatal, directrices administrativas y planes de inversión en obra pública territorializables, deberán ser enviados por el Gobierno al Consejo antes de su aprobación, con el fin de que éste emita un dictamen y proponga mejoras a los mismos. El Gobierno podrá aprobarlos incluso con la oposición del Consejo, pero al menos recibirá un informe técnico sobre los mismos por parte de las CC.AA. que posteriormente deberán aplicarlos. Actualmente asuntos de evidente interés autonómico, aunque competencia exclusiva del Estado, como inversiones en carreteras, ferrocarriles, infraestructuras hidráulicas, puertos y aeropuertos están absolutamente desconectados de la opinión de las CC.AA., y con esta medida al menos se informa y se debate sobre una posible posición conjunta de las CC.AA. que evite la conflictividad posterior.

B) La participación de las CC.AA. en la Unión Europea

Las relaciones con la Unión Europea (UE) han pasado, en mi opinión, de ser una materia propia de las relaciones internacionales a convertirse en una política nacional e interna a todos los efectos. Hoy en día la UE es una institución donde se definen, establecen y determinan buena parte de las políticas nacionales y autonómicas, por lo que no tiene sentido incluir las relaciones con la UE dentro de la política internacional y, como tal, competencia exclusiva del Estado, sino como una política nacional que afecta y mucho a las CC.AA., dado que buena parte de las directrices comunitarias se refieren a asuntos que son de competencia autonómica.

En la última reforma de la Constitución alemana, la participación de los *Länder* en la creación del derecho europeo (la llamada "fase ascendente") se ha circunscrito a las materias objeto de la legislación exclusiva de los *Länder* cuya afectación en el proceso comunitario de adopción de decisiones requerirá la intervención de éstos a aquellas relativas a "la enseñanza, la cultura o la radiodifusión". Por el otro, se ha acentuado tal intervención de los *Länder*, dado que la Federación tendrá la obligación de transferir a un representante de éstos, nombrado por el Consejo Federal, "el ejercicio de los derechos que le correspondan a la República Federal de Alemania como Estado miembro de la Unión Europea". Mientras que, por una parte, se ha limitado la intervención de éstos en el proceso comunitario a aquellos terrenos que, en sentido amplio, tienen que ver con su llamada "soberanía cultural", en tanto que núcleo duro e irreductible de su ámbito competencial, por la otra, sin embargo, se ha pretendido establecer no una facultad, como sucedía con anterioridad, sino una obligación para la Federación de transferir a un representante de los *Länder* la defensa de los intereses de toda la República Federal ante las instituciones comunitarias a ese respecto. Lo que permanece inalterado es el papel que, al menos desde un punto de vista cualitativo, desempeña aquí el Consejo Federal, al ser el responsable último de la designación en cada caso del representante de los *Länder*.

La responsabilidad de la Federación y los *Länder* por incumplimiento del derecho europeo e internacional (la llamada "fase descendente") se regula por al artículo 104a.6[145]. De conformidad con este precepto, en principio, corresponde tanto a la Federación como a los *Länder* soportar la carga de una infracción de las obligaciones supranacionales o internacionales de Alemania "de acuerdo con el reparto interno de competencias y de tareas", aunque establece una norma constitucional de reparto de cargas cuando las correcciones financieras afecten a más de un *Länder*, con objeto de evitar debates caso a caso. La regla general es, pues, la que responde a la fórmula: "el que incumple paga".

Siguiendo el modelo alemán, se debería incluir en la Constitución que antes de participar en los actos normativos de la Unión Europea, el Gobierno del Estado dará al Consejo de las Autonomías la oportunidad de expresar su parecer. El Gobierno del Estado tendrá en cuenta la toma de posición del Consejo de las Autonomías en las negociaciones. El Consejo de las Autonomías debería participar en la formación de la voluntad del Estado en tanto tuviera que participar en las correspondientes medidas de índole nacional o en tanto las CC.AA. fueran competentes en esa materia. La regulación exacta que propongo la desarrollo en el punto relativo a la creación de un nuevo título en la Constitución dedicado en exclusiva a las relaciones con la UE.

Las relaciones exteriores son exclusivas del Estado, pero las CC.AA. podrán concluir tratados con las regiones de los países miembros de la UE en el ámbito de sus competencias. Estos tratados no podrán ser contrarios ni al derecho ni a los intereses del Estado, ni al derecho de otras CC.AA. Antes de concluir un tratado, la Comunidad Autónoma estará obligada a obtener la aprobación del Consejo de las Autonomías y del Congreso de los Diputados. Así pues, las CC.AA. podrán tratar directamente con

---

[145] Artículo 104 a [Distribución de gastos entre Federación y Länder, responsabilidad] (6) "*La Federación y los Länder asumen según su distribución interna de competencias y tareas las cargas de una infracción de las obligaciones supranacionales o de Derecho Internacional Público de Alemania. En casos de correcciones financieras de la Unión Europea que afecten a más de un Estado, la Federación y los Länder asumen estas cargas en una relación de 15 a 85. El conjunto de los Länder asume en estos casos solidariamente el 35 por ciento de las cargas totales conforme a una fórmula general; y el 50 por ciento de las cargas totales soportan los Länder que han causado estas cargas, proporcionalmente al montante de los medios recibidos. La regulación se hará por una ley federal que requiere la aprobación del Bundesrat.*"

autoridades de rango inferior de otros países de la UE; por lo demás las relaciones de la Comunidad Autónoma con otros países miembros de la UE tendrán lugar mediante la intermediación del Estado.

C) La Conferencia de Presidentes

En el Consejo de las Autonomías se convocaría al menos dos veces al año una Conferencia de Presidentes exclusivamente autonómicos, tal y como existen en todos los sistemas de nuestro entorno. No son una pieza aislada, porque suelen coexistir con Conferencias Sectoriales también horizontales. Una Conferencia de Presidentes horizontal es un espacio distinto y compatible con la Conferencia de Presidentes vertical: mientras la primera aborda grandes problemas de Estado, la segunda trataría temas relacionados con el ámbito de competencias de las CC.AA. Su constitución puede reportar a las CC.AA. los beneficios que la colaboración horizontal ha acreditado en el ámbito comparado y al Estado el tener un interlocutor autonómico. Porque las dos Conferencias pueden tener dinámicas que se retroalimenten y mejoren el funcionamiento de cada una. En las experiencias comparadas, la Conferencia horizontal es el paso previo de la Conferencia vertical, una secuencia que escenifica su complementariedad y el carácter integrador en esos países.

D) Las Conferencias Sectoriales

En el Consejo de las Autonomías se integrarían igualmente las Conferencias Sectoriales, en las que únicamente participarían las CC.AA., no como ocurre ahora, que están presididas y coordinadas por el Estado, cuyo voto es preponderante. La creación de estos foros podría ser de gran utilidad para institucionalizar la colaboración horizontal en nuestro país: son foros de encuentro sólo entre CC.AA., ya que encontrarse es fundamental para conocerse mejor, conocerse mejor es fundamental para crear confianza mutua, y crear confianza sólo se consigue con encuentros y con la continuidad en el tiempo de los mismos. Se puede intercambiar información, identificar problemas comunes y líneas comunes para solucionarlos. Esos órganos de encuentro propician instrumentos, habitualmente convenios que formalizan esa colaboración, y dan lugar a una colaboración multilateral[146]. Serían los órganos donde se generase la posición común de las instancias territoriales, como paso previo para mejorar su posición negociadora e incrementar su capacidad de participación en decisiones generales, e invertiría la dinámica de relación vertical marcada por el color político y lo dirigiría a una mayor institucionalización.

E) Las Convenios horizontales

Debería eliminarse el control político de las Cortes Generales sobre los posibles acuerdos que quieran adoptar dos CC.AA., sin perjuicio del control jurídico-constitucional si consideran que el contenido del acuerdo vulnera el ordenamiento. El camino para ello es una reforma constitucional que elimine la exigencia de autorización del artículo 145.2[147] aun manteniendo la comunicación, de forma que la Federación conozca la relación, lo que encuentra su fundamento en el deber de lealtad recíproca, como indica el Informe del Consejo de Estado de 2006 sobre la reforma constitucional.

---

[146] GARCÍA MORALES, María Jesús, *Instrumentos y vías de institucionalización de las relaciones inter-gubernamentales*, Ed. Institut d'Estudis Autonòmics, Barcelona, 2009.
[147] Artículo 145.2 CE: "*Los Estatutos podrán prever los supuestos, requisitos y términos en que las Comunidades Autónomas podrán celebrar convenios entre sí para la gestión y prestación de servicios propios de las mismas, así como el carácter y efectos de la correspondiente comunicación a las Cortes Generales. En los demás supuestos, los acuerdos de cooperación entre las Comunidades Autónomas necesitarán la autorización de las Cortes Generales.*"

7. REFORMA DEL TÍTULO VII. ECONOMÍA Y HACIENDA

El título VII necesitaría profundas modificaciones para adaptarse a la nueva estructura territorial. En mi propuesta de reforma incluiría en este capítulo los principios de la financiación autonómica y local, tal y como hace la Constitución alemana en su título X, donde define durante doce artículos los principios hacendísticos de la Federación, los *länder* y los municipios. Con este fin se derogarían los actuales artículos 156, 157 y 158 de la Constitución, que se encargan de articular actualmente de forma muy genérica y poco precisa los principios de financiación autonómica, para regularla de una forma mucho más concreta en este título, sacando la financiación de las autonomías del debate político diario y evitando que sea objeto de componendas. Igualmente, considero preciso modificar dos artículos actualmente incluidos en este título con objeto de adaptarlos a la reforma territorial propuesta.

7.1. PRESUPUESTOS GENERALES DEL ESTADO

Propuesta. El artículo 134.1[148] se modificaría para que fuese el Congreso el encargado del examen, enmienda y aprobación de los Presupuestos Generales del Estado, en lugar de las Cortes Generales (Congreso y Senado). El Consejo de las Autonomías no tendría poder sobre los Presupuestos, aunque sí que debería pronunciar su opinión no vinculante sobre el reparto de las inversiones territorializables, por lo que debería remitirse simultáneamente al Consejo para su toma en consideración.

Justificación. El Senado se convertiría en el Consejo de las Autonomías y éste, como órgano de representación de las CC.AA. no debería influir sobre los Presupuestos Generales del Estado, de igual modo que el Estado no influye sobre los Presupuestos de las CC.AA.

---

[148] Artículo 134. 1 CE: "Corresponde al Gobierno la elaboración de los Presupuestos Generales del Estado y a las Cortes Generales su examen, enmienda y aprobación."

7.2. TRIBUNAL DE CUENTAS

Propuesta. Otro artículo de este título reformable sería el 136[149], que hace referencia al Tribunal de Cuentas, con el objeto de convertirlo en el supremo órgano fiscalizador de las cuentas y de la gestión económica de todas las administraciones públicas, en lugar de únicamente al Estado, como dice ahora. Así, las cuentas de las CC.AA. y los entes locales estatal se rendirán al Tribunal de Cuentas y serán censuradas por éste.

Justificación. El Tribunal de Cuentas, así como otros entes, pasará a ser el órgano fiscalizador de las cuentas y de la gestión económica de todas las administraciones públicas, y la Constitución debe reformarse para acoger esta nueva definición de funciones.

7.3. UNA FINANCIACIÓN BIEN DEFINIDA

Propuesta. El nuevo sistema de financiación autonómico debería basarse en el principio de que los servicios públicos básicos (sanidad, educación, desempleo, pensiones, justicia y seguridad) los financia el Estado con un mismo criterio para toda España, mientras que todo servicio más allá de lo básico debe pagarse con tributos impuestos por cada comunidad. Este modelo de organización se define antes que nada por unos cuantos elementos comunes indiscutibles, entre los que cabría destacar la garantía universal de igualdad en el acceso a los servicios públicos fundamentales.

En España, desde mi punto de vista, en la financiación de los servicios hemos cometido el error de intentar arreglar dos problemas con una sola solución. Por un lado, tenemos que ser capaces de financiar el coste efectivo de los servicios públicos fundamentales y, por otro, corregir los desequilibrios territoriales mediante transferencias desde las regiones

---

[149] Artículo 136 CE: "*1. El Tribunal de Cuentas es el supremo órgano fiscalizador de las cuentas y de la gestión económica del Estado, así como del sector público. Dependerá directamente de las Cortes Generales y ejercerá sus funciones por delegación de ellas en el examen y comprobación de la Cuenta General del Estado. 2. Las cuentas del Estado y del sector público estatal se rendirán al Tribunal de Cuentas y serán censuradas por éste. El Tribunal de Cuentas, sin perjuicio de su propia jurisdicción, remitirá a las Cortes Generales un informe anual en el que, cuando proceda, comunicará las infracciones o responsabilidades en que, a su juicio, se hubiere incurrido.*"

ricas a las pobres. Esto en Europa se hace por dos mecanismos (y fondos) distintos, y en España deberíamos hacer lo mismo.

Bajo mi propuesta de financiación autonómica, el estado garantiza un mínimo de servicios en todo el país, pensiones, desempleo, seguro de depósitos, defensa, exteriores, obras públicas nacionales, justicia, educación y sanidad, y recauda en consecuencia. De todos esos aspectos se encargaría directamente el Estado, excepto la sanidad y la educación. Para éstas, las autonomías reciben una cantidad fija por habitante del Estado con un destino finalista que no se puede destinar a ninguna otra materia sino a proveer servicios sanitarios y educativos iguales para todos los españoles. Bajo el sistema que propongo, una vez cubiertos por el Estado los servicios públicos fundamentales de forma igualitaria para todos los ciudadanos, las CC.AA tendrán que recaudar sus propios fondos para hacer frente a sus propios servicios de asistencia social, obras públicas autonómicas y de gestión de su comunidad. Estos recursos propios los obtendrán básicamente de la recaudación por el Impuesto sobre la Renta de las Personas Físicas (IRPF), cuya recaudación iría destinada en exclusiva a las CC.AA. (y no únicamente el 50%, como ahora), y en que podrían establecer los tramos y cobrar los tipos impositivos que deseen, así como aplicar las deducciones que consideren oportunas, sabiendo que serán ellas mismas las afectadas por sus decisiones impositivas, y que los ciudadanos serán conscientes de que el IRPF lo recaudan exclusivamente las CC.AA. Si quieren dedicar más recursos a los fines que consideren oportunos deberán subir los impuestos a sus ciudadanos y afrontar las consecuencias, pero no recibirán transferencias del Estado para estos fines, ni podrán utilizar los fondos destinados a la educación y la sanidad para otros fines que no sean los establecidos, tal y como algunas realizan ahora.

La solidaridad entre regiones, una vez el estado garantiza unos servicios públicos básicos iguales para todos, se establecerá por un Fondo de Compensación Interterritorial al estilo de los fondos estructurales y de cohesión europeos: las regiones más ricas aportarán un porcentaje de sus ingresos a las más pobres, pero tras el reparto, las más ricas siguen en disponiendo de más recursos que las más pobres, a diferencia de la situación actual, en que algunas CC.AA. pobres, como Extremadura, acaba disponiendo de más recursos que las ricas tras recibir las transferencias entre regiones (es decir, le compensa seguir siendo la más pobre, porque recibe más fondos que los derivados de progresar y ser más rica). De esta forma, todo el mundo sabe de antemano el dinero que va a recaudar, dónde irá el dinero y quien quiera gastar más se lo tiene que pedir a sus ciudadanos mediante el impuesto con mayor visibilidad de todos: el de la renta. Se acabó que las CC.AA. sean las "buenas" (gasten) y el estado el "malo" (recaude) y luego transfiera a las CC.AA. Ahora gastarán en sus propios asuntos lo que recauden.

Justificación. El sistema de financiación autonómica, es un galimatías incomprensible que debe ser reformado de arriba a abajo, cuanto antes mejor. Por un lado, es ilógico que nadie realmente tenga demasiada idea sobre cuánto dinero van a recibir del Estado pues las liquidaciones de presupuestos se hacen con dos años de retraso, y, por otro lado, es completamente incomprensible que un gobierno regional no tenga apenas capacidad de maniobra para subir (o bajar) sus impuestos.

De acuerdo con el Ministerio de Hacienda[150] y el Sistema de Cuentas Públicas Territorializadas (SCPT) o balanzas fiscales, Extremadura tiene un saldo fiscal positivo de 2.697 euros por habitante (2.991 millones de euros a favor), mientras que Madrid experimenta un saldo fiscal negativo de 2.575 euros por habitante (16.723 millones de euros en contra).

---

[150] DE LA FUENTE, Ángel y otros, *Sistema de Cuentas Públicas Territorializadas (SCPT): Informe sobre la dimensión territorial de la actuación de las Administraciones Públicas, Ejercicio 2011,* Ministerio de Hacienda y Administraciones Públicas, Madrid, 2014.

SALDOS FISCALES RELATIVOS, 2011		
	Saldo fiscal (en millones de euros)	Saldo per cápita (en euros)
Extremadura	2.991	2.697
Canarias	4.054	1.910
Asturias	1.666	1.544
Castilla y León	3.929	1.539
Galicia	3.240	1.162
C. - La Mancha	2.043	964
Andalucía	7.421	880
País Vasco	1.576	720
Aragón	633	469
Cantabria	205	345
Murcia	173	117
Navarra	35	54
La Rioja	12	39
Valencia	-2.018	-394
Cataluña	-8.455	-1.119
Baleares	-1.483	-1.329
Madrid	-16.723	-2.575

Estos saldos, en sí mismos, no tendrían nada de extraño ya que Madrid es una de las CC.AA. más ricas y Extremadura la más pobre, de modo que resulta lógico que, con un sistema fiscal progresivo, una financie a la otra. Lo ilógico son las cuantías. Dos tercios de los saldos fiscales regionales se deben simplemente a que en los territorios más ricos se pagan más impuestos que en los pobres, pero el otro tercio es absolutamente ilógico. "El volumen agregado de los saldos fiscales generados por las partidas cuya distribución es potencialmente cuestionable desde el punto de vista de la equidad se sitúa en torno a los 11.400 millones de euros, de lo que más de la mitad proviene del desigual reparto de la financiación autonómica. Puesto que estamos hablando, como máximo, de reasignar de una forma más razonable el equivalente de un 1,1% del PIB nacional, la tarea no debería ser imposible."[151]

El gráfico del informe de referencia muestra la relación entre PIB per cápita y saldo fiscal por habitante.

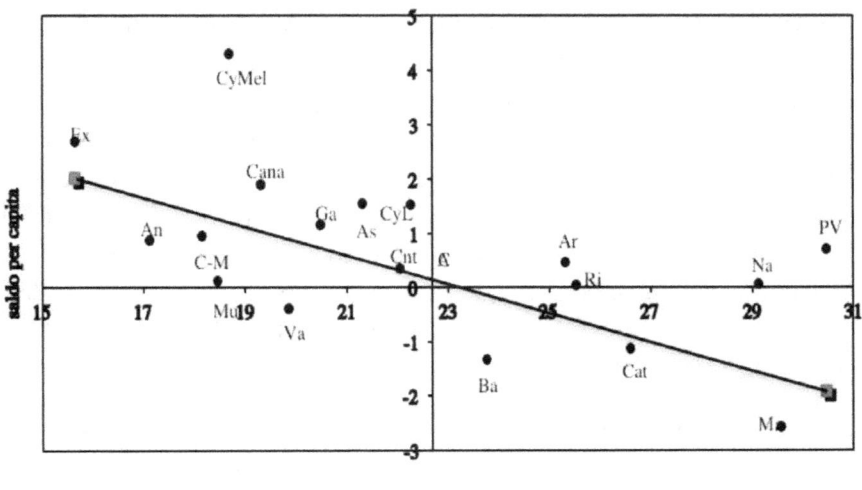

PIB per cápita

Junto a la nube de puntos que representan las posiciones de los distintos territorios, se muestra también la recta de regresión. Esta recta resume lo que podríamos considerar la relación "normal" entre renta per cápita y el saldo fiscal agregado en nuestro país. Como cabría esperar, el saldo fiscal tiende a empeorar según aumenta la renta per cápita, de forma que los territorios más ricos generalmente presentan déficits fiscales mientras que los de menor renta suelen disfrutar de superávits. Pero las CC.AA. que se alejan mucho de la recta de regresión muestran saldos fiscales atípicos. Destacan el País Vasco y Navarra como los relativamente mejor financiados, debido al irregular cálculo de su "cupo", aunque también los territorios Castilla y León, Extremadura y Canarias están sobrefinanciados, mientras que la Comunidad Valenciana, Baleares, Madrid y Murcia están infrafinanciados. Cataluña no está relativamente tan mal como aseguran los nacionalistas (se encuentra casi sobre la recta de

---

[151] DE LA FUENTE, Ángel, *¿Qué dicen las cuentas territorializadas?*, El País, Madrid, 2014.

regresión), y su saldo fiscal negativo no asciende a 16.000 millones de euros que pregonan los independentistas como una verdad revelada, sino aproximadamente a la mitad (8.455 millones de euros en 2011), un 4,35% de su PIB, una cifra normal, dada la relativa riqueza de sus ciudadanos y empresas.

Como se observa, hay una gran variabilidad en los saldos fiscales. Lo normal sería que la mayor parte de los territorios estuviesen relativamente cercanos a la recta de regresión, pero no es así. Y el sistema es tan caótico e ilógico que no beneficia sistemáticamente a las regiones pobres y ricas. Hay regiones pobres como Extremadura y Canarias, que se ven beneficiadas, mientras otras también pobres, como Andalucía y Murcia se ven perjudicadas. Con las ricas sucede algo similar, no solo País Vasco y Navarra se ven beneficiadas por su particular régimen de financiación, sino también Aragón, mientras que las finanzas de Baleares y Madrid se ven perjudicadas.

"Con los datos de 2010 existe un abanico de 25 puntos porcentuales entre las regiones mejor y peor tratadas por el sistema que no tiene nada que ver ni con diferencias en factores de coste ni con los ingresos tributarios brutos de los distintos territorios. Si llamamos 100 a la financiación media por habitante ajustado a competencias homogéneas en el conjunto de las regiones no forales, Valencia recibiría en 93 y Cantabria 118 sin que existan motivos comprensibles para ello. La ordenación de las comunidades autónomas por recursos tras la aplicación del sistema carece, además, de toda lógica"[152]. El problema proviene casi exclusivamente del caprichoso reparto de las transferencias del Estado a las regiones que se ha fijado en la nueva ley de financiación aprobada en 2009. La solución, por tanto, ha de pasar por la sustitución de la maraña de Fondos que reparten tales transferencias por un único fondo de nivelación vertical que no sea esclavo del statu quo y que reparta los recursos disponibles de una forma razonable, respetando la ordenación preexistente de las regiones. El nuevo sistema de reparto debe fijarse en la Constitución para que no esté sujeto a los vaivenes negociadores y las urgencias de lograr mayorías de una

---

[152] DE LA FUENTE, Ángel, *Algunas propuestas para la reforma del sistema de financiación de las comunidades autónomas de régimen común*, Ed. Instituto de Análisis Económico (CSIC), Madrid, 2012.

coyuntura u otra. Pero tiene que hacerse porque congelar de forma indefinida una distribución de recursos tan desigual y arbitraria como la actual no es una solución equitativa y tampoco es políticamente factible a largo plazo, ya que el actual es un sistema de financiación injusto y confuso.

A) Financiación del coste efectivo de los servicios públicos esenciales

Propuesta. El nuevo sistema de financiación debe garantizar de forma efectiva la igualdad de acceso de todos los ciudadanos a los servicios públicos fundamentales a igualdad de obligaciones tributarias. Esto supone acordar una fórmula razonable de necesidades de gasto. Lo más sencillo para lograrlo es la igualdad pura y dura de recursos por habitante por los servicios efectivamente prestados. Cada Comunidad recibiría para prestar los servicios públicos fundamentales una cantidad fija por habitante, igual para todas. Aunque ésta no es ciertamente la fórmula ideal, es muy probable que no sea una mala aproximación en la práctica al principio de igualdad de acceso. Abrir de facto un proceso de negociación para incluir otras variables (insularidad, extensión, dispersión) podría ser técnicamente más justo, pero me temo que en el proceso cada comunidad pugnaría por introducir aquellas variables que más le convinieran y por aumentar su peso en los recursos recibidos, acabando con un sistema tan esquizofrénico como el actual y con multitud de agravios y reclamaciones territoriales. Como indica Ángel de la Fuente "la experiencia demuestra que no hay ninguna garantía de que el resultado de este proceso vaya a ser particularmente sensato"[153].

A cambio de los recursos transferidos desde el Estado, las CC.AA. deberán prestar esos servicios (sanidad y educación, principalmente) de acuerdo con unos estándares mínimos iguales para todas, y el Estado se encargará de supervisarlo y controlarlo (como debería hacer ahora y no hace), para lo que se reservará la inspección de los servicios. Aunque la existencia de ciertos estándares mínimos comunes en la asistencia sanitaria o en los servicios sociales es ciertamente razonable, también es cierto que

---

[153] Ángel de la Fuente, *Los mecanismos de cohesión territorial en España: un análisis y algunas propuestas,* Fundación Alternativas, Madrid, 2005.

la forma en que se fijan tales estándares puede resultar problemática pues permite al Estado imponer a las comunidades autónomas importantes obligaciones de gasto que éstas tendrán que financiar con sus propios recursos. Por ello, en esa fijación de estándares se hace necesario el consentimiento autonómico, pero no individual sino colectivo, a través del Consejo de las Autonomías, votando la regulación básica sobre mecanismos de copago y estándares mínimos de servicio en el Consejo de las Autonomías, tras su aprobación en el Congreso. El mismo mecanismo evitaría también que las comunidades autónomas se escondan detrás del Estado cuando los estándares mínimos se modifiquen a la baja, tal como ha sucedido en tiempos recientes como parte de los ajustes presupuestarios exigidos por la actual crisis, aplaudiendo la medida en privado pues eran las principales beneficiadas, pero criticándola en público.

Justificación. La financiación del coste efectivo de los servicios públicos fundamentales (justicia, educación y sanidad) debe hacerse con criterios técnicos que se fundamenten en las necesidades del sistema basadas fundamentalmente en la población protegida (corregida por la edad, básicamente) y por ningún elemento más (ni extensión, ni insularidad, ni competitividad, ni nada). En mi propuesta, la justicia estaría gestionada íntegramente por el Estado, incluyendo los servicios auxiliares de la misma, actualmente en manos de las CC.AA. en ocho regiones, mientras que la sanidad y la educación estarían financiadas también por el Estado en función de dónde se prestara el servicio, no a quién se preste. Es decir, el Estado, al igual que cualquier seguro privado, pagaría a la Comunidad Autónoma que prestase efectivamente el servicio educativo o sanitario, o a la empresa privada (sanitaria o educativa) que lo prestase si ese fuese el deseo del ciudadano. Los ciudadanos tendrían libertad de elección de centro educativo y sanitario (centro, no médico), y aquél que lo prestase recibiría los fondos acordados por parte del Estado, de acuerdo con el coste real de la prestación (según enfermedad). Así, se acabarían los problemas de los desplazados, una especie de refugiados nacionales que, si tienen la mala "ocurrencia" de enfermar fuera de su Comunidad de residencia se ven privados del acceso a especialistas, y sometidos a un calvario burocrático para ser atendidos, ya que la Sanidad se paga por territorios y no por ciudadanos.

Este sistema incentiva la eficiencia y la búsqueda de la calidad. Dado que el coste por servicio prestado es el mismo en toda España, cada Comunidad deberá organizarlos de la forma más eficiente y con la mayor calidad posible, para que el ciudadano elija uno de sus centros y no otro. Los fondos se condicionarían a la efectiva prestación del servicio, y no como sucede actualmente que son incondicionales, es decir, se trasfieren a las CC.AA. y éstas los destinan a lo que estiman más oportuno. Así, por ejemplo, en Cataluña un enfermo con ingreso hospitalario debe llevar consigo su propia comida porque no hay fondos para ello. ¿Supone esto que la prestación sanitaria en Cataluña es menos eficiente que en otras CC.AA. y no cubre los gastos hospitalarios? No necesariamente. En realidad, esos fondos se han destinado a otros fines como las subvenciones a los medios de comunicación para que informen en catalán, a sufragar los gastos para favorecer instituciones independentistas, embajadas en el extranjero, etc. Con mi propuesta, esto no sucedería, el pago de los fondos por parte del Estado obligaría a unos estándares de prestación (incluida por ejemplo la alimentaria en los ingresos hospitalarios) en todo el territorio nacional, verificada y supervisada por inspectores del Estado y no se podría desviar a otros fines ya que estarían condicionados. La inspección sanitaria y educativa pasaría así a manos del Estado, ejerciendo su facultad de control e inspección.

Los problemas de incentivos ligados a déficits de responsabilidad fiscal pueden afectar también a la Administración central a través de su capacidad de imponer a las regiones obligaciones no financiadas. Aunque la gestión de muchos servicios públicos importantes ha sido transferida a las comunidades autónomas, el Estado continúa fijando a través de su normativa básica ciertos estándares mínimos para la provisión de tales servicios y controla algunos aspectos claves de su prestación o del diseño e importe de las tasas ligadas a los mismos. Algunos de los parámetros que el Gobierno central fija por esta vía, como el número máximo de estudiantes por aula, el porcentaje de los gastos farmacéuticos que han de pagar distintos grupos de usuarios de la sanidad pública o los requisitos para la concesión de distintos tipos de ayudas a la dependencia, tienen un efecto muy significativo sobre el gasto de las autonomías o sobre su capacidad para recuperar parte del mismo a través de mecanismos de copago[154]. Por este motivo, que el Consejo de las Autonomías deba aprobar estos estándares es coherente con la corresponsabilidad que deben asumir las CC.AA. en la gestión de los recursos públicos. Así tampoco podrá ocurrir como sucedió con los recortes en la sanidad y en la educación realizados por el gobierno nacional en 2012. En privado, todos los ejecutivos autonómicos se frotaban las manos de alegría porque ellos eran los beneficiarios de esos recortes, ya que ahorraban unos 10.000 millones de euros al año al prestar los servicios, pero en público los criticaban por insociables, para no someterse al castigo ciudadano por este motivo. Bajo mi propuesta, el Consejo de las Autonomías deberá "mojarse" en estos casos y votar a favor de las modificaciones de esos estándares, asumiendo la corresponsabilidad que les corresponde como gestores públicos.

B) Política de cohesión territorial

Propuesta. Como complemento a la financiación de los servicios públicos básicos, se establecería un fondo de cohesión, solidaridad o nivelación entre CC.AA., para favorecer el desarrollo de las regiones menos ricas. Estos fondos dependerían del nivel de renta en las CC.AA., y serían temporales y limitados, tal y como sucede con los fondos europeos estructurales y de cohesión. Se trataría de trasladar los criterios del FEDER y de los Fondos de Cohesión europeos a la España descentralizada. Así, la política de cohesión se visualizaría y permitiría debatir sobre el destino dedicado a los mismos y su cuantía.

Mi propuesta es eliminar los fondos de competitividad y cooperación de la financiación autonómica, y reformar el Fondo de Compensación Interterritorial (FCI), que ya aparece en la Constitución, de la siguiente manera. La base de cálculo más adecuada para el FCI sería el PIB nominal, por razones de transparencia y objetividad y porque así se elimina el problema del carácter maleable que presenta la actual base. El estadio final de la propuesta de reforma pasa por determinar las variables de reparto entre las CC.AA. beneficiarias. Para evitar que cada Comunidad Autónoma exhiba siempre los criterios que más le favorezcan, será

---

[154] DE LA FUENTE, Ángel, *Algunas propuestas para la reforma del sistema de financiación de las comunidades autónomas de régimen común*, Ed. Instituto de Análisis Económico (CSIC), Madrid, 2012.

deseable construir un sistema racional, sencillo y previsible, facilitando así también la presupuestación plurianual, e incluir estos criterios en la Constitución, para librarlos de la pugna territorial permanente. De igual manera, el resultado final no debería suponer que a una Comunidad Autónoma le "interesara" continuar siendo una de las regiones beneficiarias de estos fondos, ya que recibirían más fondos de los que tendrían caso de ser una región rica, así que los fondos deberían ligarse a cubrir parte de la brecha o *gap* entra el PIB per cápita actual y aquel que determina el mínimo exigible para no ser considerada menos desarrollada o en transición. Así los fondos del FCI que cada Comunidad recibiría serían un porcentaje de la brecha existente. Propongo en concreto que cubra el 10% de la brecha per cápita entre el PIB de cada Comunidad y el 90% de la media del PIB nacional que sería el objetivo a alcanzar. La cuantía actual estaría en torno a los 4.735 millones de euros, una cuantía global equivalente al 0,45% del PIB, lo que supone acercarse al máximo histórico que sufragó el FCI, que alcanzó el 0,51% del PIB, aunque actualmente se mueve en cifras mucho más reducidas. Con datos de 2013, seis CC.AA. recibirían el FCI y las cuantías serían las que se muestran en la tabla.

PIB per cápita Unidad: Euros				
Comunidad Autónoma	**2013 (1ª E)**		**Población**	**10%**	**Importe**
	Valor	%		brecha	
EXTREMADURA	15.026	67,4%	1.104.004	503	554.773.050
ANDALUCÍA	16.666	74,8%	8.440.300	339	2.857.125.953
CASTILLA - LA MANCHA	17.780	79,8%	2.100.998	227	477.157.656
MURCIA	17.901	80,3%	1.472.049	215	316.505.255
CANARIAS	18.873	84,7%	2.118.679	118	249.601.573
COM. VALENCIANA	19.502	87,5%	5.113.815	55	280.799.582
TOTAL NACIONAL	**22.279**	**100,0%**	**20.349.845**		**4.735.963.069**
Fuente: INE. Contabilidad Regional de España					

Se trataría pues, de una solidaridad limitada a las CC.AA. con menor renta per cápita, sujeta a condiciones (en qué se puede invertir, justificable), con cofinanciación por parte de la Comunidad Autónoma, para asegurar una corresponsabilidad en el gasto, y con incentivos para intentar salir de las categorías de región menos desarrollada pues con los fondos recibidos nunca acabarían teniendo más renta per cápita que las regiones más desarrolladas. Por otro lado, las regiones con menor renta recibirían más fondos que aquellas cerca del límite del 90% de PIB per cápita ya que los fondos se distribuirían de acuerdo con la brecha entre la renta per cápita de cada comunidad y esa renta mínima. Así con la fórmula propuesta, Extremadura recibiría 503 euros por habitante, mientras que la Comunidad Valenciana recibiría 55 euros por habitante. La renta por habitante en Extremadura tras el reparto estaría en 17.548 euros por habitante (un 79% del PIB nacional tras el reparto, cuando antes estaría en el 67,4%), mientras que la de la Comunidad Valenciana estaría en 19.777 euros por habitantes (casi un 89% del PIB nacional). De esta manera, las CC.AA. conservarían las posiciones de partida tras el reparto solidario, pero habiendo recibido más las CC.AA. más pobres. El PIB per cápita de las regiones menos ricas oscilaría entre el 79% y el 89% del PIB per cápita nacional, en lugar de entre el 67,4% y el 87,5% de antes del reparto.

Siguiendo la metodología de los fondos estructurales europeos, propongo igualmente que aquellas regiones con un PIB per cápita inferior al 75% de la media (regiones menos desarrolladas, en nuestro caso Extremadura y Andalucía) aporten como cofinanciación fondos propios iguales al 25% de los fondos recibidos, mientras que las que estén entre el 75% y el 90% de la renta media (regiones en transición, en nuestro caso Castilla-La Mancha, Murcia, Canarias y Comunidad Valenciana) aporten un 35% como fondos propios.

La dotación propuesta estaría vinculada únicamente al PIB, por transparencia y por ser éste el criterio que implica la inclusión de una región dentro de alguna de las categorías descritas, siguiendo la metodología de la UE. Recogiendo la filosofía de la política europea de cohesión a través de los fondos europeos de desarrollo regional, así como la tradición del propio FCI, lo más adecuado parece seguir manteniendo el PIB per cápita como criterio básico para determinar las CC.AA. beneficiarias. La condición de territorio beneficiario sería reexaminada anualmente de acuerdo con el PIB per cápita medio de los tres últimos ejercicios disponibles. Idealmente, cuando todas las CC.AA. alcanzasen el 90% del PIB per cápita nacional, el FCI dejaría de tener sentido y no habría que dotar fondos para él, pues ya se habría alcanzado el objetivo de nivelación territorial.

¿Cómo se financiaría este nuevo FCI? En lugar de dotarse de los fondos generales recaudados por el Estado, como hasta ahora, se nutriría de aportaciones directas de CC.AA., de acuerdo con su riqueza. Sería un sistema transparente de solidaridad interregional y tendría la ventaja de hacer contribuir a la solidaridad regional a las CC.AA. que se financian a través del sistema de concierto, esto es, al País Vasco y Navarra, pues ahora no lo hacen. ¿Cuál sería la contribución de cada una? Pues progresiva de acuerdo con su renta. Si los receptores del FCI serían las CC.AA. con una renta por habitante inferior al 90% del PIB nacional, los contribuyentes serían las CC.AA. con una renta por habitante superior al 110% del PIB nacional, es decir, las CC.AA. más ricas. De esta manera existiría un grupo de CC.AA., aquellas con un PIB por habitante entre el 90% y el 110%, que no serían ni receptores ni contribuyentes a los Fondos de Compensación Interterritorial. Es decir, se aceptaría como aceptable para las CC.AA. una desviación sobre la media del PIB nacional del 10%, margen en el que ni se beneficiarían de compensación ni contribuirían a la solidaridad interterritorial. Idealmente, con el tiempo la renta por habitante de las CC.AA. convergería en torno a la media y el mecanismo de solidaridad no sería necesario.

El resultado de mi propuesta se muestra en la siguiente tabla.

PIB per cápita				
Unidad: Euros				
Comunidad Autónoma	2013 (1ª E) Valor / %	Población	Financ. por Habitante	Importe
GALICIA	20.399 91,6%	2.765.940	0	0
ASTURIAS	20.591 92,4%	1.068.165	0	0
CANTABRIA	21.550 96,7%	591.888	0	0
CASTILLA Y LEÓN	21.879 98,2%	2.519.875	0	0
BALEARES	23.446 105,2%	1.111.674	0	0
ARAGÓN	24.732 111,0%	1.347.150	-18	-23.965.958
RIOJA, LA	25.277 113,5%	322.027	-61	-19.599.399
CATALUÑA	26.666 119,7%	7.553.650	-171	-1.288.940.759
NAVARRA	28.358 127,3%	644.477	-304	-196.153.274
MADRID	28.915 129,8%	6.495.551	-348	-2.262.928.214
PAÍS VASCO	29.959 134,5%	2.191.682	-431	-944.375.465
TOTAL NACIONAL	22.279 100,0%			4.735.963.069
Fuente: INE. Contabilidad Regional de España				

Los 4.735 millones de euros necesarios para cubrir el FCI se recaudarían de entre las CC.AA. con un PIB superior al 110% de la media (24.207 euros por habitante). Las regiones entre el 90% y el 110% no realizarían contribución alguna al FCI, de modo que únicamente seis CC.AA. resultarían contribuyentes netos al sistema solidario. Se trataría de Aragón, La Rioja, Cataluña, Navarra, Madrid y el País Vasco. Aragón, la región más cercana a ese 110% del PIB medio por habitante, aportaría apenas 18 euros por habitante para un total de 24 millones de euros de aportación al FCI, mientras que el País Vasco, la región más rica, aportaría 431 euros por habitantes a la solidaridad interregional, con un importe total de 944 millones de euros, lo que reduciría la cuantía que se recauda por exceso en el "cupo", y mejoraría la sostenibilidad del conjunto del sistema, reduciendo la cantidad que deben sufragar las regiones ricas del sistema de financiación común. El mayor contribuyente en términos absolutos sería Madrid, con 2.263 millones de euros, seguido por Cataluña, con 1.289 millones de euros de aportación al FCI.

Antes del reparto, la renta media de las distintas CC.AA. oscilaría entre el 67,4% de Extremadura y el 134,5% del País Vasco. Tras el reparto, la dispersión se habría reducido y oscilaría entre el 79% de Extremadura y el 132,5% del País Vasco, pero todas las CC.AA. conservarían su posición relativa tras el reparto. Así, en conjunto el sistema propuesto mejora la transparencia en los mecanismos de solidaridad interregional al mismo tiempo que mantiene la ordinalidad en la posición relativa de las CC.AA., es decir, ninguna Comunidad pasa a tener una renta por habitante peor o mejor que otra como consecuencia de la redistribución. Extremadura, pese a ser la mayor receptora por habitante de fondos, continuaría siendo la Comunidad con menor renta por habitante después de la redistribución, y el País Vasco la de mayor renta. Esto es así porque el mecanismo cubre un porcentaje del 10% y no la totalidad de la brecha con el objetivo de renta. Así, el apoyo financiero se concentra en las CC.AA. más alejadas del objetivo de PIB (Extremadura aumenta nada menos que en 12 puntos porcentuales), pero manteniendo su posición relativa para que no sea "rentable" tener una renta baja y beneficiarse de los recursos ajenos. Con las CC.AA. contribuyentes ocurre lo mismo. El esfuerzo relativo es mayor (pasa de los 18 euros por habitante de Aragón, a los 431 del País Vasco) cuanto mayor sea su renta, pero como resultado del apoyo financiero a la solidaridad interregional ninguna Comunidad perdería posiciones relativas en el ranking de PIB por habitante, manteniendo como es de justicia, la ordinalidad.

De esta forma se evitaría lo que ocurre con el sistema de financiación en la actualidad en el que, tras la redistribución de recursos financieros, algunas CC.AA. mejoran sustancialmente su posición relativa (caso de Extremadura), y otros la empeoran sustancialmente (caso de Madrid y Baleares). En la actualidad, para Extremadura es más "rentable" mantener su baja renta y beneficiarse de los recursos del sistema de financiación autonómica que incrementar su renta, con lo que contribuiría más al sistema. Disfunciones de este tipo son las que hay que evitar en un sistema de financiación, en el cual los incentivos deben estar encaminados a reducir y, de ser posible, eliminar con el tiempo los grandes diferenciales de renta entre CC.AA., y no a mantenerlos *sine die*.

Justificación. El artículo 2 de la Constitución reconoce y garantiza el derecho a la autonomía de las distintas nacionalidades y regiones y la solidaridad entre todas ellas. Asimismo, el artículo 158.2 establece que "Con el fin de corregir desequilibrios económicos interterritoriales y hacer efectivo el principio de solidaridad, se constituirá un Fondo de Compensación con destino a gastos de inversión, cuyos recursos serán distribuidos por las Cortes Generales entre las Comunidades Autónomas y provincias, en su caso." La Ley 22/2001, de 27 de diciembre, reguladora de los Fondos de Compensación Interterritorial, que actualmente lo regula, fue promulgada para recoger dos recomendaciones del Consejo de Política Fiscal y Financiera de 27 de julio de 2001 sobre el Fondo de Compensación Interterritorial:

- Incorporar las Ciudades Autónomas de Ceuta y Melilla como territorios que se beneficien de dicho Fondo.

- Permitir que un máximo del 25 por ciento del fondo se pudiese destinar a la financiación de gastos de funcionamiento asociado a inversiones financiadas por el propio fondo. Esto dio lugar a su desglose en dos fondos, uno de Compensación y otro Complementario.

En la Sección 33 de los Presupuestos Generales del Estado se incluyen los créditos de estos dos Fondos de Compensación Interterritorial.

En cuanto a la política de cohesión europea, define tres tipos de regiones:

1. **Regiones menos desarrolladas.** Aquellas cuyo PIB per cápita sea inferior al 75% del PIB medio de los 27 países miembros de la UE. En nuestro caso, sería se aplicaría a las regiones españolas con un PIB per cápita inferior al 75% del PIB nacional: Extremadura (67,4%), y Andalucía (74,8%). Para estas regiones se establece una financiación europea del 75% y un 25% de cofinanciación de la región beneficiada. Así, se establece una corresponsabilidad de las regiones beneficiadas.

2. **Regiones en transición.** Esta categoría incluye todas las regiones con un PIB per cápita entre el 75% y el 90% de la media de los 27 países miembros de la UE. En nuestro caso, y referido el PIB español se trataría de cuatro regiones: Castilla-La Mancha (79,8%), Murcia (80,3%), Canarias (84,7%), y Comunidad Valenciana (87,5%). Para estas regiones se establece una financiación europea del 65%.

3. **Regiones más desarrolladas.** Esta categoría incluye aquellas regiones cuyo PIB per cápita es superior al 90 % del PIB medio de los 27 países miembros de la UE. En el caso español incluiría al resto de regiones.

Adicionalmente, las normas europeas incluyen la precaución de que la población incluida en las dos primeras categorías, es decir, las que se benefician de las políticas de cohesión, sumen menos del 50% de la población europea. Por tanto, los beneficiarios de la solidaridad europea deben ser menos que los contribuyentes, con el objeto de no sobrecargar a éstos últimos con una carga que no puedan soportar. En nuestro caso, la población incluida dentro de las regiones menos desarrolladas sería de 9,5 millones de habitantes, y la de las regiones en transición casi 11 millones de habitantes, con lo que totalizarían algo menos de 20,5 millones de habitantes, un 43% del total nacional.

Los Fondos de Cohesión tienen como objetivo reducir las disparidades socioeconómicas y promover el desarrollo sostenible. Destinan su presupuesto a las actividades de las categorías siguientes:

a) Redes transeuropeas de transporte, en particular los proyectos prioritarios de interés europeos identificados por la UE. El Fondo de Cohesión respaldará los proyectos de infraestructura en el marco del Instrumento de Interconexión para Europa;

b) Medio ambiente: en este aspecto, el Fondo de Cohesión también dará impulso a los proyectos relacionados con la energía o el transporte, siempre que beneficien claramente al medio ambiente en términos de eficiencia energética, uso de energías renovables, desarrollo del transporte ferroviario, refuerzo de la intermodalidad, fortalecimiento del transporte público, etc.

Los fondos estructurales europeos, sirven principalmente para cofinanciar: ayudas directas a las inversiones realizadas en las empresas (en particular las PYME) para crear empleos sostenibles; infraestructuras vinculadas especialmente a la investigación y la innovación, a las telecomunicaciones, al medio ambiente, a la energía y el transporte; instrumentos financieros (fondos de capital de riesgo, fondos de desarrollo local, etc.) para apoyar el desarrollo regional y local y favorecer la cooperación entre las ciudades y las regiones; y medidas de asistencia técnica.

Siguiendo el modelo europeo, una política de cohesión bien estructurada en España podría financiar igualmente este tipo de proyectos, pero para proyectos de interés nacional. Sin embargo, la política de cohesión nacional es confusa, ya que "el Fondo de Compensación Interterritorial (FCI) ha sido el gran olvidado en la reforma de la financiación autonómica de 2009, a pesar de su indiscutible relevancia jurídica y económica. La crónica debilidad del FCI hay que buscarla en su vinculación a los fondos estructurales y de cohesión de la UE, a los que se ha confiado el grueso de la política de solidaridad interterritorial en España. El principal riesgo a medio plazo viene dado por la insostenibilidad de esta política, puesto que España va a percibir una cantidad de fondos europeos considerablemente menor, dados sus avances en términos de renta dentro de la UE-27."[155]

Con el cambio del modelo de financiación autonómica de 2009 se crearon de dos Fondos de Convergencia: el Fondo de Competitividad y el Fondo de Cooperación, con finalidades loables, pero que colisionan frontalmente con los objetivos del Fondo de Compensación Interterritorial (FCI), contemplado explícitamente en el artículo 158.2 de la Constitución Española (CE), cuyo fin es el "de corregir desequilibrios económicos interterritoriales y hacer efectivo el principio de solidaridad". En la práctica, estos nuevos Fondos cuentan con recursos muy superiores a los del FCI (con apenas 432 millones de euro y un 0,04% del PIB en 2014), y su reparto va en ocasiones en dirección contraria a la redistributiva y de ayuda al desarrollo, de modo que no extraña que el resultado final del reparto del modelo de financiación autonómica sea confuso.

Para que funcionara adecuadamente, la política de cohesión en España debería eliminar estos dos nuevos Fondos, que colisionan con el objetivo cohesionador, y centrarse exclusivamente en un FCI del que se deberían eliminar los factores distintos de la renta per cápita pues actualmente se introducen factores como la densidad de población, el crecimiento poblacional, y otros que convierten el instrumento en opaco, confuso e injusto.

C) Tareas comunes

Propuesta. Siguiendo en las tareas comunes, como en tantas otras cosas, el criterio objetivo establecido por la UE para el reparto de fondos no territorializables, creo conveniente que las prácticas subjetivas de muchos convenios de colaboración se acoten y se objetiven en lo posible. Parece evidente la necesidad de establecer prioridades de inversión sobre la base de un análisis de la rentabilidad esperada de los posibles usos alternativos de los recursos disponibles. Esto supondría, por una parte, una mayor atención a consideraciones de eficiencia en el reparto regional del

---

[155] FERNÁNDEZ LLERA, Roberto y DELGADO RIVERO, Francisco J., *Nuevos fondos de convergencia y nada de compensación interterritorial,* Estudios de Economía Aplicada, Valladolid, 2010.

presupuesto de inversión, y una asignación más eficiente de los recursos destinados a cada territorio con el fin de maximizar su impacto. Así, sería conveniente desterrar la ingente cantidad de convenios bilaterales y, en su lugar, instituir un fondo de inversión pública con criterios claros y transparentes que repartiesen los fondos en función de la rentabilidad social esperada del proyecto. Se trataría de copiar el sistema de asignación de recursos de los fondos para las políticas no sociales de la UE a través de programas plurianuales dotados de fondos a los que concurrirían las CC.AA. Así, mi propuesta sería que en estos casos se declarara por ley estatal, con la aprobación del Consejo de las Autonomías, el carácter de tarea común de la materia a colaborar, así como las condiciones de participación y la valoración de los proyectos. Serían las CC.AA. las que tendrían que solicitar los fondos condicionados a su priorización de acuerdo con la rentabilidad social esperada, así como al cumplimiento de una serie de condiciones objetivas y transparentes. Se asemejaría al funcionamiento de los "*grant-in-aid*", por los que el gobierno central de EE.UU y el Reino Unido, por ejemplo, financian proyectos específicos de los gobiernos regionales o locales.

Las materias comunes podrían ser:

1. Inversiones en las materias de legislación estatal o concurrentes entre el Estado y las CC.AA., de acuerdo con el reparto competencial propuesto. En estas materias, el Estado se haría cargo de la mitad de los gastos en cada Comunidad, mientras que la región beneficiada financiaría la otra mitad. Así, las ayudas a infraestructuras sanitarias, educativas, de investigación, etc. se extenderían a todas las CC.AA. en las mismas condiciones, sin discriminación alguna.

2. Inversiones en la mejora de la estructura económica regional. Se trata de materias competencia exclusiva de las CC.AA., pero que el Estado desea promover para mejorar la economía. En estas materias el Estado se haría cargo del 25% de los gastos.

En estos casos, la ley estatal fijaría criterios globales y objetivos sobre el reparto de los fondos (en función de la población, superficie, proyectos presentados, etc.), extendería a todas las CC.AA. el posible beneficio concedido a una región, y haría innecesaria la firma del Convenio. El Estado crearía un Fondo específico para las tareas comunes al que acudirían las CC.AA. presentando proyectos de inversión, tal y como realizan actualmente con los fondos europeos para inversiones incentivables. El sistema añade objetividad y evita discriminaciones territoriales por afinidades políticas o por la necesidad de obtener votos en el Congreso. Asimismo, cualquier Convenio de Colaboración firmado entre Comunidades Autónomas requeriría la aprobación del Consejo de las Autonomías, que de esta forma daría el visto bueno al carácter no discriminatorio del mismo, que se otorgaría en la cámara de representación territorial.

Justificación. Hasta la fecha el Estado y las CC.AA. se han dedicado a negociar, establecer y firmar multitud de convenios para tareas específicas. Mientras que dicha práctica colaborativa en sí misma no es objetable, sí lo es la arbitrariedad de la misma, ya que mientras que en muchos casos los convenios son similares para todas las CC.AA., en otros el importe y las condiciones depende más de la afinidad política (ambos gobiernos pertenecen al mismo partido político o se apoyan en sus respectivos parlamentos) que en criterios objetivos, lo que produce sentimientos de agravio en el resto de CC.AA.

D) El IRPF para las CC.AA.

Propuesta. La reforma del sistema de financiación autonómico que propone el PSOE de Aragón[156] propone profundizar en el principio de responsabilidad tributaria y, con ello, mejorar la visibilidad del coste de las decisiones políticas y, en definitiva, la eficiencia de nuestra estructura territorial. Esta profundización en el principio de responsabilidad tributaria requeriría, desde mi punto de vista, dos avances fundamentales:

- En primer lugar, cerrar el sistema de financiación en la propia Constitución Española, sin dejarlo a la posterior definición por la Ley Orgánica de Financiación de las CC.AA. (LOFCA). Ya he señalado

---

[156] CONTRERAS CASADO, Manuel, y otros, *Propuestas para una reforma constitucional. Mejora de la calidad democrática y reforma del modelo territorial*. PSOE-Aragón, Zaragoza, 2013.

que la dependencia del sistema de financiación autonómico español de la negociación política es un claro desincentivo para las CC.AA. a la hora de ejercer sus responsabilidades tributarias y, por tanto, juega en detrimento del principio de responsabilidad fiscal.

- En segundo lugar, los impuestos cedidos no son la vía adecuada para profundizar en la responsabilidad tributaria. En este punto sería necesario apostar por un sistema de financiación inspirado en los principios de libertad de imposición y de separación, que es el vigente en EEUU.

En mi opinión, la mejor forma de elevar la autonomía y la corresponsabilidad de las CC.AA. que propongo provendría de sustituir las participaciones que las CC.A reciben en el IVA y los Impuestos Especiales, sobre las que no tienen capacidad normativa autonómica, por una cesión del 100% IRPF, sobre la que tendrían plena capacidad normativa en sus tramos, tipos y deducciones, aunque la normativa sobre el resto del IRPF seguiría aprobándose de forma común en el Congreso y el Consejo de las Autonomías, con el objeto de asegurar que no queden rentas sin someterse a imposición en algunas CC.AA.

Justificación. Las normas dedicadas en nuestra Constitución a la financiación autonómica son tan genéricas que resultan ineficaces, ya que toda la trascendencia recae en las leyes orgánicas que la regulan. El pacto constitucional se fundamenta en un modelo de financiación de la descentralización autonómica basado en la irresponsabilidad fiscal de las CC.AA. y corporaciones locales. "En este sistema es el Estado el que ingresa y recauda y quien distribuye los fondos a las entidades territoriales, a las que se encomienda fundamentalmente la función del gasto. Las CC.AA. y municipios se convierten así, primordialmente, en haciendas de gasto, un ente mucho más popular que el voraz recaudador de impuestos, cuyo papel queda reservado al Estado. Unas haciendas territoriales que se convierten así, primordialmente, en haciendas "asimétricas" en las dos funciones esenciales que debe cumplir toda Hacienda Pública para responder con sus ingresos del volumen de gasto que deciden. Y el Presupuesto del Estado se ha convertido en una enorme caja de distribución o reparto de recursos."[157] Las CC.AA. tienen gran libertad para establecer recargos sobre impuestos del estado, con un potencial importante de financiación, pero han hecho escaso uso de esta posibilidad por la impopularidad que comporta una tributación adicional. Políticamente les resulta más sencillo y rentable electoralmente reclamar mayores transferencias del estado que no supongan incrementar los tributos cobrados al contribuyente/elector. Y cuando disponen de capacidad normativa la utilizan para reducir los impuestos, particularmente en patrimonio, donaciones y sucesiones, en una "carrera fiscal" para atraer empresas y fortunas a su territorio.

Un componente clave a resolver es cómo se articula un modelo de corresponsabilidad fiscal. La corresponsabilidad fiscal se basa en que las administraciones sean responsables de los gastos y los ingresos que realizan en el ejercicio de sus atribuciones de autogobierno. De esta manera, pueden proveer los servicios al nivel que demandan sus ciudadanos y, lo que es más importante, que ellos soporten una carga fiscal correspondiente. Así, lo importante es que se permita que haya claridad en la atribución de responsabilidades; los ciudadanos podrían distinguir con claridad qué autoridad se encarga de dar el servicio público, hacerles pagar por ello y votar en consecuencia. España tiene un sistema de financiación caracterizado por integrar un modelo confederal (con Euskadi y Navarra) y uno de régimen común. El primero se basa en que las diputaciones forales recaudan y gastan para luego negociar cuánto pagan al Estado por los servicios prestados. El segundo se caracteriza por el desequilibrio entre el gasto y el ingreso, ya que las CC.AA. pueden gastar mucho mientras recaudan poco por ellas mismas, dependiendo de las transferencias de la recaudación de los impuestos estatales, lo que se presta a la renegociación continua de nuevas transferencias y fondos. Las Comunidades Autónomas han tendido a hacer un uso escaso de su capacidad tributaria, ante la continua expectativa de mejoras en la renegociación del modelo[158].

La Constitución alemana dedica nada menos que doce artículos y quince páginas a detallar la financiación de los entes, haciendo énfasis en:

---

[157] RODRÍGUEZ BEREIJO, Álvaro, *op. cit.*
[158] POLITIKON, *La viabilidad económica del Estado de las Autonomías*, Fundación Alternativas, Madrid, 2012.

la distribución de gastos entre Federación y *Länder*, y su responsabilidad; las ayudas financieras para inversiones; la competencia legislativa sobre los distintos impuestos; la distribución de los ingresos tributarios y el producto de los monopolios fiscales; compensaciones financieras por la desaparición de algunos impuestos; la administración financiera de los recursos de cada impuesto; la gestión presupuestaria de la Federación y de los *Länder*; las situaciones de crisis presupuestaria; el plan presupuestario y la ley de presupuesto de la Federación; y los límites en la toma de créditos. Nuestra Constitución, en cambio, despacha el tema garantizando autonomía presupuestaria a los distintos entes territoriales, así como que *"las Comunidades Autónomas y las Corporaciones locales podrán establecer y exigir tributos de acuerdo con la Constitución y las leyes"*, dejando su regulación concreta para leyes por desarrollar, y fomentando recurrentes y periódicas batallas por la financiación entre todas las administraciones públicas.

El análisis del sistema de financiación autonómico español del PSOE aragonés concluye con unas propuestas relevantes. Diagnostica primero que el resultado del progresivo proceso de descentralización desde el Estado hacia las CC.AA. ha sido generar un incremento sustancial de los ingresos incondicionales de las CC.AA. y un incremento también de su poder impositivo, a través de la figura de los impuestos cedidos. Durante la segunda mitad de los ochenta y primera mitad de los noventa los ingresos no condicionados han representado en torno al 30-40% de toda la financiación disponible por los gobiernos autonómicos en España[159]. A partir del 2001, el peso de los recursos incondicionados ha ido aumentando significativamente hasta alcanzar el 60% en el año 2007. Sin embargo, este aumento tanto de los ingresos como del poder impositivo de las CC.AA. no se ha traducido en una mayor visibilidad del coste de las decisiones políticas autonómicas y, por tanto, no se ha conseguido una verdadera profundización en el principio de responsabilidad tributaria.

La evolución de nuestro sistema de financiación, tendente a un incremento de los recursos de libre disposición de las CC.AA., ha mirado hasta el momento más hacia Alemania que hacia EEUU. El modelo alemán

---

[159] CONTRERAS CASADO, Manuel y otros, *op. cit.*

no se inspira en el principio de responsabilidad tributaria, sino que su objetivo ha sido el de suficiencia de los *Länder* en recursos de libre disposición para el ejercicio de sus competencias. De hecho, los *Länder* han obtenido vía subvenciones condicionadas en torno al 14-16% del total de sus ingresos desde la década de 1980, mientras que sus recursos incondicionados representan en torno al 80% del total de los ingresos, cifra a la que se acerca nuestro sistema de financiación tras las últimas reformas. La mayor parte de los ingresos de libre disposición de los *Länder* proceden de su participación en el IRPF (constitucionalmente fijada en el 45% para la Federación, 45% para los *Länder*, el resto para los gobierno locales), Impuesto de Sociedades (constitucionalmente repartido en los mismos términos que el IRPF) y en el IVA (cuya participación se fija anualmente, en torno al 45% para los *Länder* y el 55% para la Federación). Este tipo de sistema de financiación permite a los entes subestatales una gran libertad en la disposición de recursos y una menor dependencia en el ámbito de las relaciones intergubernamentales, a la vez que se logra una gran homogeneidad legislativa fiscal. Pero genera unas problemáticas que hacen poco aconsejable la asimilación española a este sistema.

El principio de responsabilidad tributaria queda insatisfecho desde el momento en que las facultades legislativas en el terreno tributario están atribuidas constitucionalmente a la Federación. De esta manera, los *Länder* no tienen ningún poder impositivo y no son los que deciden los ingresos en función de las políticas que quieran desarrollar. Tampoco la Federación es libre para incrementar sus ingresos fiscales procedentes de impuestos compartidos, que son los de mayor recaudación (IRPF, Sociedades e IVA), ya que necesita el consentimiento del *Bundesrat*. De esta manera, el coste de las decisiones políticas queda diluido entre la Federación y los *Länder*, sin que los votantes tengan una clara percepción del valor de los servicios que recibe desde el ámbito federal y desde el ámbito subestatal. Respecto a la recaudación impositiva, los *Länder* ostentan el protagonismo en la aplicación y gestión de la mayor parte de los tributos. De hecho, la Federación únicamente se encarga de la administración de aquellos impuestos cuyo importe le corresponde en su totalidad y de los de carácter comunitario. El resto de los tributos, tanto los que ingresan íntegramente los *Länder* –Impuesto sobre sucesiones y donaciones, sobre vehículos de tracción mecánica, sobre loterías, etc.– como los que ingresan de forma compartida –Impuesto sobre la renta, sociedades e IVA– son administrados por los propios *Länder*, que transfieren después a la Federación la parte que le corresponda; si bien es cierto que, en este último supuesto, la administración de los Länder se ejerce por delegación de la Federación, lo que conlleva que ésta se reserve importantes competencias de control o supervisión, jurídica y de oportunidad sobre la actuación de los *Länder*. El sistema de administración descentralizada alemán ha obtenido numerosas críticas debido a su "complejidad, duplicación de funciones y escasa economía de medios", lo que motiva una "insuficiente persecución del fraude fiscal, la lentitud en el desarrollo de los procedimientos tributarios, el uso de prácticas de liquidación e inspección diferenciadas, la utilización de software diverso para la aplicación de los tributos y, en definitiva, la preferencia de los intereses particulares del *Länder* el desempeño de sus funciones en perjuicio de otros de carácter general". No parece que sea este tampoco un aspecto a imitar del sistema de financiación alemana.

Por el contrario, el sistema de separación vigente en los Estados Unidos de América está caracterizado por un reparto de los impuestos entre los distintos niveles de gobierno, sobre los que ejercerían facultades normativas, administrativas y el derecho a la recaudación. Este sistema permitiría una mayor transparencia y claridad para el ciudadano de la Administración a la que le está pagando los impuestos y se podrían generar también comportamientos fiscales más responsables por parte de las CC.AA., al establecerse una correspondencia entre los servicios que se prestan y el coste de los mismos. Se trata de un modelo de financiación cerrado constitucionalmente y basado en la libertad de imposición que permita que las entidades territoriales puedan hacer frente a sus necesidades de gasto fundamentalmente a través de tributos propios.

Son varios los inconvenientes básicos que se podrían alegar acerca de implantar un sistema semejante en España, pero todos tienen solución. Por una parte, la competencia a la baja en materia de imposición (*race to the botton*) que se puede dar entre las CC.AA. por la impopularidad y resistencia entre los ciudadanos a los impuestos autonómicos. Por otra parte, las posibles incompatibilidades entre las políticas fiscales de las CC.AA. y las políticas fiscales del Estado y, por tanto, una falta de armonización en esta materia, con la consecuente falta de cohesión del sistema tributario y la ruptura de la unidad de mercado. Por último, la gran disparidad en la provisión de servicios públicos o de niveles de presión fiscal que podría existir entre las CC.AA. debido a la diferente capacidad recaudatoria y necesidades de gasto entre las CC.AA. más ricas y más pobres.

Para solucionar el primer problema, en EEUU los Estados tienen como una de sus principales fuentes de financiación los *grant-in-aid*, ya que prefieren acceder a esta vía de financiación condicionada a hacer uso de sus poderes fiscales. En este sentido, las prestaciones sociales estatales en gran medida vienen condicionadas por programas de financiación federal. La mayor dependencia de transferencias condicionadas procedentes de la Federación es el precio que habrán de pagar por no querer aumentar la presión fiscal de sus ciudadanos. Parece que este resultado es fiscalmente más responsable que el que en la práctica se produce en nuestro país, donde las CC.AA. que no quieren hacer uso de sus poderes fiscales pretenden obtener del centro más financiación incondicionada.

En mi propuesta el Estado español financiaría los servicios públicos esenciales (Sanidad y Educación) cuya ejecución correría a cargo de las CC.AA. de acuerdo con los servicios efectivamente prestados, y que recibirían financiación condicionada a tal objeto. El Estado pagaría a la Comunidad por los servicios sanitarios, aunque si los hubiese prestado otra, los cobraría la que lo hubiese prestado al coste efectivo del servicio médico, independientemente de si el ciudadano español beneficiado residiese o no en esa Comunidad. Si el ciudadano hubiese acudido en su lugar a un centro médico privado con el que el Estado tuviese un Convenio o acuerdo, el Estado pagaría el servicio prestado a éste en lugar de a la Comunidad Autónoma. Los ciudadanos tendrían libertad de elección de centro educativo y sanitario, y aquél que lo prestase recibiría los fondos acordados por parte del Estado, de acuerdo con el coste real de la prestación. Como mencioné, este sistema acabaría con los problemas de los desplazados, e incentivaría la eficiencia y la búsqueda de la calidad. Dado que el coste por servicio prestado es el mismo en toda España, cada Comunidad deberá organizarlos de la forma más eficiente y de mayor calidad posible, para que el ciudadano elija un centro propio y no otro. Los fondos se condicionarían a la efectiva prestación del servicio, y no como sucede actualmente que son incondicionales, es decir, se trasfieren a las CC.AA. y éstas los destinan a lo que estiman más oportuno. La eficiencia general del sistema aumentaría pues el poder de negociación del Estado con los centros privados sería muy superior al de cada región por separado, y se eliminarían igualmente las ineficiencias que la negociación separada genera, como que por la prestación de un mismo servicio médico se pague entre un 10% y un 35% más en unas CC.AA. que en otras. Lo mismo se aplicaría a la educación, en la cual cada estudiante recibiría un "cheque nocional" que cobraría el centro educativo, público o privado, que prestase efectivamente el servicio. Así, tampoco se destinarían los fondos educativos a otros objetivos, pues los recursos financiarían directamente a cada centro. Esto supondría en la práctica condicionar a la prestación efectiva del servicio el 53% de los servicios que ahora prestan las CC.AA., ya que la Sanidad supone en 2014 un coste estimado de 52.920 millones de euros (32% del total), y la educación de 34.433 millones de euros (21%) sobre un total presupuestado para todas las CC.AA. de 164.171 millones de euros.

Respecto al segundo de los inconvenientes planteados, según la teoría clásica del federalismo fiscal, es la Administración central la que debe asumir la responsabilidad para afrontar situaciones de crisis como la actual y aplicar las políticas de estabilización necesarias. No obstante, el reconocimiento de poder impositivo a las CC.AA. puede suponer en la práctica una limitación de la capacidad estabilizadora de la Administración central. De hecho, las Comunidades Autónomas pueden llevar a cabo políticas de estabilización incluso contradictorias con las estrategias lanzadas por el Gobierno central, lo cual sin duda alguna dificulta la eficacia de este tipo de políticas de reactivación económica. En EE UU en la práctica, las exigencias del mercado son las que han obligado a que, por ejemplo, los impuestos sobre la renta de los Estados se acomodaran en gran medida a la fiscalidad de la renta federal, convirtiéndose en muchos casos en meros porcentajes del impuesto federal. También en España las competencias estatales constitucionalmente reconocidas y la interpretación de las mismas por la jurisprudencia del Tribunal Constitucional, así como las reformas que propongo en este texto garantizan al Estado capacidad suficiente para las tareas de armonización fiscal.

Por último, las disparidades en la provisión de servicios públicos o de niveles de presión fiscal entre CC.AA. motivadas por su diferente capacidad recaudatoria y sus diferentes necesidades de gasto exigiría de la Hacienda estatal el desarrollo de tareas redistribuidoras. Tal y como señala el artículo 158 de la Constitución, el gobierno central debería garantizar, a través de transferencias a los gobiernos subcentrales, una distribución de la renta regional equitativa y garantizar así una más homogénea provisión de servicios en todo el Estado. Es decir, garantizar que todas las personas reciban un trato similar en términos de servicios públicos, siempre que haya un nivel de imposición semejante. Esta nivelación estaría garantizada por la financiación condicionada explicada anteriormente, al menos en los servicios públicos fundamentales y preferentes, así como con las aportaciones al Fondo de Compensación Interterritorial (FCI) para crear oportunidades de desarrollo en las CC.AA. menos ricas. Cada Comunidad Autónoma debería decidir qué otros servicios públicos prestar, pero para ello debería recurrir a la recaudación de sus propios recursos.

Se despejan así los grandes inconvenientes que supondría la adopción en nuestro Estado Autonómico de un sistema inspirado en el principio de responsabilidad tributaria vigente en los EE.UU. En primer lugar, se consigue un sistema de financiación donde cada Administración responde políticamente de sus decisiones de gasto y de ingreso ante sus electores. Esto supone una profundización tanto en su autonomía política como una asignación más racional y eficaz de los recursos en la producción de bienes públicos. Por otra parte, con las limitaciones introducidas, el sistema de financiación de las Comunidades Autónomas no podría constituir un medio de crear privilegios económicos o sociales a favor de determinados territorios del Estado o barreras fiscales que puedan poner en peligro la unidad de mercado y la libre circulación de personas y bienes o de mercancías y servicios. Por último, se garantiza la estabilidad y el crecimiento económico equilibrado a través de la política económica general cuya dirección compete al Estado.

Una mayor descentralización fiscal servirá de bien poco si los ciudadanos no son conscientes de ella. Esto es, un aumento en el grado de responsabilidad fiscal de los gobiernos regionales exige no sólo una mayor autonomía tributaria de éstos sino también una percepción clara de la misma por parte de los votantes. Por lo tanto, el aumento en la capacidad normativa de las comunidades autónomas en materia fiscal debería acompañarse de otras medidas que ayuden a hacer más visible qué parte de nuestros impuestos termina en las arcas autonómicas. Y para ello nada mejor, en mi opinión, que asignar el 100% de la recaudación del IRPF, el impuesto más visible para el ciudadano, a las CC.AA.

Mi propuesta consiste en que el estado cubra los gastos en los servicios públicos esenciales con una cantidad igual por habitante para todas las CC.AA. y que las CC.AA. se encarguen del resto de los servicios básicamente con la recaudación obtenida por el IRPF. Teniendo en cuenta que los servicios públicos esenciales (sanidad y educación) estarán sufragados directamente por el Estado, esto obligará a las CC.AA. a controlar su gasto en los servicios públicos no esenciales o a verse obligadas a incrementar el IRPF con el efecto inmediato en la opinión pública de una medida con ese impacto social, dado que el IRPF (junto con el IVA) es el impuesto con una mayor nivel de visibilidad para los ciudadanos. El cumplimiento de este requisito dará lugar a una combinación óptima de gastos e ingresos públicos regionales. Del análisis realizado por Cuenca y González[160], se deduce que la cesión del 100% del IRPF, recuperando para el Estado el IVA y los demás impuestos indirectos, apenas cambiaría la financiación recibida por las CC.AA. entre los años 2009 y 2012 (experimentaría un ligero aumento de 0,46%). Tampoco variaría sustancialmente la distribución de recursos entre ellas. La más beneficiada sería la Comunidad de Madrid, que ganaría un 3,4%, seguida de La Rioja (0,97%), Cataluña (0,73%), Cantabria (0,55%), Asturias (0,45%), Aragón (0,12%), C. Valenciana (0,10%) y Murcia (0,10%). Las CC.AA. perdedoras serían Baleares (-3,92%), Castilla La Mancha (-2,11%), Extremadura (-1,43%), Castilla y León (-0,62%), Galicia (-0,61%)

---

[160] CUENCA, Alain y GONZÁLEZ, Rosa, *Cesión del 100% del IRPF a las CC.AA. de régimen común: un ejercicio de simulación*, Fundación de las Cajas de Ahorro (FUNCAS), Madrid, 2014

y Andalucía (-0,22%). Canarias se excluyó del análisis por su peculiar régimen financiero. Los resultados del trabajo de referencia muestran por tanto que sería factible realizar la mencionada sustitución en el sistema de financiación vigente, lo que tendría múltiples ventajas. Se lograría una delimitación nítida de espacios fiscales: el Estado tendría toda la imposición indirecta, la de sociedades, impuestos especiales, sobre los productos y las cotizaciones sociales. Y las CC.AA. serían titulares del IRPF y de transferencias condicionadas para financiar la educación y la sanidad. Esto contribuiría a un funcionamiento más eficaz de los mecanismos políticos tanto autonómicos como estatales, pudiendo los contribuyentes/votantes asociar mejor las responsabilidades en el ingreso y en el gasto. En la actualidad, el ejercicio de la corresponsabilidad fiscal de las CC.AA. ha sido insuficiente, pues la mayor parte de sus ingresos dependen de las transferencias incondicionadas del Estado, que se encarga de recaudar para que las CC.AA. gasten. De esta forma, a las CC.AA. les resulta políticamente más cómodo y conveniente reclamar continuamente más transferencias del Estado en lugar de incrementar los impuestos sobre los que tienen capacidad normativa. Hasta el momento, las CC.AA. por lo general han considerado que era más fácil obtener recursos adicionales del gobierno central que directamente de sus ciudadanos.

"Eso sí, la cesión del 100% del IRPF exigiría reforzar el papel del Estado y del Consejo de las Autonomías en la aplicación del impuesto (en su gestión, inspección y recaudación) y como impulsor de la legislación sobre los aspectos que seguirían siendo comunes: elementos cualitativos, determinación de las bases imponible y liquidable, reducciones y deducciones de carácter económico y el gravamen del ahorro. En este sentido, habría que evitar lo sucedido con la cesión del rendimiento al 100% de los impuestos tradicionalmente cedidos, que vino acompañada de un abandono legislativo por parte del gobierno central. Ciertamente, parece difícil que el gobierno central se quede sin un impuesto como el de la renta de las personas físicas, el de mayor recaudación y poder redistributivo. Sin embargo, no debe olvidarse que los territorios forales de Álava, Guipúzcoa, Vizcaya y la Comunidad Foral de Navarra ya disponen del 100% del IRPF, con todas competencias normativas y de aplicación. Si el gobierno central recuperara el IVA y los impuestos indirectos también en los territorios forales, su sobrefinanciación disminuiría y se atenuaría un grave problema de inequidad en el sistema de financiación territorial en nuestro país. Los favorables efectos financieros del ajuste por IVA para las haciendas forales han sido descritos, entre otros, por Zubiri[161]. La corrección, siquiera parcial, de dicha desigualdad territorial facilitaría un mejor encaje en el conjunto de España de otras Comunidades como Cataluña."[162] Las asimetrías que se dan entre las quince CC.AA. regidas por el modelo de financiación de Régimen Común respecto a las CC.AA. del Sistema Foral (País Vasco y Navarra), suponen entre un 40% y un 60% más de recursos per cápita para estas últimas, con las que financian las mismas competencias. Las características del sistema Foral, cómo se ha definido el Cupo, su cálculo, hacen necesaria la revisión del mismo, debido a su aportación limitada a la solidaridad entre las regiones. Entre esta medida y la inclusión de Navarra y el país Vasco dentro del sistema de financiación de la solidaridad interterritorial del FCI, la recuperación total del IVA para el Estado, junto con un adecuado cálculo del coste de los servicios prestados por el Estado, reduciría sustancialmente las disfunciones del sistema de Concierto, permitiendo la sostenibilidad del sistema de financiación autonómica en su conjunto.

Muchos objetan que con un IRPF diferenciado por CC.AA. se rompe la igualdad entre los españoles, pero en mi opinión esto no es así. Los servicios públicos fundamentales (sanidad, educación, justicia, pensiones, prestaciones por desempleo) seguirán siendo los mismos y financiados de la misma manera en toda España bien porque, en mi propuesta, serán competencia exclusiva del Estado, o bien porque será el Estado quien los financie de forma condicionada y con la misma cuantía en toda España, pero para el resto de servicios públicos no esenciales, deben ser las propias CC.AA. y sus ciudadanos quienes determinen cuál debe ser su nivel de prestación, pero siempre haciéndose responsables de su financiación. En conclusión, mucho más importante que la idea de que todos los españoles paguemos exactamente lo mismo en todas las partes del territorio nacional

---

[161] ZUBIRI, Ignacio, *Propuestas para la reforma de la financiación autonómica*, Instituto de Estudios Económicos, Barcelona, 2013.

[162] CONDE-RUIZ, J. Ignacio, *Mejorando la corresponsabilidad fiscal de las Comunidades autónomas: ¿ceder el 100% del IRPF?*, Blog Nada es gratis, 2014

es que los políticos autonómicos den la cara ante los ciudadanos de su Comunidad y les pidan que paguen más si, en efecto, quieren recibir más. Lo que no puede ser es que asuman el papel de buenos reclamando continuamente al Estado y dejen para éste el papel de malo por no poder atender sus incesantes y crecientes reclamaciones.

A cambio de la cesión del 100% del IRPF, de enorme potencial recaudatorio, las CC.AA. perderían la recaudación del resto de impuestos, así como el derecho a crear nuevos impuestos, que actualmente ejercen con profusión. Las tierras infrautilizadas, las bolsas de plástico, el impacto visual producido por elementos de suministro de energía eléctrica, los centros comerciales, los depósitos bancarios, el ADSL, etc., casi cualquier cosa es susceptible de ser gravada por las autonomías, que han creado una auténtica maraña de impuestos propios que no deja de crecer. Las regiones mantienen vigentes un total de 75 impuestos en 2015, pero la recaudación de los tributos propios autonómicos supone sólo el 2,4% de sus ingresos tributarios, 2.085 millones de euros[163]. Algunos impuestos están implantados en varias autonomías pero con diferencias entre hechos imponibles, bases o tipos de gravamen. Lo más ridículo es que, en muchas ocasiones, la recaudación que se obtiene de los impuestos creados es tan exigua que no cubre ni siquiera los gastos de gestión. La Comisión de Expertos de la Reforma Fiscal abogaba por la supresión de muchos de estos tributos, como el de grandes establecimientos comerciales, y por la armonización y unificación del resto de impuestos con el fin de que el Estado controle que se grava siempre el mismo hecho imponible, lo que incrementaría la seguridad jurídica para las empresas, pero nada se ha hecho. En la práctica, la libertad de establecimiento de impuestos autonómicos ha conducido a una escasa recaudación y a una gran complicación para las personas y empresas, generando una enorme inseguridad jurídica y un buen número de litigios ante los tribunales, así como perjuicios a la unidad de mercado. Esta profusión de impuestos autonómicos también afecta a la rendición de cuentas ante el electorado, que en la mayor parte de los casos desconoce siquiera que está siendo gravado con impuestos por sus próceres autonómicos. Por este motivo,

---

[163] CONSEJO General de Economistas - Asesores Fiscales (REAF), *Panorama de la Fiscalidad Autonómica y Foral de 2015*, REAF, Madrid, 2015.

bajo mi propuesta las CC.AA. no podrán crear impuestos y deberán limitarse a modificar el IRPF, el de mayor visibilidad ante el electorado, cuando deseen recaudar más o menos.

E) Las CC.AA. y las corporaciones locales pueden quebrar

Propuesta. Propongo modificar el artículo 135 de la Constitución Española para que el organismo encargado de vigilar el cumplimiento de los objetivos de estabilidad presupuestaria sea la Autoridad Independiente de Responsabilidad Fiscal, así como incluir de forma expresa la posibilidad de suspensión de pagos o impago por parte de CC.AA. y corporaciones locales y las medidas a tomar para seguir prestando los servicios públicos fundamentales.

Para ello propongo que en el artículo 135.1 se modifique y diga lo siguiente: "1. Todas las Administraciones Públicas adecuarán sus actuaciones al principio de estabilidad presupuestaria, *cuyo cumplimiento se encargará de supervisar la Autoridad Independiente de Responsabilidad Fiscal, que estará asimismo capacitada para imponer medidas preventivas, correctivas y coercitivas a cualquier administración pública para asegurarlo"*. Igualmente el 135.4 deberá modificarse para que diga que "4. Los límites de déficit estructural y de volumen de deuda pública sólo podrán superarse en caso de catástrofes naturales, recesión económica o situaciones de emergencia extraordinaria que escapen al control del Estado y perjudiquen considerablemente la situación financiera o la sostenibilidad económica o social del Estado, apreciadas por la mayoría absoluta de los miembros del Congreso de los Diputados *y por la Autoridad Independiente de Responsabilidad Fiscal.*" Y deberá añadirse un punto 7 que diga que "La Autoridad Independiente de Responsabilidad Fiscal podrá decretar que una Comunidad Autónoma o corporación local sea declarada en suspensión de pagos o impago como consecuencia del incumplimiento de los principios de estabilidad presupuestaria. En tal caso, si la administración declarada en suspensión de pagos o impago es una Comunidad Autónoma, el Estado se hará cargo de la prestación directa de los servicios públicos de Sanidad, Educación no universitaria y, en su caso, política penitenciaria y policía autónoma, quedando adscritos a ella los medios humanos y materiales encargados de su prestación. En el caso de una corporación local, será la Comunidad Autónoma en cuyo territorio preste sus servicios la que se hará cargo de forma directa de la prestación de los servicios públicos básicos de seguridad ciudadana y bienestar comunitario, quedando adscritos a ella los medios humanos y materiales encargados de su prestación. Igualmente, la Autoridad Independiente de Responsabilidad Fiscal podrá declarar que esa Comunidad Autónoma o corporación local ha salido de la situación de suspensión de pagos, recuperando su potestad para prestar los servicios públicos básicos cuya competencia le había sido retirada."

Justificación. En materia de financiación autonómica, los cambios tienen que ser sustanciales. El aumento en la capacidad normativa regional en materia tributaria a través de la cesión del 100% del IRPF tampoco servirá de mucho si no se consigue que los gobiernos autonómicos dejen de ver las transferencias de la Hacienda central como la fuente única o al menos preferente de ingresos adicionales en el margen. Mientras no se cierre esta vía de financiación "blanda" de una forma creíble, será difícil hablar de restricciones presupuestarias duras y de auténtica responsabilidad fiscal por parte de los gobiernos regionales[164]. El problema persistirá, diga lo que diga la ley, hasta que el Gobierno central consiga establecer algún obstáculo legal a la aportación de fondos extraordinarios al sistema de financiación por parte de la hacienda central. Este obstáculo legal sería introducir los criterios básicos expuestos sobre el sistema de financiación autonómica en la Constitución para cambiarlos sería precisa una modificación constitucional como la propuesta, así como prever que la administración de rango superior se pueda hacer cargo de los servicios públicos básicos (sanidad, educación, seguridad ciudadana y bienestar comunitario) que no pueden dejar de prestarse en ningún caso, mientras que para el resto la administración en suspensión de pagos o impago debería aplicar las restricciones de gasto o incrementos de ingresos que fueran convenientes hasta salir de esa situación. "Sin embargo, un mayor y más claro espacio fiscal en el IRPF no sería suficiente para mejorar la corresponsabilidad. En 2009 se pasó de una cesión del 33% al 50%,

---

[164] DE LA FUENTE, Ángel, *Algunas propuestas para la reforma del sistema de financiación de las comunidades autónomas de régimen común*, Ed. Instituto de Análisis Económico (CSIC), Madrid, 2012

ampliando las competencias normativas y tuvo escaso éxito. Para incentivar la corresponsabilidad fiscal de los gobiernos autonómicos se requeriría ante todo un compromiso creíble de que no habrá nuevos rescates por parte del Estado."[165] Pues bien, la reforma propuesta también serviría para evitar que una Comunidad Autónoma manirrota tuviera que ser rescatada por el Estado so pena de dejar de dejar de prestar servicios públicos esenciales como la sanidad y la educación a los ciudadanos.

El objetivo de todo ello sería el de forzar a las autonomías y corporaciones locales a asumir su mayoría de edad fiscal, esto es, la necesidad de dar la cara ante sus ciudadanos, subiendo impuestos o asumiendo el coste político de recortes en prestaciones en caso necesario, de forma que el voto autonómico pueda jugar su papel natural como mecanismo de disciplina fiscal.

Dado que el Estado pagaría por la prestación efectiva del servicio sanitario y educativo, éstos no dejarían de prestarse en ningún caso, pues seguirían estando financiados incluso en el caso de quiebra autonómica, que únicamente afectaría al resto de servicios menos esenciales. Se trataría de un sistema que aseguraría la continuidad del funcionamiento ordenado de los servicios públicos fundamentales (y sólo los fundamentales) en un marco de extrema austeridad que implicaría la desaparición del resto de gastos. De esta forma se reducirían las posibles disrupciones de la vida ciudadana y se haría más creíble el compromiso de la administración central de no rescatar a las administraciones territoriales insolventes que por otra parte ya recoge la normativa actual aunque nadie termine de creérselo. El Estado no tendría así que socorrer a las CC.AA. manirrotas que, como por ejemplo en el caso de Cataluña, además insisten en continuar dedicando fondos a servicios públicos no esenciales, como la creación de estructuras de Estado para su hipotética independencia, la creación de embajadas en el extranjero, las subvenciones lingüísticas a medios de comunicación, etc.

La capacidad de tomar medidas preventivas, correctivas y coercitivas contra alguna administración pública no puede estar encomendada, como ahora, al Ministerio de Hacienda, sino a la Autoridad

---

[165] CONDE-RUIZ, J. Ignacio, *op. cit.*

Independiente de Responsabilidad Fiscal, un ente independiente de supervisión de las políticas presupuestarias de las administraciones públicas creado a instancias de la Unión Europea, con el mandato explícito de evaluar las previsiones macroeconómicas que subyacen a los presupuestos de las AAPP y el grado de cumplimiento de las reglas fiscales nacionales y supranacionales. En lugar de ser el Ministerio de Hacienda el que debe reconvenir, aceptar y/o rechazar los planes de equilibrio presupuestario que realicen las entidades subestatales, lo que propongo es constitucionalizar que sea la Autoridad Independiente de Responsabilidad Fiscal quien lo realice, dado que el Ministerio de Hacienda no deja de estar guiado por criterios políticos y, en la práctica, hasta la fecha ha sido incapaz, pese a los reiterados incumplimientos de algunas CC.AA., de atreverse a utilizar contra las CC.AA. los mecanismos coercitivos previstos en la Ley de Estabilidad Presupuestaria, dado los efectos políticos que ocasionaría tanto imponer esas medidas e incluso gestionar directamente algunos servicios autonómicos tanto cuando la Comunidad afectada está gobernada por el mismo partido político que el gobierno nacional, como cuando lo está por otro. La Autoridad Independiente de Responsabilidad Fiscal actuaría como ente neutral y ajeno al juego político con lo que las conveniencias políticas dejarían de ser un factor y la actividad de supervisión de la estabilidad presupuestaria en las administraciones públicas ganaría en credibilidad. Para ello, deberían incrementarse sus potestades para suplir al Ministerio de Hacienda en las previsiones de la Ley Orgánica 2/2012, de 27 de abril, de Estabilidad Presupuestaria y Sostenibilidad Financiera, y capacitarla para declarar en suspensión de pagos a una administración pública y que la administración competente de rango superior se hiciera cargo de la prestación de los servicios públicos básicos mientras se mantuviera en esa situación.

Dada la importancia de los poderes encomendados a la Autoridad Independiente de Responsabilidad Fiscal, debería modificarse su mecanismo de elección, da tal modo que no fuera el Ministerio de Hacienda quien propusiera a su máximo responsable, sino que fuera elegido por mayoría absoluta del Congreso de los Diputados y el Consejo de las Autonomías de entre una terna propuesta por el Cuerpo de Economistas del Estado.

F) Una Agencia Tributaria de las administraciones públicas

Propuesta. Las competencias de gestión tributaria deberían recaer en una agencia nacional independiente dedicada a la liquidación, inspección, recaudación e incluso la revisión de sus actos en vía administrativa. España cuenta con un problema de fraude fiscal de enormes consecuencias para la marcha de la economía, por lo que no parece razonable que en el marco de nuestra tradición se abra la posibilidad de crear más espacios abiertos a la ineficacia tributaria. Los cargos de dirección política de dicha agencia podrían consensuarse en el marco de las relaciones intergubernamentales, mientras que el personal administrativo respondería a las exigencias marcadas por la ley estatal correspondiente.

La competencia de gestión tributaria debería recaer en una agencia nacional independiente dedicada a la liquidación, inspección, recaudación y revisión de sus actos en vía administrativa.

Justificación. Si las CC.AA. van a recaudar sus fondos a través del IRPF, y el Estado a través del resto de impuestos, el control del fraude y la eficacia en la recaudación requiere de una Agencia Tributaria común a todas las administraciones públicas, que recaude en nombre de las mismas y destine los fondos al nivel territorial adecuado.

G) El sistema de concierto fiscal

Propuesta. Comparto la idea de la propuesta para una reforma federal del Estado elaborada por la Fundación Alfonso Perales por encargo del PSOE de Andalucía[166], que indica que "Pese a la anomalía que supone la subsistencia en el siglo XXI de sistemas de financiación de carácter confederal (especialmente en el seno de una Unión Europea que tiende hacia una mayor integración financiera), no parece que sea el momento oportuno para intentar la plena equiparación fiscal de los territorios históricos. Las instituciones del Concierto y el Convenio deben seguir manteniendo reconocimiento constitucional, al menos en esta reforma. No obstante, en el proceso de reforma constitucional es posible hacer frente a alguna de las más serias deficiencias que vienen mostrando en su

---

[166] CÁMARA VILLAR, Gregorio y otros, *op cit.*

aplicación práctica." En esta línea, cabría incluir en la Disposición Adicional Primera un mandato dirigido a la "actualización" del régimen foral en su dimensión financiera, a saber, que en la metodología de determinación del cupo y la aportación navarra tendrán necesariamente la consideración de cargas no asumidas por las Comunidades forales las transferencias del Estado destinadas a la nivelación financiera de las CC.AA.

Es decir, se puede mantener el régimen singular del concierto pero regulando de forma más precisa el cupo, su cuantificación y exigiendo un procedimiento transparente para su negociación. El problema del concierto vasco y navarro no es tanto que se presenten como una excepción constitucional en términos de igualdad, sino que las leyes quinquenales que determinan la aportación de País Vasco y Navarra a la solidaridad común, sirven para fijar el coste de las competencias no asumidas y miden la proyección de las economías de ambas regiones en el consumo nacional, producen una sobrefinanciación francamente discriminatoria. Siendo lo cierto que hoy por hoy el régimen foral se identifica fuertemente en el País Vasco y Navarra con la idea de autonomía financiera y fiscalidad propia, resultaría difícil plantear en términos políticos una eliminación de los privilegios forales.

Así, la Constitución establecería la obligación de las CC.AA. del régimen de Concierto de participar con el régimen común en el sistema del Fondo de Compensación Territorial (FCI), contribuyendo a la solidaridad nacional y reduciendo el diferencial en términos de financiación por habitante.

Finalmente, el hecho de que el Estado se convierta en el destinatario del 100% del IVA reduciría también las disfunciones del actual sistema de cálculo, con lo que el sistema de Concierto resultante de todas estas modificaciones sería más que aceptable en comparación con la situación actual, permitiendo su mantenimiento y sostenibilidad futura.

Justificación. De la Fuente[167] ha analizado en profundidad el sistema de financiación autonómica en España, incluyendo los conciertos

---

[167] DE LA FUENTE, Ángel, *La financiación territorial en España: situación actual y propuestas de reforma*, CEOE, Madrid, 2010.

fiscales. "El sistema de convenio o concierto que se aplica en las comunidades forales sigue una lógica inversa a la del sistema de financiación de los territorios de régimen común. A diferencia de lo que sucede en el resto de España, las haciendas forales recaudan el grueso de los impuestos y transfieren después al Estado una cantidad que en principio debería cubrir la parte que les corresponde pagar por renta del coste de las competencias que el Estado continúa ejerciendo en todo el territorio nacional. Una virtud importante del sistema es que asegura la plena responsabilidad fiscal de los territorios forales, que tienen un control sobre sus ingresos muy superior al de las comunidades de régimen común. Por otra parte, la forma en la que el sistema se ha implementado en la práctica plantea serios problemas de equidad y supone también una fuente permanente de inestabilidad para el sistema de régimen común al ser percibido como un agravio comparativo en las regiones no forales de mayor renta."

Según los cálculos de De la Fuente[168], la financiación por habitante del País Vasco es superior en un 60% a la media de las regiones de régimen común a igualdad de competencias. El origen del desajuste está en las leyes quinquenales del Cupo, donde los principios y procedimientos de valoración establecidos en la ley del Concierto se concretan de una forma muy discutible. Los problemas fundamentales que se detectan son dos. Primero, la valoración de las cargas estatales no asumidas por el País Vasco que se recoge en los anexos de las leyes quinquenales está fuertemente sesgada a la baja. Y segundo, el ajuste por IVA se realiza utilizando valores desfasados de los coeficientes que recogen el peso del País Vasco en el consumo nacional y en la base del impuesto. Concluye De la Fuente que "la privilegiada situación financiera de la que disfrutan las provincias vascas no es una consecuencia inevitable de las peculiaridades institucionales de estos territorios que se recogen en la Constitución y el Estatuto de Autonomía del País Vasco y se desarrollan en la ley del Concierto. En términos de redistribución regional o de financiación autonómica, el auténtico problema no es el régimen foral per se, sino la muy discutible concreción financiera del mismo que se ha hecho en las

---

[168] DE LA FUENTE, Ángel, *La financiación territorial en España: situación actual y propuestas de reforma*, CEOE, Madrid, 2010.

leyes quinquenales del Cupo en clara violación de la prohibición constitucional de que los regímenes autonómicos comporten privilegios económicos o sociales (art. 138.2 CE)." La ley del Concierto remite a las leyes del Cupo para la fijación de los coeficientes que se utilizan para calcular el importe del ajuste por IVA durante cada quinquenio en base al peso del País Vasco en el consumo nacional y en la base del impuesto. Aunque la lógica del ajuste es impecable, la forma en que su cálculo se concreta en las leyes quinquenales resulta muy discutible debido fundamentalmente a que los valores de los coeficientes que fija la ley del Cupo son más favorables al País Vasco que el dato real. De este modo, el ajuste por IVA que se realiza en la práctica es superior a lo que exigiría una aplicación rigurosa de la ley del Concierto. El grueso del problema proviene del ajuste por operaciones interiores, que pasaría a ser negativo en vez de positivo si se utilizase el peso real del País Vasco y Navarra en el consumo y en la base teórica del IVA.

Según Zubiri[169], en 2010 el cupo del régimen foral del País Vasco ascendía a 1.009 millones de euros, que debía traspasar al Estado, pero por ajustes de IVA, Impuestos Especiales y acuerdos y convenios, el saldo final fue favorable a la Comunidad Autónoma Vasca en 283 millones, una diferencia de 1.417 millones de euros. Con datos aún más actualizados y una metodología más detallada, las Cuentas Públicas Territorializadas presentadas por el Ministerio de Hacienda para 2011, permite establecer que el País Vasco mantenía un saldo fiscal positivo de 1.576 millones de euros (un 2,43% de su PIB) y Navarra de 39 millones de euros (un 0,19% de su PIB), es decir, un total de 1.615 millones de euros, cuando su posición relativa de acuerdo con la recta de regresión por renta per cápita, debería estar en un saldo negativo del -2% del PIB en el País Vasco (unos 1.300 millones de euros) y del -1,6% en Navarra (unos 325 millones de euros). Esto supone un desfase conjunto del País Vasco y Navarra en 2011 de casi 3.250 millones de euros.

En resumen, las haciendas forales vasca y navarra aportaron a las arcas del Estado casi 3.250 millones de euros menos de lo que deberían haber aportado en 2011. El cupo corregido por déficit e ingresos no

---

[169] ZUBIRI, Ignacio, *op. cit.*

concertados que se fija en ambas leyes quinquenales está en torno a un tercio del valor que se obtiene por el procedimiento alternativo de cálculo. Con mi propuesta, la transferencia del Estado al País Vasco por ajustes de IVA y otros impuestos desaparecerían, pues estos impuestos corresponderían exclusivamente al Estado y no habría lugar a compensaciones del cupo por ellos, a lo que habría que añadir los 1.150 millones que también de acuerdo con mi propuesta deberían aportar las haciendas forales al FCI. De esta forma, en lugar de recibir 1.615 millones del resto del Estado, las haciendas forales vasca y navarra se convertirían en contribuyentes netas al sistema de financiación autonómica, aportando 952 millones de euros, que es lo que les corresponde dada su riqueza relativa. De este modo, el sistema de Concierto resultante de todas estas modificaciones sería más que aceptable y sostenible en el futuro.

H) ¿Cómo se estipularía la financiación autonómica en la Constitución?

Propuesta. Creo que, de nuevo, la Ley Fundamental alemana nos debería servir de referencia en lo que respecta a la filosofía del sistema de financiación territorial. Así, habría que introducir un artículo sobre la responsabilidad de los ingresos y gastos, al estilo del artículo 104 de la ley fundamental alemana. Diría algo parecido a lo siguiente:

1. El Estado y las CC.AA. asumen por separado los gastos que resulten del cumplimiento de sus tareas, siempre que la presente Constitución no disponga otra cosa.

2. En los Presupuestos Generales del Estado se establecerá una asignación a las Comunidades Autónomas a través de un sistema de pago de una cuantía igual en toda España por beneficiario (corregido por la edad allí donde se justifique, por ejemplo en sanidad y educación no universitaria) en sanidad, educación no universitaria y seguridad ciudadana e instituciones penitenciarias, lo que garantiza un nivel equivalente en la prestación de los servicios públicos fundamentales en todo el territorio español.

3. Las leyes estatales, que ocasionen deberes de las CC.AA. respecto a la realización de prestaciones pecuniarias, prestaciones de bienes

valorables en dinero o prestaciones comparables de servicios frente a terceros, y que sean ejecutadas por las CC.AA., requieren la aprobación del Consejo de las Autonomías cuando los gastos que resulten de ello sean asumidos por las CC.AA.

4. El Estado y las CC.AA. asumen según su distribución interna de competencias y tareas las cargas de una infracción de las obligaciones supranacionales, en particular de la Unión Europea, o de Derecho Internacional Público de España.

5. El Estado puede en casos de catástrofes naturales o de situaciones extraordinarias de emergencia, que se sustraen al control del Estado y que gravan considerablemente la situación financiera de una o varias CC.AA, otorgar ayudas financieras sin competencias legislativas.

6. Con el fin de corregir desequilibrios económicos interterritoriales y hacer efectivo el principio de solidaridad, se constituirá un Fondo de Compensación Interterritorial (FCI) con destino a gastos de inversión, cuyos recursos serán distribuidos entre las Comunidades Autónomas con una renta por habitante inferior al 90% de la media nacional, y recaudado de entre las Comunidades Autónomas con una renta por habitante superior al 110% de la renta nacional. Los territorios forales contribuirán de forma idéntica al resto de Comunidades Autónomas a sufragar este Fondo de Compensación, o se beneficiarán de él de la misma manera. Las CC.AA. con una renta per cápita inferior al 75% de la media nacional cofinanciarán las inversiones del FCI con un 25% de fondos propios, mientras que las CC.AA. con una renta per cápita entre el 75% y el 90% de la media nacional cofinanciarán las inversiones del FCI con un 35% de fondos propios. Una ley regulará los términos exactos del FCI.

7. El Estado participará en la realización de tareas de las CC.AA., cuando éstas fueren importantes para la colectividad y se requiera la participación del Estado para mejorar las condiciones de vida, en las materias siguientes:

   a. Inversiones en las materias de legislación estatal o concurrentes entre el Estado y las CC.AA., de acuerdo con el reparto competencial propuesto. En estas materias, el Estado se haría cargo de la mitad de los gastos, mientras que la región beneficiada financiaría la otra mitad. Así, las ayudas a infraestructuras sanitarias, educativas, de investigación, etc. se extenderían a todas las CC.AA. en las mismas condiciones, sin discriminación alguna.

b. Inversiones en la mejora de la estructura económica regional. Se trata de materias competencia exclusiva de las CC.AA., pero que el Estado desea promover para mejorar la economía. En estas materias el Estado se haría cargo del 25% de los gastos.

En estos casos, la ley estatal fijaría criterios globales y objetivos sobre el reparto de los fondos en régimen de concurrencia competitiva. El Estado creará un Fondo específico para las tareas comunes al que acudirían las CC.AA. presentando proyectos de inversión.

En otro artículo se debería especificar qué ente territorial tiene las competencias legislativas sobre los impuestos. Así:

1. El Estado:

a. Posee la competencia legislativa exclusiva sobre los derechos aduaneros y monopolios fiscales. Los monopolios fiscales han perdido en España la importancia jurídica y recaudatoria que tuvieron en otros momentos de la historia de la hacienda pública. Hoy sólo subsisten el del Tabaco (en la venta al por menor en Península y Baleares) y el de la Lotería Nacional, pero conviene una regulación más general por si en el futuro se reestablecieran monopolios como los del petróleo, energía o telecomunicaciones.

b. Posee la competencia legislativa exclusiva cuando los ingresos procedentes de los impuestos cuyos ingresos le correspondan totalmente.

c. Posee la competencia legislativa concurrente y de armonización sobre los demás impuestos. Siguiendo el ejemplo Europeo, que dicta mínimos y máximos para las tipos impositivos de los impuestos más relevantes con el objeto de armonizar la fiscalidad europea y evitar la competencia fiscal entre estados, dentro de esa legislación básica se incluirían necesariamente los límites impositivos mínimo y máximo para cada hecho imponible, con el objeto de someter la imposición autonómica a una cierta armonización. Las leyes estatales sobre impuestos cuyos ingresos correspondan total o parcialmente a las CC.AA. o a los municipios requieren la aprobación del Consejo de las Autonomías. El Consejo de las Autonomía posee iniciativa legislativa sobre estas leyes.

2. Las CC.AA.:

   a. Gozarán de autonomía financiera para el desarrollo y ejecución de sus competencias con arreglo a los principios de coordinación con la Hacienda estatal y de solidaridad entre todos los españoles.

   b. No podrán en ningún caso adoptar medidas tributarias sobre bienes situados fuera de su territorio o que supongan obstáculo para la libre circulación de mercancías o servicios.

   c. Poseen competencia legislativa sobre los tramos, tipos impositivos y deducciones en el IRPF.

   d. No podrán establecer nuevos impuestos si los nuevos impuestos están ya gravados por el Gobierno central; si afectan a la libre circulación o establecimiento de personas, mercancías, servicios y capitales; o si obstaculizan las transacciones económicas o financieras.

   e. Delegarán la recaudación, la gestión y la liquidación de los recursos tributarios en la Agencia Tributaria Nacional, en la que el Consejo de las Autonomías nombrará un delegado, con el fin de garantizar una gestión única de los ingresos tributarios de todas las administraciones públicas y perseguir con eficacia el fraude fiscal. La Agencia Tributaria Nacional ingresará directamente a las CC.AA. las cantidades recaudadas por sus propios impuestos.

Una vez aclarado quién legisla sobre cada impuesto, es el momento de establecer el reparto de los ingresos impositivos, lo que debería realizarse en otro artículo de la CE. Mi propuesta sería:

1. Corresponden al Estado el producto de los monopolios fiscales y de los impuestos siguientes:

   a. los derechos aduaneros y monopolios fiscales;

   b. el impuesto sobre la renta de los no residentes;

   c. el impuesto sobre sociedades;

   d. los impuestos sobre el capital, incluyendo el patrimonio, la riqueza, sucesiones y donaciones, cuya recaudación en la actualidad se destina a las CC.AA., con ingresos de 3.600 millones de euros y numerosos casos de competencia a la baja con otras CC.AA. para "captar" contribuyentes ricos;

   e. los impuestos medioambientales directos o indirectos;

   f. los impuestos indirectos, recuperando el 50% del IVA que en la actualidad recaudan las CC.AA., así como el 100% de los impuestos de transmisiones patrimoniales y especiales (alcohol y bebidas derivadas, cerveza, productos intermedios, hidrocarburos, labores del tabaco, electricidad y carbón). Supone una recaudación extra para el Estado de 35.900 millones de euros.

   g. los tributos dentro del marco de la Unión Europea.

2. Corresponden a las CC.AA. los ingresos procedentes de los siguientes impuestos:

   a. el impuesto sobre la renta de los residentes. Según los presupuestos de 2015, recibirían unos 40.200 millones de euros adicionales (hasta los 73.000 millones de euros) por este concepto, aunque cada región podría modificarlo para incrementar o reducir sus ingresos. Eso sí, ellas asumirían el incremento de sus tipos impositivos, asumiendo su parte de "culpa" ante los electores. La Agencia Tributaria entregaría las retenciones del trabajo a las CC.AA., acabando con la incertidumbre sobre el cobro de los ingresos tributarios, y los ciudadanos realizarían una declaración específica por cada Comunidad, cada una con sus tramos, tipos impositivos y deducciones.

   b. Sus propias tasas, contribuciones especiales y precios públicos.

c. Transferencias de un Fondo de Compensación interterritorial y otras asignaciones con cargo al Fondo previsto en los Presupuestos Generales del Estado para la realización de tareas comunes.

d. Rendimientos procedentes de su patrimonio e ingresos de derecho privado.

e. El producto de las operaciones de crédito.

3. Los municipios reciben una parte de los ingresos provenientes del impuesto sobre la renta, que las CC.AA. deberán hacer llegar a sus municipios sobre la base de los pagos efectuados por sus habitantes en concepto de impuesto sobre la renta. La regulación se hará por una ley estatal que requiere la aprobación del Consejo de las Autonomías. Dicha ley podrá autorizar a los municipios para que fijen recargos sobre el impuesto sobre la renta regional para la participación municipal.

a. Pueblos o municipios con menos de 20.000 habitantes. Se financiarían exclusivamente con los tributos propios. La regulación de estos tributos corresponde al Estado, con la aprobación del Consejo de las Autonomías, si bien los municipios tienen atribuido constitucionalmente el derecho a establecer los tipos de gravamen. Son: Impuesto sobre Bienes Inmuebles municipal; Impuesto sobre Actividades Económicas; Impuesto sobre Vehículos de Tracción Mecánica; Impuesto sobre Construcciones, Instalaciones y Obras; Impuesto sobre el Incremento del Valor de los Terrenos; Impuesto sobre Gastos Suntuarios; tasas, contribuciones y precios públicos.

b. Villas o municipios entre 20.000 y 99.999 habitantes. Se financiarían con tributos propios, así como el 15% de la cuota líquida del Impuesto sobre el IRPF de su Comunidad Autónoma. El reparto se realizaría de acuerdo con el domicilio de residencia que el ciudadano haya declarado. El municipio podrá establecer recargos o deducciones sobre la cuota líquida del IRPF de sus contribuyentes.

c. Ciudades o municipios con 100.000 habitantes o más. Se financiarían con sus tributos propios, así como el 30% de la cuota líquida del IRPF de las Comunidad Autónoma. El reparto se realizaría de acuerdo con el domicilio de residencia que el ciudadano haya declarado. El municipio podrá establecer recargos o deducciones sobre la cuota líquida del IRPF de sus contribuyentes.

Mediante ley orgánica podrá regularse el ejercicio de las competencias financieras enumeradas en los apartados anteriores, las normas para resolver los conflictos que pudieran surgir y las posibles formas de colaboración financiera entre las Comunidades Autónomas y el Estado.

8. CREACIÓN DE UN NUEVO TÍTULO VII BIS. DE LA UNIÓN EUROPEA

Propuesta. Aunque hasta ahora nuestro Tribunal Constitucional ha venido dictaminando que las reformas en los tratados de la UE no afectan a nuestra Constitución, como ha sucedido en otros países parece necesario el establecimiento de las llamadas "cláusulas europeas", que afectan a una pluralidad de cuestiones de relevancia jurídica relacionadas con la pertenencia de España a la Unión Europea. Se trata de que la Constitución señale la integración del derecho europeo con el nacional, su procedimiento de ratificación, las consecuencias, así como la participación del Estado y las CC.AA. en la toma de decisiones europeas y en la aplicación del derecho comunitario. "El Derecho de la Unión Europea no es Derecho internacional, sino que forma parte integrante en una posición de supremacía de nuestro ordenamiento jurídico y, por tanto, de los subordenamientos jurídicos de las CC.AA."[170]

En este asunto, parece conveniente la introducción de un nuevo Título en la Constitución que haga referencia a la Unión Europea, con un carácter omnicomprensivo, recogiéndose en él todos los elementos que actualmente están dispersos por la Constitución, además de los nuevos que se incluyan. A esa recopilación habría que añadir dos nuevos párrafos donde se recojan la participación de las CC.AA. en el proceso de adopción de normas comunitarias, así como la aplicación del Derecho comunitario por parte de las mismas, sin relegar esta cuestión al título referente a la reforma del Senado. Para ello, planteo crear un título VII bis de la Constitución Española.

Justificación. Dentro de la reforma propuesta, creo oportuno clarificar que la materia "relaciones internacionales", exceptuando las relaciones con la UE, queda encomendada exclusivamente a los órganos centrales del Estado, pues a éste y a nadie más corresponde defender los intereses generales ante terceros. El hecho de que el Tribunal Constitucional, en otra sentencia "creativa", haya permitido que las CC.AA. puedan ejercer la "acción exterior" ante instancias internacionales

---

[170] ÁLVAREZ CONDE, Enrique, *Reforma constitucional y reformas estatutarias,* Fundación FAES, Cuadernos de pensamiento político, Madrid, 2006.

en los ámbitos materiales de su competencia, pese a que la Constitución asigna al Estado la competencia exclusiva sobre las relaciones internacionales, plantea varios problemas de coordinación y eficacia a los que se debe encontrar una solución, especialmente cuando alguna región, como Cataluña, utiliza con evidente deslealtad los mecanismos de acción exterior que la doctrina constitucional le permite para intentar violentar esa misma Constitución promocionando su "derecho a decidir" en el extranjero a través de sus "embajadas" en el exterior. Según mi propuesta, las "embajadas" exteriores quedarían prohibidas para las CC.AA., exceptuando la representación en Bruselas ante la UE, ya que la UE se ha convertido más en un capítulo de política interna que externa. En esa línea, lo anterior significa que las CC.AA. no pueden llevar a cabo actuaciones referidas a los ámbitos internacionales, excepto en al ámbito de sus competencias, que propongo clarificar:

- Las CC.AA. participan en las decisiones del Estado a través del Consejo de las Autonomías, en general, y, por tanto, también en las decisiones internacionales.

- Las CC.AA. ejecutan, al menos, parte del Derecho internacional y de la Unión Europea.

- Y que las CC.AA., también en ese ámbito, tienen un margen de maniobra autónomo para tratar con las entidades subestatales (las regiones, para entendernos) de los países de la UE, lo que se suele llamar la "acción exterior" de las CC.AA.

El ingreso en las Comunidades Europeas supuso una pérdida de capacidad de decisión tanto del Estado como de las CC.AA., ya que afectaba a competencias tanto de uno como de las otras. Pero mientras que el Estado, a través de la presencia de los ministros del Gobierno en el Consejo de la UE, recupera, si se puede hablar así, una cierta capacidad de decisión sobre las materias que correspondían tanto a sus competencias internas como a las de las CC.AA., estas últimas carecen de ese acceso a los órganos de decisión de las Comunidades Europeas. Esta nueva situación acarrea un desequilibrio negativo en relación con las CC.AA. y la manera en que se ha intentado compensar ha sido el establecimiento de diversos cauces de participación de éstas en las decisiones comunitarias europeas. Para llevar a cabo esta participación se han creado órganos específicos surgidos en torno a la Administración del Estado, en concreto, a través de las Comisiones Sectoriales y las Conferencias de Presidentes.

En cuanto al funcionamiento de las Comisiones Sectoriales, éstas funcionan bien en relación con la transmisión de información, pero hasta la fecha no se ha producido ningún caso en que las CC.AA. hayan sido capaces de lograr una posición común entre ellas, lo que repercute, obviamente, en su capacidad de influir en la voluntad del Estado. Igualmente, sus integrantes pueden llegar a carecer de una visión global de los problemas, y sus trabajos pueden sufrir de una perspectiva excesivamente sectorial. Asimismo, sus trabajos carecen de publicidad. Mi alternativa a estas críticas ha consistido como ya se ha visto en la sustitución de las conferencias sectoriales por un Senado reformado, el Consejo de las Autonomías, que se encargue de estas cuestiones y que pueda asegurar la ventaja funcional de una visión global de los problemas, así como la cuestión de principio, desde el punto de vista de la democracia, de la publicidad de las tareas parlamentarias.

Hasta la fecha, se han desarrollado tres vías de participación de las CC.AA. en los asuntos comunitarios europeos que se exponen a continuación: a) la presencia de funcionarios autonómicos en la Consejería para Asuntos Autonómicos en la Representación Permanente de España ante la Unión Europea (REPER); b) la participación autonómica en los grupos de trabajo del Consejo de la Unión Europea; y c) la representación autonómica en las formaciones del Consejo de la Unión Europea. En general, la valoración que se ha hecho de la presencia de representantes de las CC.AA. en los Comités comunitarios es positiva.

Otro problema surge a partir de la capacidad de las CC.AA. para ejecutar en el ámbito de sus competencias tanto el Derecho comunitario como el internacional, en general. Mientras que las CC.AA. tienen en sus manos esta capacidad de actuación, el Estado es el responsable internacionalmente del cumplimiento de las obligaciones contraídas en virtud de los distintos acuerdos internacionales. Y podría suceder que el Estado incurriera en responsabilidad internacional si una o varias CC.AA. dejaran de cumplir, o lo hicieran incorrectamente, esas obligaciones internacionales. La posible solución a este problema puede venir del reconocimiento al Estado de la capacidad, llegado el caso, de satisfacer las obligaciones internacionales cuando no lo hacen las CC.AA. competentes en un primer momento.

Y también puede aparecer un tercer problema desde el momento en que las CC.AA. llevan a cabo actividades diversas comprendidas en la llamada "acción exterior", en la medida en que pueden interferir en la competencia del Estado sobre las relaciones internacionales. Esta posible interferencia en la competencia del Estado, que es el aspecto principal de este problema si se mira desde el punto de vista jurídico, puede verse también desde otras perspectivas, como, por ejemplo, el costo económico que puede acarrear una doble actividad innecesaria, del Estado y de las CC.AA., en la materia de las relaciones internacionales. Siempre que sean "necesarias o al menos convenientes para el ejercicio de sus competencias", son posibles jurídicamente estas actuaciones de las CC.AA. Estas actuaciones de las regiones o entidades de un Estado compuesto son bastante habituales en Estados Unidos, Canadá y Europa desde los años ochenta del siglo XX y reciben el nombre de paradiplomacia por referencia a la "verdadera" diplomacia que llevan a cabo los sujetos de Derecho internacional. En el caso de Europa, la acción exterior de las regiones tiene también una relación directa con la propia Unión Europea. El surgimiento de un nuevo poder en Europa ha debilitado la fuerza centrípeta propia de cada Estado de modo que muchas regiones, especialmente las más dinámicas o las que pretenden un reforzamiento de su "identidad", las utilizan para sacar adelante sus propios intereses. En relación con la "acción exterior" de las CC.AA. se puede hablar de inseguridad y de incoherencia. Algunas actuaciones concretas de carácter exterior de las CC.AA. plantean problemas que ponen en entredicho la unidad de acción exterior del Estado o la dificultan y, desde luego, suponen un costo económico superfluo desde el punto de vista del interés general que habría que tener en cuenta en todo momento[171]. Parece, por tanto, que se necesita una regulación global de todo lo concerniente a la "diplomacia

---

[171] Para una descripción más detallada de los mismos, ver COLINO, C., *La acción internacional de las comunidades autónomas y su participación en la política exterior española*, Ed. Fundación Alternativas, Madrid, 2007.

paralela" de las CC.AA. Proporcionaría una seguridad jurídica de la que hoy se carece y se preservaría con mayor certeza que ahora la competencia del Estado sobre la materia y el interés general que existe detrás. En mi propuesta, las CC.AA. podrían concluir tratados con las regiones de los países miembros de la UE en el ámbito de sus competencias. Estos tratados no podrán ser contrarios ni al derecho ni a los intereses del Estado, ni al derecho de otras CC.AA. Antes de concluir un tratado, la Comunidad Autónoma estará obligada a obtener la aprobación del Consejo de las Autonomías y del Congreso de los Diputados. Así pues, las CC.AA. podrán tratar directamente con autoridades de rango inferior de otros países de la UE; por lo demás las relaciones de la Comunidad Autónoma con otros países miembros de la UE tendrán lugar mediante la intermediación del Estado.

A) Participación y ratificación de los Tratados de la Unión Europea

Propuesta. De acuerdo con el Informe del Consejo de Estado sobre esta materia, el título nuevo (Título VII bis. De la Unión Europea) debería comenzar de la siguiente forma:

"1. España participa en el proceso de integración europea y, con este fin, el Estado español, sin mengua de los principios consagrados en el Título Preliminar, coopera con los demás Estados miembros a través de instituciones comunes en la formación de una Unión comprometida con el Estado de Derecho, la democracia y los derechos fundamentales.

2. La prestación del consentimiento para la ratificación de los tratados a través de los que se lleva a cabo la participación de España en la integración europea requerirá la previa autorización de las Cortes Generales por mayoría absoluta de ambas Cámaras. Si no hubiera acuerdo entre ambas, el Congreso, por mayoría de tres quintos, podrá autorizar la celebración de dichos tratados.

3. Dentro del marco establecido en el apartado 1, los Tratados de la Unión Europea y las normas emanadas de sus instituciones en el ejercicio de sus competencias serán aplicables en España en los términos definidos por el propio Derecho de la Unión."

Justificación. El texto propuesto, establece la novedad de la mayoría absoluta también en el Consejo de las Autonomías, cámara territorial, para la ratificación de los tratados comunitarios. La justificación radica en los motivos expuestos en la introducción de este capítulo. El ingreso en las Comunidades Europeas supuso una pérdida de capacidad de decisión tanto del Estado como de las CC.AA., ya que afectaba a competencias tanto de uno como de las otras. Pero mientras que el Estado, a través de la presencia de los ministros del Gobierno en el Consejo de la UE, recuperaba cierta capacidad de decisión sobre las materias que correspondían tanto a sus competencias como a las de las CC.AA., estas últimas no podían acceder ni participar en los órganos de decisión de la UE. Esta nueva situación acarrea un desequilibrio negativo en relación con las CC.AA. y la manera en que se ha intentado compensar ha sido el establecimiento de diversos cauces de participación de éstas en las decisiones comunitarias europeas. El primero y fundamental es la necesaria ratificación de la cámara de representación de las CC.AA. de los nuevos Tratados con la UE, una importante prerrogativa que hasta ahora escapaba de las competencias autonómicas. De esta forma, las CC.AA. tendrán que aceptar nuevos acuerdos con la UE, pues afectan a sus competencias.

B) Participación de las CC.AA. en las decisiones comunitarias europeas del Estado

Propuesta. La regulación de este precepto debería ser similar a la siguiente:

1. En los asuntos vinculados con la Unión Europea participan el Congreso y las CC.AA. a través del Consejo de las Autonomías. El Gobierno del Estado deberá informar en detalle y con la menor dilación al Congreso y al Consejo de cualquier novedad en estos asuntos.

2. Antes de participar en los actos normativos de la Unión Europea, el Gobierno del Estado dará al Consejo de las Autonomías la oportunidad de expresar su parecer. En tanto la materia afectada se trate de una competencia de legislación del Estado o concurrente, el Gobierno del Estado tendrá en cuenta la toma de posición del Consejo. Cuando en su

esencia sean afectadas las competencias exclusivas de las CC.AA., el punto de vista del Consejo habrá de ser tenido en cuenta de forma determinante en la formación de la voluntad del Estado.

3. El Estado reservará a las CC.AA. un puesto como representante de las CC.AA. en la Representación Permanente de España ante la Unión Europea (REPER). Este representante será elegido por el Consejo de las Autonomías de entre las personas al servicio de las CC.AA. y será financiado por éstas. El Consejo determinará las normas de elección de este representante. En todo momento la dirección de las negociaciones y el voto corresponden al representante del Estado. Con esta representación autonómica se lograría una total claridad de los asuntos comunitarios europeos que pasan por el REPER en relación con las CC.AA., y la implicación responsable de las CC.AA. en la política del Estado en relación con la Unión a través de la participación en labores que, en principio, corresponden al Estado, de acuerdo con el artículo 149.1.3 CE. Esta implicación permitiría a todos, incluidos los gobernantes autonómicos, ver la realidad de los problemas, lo que puede servir para cimentar sobre experiencias concretas una actitud de lealtad institucional. Por otra parte, creo que es muy útil que el Estado en su conjunto pueda aprovechar los servicios no sólo de los funcionarios de sus órganos centrales sino también los de las CC.AA., que en muchos casos son los encargados de ejecutar las normas comunitarias y conocen de primera mano los problemas y dificultades que se pueden plantear.

4. Bajo los mismos criterios, el Estado reservará a las CC.AA. un puesto como representante de las CC.AA. en los distintos Comités de la Unión Europea donde se traten asuntos que sean de la competencia concurrente o de legislación estatal o exclusiva de las CC.AA. En todo momento la dirección de las negociaciones y el voto corresponden al representante del Estado.

5. Cuando en su esencia sean afectadas competencias legislativas exclusivas de las CC.AA., la representación española en el Consejo de Ministros de la UE incluirá un representante autonómico, nombrado

por el Consejo de las Autonomías, con voz pero sin voto. En todo momento la dirección de las negociaciones y el voto corresponden al representante del Estado. El ejercicio de los derechos se realizará con la participación del representante del Consejo y de acuerdo con él.

6. Las Cortes Generales podrán reclamar de los Parlamentos Autonómicos su participación en algunas decisiones de la Unión Europea para que expongan su punto de vista respecto de algunos proyectos concretos de decisión comunitaria.

7. La regulación de los apartados anteriores se hará por una ley que requiere la aprobación del Consejo.

Justificación. De la jurisprudencia del Tribunal Constitucional cabe deducir que cuando el Estado quiere adoptar una decisión a partir de su competencia internacional y junto con ésta concurre una competencia autonómica, se impone al competente internacional la participación de la comunidad autónoma en la adopción de sus decisiones. Sería necesario que este principio, que se aplica en la vida cotidiana de nuestro Estado autonómico, figurara expresamente en la Constitución.

Una sanción jurídica expresa en la propia Constitución del principio de participación prestaría una garantía formal a las CC.AA. en esta materia[172]. El Estado en su conjunto también vería más realzada, si cabe, su función de instancia integradora del interés nacional a partir de las demandas que se producen en su seno. Finalmente, la constitucionalización de un principio de participación como el enunciado, además de las consecuencias simbólicas y didácticas que arrastra, en la medida en que sería una expresión más de la naturaleza del Estado, fortalecería el concepto de autonomía cooperativa e integradora que la Constitución ya contiene implícitamente y que, de este modo, podría apoyarse sobre una nueva base explícita.

---

[172] PÉREZ CALVO, Alberto, *Estado autonómico, Unión Europea y mundialización*, Fundación Alternativas, Madrid, 2010.

C) Tratados con regiones de países de la UE

Propuesta. Las relaciones exteriores son exclusivas del Estado, pero las CC.AA. podrán concluir tratados con las regiones de los países miembros de la UE en el ámbito de sus competencias. Estos tratados no podrán ser contrarios ni al derecho ni a los intereses del Estado, ni al derecho de otras CC.AA. Antes de concluir un tratado, la Comunidad Autónoma estará obligada a obtener la aprobación del Consejo de las Autonomías y del Congreso de los Diputados. Así pues, las CC.AA. podrán tratar directamente con autoridades de rango inferior de otros países de la UE; por lo demás las relaciones de la Comunidad Autónoma con otros países miembros de la UE tendrán lugar mediante la intermediación del Estado.

Es decir, se abre la posibilidad, hasta ahora reservada a las Cortes Generales o al Gobierno para que las CC.AA. celebren tratados internacionales, aunque limitados a las regiones de los países de la UE.

Justificación. La Unión Europea fomenta las relaciones a todos los niveles entre las regiones de distintos países miembros, especialmente las fronterizas, y el hecho de que pudieran llegar a celebrarse tratados entre ellas no sería más que la culminación lógica del estrechamiento de relaciones en estos aspectos, y la Constitución debería permitirlo, siempre que se inscriba en la necesaria lealtad institucional y no perjudique los intereses del Estado o de otras CC.AA., para lo cual se requerirá la aprobación tanto del Consejo de las Autonomías.

D) Principios de sustitución y derecho de vigilancia

Propuesta. Las reglas generales del Derecho internacional público son parte integrante del Derecho del Estado. Tienen primacía sobre las leyes y crean directamente derechos y obligaciones para los habitantes del territorio nacional.

Las CC.AA. estarán obligadas a tomar las medidas que resulten necesarias para la aplicación de tratados internacionales dentro de su respectiva esfera de actuación autónoma. El Estado velará porque esto ocurra y requerirá a las CC.AA. que incumplan la normativa comunitaria para que lo hagan en un plazo establecido so pena de incurrir en responsabilidades financieras. En caso de incumplimiento de la aplicación de los tratados internacionales y, en especial, del derecho comunitario, el Estado seguirá siendo responsable ante terceros, pero asumirá la competencia para adoptar dichas medidas, en particular la promulgación de las leyes necesarias, y trasladará a las CC.AA. incumplidoras las penalizaciones financieras que su inactividad haya podido causar. Toda medida adoptada por el Estado con arreglo al presente precepto, especialmente toda ley así promulgada o decreto dictado de este modo, dejará, sin embargo, de tener vigencia, en cuanto la comunidad en cuestión haya tomado las medidas necesarias.

Igualmente tendrá el Estado, como motivo de la ejecución de tratados con Estados extranjeros, el derecho de vigilancia, incluso en las materias que pertenezcan al ámbito de actuación autónoma de las CC.AA. En este punto ostentará el Estado frente a las CC.AA. los mismos derechos que en las materias de competencia de legislación estatal.

Justificación. El problema que pretende resolver esta propuesta surge a partir de la capacidad de las CC.AA. para ejecutar en el ámbito de sus competencias tanto el Derecho comunitario como el internacional, en general. Mientras que las CC.AA. tienen en sus manos esta capacidad de actuación, el Estado es el responsable internacionalmente del cumplimiento de las obligaciones contraídas en virtud de los distintos acuerdos internacionales. Y podría suceder (y de hecho ya sucede) que el Estado incurriera en responsabilidad internacional si una o varias CC.AA. dejaran de cumplir, o lo hicieran incorrectamente, esas obligaciones internacionales. La posible solución a este problema puede venir del reconocimiento al Estado de la capacidad, llegado el caso, de satisfacer las obligaciones internacionales cuando no lo hacen las CC.AA. competentes en un primer momento para ello, además de hacerlas responsables financieramente por ello.

9. REFORMA DEL TÍTULO VIII. DE LA ORGANIZACIÓN TERRITORIAL DEL ESTADO

Llegamos al meollo de la reforma territorial que propongo. Más de 35 años después de la descentralización del Estado fruto de la Constitución de 1978, está claro que, por los factores expuestos ampliamente con anterioridad, nuestro Estado de las Autonomías no funciona correctamente. Para que funcione es preciso reformar precisamente el Título de la Constitución que se encarga de la organización territorial del Estado. Con esta reforma se intentaría reducir la conflictividad del sistema autonómico, delimitando mejor las atribuciones de cada nivel y racionalizar la estructura territorial española, eliminando duplicidades, delimitando claramente quién hace qué y obligando a la rendición de cuentas ante los electores de cada una de las administraciones del Estado.

«Sin embargo, no debemos esperar que todos los problemas territoriales desaparezcan mágicamente, tal y como afirma el PSOE con su reforma federal que solucionará el "encaje catalán". La realidad de los sistemas políticos federales, incluso aquellos establecidos, bien institucionalizados y antiguos como Estados Unidos, es la de un gobierno federal y unos estados en conflicto constante, aunque encauzado a través de las instituciones. Sea por un motivo u otro, los políticos federales y estatales salen de electorados distintos con ideas distintas, y a menudo entran en conflicto, litigando para encontrar una solución. Las instituciones democráticas, y con ello las instituciones derivadas de nuestra constitución, son una forma de dirimir conflictos entre votantes de forma razonable y ordenada. Lo único que cabe esperar de esta reforma es que clarifique las competencias de cada uno y las formas de colaboración y resolución de los problemas, lo que no es poco. Reformar el título VIII serviría para hacer que nuestra constitución sea más elegante, nuestras leyes más claras y nuestro sistema político sea algo más comprensible, pero no eliminará conflictos o debates territoriales. Es una reforma deseable, ciertamente, pero no es mágica. Los conflictos políticos no desaparecen cambiando las reglas del juego; lo único que hacen las reglas es hacer que los debates sean menos confusos.»[173]

La reforma territorial que propongo es amplia. Supone modificar muchos de los puntos del título VIII de la Constitución y derogar o reescribir otro buen número de ellos. Lo primero que propongo es derogar los artículos 141, 143, 144, 146, 147, 148, 149, 150, 151 y 152 de la actual Constitución Española. Unos porque se trata de legislación transitoria (cómo constituir las CC.AA., básicamente) y otros por su mal diseño competencial que habrá que reescribir por completo.

9.1. PRINCIPIOS GENERALES

Propongo incluir en un nuevo artículo los principios generales que rigen la organización territorial del Estado, con el objeto de clarificar los conceptos y poder acudir a ellos en caso de duda o conflicto de competencias.

A) Organización territorial

Propuesta. Habría que modificar el artículo 137[174] para excluir a las provincias de presunción de autonomía de tal forma que sea posible la supresión de las diputaciones provinciales por las CC.AA. que así lo decidan. El nuevo artículo diría algo así como que:

1. "El Estado se organiza territorialmente en Comunidades Autónomas, en provincias y en municipios Las Comunidades Autónomas y los municipios gozan de autonomía para la gestión de sus respectivos intereses en el marco de lo dispuesto en la Constitución."

Justificación. Esta redacción incluye las provincias como división administrativa del Estado, pero no garantiza su autonomía ni su existencia jurídica, de modo que su existencia diferenciada queda, como veremos más adelante, a discreción de las CC.AA.

---

[173] SENSERRICH, Roger, *Los límites de la reforma constitucional*, Vozpopuli, Madrid, 2014.
[174] Artículo 137 CE: "El Estado se organiza territorialmente en municipios, en provincias y en las Comunidades Autónomas que se constituyan. Todas estas entidades gozan de autonomía para la gestión de sus respectivos intereses."

B) Distribución de competencias y leyes de armonización

Propuesta. El Estado cumplirá con las funciones que le asigna la Constitución.

El Estado podrá dictar leyes orgánicas para armonizar las disposiciones normativas de las Comunidades Autónomas o para suplir la ausencia de éstas, aún en el caso de materias atribuidas a su competencia, si y en la medida que sea necesaria una regulación legislativa estatal en interés de la totalidad del Estado para la creación de condiciones de vida equivalentes en el territorio nacional, el mantenimiento de la unidad jurídica o económica, el cumplimiento de los Tratados y acuerdos internacionales o por la necesidad especial de una normativa uniforme en el Estado. Corresponde a las Cortes Generales, por mayoría absoluta de cada Cámara, la previa apreciación de la necesidad de dictar estas leyes.

El Estado otorgará a las CC.AA. en el ejercicio de sus competencias un margen de acción tan amplio como sea posible y tomará las particularidades autonómicas en consideración.

Las CC.AA. poseen el derecho de legislar en tanto la presente Constitución no lo confiera al Estado. La delimitación de competencias entre el Estado y las CC.AA. se rige por las disposiciones de la presente Constitución sobre la legislación exclusiva, de legislación estatal y concurrente. Las CC.AA. aplicarán el derecho conforme a la Constitución y la Ley.

Justificación. Este artículo aclara que el Estado tendrá las competencias reservadas para él en la Constitución y que el resto de las competencias serán autonómicas. Es decir, la cláusula residual, que actualmente favorece al Estado, favorecería según esta redacción a las CC.AA., como ocurre en los estados federales. Igualmente incluye la obligación de las CC.AA. de aplicar el derecho conforme a la Constitución y la Ley, lo que no siempre ocurre actualmente y faculta al Estado para dictar normas de armonización en caso de necesidad, en unos supuestos determinados tomados de la Constitución alemana y la suiza: para crear condiciones de vida equivalentes en el territorio nacional, mantener la unidad jurídica y de mercado, cumplir los tratados internacionales o la necesidad de una normativa uniforme. Las leyes de armonización deberán ser aprobadas por el Consejo de las Autonomías (donde están presentes los ejecutivos autonómicos) por mayoría absoluta.

Las leyes de armonización han caído en desuso tras la anulación por parte del Tribunal Constitucional de la mayor parte de la LOAPA, pero siguen siendo necesarias en los supuestos de necesidad establecidos para proteger los derechos indicados.

C) Clasificación de las competencias

Propuesta. El Estado asume mediante la presente Constitución:

1º **Competencias exclusivas**, que comprenden la potestad legislativa, la potestad reglamentaria y la función ejecutiva, de forma íntegra e intransferible, indelegable e irrenunciable y en cuyo ejercicio el derecho del Estado sería por definición prevalente o de preferente aplicación sobre cualquier otro. La aprobación, modificación o derogación de normas que desarrollen estas competencias requieren la aprobación exclusivamente del Congreso de los Diputados, sin que deban pasar por el Consejo de las Autonomías. Las CC.AA. no pueden legislar, reglamentar, ejecutar ni crear organismos, empresas públicas e instituciones cuya función sea alguno de estos cometidos.

2º **Competencias compartidas o de legislación estatal**, que incluyen la potestad legislativa y la potestad reglamentaria, correspondiendo la función ejecutiva y organizativa a las CC.AA. Se conocen igualmente como de competencia compartida. El Estado tendrá capacidad para vigilar y comprobar la ejecución de sus competencias legislativas por parte de las CC.AA. Con este fin puede enviar comisionados a las autoridades de cualquier nivel de las CC.AA. y, si se comprueban deficiencias en la ejecución de las leyes estatales, puede decidir que una Comunidad Autónoma ha violado el derecho. El Estado podrá dictar disposiciones administrativas generales sobre el modo en que la ley debe ser ejecutada, podrá regular la formación uniforme de los funcionarios y empleados, y los directores de los órganos ejecutivos intermedios se nombrarán de común acuerdo con el Gobierno del Estado. El control estatal se extiende tanto a la legalidad como a la oportunidad de la ejecución. El Estado podrá dictar medidas automáticas de prevención, medidas correctivas, medidas coercitivas y medidas de cumplimiento forzoso para garantizar la adecuada ejecución de sus competencias de legislación estatal. En el ámbito ejecutivo de estas competencias, las Comunidades Autónomas no podrán legislar ni aprobar reglamentos, pero sí órdenes ejecutivas.

La aprobación, modificación o derogación de normas que desarrollen estas competencias por parte del Estado requiere la aprobación del Congreso de los Diputados y del Consejo de las Autonomías. Si éste último se opone, ese rechazo deberá ser salvado por una aprobación del mismo grado (por mayoría simple, absoluta, de tres quintos o unánime) que el rechazo del Consejo.

Cuando las CC.AA. ejecuten como competencia compartida las leyes estatales, la organización de las autoridades queda como asunto propio de las CC.AA., siempre que leyes estatales no dispongan otra cosa. Las autoridades supremas de las CC.AA. están sujetas a las instrucciones de las autoridades estatales, y obligadas a asegurar la ejecución de la instrucción.

3º **Competencias concurrentes**, en la que tanto el Estado como las CC.AA. tienen la facultad de legislar y la potestad reglamentaria, pero en caso de conflicto el derecho estatal prevalece sobre el autonómico. La función ejecutiva corresponderá en cualquier caso a las CC.AA. Las CC.AA. tienen la facultad de legislar mientras y en la medida que el Estado no haya hecho uso mediante ley de su competencia legislativa, pero en el momento en que el Estado dicta su regulación, ésta desplaza la de la comunidad autónoma en cuanto esta última sea contradictoria con la primera. Ahora bien, mientras esa regulación estatal no se dicte, se aplica la norma autonómica plenamente válida. La norma autonómica anterior continúa siendo plenamente válida en aquellas de sus previsiones que no sean incompatibles con las previsiones de la legislación estatal posterior.[175] La modificación de la legislación por parte del Estado anula e inaplica la legislación autonómica contradictoria o incompatible con la misma. La declaración de inaplicación corresponde a cualquier juez o tribunal ordinario.

---

[175] DE LA QUADRA SALCEDO FERNÁNDEZ DEL CASTILLO, Tomás, op. cit.

La aprobación, modificación o derogación de normas que desarrollen estas competencias por parte del Estado requiere la aprobación del Congreso de los Diputados y del Consejo de las Autonomías. Si éste último se opone, ese rechazo deberá ser salvado por una aprobación del mismo grado (por mayoría simple, absoluta, de tres quintos o unánime) que el rechazo del Consejo.

Cuando las CC.AA. ejecuten como competencia concurrente las leyes estatales, regularán la organización de las autoridades y el procedimiento administrativo. El Gobierno Estatal controlará que las CC.AA. ejecuten las leyes estatales conforme al derecho vigente. El control estatal se extenderá únicamente a la legalidad de la ejecución, pero no a la oportunidad. Con este fin, el Gobierno del Estado podrá enviar comisionados ante las autoridades supremas de las CC.AA. con el consentimiento de las mismas y, en caso de negativa, con la aprobación del Consejo de las Autonomías, también a las autoridades inferiores. Si no fueren eliminadas las deficiencias comprobadas por el Gobierno del Estado en la ejecución de las leyes estatales en las CC.AA., el Consejo de las Autonomías, a solicitud del Gobierno del Estado o de la Comunidad Autónoma, decidirá si la Comunidad Autónoma ha violado el derecho. Contra la resolución del Consejo de las Autonomías podrá recurrirse ante el Tribunal Constitucional. Mediante una ley estatal, que requiere la aprobación del Consejo de las Autonomías, podrá conferirse al Gobierno Estatal, a fin de asegurar la ejecución de leyes estatales, la facultad de impartir instrucciones individuales para casos especiales. Estas instrucciones deberán ser dirigidas a las autoridades supremas de la Comunidad Autónoma, salvo que el Gobierno del Estado considere que el caso es urgente.

Justificación. Se trata de definir en la propia Constitución qué tipo de competencias existen y cuáles son sus características y límites, salvando el agujero que actualmente existe en la Constitución Española, que habla de distintos tipos de competencias, pero no las define. Mi propuesta se basa en las definiciones y atributos que la Constitución alemana realiza en su norma fundamental, y que funciona adecuadamente.

La definición del alcance de cada tipo de competencia clarifica las funciones de cada nivel territorial y, en especial, el derecho estatal a verificar la ejecución efectiva de las competencias de legislación estatal, reservándose una inspección y control que escapa actualmente de su ámbito de competencia, en un caso único en el mundo en el que quien delega la ejecución no tiene poderes para controlarla.

Con todo, la innovación principal es que introduce la idea de concurrencia, tal y como viene definida en la Ley Fundamental Alemana, que expresa que sobre una misma materia se pueden dictar inicial e indistintamente regulaciones hechas por sujetos diferentes. Esa posibilidad de dictar regulaciones de forma indistinta, por unos y otros titulares de la potestad legislativa, supone reconocer que ambas potestades son válidas en principio y, por tanto, que ambos sujetos –CC.AA. y Estado– son competentes para regular una materia determinada. Supone también que pueden concurrir en la regulación de una materia dos normas en principio plenamente válidas, pero que pueden ser contradictorias entre sí. Esa contradicción no determina, en principio, la invalidez de ninguna de ellas, sino su eficacia o ineficacia o, si se quiere, su aplicabilidad al caso en función de la regla de resolución del conflicto que se establezca. Para resolver cuál es la norma aplicable de entre dos normas igualmente válidas ha de establecerse un criterio de resolución de ese conflicto sobre la norma aplicable; y ese criterio es el de que en el momento en que el Estado dicta su regulación, esta desplaza la de la comunidad autónoma en cuanto esta última sea contradictoria con la primera.

De la Quadra Salcedo[176] explica con claridad la ventajas de esta definición de competencias concurrentes, ya que transforma los conflictos de competencias, solo resolubles por el Tribunal Constitucional en términos de validez, en conflictos de normas, resolubles por cualquier tribunal en términos de elección de la norma aplicable, dado que su aplicación o inaplicación se hará de acuerdo con el criterio elegido para resolver el conflicto entre normas igualmente válidas, descargando de trabajo al Tribunal Constitucional y resolviendo el problema actual consistente en que normas evidentemente inconstitucionales permanecen

---

[176] DE LA QUADRA SALCEDO FERNÁNDEZ DEL CASTILLO, Tomás, *op. cit.*

en vigor durante años hasta que el Constitucional las anula, incentivando en una evidente deslealtad institucional, que se aprueben transitoriamente normas inconstitucionales.

Esta norma también desincentiva el conflicto preventivo por parte del Estado y las CC.AA. Cualquier norma de una comunidad autónoma será válida y efectiva, porque es plenamente competente. La validez de la norma autonómica no obliga al Estado a hacer impugnación alguna, porque el Estado puede en cualquier momento dictar una norma que desplace las autonómicas si entiende que sus regulaciones son inoportunas, ineficientes o equivocadas. El hecho de que no impugne no supone aquiescencia a una invasión competencial, porque no hay tal invasión, y, por tanto, el Estado no se ve obligado a impugnar para defender su competencia; solo lo hará cuando crea que la regulación es inadecuada o inoportuna, y podrá limitarse a aquello que es preciso corregir. Por otra parte, si el Estado quiere regular, en positivo, una materia concurrente, no se verá obligado a hacerlo en toda la extensión de lo que se consideran bases del Estado para evitar, de no hacer esa regulación integral, que las CC.AA. ocupen el espacio que deje libre el Estado. "El Estado podrá regular lo mínimo indispensable, pues sabe que una eventual y futura dispersión normativa que pudiera tener efectos negativos sobre el conjunto podrá ser corregida más adelante con una nueva regulación estatal."[177]

Así, en lugar de suscitarse disputas preventivas, pensando en ocupar cada parte el espacio normativo que se marca con los términos abstractos de competencia sobre las "bases" o sobre "desarrollo" de las bases, lo que se hará es considerar la oportunidad o bondad de las regulaciones autonómicas existentes, e incluso se podrá dejar que se produzcan experimentaciones diferentes en las CC.AA. que permitan comprobar qué regulación es la más eficiente. Esa experimentación en el terreno real se ha considerado siempre de forma casi unánime por tratadistas y expertos como una de las grandes aportaciones y ventajas de los modelos federales y descentralizados de más larga tradición, como es el caso del de Estados Unidos. Desde el punto de vista de las CC.AA. las cosas no cambian mucho, puesto que, para ellas, si la norma de resolución del conflicto

---

[177] DE LA QUADRA SALCEDO FERNÁNDEZ DEL CASTILLO, Tomás, *op. cit.*

consiste en la prevalencia del Derecho estatal y, además, de un Derecho estatal que no está limitado ya a lo básico, no ganan nada con el cambio. Sin embargo, lo cierto es que tanto para el Estado como para las CC.AA. "desaparecerá el primitivo y salvaje instinto territorial –de defensa territorial, en el sentido de territorio competencial–, que puede llevar, por una parte, a regular más de lo que es necesario, por el mero afán de marcar el territorio, y, por otra, a impugnar más de lo que necesita para evitar que las CC.AA. le marquen dicho territorio, si él no lo hace. Suprimidas las razones para ese primitivo instinto territorial, la actitud estatal puede ser más relajada, y esperar y ver cómo se desarrollan las experiencias autonómicas sin abortarlas antes de desarrollarse."[178] Una vez que la Constitución no le reserva al Estado unas "bases" teóricas sobre una determinada materia, él no se ve obligado a defender su competencia, sino que dejaría que las CC.AA. desplieguen sus iniciativas, pues sabe que, si la diversidad comienza a ser distorsionante o negativa, siempre podrá intervenir y resolverlo en cualquier momento. "En el momento actual, el Estado anticipa los riesgos y regula más de lo necesario, y con ello puede ahogar el despliegue de la competencia autonómica. Por su parte, las CC.AA. pueden establecer regulaciones con conciencia de que son titulares de la competencia y de que, por tanto, lo pueden hacer con toda su extensión y sin pensar en si están invadiendo ilegítimamente el ámbito estatal."[179]

Al estilo de la Ley Fundamental alemana, en la lista de materias concurrentes podrían existir dos categorías: una, la de aquellas materias en que el Estado puede establecer su regulación con plena libertad y sin necesidad de justificar su regulación; otra, la de aquellas materias en que la regulación podría hacerse en la medida que sea necesaria para cumplir con la función de garantizar el logro de fines como la unidad de mercado, la libre circulación de mercancías o capitales, o condiciones de vida equivalentes, tal y como establece la Constitución alemana. Esta última estaría limitada en mi propuesta a la regulación del Estado de las materias transversales, esto es, la garantía de la igualdad de los derechos y libertades de los españoles y de la unidad de mercado.

---

[178] DE LA QUADRA SALCEDO FERNÁNDEZ DEL CASTILLO, Tomás, *op. cit.*
[179] DE LA QUADRA SALCEDO FERNÁNDEZ DEL CASTILLO, Tomás, *op. cit.*

E) Primacía, eficacia inmediata y carácter vinculante del derecho estatal

Propuesta. El Derecho estatal inaplica el derecho de las CC.AA. El Estado velará por que las CC.AA. respeten el Derecho estatal. Las normas estatales tendrán eficacia inmediata y carácter vinculante. Cualquier juez o tribunal ordinario podrá declarar la inaplicación de una norma autonómica que juzgue contraria al derecho estatal.

Justificación. Siguiendo la recomendación de Muñoz Machado[180], la declaración de inaplicación corresponde a cualquier juez o tribunal ordinario, en lugar de quedar reservada para el Tribunal Constitucional, como ocurre actualmente, sobrecargándolo de trabajo y permitiendo que normas inconstitucionales permanezcan vigentes durante años hasta que el Constitucional dictamine.

La invalidez de las leyes sólo la puede declarar el Tribunal Constitucional y, sin embargo, cuando un juez o tribunal ordinario aprecia la contradicción entre una ley y la Constitución podrá dejar la norma inaplicada. Esta técnica se aplicaría igualmente a las contradicciones entre la legislación estatal y autonómica en materias concurrentes, dejando la norma autonómica inaplicada, al ser las únicas en las que se puede dar esta contradicción, pues el principio de prevalencia no opera cuando se trata de competencias exclusivas de las CC.AA. La apreciación de la contradicción no es, además, nada compleja, y está al alcance de cualquier juez ordinario. El juez se limita a no aplicar una disposición que considera desplazada del ordenamiento, por invalidez o pérdida de vigencia. Y si yerra en la valoración, su decisión podrá ser reconsiderada ante un tribunal superior o, en último término, ante el Tribunal Constitucional.

Lo que no puede mantenerse es que el monopolio del Tribunal Constitucional se extiende no solo a la valoración de la validez de las leyes, sino también a cualquier inaplicación de las mismas. No puede aceptarse que una ley estatal o autonómica sigan aplicándose durante años cuando sea manifiestamente evidente su contradicción con el bloque de constitucionalidad. Se trata de unos principios que siguen prácticamente la

---

[180] MUÑOZ MACHADO, Santiago, *op. cit.*

totalidad de las constituciones federales de los países desarrollados, comenzando por la antigua Constitución de los Estados Unidos.

F) Principio de lealtad constitucional

Propuesta. Debería introducirse en nuestra Constitución un artículo dedicado a la "lealtad constitucional" que establezca que el Estado y las CC.AA. se apoyarán mutuamente en el cumplimiento de sus deberes y colaborarán entre ellos, se deberán respeto y mutua asistencia, y se prestarán recíprocamente ayuda administrativa y judicial. Los conflictos entre CC.AA., o entre CC.AA. y el Estado, se solucionarán en la medida de lo posible por medio de negociación o mediación. De esta manera, los entes territoriales (Estado, CC.AA., municipios, etc.) en España:

- Estarán obligados a colaborar en el mantenimiento de la esencia de la Constitución, así como a contribuir a su fortalecimiento y a su salvaguardia.

- Las competencias deberán ser ejercidas por los entes respectivos con consideración y respeto mutuos, de manera que no se causan perjuicios a la otra parte. Es decir, realizarán un ejercicio no abusivo de las propias competencias, teniendo en cuenta los intereses de todas las partes, de forma que nadie resulte dañado por las decisiones de otro.

- Tendrán la obligación de colaborar unos con otros en el ejercicio de sus competencias. Todos los entes tienen la obligación del auxilio a los otros, y el deber de cooperación con el resto.

- Deberán prestarse recíproca información y consulta, en el sentido más amplio de la expresión. Obligación referida, por tanto, al suministro de información que facilite el ejercicio de las competencias ajenas. Una auténtica colaboración en materias de responsabilidad compartida. El concierto de voluntades cuando el ejercicio de una competencia, por más que pueda ser exclusiva, redunde inevitablemente en los intereses de quienes no son sus titulares.

- Tendrán el deber de mostrar voluntad negociadora en el ejercicio de sus competencias, con el que se destierran la imposición y el unilateralismo. En definitiva, una obligación de discutir y negociar más allá de lo jurídicamente exigible y de hacerlo, naturalmente, con una efectiva voluntad de compromiso.

Justificación. No ha sido infrecuente que algunas CC.AA., pese a haber visto anulada alguna disposición por contraria al reparto competencial, hayan insistido en ella, desconociendo la norma estatal y persistiendo en su conducta de continuar actuando en la práctica en materias para las que no son competentes, según había sido declarado por el Tribunal Constitucional. Ese comportamiento supone una falta de lealtad. Pero supone lo mismo la conducta del Estado cuando, habiendo sido declarado incompetente en una materia, persiste en la misma conducta inconstitucional en cada nueva decisión que toma para el futuro. Tal es el caso de las competencias de ejecución estatal en materia de gestión de subvenciones con fondos estatales, que, una y otra vez, son objeto de atribución al Estado en las sucesivas convocatorias que este hace, pese a los pronunciamientos contrarios del Tribunal Constitucional.

El principio de lealtad constitucional que debe presidir las relaciones entre todos los poderes territoriales no está expresado en la norma suprema, y su importancia no debe ser minusvalorada. De ahí la necesidad de recogerlo de forma explícita en la Constitución, y precisamente en su Título VIII. Tal principio debe inspirar las mutuas relaciones y funciona en una u otra dirección, en el sentido de que obliga tanto a las CC.AA. en sus relaciones con el Estado, como al Estado en sus relaciones con las CC.AA. Se trata de determinar quiénes son los obligados, cuál es el contenido de la obligación, y que consecuencias se derivan de ese incumplimiento.

Sosa Wagner[181] analiza este principio desde la óptica federal alemana y lo relaciona con el estado autonómico español. "El principio de la lealtad federal significa que todos los participantes de la unión constitucional que supone el Estado federal están obligados a colaborar en

---

[181] SOSA WAGNER, Francisco, *Estatutos de autonomía y fragmentación de la administración. La lealtad federal*, Ed. Anales de la Cátedra Francisco Suárez, Madrid, 2008.

el mantenimiento de su esencia así como a contribuir a su fortalecimiento y a su salvaguardia. El Tribunal ha acertado a formular ya concretos deberes jurídicos:

a) Nadie puede escapar a la aplicación del principio con el argumento de que otros también lo han hecho (principio que se llama "tu quoque").

b) De él se derivan no solo prohibiciones (un referéndum municipal sobre una cuestión de competencia federal queda vedado por la "lealtad", según expreso pronunciamiento del Tribunal) sino que fundamenta de igual forma "obligaciones de actuar", por ejemplo en materia financiera (los Länder más fuertes deben prestar ayuda a los más débiles), de información general, de respeto a las otras partes, de observancia de obligaciones internacionales que haya contraído el Bund, etc. Así, siempre que las consecuencias de una regulación legal sobrepasen los límites de un Land, el legislador del Land ha de tomar en consideración los intereses del Bund y de los otros Lander (consideración recíproca en el ejercicio de las competencias).

c) Debe ser tenido en cuenta cuando se trata de interponer recursos ante los Tribunales.

d) Fundamenta en fin intervenciones de vigilancia en la actividad de los Länder."

Pero la mayor importancia la ha adquirido esta idea de la lealtad como "barrera en el ejercicio de las competencias" y, en virtud de ella, aunque una determinada competencia tenga una clara cobertura legal no puede ser ejercida de forma abusiva, sin tener en cuenta los intereses del Bund o los de los Länder, de forma pues que la aplicación del principio debe tener como consecuencia que nadie resulte dañado por las decisiones de otro. El Bund debe tratar a todos los Länder de acuerdo con el principio de igualdad, sin introducir discriminaciones entre ellos o dando a unos lo que quita a otros (política del "divide et impera" que sería contraria a la lealtad, como repite con frecuencia el juez alemán) o propiciando negociaciones con unos que, sin embargo, no lleva a cabo con otros.

En nuestro país la Constitución de 1978 diseñó una nueva estructura territorial, pero no una de naturaleza federal. Es nuestra norma fundamental, manifestación del poder soberano del pueblo español, la que crea todos los poderes públicos, tanto del Estado como de las Comunidades Autónomas. Es por tanto a la Constitución a la que, tanto el primero como las segundas, deben lealtad. La lealtad constitucional se manifiesta, sobre todo, en el ejercicio de las propias competencias, que no debe obstaculizar el ejercicio de las ajenas. Así pues, la lealtad constitucional exige que se tenga en cuenta el beneficio del todo y no únicamente el de la parte. La lealtad constitucional no sólo impone al Estado y a las Comunidades Autónomas el deber de mantenerse dentro de sus propias competencias, sino además éstas no deben ser practicadas en una situación de enfrentamiento respecto a la otra entidad territorial sino, al contrario, teniendo también en cuenta sus intereses. Se puede decir así que, en una organización territorial compuesta como la nuestra, la lealtad constitucional conlleva inexorablemente la obligación de colaborar.[182]

G) Coerción estatal

Propuesta. Siguiendo la línea propuesta por Fernández[183], propongo una nueva redacción del artículo 155[184] de la Constitución Española, que regula actualmente de forma confusa y poco concreta la coerción federal:

1. Si una Comunidad Autónoma no cumpliere los deberes que la Constitución establece en el Título preliminar; el Capítulo segundo, Sección primera del Título I; o el Título II[185]; u otras leyes estatales que los desarrollen, el Gobierno del Estado, previo requerimiento al

---

[182] AJA FERNÁNDEZ, Eliseo, *Estado autonómico y reforma federal*, Alianza editorial, Madrid, 2014.

[183] FERNÁNDEZ, Ángel, *Frenar el secesionismo totalitario vía artículo 155*, Instituto Juan de Mariana, Madrid, 2008.

[184] Artículo 155 CE: "*1. Si una Comunidad Autónoma no cumpliere las obligaciones que la Constitución u otras leyes le impongan, o actuare de forma que atente gravemente al interés general de España, el Gobierno, previo requerimiento al Presidente de la Comunidad Autónoma y, en el caso de no ser atendido, con la aprobación por mayoría absoluta del Senado, podrá adoptar las medidas necesarias para obligar a aquélla al cumplimiento forzoso de dichas obligaciones o para la protección del mencionado interés general. 2. Para la ejecución de las medidas previstas en el apartado anterior, el Gobierno podrá dar instrucciones a todas las autoridades de las Comunidades Autónomas.*"

[185] Se trata de las aspectos fundamentales de la Constitución (unidad del estado y soberanía nacional, derechos fundamentales y libertades públicas, y forma de Estado) reservados para su reforma por el procedimiento agravado del artículo 168 de la CE.

Presidente de la Comunidad Autónoma y, en el caso de no ser atendido, con la aprobación del Consejo de las Autonomías, podrá adoptar las medidas necesarias para obligar a la Comunidad Autónoma al cumplimiento forzoso de dichos deberes por la vía coactiva estatal.

2. Para la ejecución de las medidas estatales coactivas, el Gobierno Estatal o su representante tiene el derecho de impartir instrucciones a todas las CC.AA. y a las autoridades de las mismas, y, en caso de ser necesario, podrá aplicar el artículo 116 de la Constitución, que regula los estados de alarma, de excepción y de sitio, y las competencias y limitaciones correspondientes.

3. Para la ejecución de las medidas previstas en los apartados anteriores, en caso de ser necesario, el Gobierno también podrá suspender la aplicación de la Autonomía a la Comunidad Autónoma afectada o de algunos órganos de la misma y asumir todas o algunas de las competencias de la misma durante un periodo no superior a dos años, prorrogables año a año hasta un máximo de cuatro. La suspensión de la aplicación de la Autonomía deberá ser ratificada en referéndum por todos los ciudadanos españoles, conforme al artículo 92 de la Constitución, antes de transcurridos tres meses.

4. Transcurrido el tiempo de suspensión del apartado anterior, se aplicará la Autonomía, se restituirán las competencias y se convocarán elecciones autonómicas en la Comunidad Autónoma afectada.

Justificación. En mi opinión, el artículo 155 debe ser reformado para ayudar al Gobierno en la toma de decisiones a adoptar en caso de incumplimiento por parte de una Comunidad Autónoma de las obligaciones constitucionales, pues ya hemos comprobado como los dirigentes de alguna de ellas parece estar dispuesta a llegar hasta la rebelión para lograr sus objetivos independentistas. Diversos catedráticos de Derecho Constitucional explican que el alcance y los límites de este precepto están redactado "en términos muy amplios y vagos, en el que se manejan varios conceptos jurídicos indeterminados". Es la medida más extraordinaria en el Estado autonómico, por lo que ha de ser el último recurso cuando no quede ninguna otra posibilidad de hacer volver a la comunidad autónoma al orden constitucional. Un último recurso, una medida extrema, justificable solo en situaciones límite, excepcionales, que no se pueden afrontar con instrumentos ordinarios, pero que debe estar claramente regulada precisamente para ejercer un carácter disuasorio.

En principio, tal y como está redactado actualmente puede utilizarse contra cualquier acto contrario a la Constitución y a las leyes, lo que parece exagerado. En mi propuesta, lo limito a actos contra los aspectos fundamentales de la Constitución (soberanía y unidad nacional, derechos fundamentales y libertades públicas, y forma de Estado) reservados para su reforma por el procedimiento agravado del artículo 168 de la CE. En esos supuestos, tampoco puede considerarse como un cheque en blanco para cualquier medida, así que procede relacionarlo con los estados excepcionales de alarma, sitio y excepción previstos en el artículo 116 de la Constitución e incluso permitir la suspensión de la autonomía o de algunos órganos de la misma, opción que, según los expertos constitucionalistas, la actual redacción no permite, aunque ya se tuvo que utilizar en otra época y otra Constitución (en 1935 con Cataluña), aunque ésta debería ser refrendada en referéndum por los ciudadanos españoles, dada su gravedad.

Al menos, se deberían expresar medidas concretas, sin miedo a que el Estado pueda suspender una Autonomía y asumir temporalmente sus competencias, cuando la legislación y las acciones de los políticos de la Comunidad Autónoma actúen de forma que atente gravemente a la soberanía y unidad de España y a los derechos y libertades individuales. La Constitución, como máxima expresión de la soberanía nacional, no les ha apoderado para eso.

H) Acuerdos entre CC.AA.

Propuesta. Las CC.AA. podrán realizar acuerdos entre ellas, así como crear organizaciones e instituciones. Podrán llevar a cabo de manera conjunta tareas de interés regional. El Estado podrá participar en dichos acuerdos dentro de los límites de sus competencias. Los acuerdos entre CC.AA. no podrán ser contrarios al Derecho o a los intereses del Estado o de otras CC.AA. El Gobierno del Estado y el Consejo de las Autonomías serán informados de los mismos.

Eso sí, mantendría la redacción del actual artículo 145.1 que dice que "en ningún caso se admitirá la federación de Comunidades Autónomas. " Para eso que se fusionen tal y como propondrá más adelante.

Justificación. Nuestra actual Constitución dificulta enormemente la suscripción de acuerdos entre CC.AA. para la prestación de servicios, cuando en cualquier estado descentralizado es y debe ser uno de los instrumentos básicos de cooperación. Por este motivo no resulta extraño que apenas se firmen acuerdos bilaterales, algo que debería cambiar en el futuro. Eso sí, esos acuerdos deberían ser comunicados al Gobierno y al resto de CC.AA. e idealmente deberían ser abiertos a la participación de los demás.

9.2.   ADMINISTRACIÓN LOCAL

Principios fundamentales del régimen local. Si hay una materia clara que las CC.AA. deberían organizar por sí mismas es su régimen local, esto es, los entes subregionales de las que se componen, así que la organización de sus entes locales debería dejarse a éstas siempre que cumplan unos criterios mínimos, entre ellos dos condiciones:

• Por un lado, que estos entes locales se financien únicamente por los ingresos obtenidos por la prestación de servicios y por los recursos transferidos desde las CC.AA, excluyendo aportaciones financieras por parte del Estado. Si el Estado financia, como sucede actualmente, a los entes locales, existiría por parte de las CC.AA. un enorme incentivo a crear un enorme número de instituciones intermedias (como ocurre actualmente), dado que les permite "colocar" a su numerosa clientela política en instituciones que pagan otros.

• Por otro lado, todos los entes intermedios que existan deben estar sujetos a rendición de cuentas por parte de los electores, esto es, deben ser elegidos democráticamente, ya que la elección indirecta actual de los diputados de las diputaciones propicia la aparición de una clase política clientelar y escasamente cualificada.

Así pues, la reforma de la Constitución debería hacer referencia al régimen local, al menos para establecer los principios fundamentales que lo rigen, sus competencias mínimas, y su régimen de financiación, aunque las CC.AA. deberían tener un buen margen de libertad para adaptar los entes intermedios (actualmente provincias, comarcas y mancomunidades) a sus características específicas. La administración local está definida en nuestra Constitución en apenas tres artículos (140[186], 141[187] y 142[188]), que habrá que modificar y desarrollar con un mayor detalle, ya que la administración local es la gran olvidada de nuestra actual estructura territorial.

El régimen local en la Constitución debería incluir los siguientes aspectos.

A) Autonomía de los entes locales

Propuesta. Se garantizará la autonomía de los entes locales dentro de los límites fijados por la presente Constitución y el Derecho Autonómico. El Estado y las CC.AA. tomarán en consideración los posibles efectos de su actividad para los entes locales. Las Haciendas Locales deberán disponer de los medios suficientes para el desempeño de las funciones que la ley atribuye a las Corporaciones respectivas y se nutrirán fundamentalmente de tributos propios y de participación en los de las Comunidades Autónomas.

---

[186] Artículo 140 C.E.: *"La Constitución garantiza la autonomía de los municipios. Estos gozarán de personalidad jurídica plena. Su gobierno y administración corresponde a sus respectivos Ayuntamientos, integrados por los Alcaldes y los Concejales. Los Concejales serán elegidos por los vecinos del municipio mediante sufragio universal, igual, libre, directo y secreto, en la forma establecida por la ley. Los Alcaldes serán elegidos por los Concejales o por los vecinos. La ley regulará las condiciones en las que proceda el régimen del concejo abierto."*

[187] Artículo 141 C.E.: *"1. La provincia es una entidad local con personalidad jurídica propia, determinada por la agrupación de municipios y división territorial para el cumplimiento de las actividades del Estado. Cualquier alteración de los límites provinciales habrá de ser aprobada por las Cortes Generales mediante ley orgánica. 2. El gobierno y la administración autónoma de las provincias estarán encomendados a Diputaciones u otras Corporaciones de carácter representativo. 3. Se podrán crear agrupaciones de municipios diferentes de la provincia. 4. En los archipiélagos, las islas tendrán además su administración propia en forma de Cabildos o Consejos."*

[188] Artículo 142 C.E.: *"Las Haciendas Locales deberán disponer de los medios suficientes para el desempeño de las funciones que la ley atribuye a las Corporaciones respectivas y se nutrirán fundamentalmente de tributos propios y de participación en los del Estado y de las Comunidades Autónomas."*

Justificación. Se trata de garantizar en la norma fundamental el principio de autonomía de los entes locales para que no pueda ser vulnerado por el derecho autonómico, una vez se transfiera el régimen local a las autonomías. Igualmente se excluye la participación de los entes locales en los recursos del Estado, con el fin de asegurar que se financien únicamente por los ingresos obtenidos por la prestación de servicios y por los recursos transferidos desde las CC.AA, excluyendo aportaciones financieras por parte del Estado. Si el Estado financia, como sucede actualmente, a los entes locales, existiría por parte de las CC.AA. un enorme incentivo a crear un enorme número de instituciones intermedias (como ocurre actualmente), dado que les permite "colocar" a su numerosa clientela política en instituciones que pagan otros.

B) Principio democrático de los entes locales

Propuesta. Los entes locales gozarán de personalidad jurídica plena.

El gobierno y administración de los municipios corresponde a sus respectivos Ayuntamientos, integrados por los Alcaldes y los Concejales. Los Concejales serán elegidos por los vecinos del municipio mediante sufragio universal, igual, libre, directo y secreto, en la forma establecida por la ley. Los Alcaldes serán elegidos por los Concejales o por los vecinos. La ley regulará las condiciones en las que proceda el régimen del concejo abierto.

Las CC.AA. tendrán competencia para crear, si lo consideran oportuno, entes locales intermedios, con el fin de prestar servicios públicos locales en aquellos municipios que no tengan población suficiente para hacerlo de forma eficiente por sí mismos. Estos entes locales intermedios vendrán determinados por la agrupación de municipios establecida por las CC.AA. para el cumplimiento de las actividades encomendadas por la Constitución y por las CC.AA. El gobierno y administración de los entes locales intermedios será elegido por sufragio universal, igual, libre, directo y secreto, en la forma establecida por una ley autonómica.

La provincia continuará siendo una división administrativa del Estado, dada su relevancia en términos históricos (no en vano la propia Constitución de 1978 dejó a iniciativa de las provincias la creación de las

CC.AA.) y su éxito en términos de identificación colectiva en la mayor parte de España, pero no estará obligado en la Constitución que tengan personalidad jurídica propia, sino que cada Comunidad Autónoma tendrá autonomía para decidir su existencia como ente propio o no.

Justificación. Se exige la existencia de municipios, pero no la de diputaciones provinciales, Cabildos y Consejos Insulares, cuya existencia será atribución potestativa de cada una de las CC.AA. Sin embargo, de existir, todos los entes intermedios que existan deben estar sujetos a rendición de cuentas por parte de los electores, esto es, deben ser elegidos democráticamente, ya que la elección indirecta actual de los diputados de las diputaciones propicia la aparición de una clase política clientelar y escasamente cualificada. Actualmente las diputaciones provinciales están elegidas a través de un sistema indirecto, esto es, de acuerdo con los votos recibidos en los distintos municipios de cada provincia y se han convertido en cobijo para numerosos dirigentes de los partidos políticos, que logran un sueldo público sin rendir cuentas a los electores.

C) **Principios de subsidiariedad, proporcionalidad y diferenciación**

Propuesta. La Constitución establecerá los principios fundamentales y las competencias mínimas que deberán ser atendidos por los municipios. La reforma de la Constitución consagrará los principios básicos de la Carta Europea de Autonomía Local, fundamentalmente los de subsidiariedad, proporcionalidad y diferenciación[189]. El Estado deberá elaborar una Ley Orgánica de bases de gobierno y administración local, que deberá ser ratificada por el Consejo de las Autonomías donde concretará el contenido "mínimo" de la autonomía local, mientras que el legislador autonómico establecerá el contenido "óptimo" para su propio territorio[190].

---

[189] GARCÍA ROCA, Javier, *Un bloque constitucional local conforme al principio de subsidiariedad: Un desarrollo constitucional pendiente*, Revista de Estudios de la Administración Local y Autonómica, Madrid, 2004.
[190] FONT I LLOVET, Tomás, *Autonomía local y Estatutos: crónica de un compromiso*, Fundación Democracia y Gobierno Local, Anuario del Gobierno Local, Madrid, 2006.

Justificación. Por el principio de subsidiariedad, tal y como acuerda el artículo 4.3 de la Carta Europea de Autonomía Local[191], el ejercicio de las competencias públicas, de modo general, debe corresponder preferentemente a las autoridades más cercanas a los ciudadanos; aunque la atribución de una competencia a otra autoridad debe tener en cuenta la amplitud o la naturaleza de la tarea o las necesidades de eficacia o economía. Por el principio de proporcionalidad, a la hora de regular el régimen local se utilizará la medida equivalente menos dañina o invasora de las competencias locales. Por el principio de diferenciación, el pluralismo territorial debe permitir diferentes posibilidades de organización de las entidades locales en cada una de las CC.AA. La Provincia está fuertemente asentada en el País Vasco en cuanto Territorios Históricos, así como en buena parte de España, pero, en cambio, posee una controvertida posición en Canarias, Baleares o en Cataluña, donde los entes intermedios podrían ser otros, como Cabildos y Veguerías, a elección de las propias CC.AA. En otras CC.AA., como Extremadura, algunos partidos abogan directamente por la desaparición de las diputaciones, lo que en CC.AA. con población inferior a los 4-5 millones de habitantes, podría ser factible, y hasta aconsejable por razones económicas.

D) Competencias de los municipios según su tamaño

Propuesta. La reforma constitucional debería incluir un artículo que dijera que los municipios españoles deberán agruparse con otros de su misma provincia hasta contar con al menos 20.000 habitantes, de acuerdo con el último Censo de Habitantes, excepto si, tras agruparse con todos los posibles municipios colindantes de su misma provincia, su principal núcleo poblacional estuviese situado, por ejemplo, a más de 30 km (pueden ser igualmente 40 o 50, dependerá del grado de concentración municipal que se pretenda lograr) del principal núcleo poblacional de cualquier otro municipio de su misma provincia.

---

[191] Artículo 4.3: "*El ejercicio de las competencias públicas debe, de modo general, incumbir preferentemente a las autoridades más cercanas a los ciudadanos. La atribución de una competencia a otra autoridad debe tener en cuenta la amplitud o la naturaleza de la tarea o las necesidades de eficacia o economía.*"

Justificación. El número actual de municipios (8.117) resulta excesivo, de modo que debería aprovecharse la reforma constitucional para incluir en ella alguna disposición sobre su tamaño mínimo y el procedimiento de agrupación de los municipios menores. El inframunicipalismo hace inviable el principio de autonomía municipal para una gran parte de nuestros municipios. El ejercicio de esta autonomía solo es posible en la medida en que estos dispongan de los recursos precisos para asumir y cumplir con las competencias y funciones que tienen encomendadas. Sin ellos no es posible garantizar los mismos derechos a todos los ciudadanos en el territorio nacional. Así pues, la reforma constitucional soslayaría los problemas actuales de competencia compartida o "bifrontal" entre CC.AA. y Estado, y otorgaría homogeneidad al tamaño de los municipios en todo el país, permitiéndoles desempeñar adecuadamente sus funciones, que podrían incrementarse. Lo razonable sería reducir el número de municipios para que ganasen tamaño a través de procesos de agrupación que, a mi juicio, podrían utilizar a las comarcas naturales como aglutinadoras. Esto reduciría sustancialmente el número de municipios actuales en toda España desde los 8.117 actuales hasta un número entre 400 y 800, según la ambición del proceso de reorganización.

UPyD ha formulado seriamente la necesidad de esta medida e incluso ha realizado propuestas concretas en algunas CC.AA. Aunque en esos trabajos la población mínima de los municipios es de 10.000 habitantes, en lugar de los 20.000 de mi propuesta, los resultados son espectaculares. En Castilla y León[192], una de las CC.AA. con una mayor minifundismo municipal, los 2.248 municipios, 246 mancomunidades, 18 Comunidades de Villa y Tierra, 1 comarca, y 9 Diputaciones, se reducirían con su propuesta a 77 municipios. Con mi propuesta se reducirían aún más, a unos 44 municipios. En Andalucía la propuesta de UPyD[193] se estructura

---

[192] Ver la propuesta del Consejo Territorial de UPyD en Castilla y León, *Propuesta para la ordenación del territorio de Castilla y León*, Unión, Progreso y Democracia, Valladolid, 2013. UPyD propone sin embargo no solo mantener las 2.243 entidades de ámbito territorial inferior al municipio (EATIM) sino crear otras nuevas hasta alcanzar las 4.404 EATIM, por motivos de representación democrática, punto que no comparto.

[193] UPyD - Consejo Territorial de Unión, Progreso y Democracia en Andalucía, *Propuesta para la ordenación del territorio de Andalucía*, UPyD, Sevilla, 2012.

en torno a municipios con una población mínima de 5.000 habitantes, pero aun así, de los 771 municipios se pasaría a 164. Con mi propuesta podría reducirse su número a unos 58 municipios. En Extremadura, la propuesta de UPyD[194] pasa por reducir los municipios de 387 a 27, pero se podrían reducir hasta los 20. Como es evidente, es mucho más sencillo para una Comunidad como Andalucía entenderse, coordinarse y planificar conjuntamente con 58 municipios que con 771, aunque es probable que aun así necesitase entes intermedios (¿7 diputaciones o incluso menos?) que se encargasen del apoyo y de la prestación directa de algunos servicios en los municipios con menor población. Sin embargo, para Extremadura con apenas 20 municipios debería ser perfectamente factible soslayar ese nivel intermedio.

De esta forma, los pocos municipios pequeños realmente alejados de otros mantendrían su identidad, pero todos los cercanos se agruparían en uno solo, y es que si bien hace dos siglos una distancia de treinta kilómetros requería al menos un día de viaje, hoy en día incluso en carreteras locales puede realizarse en media hora o menos. No debe olvidarse que, por ejemplo, después de las reformas municipales, en Inglaterra y en Suecia, la población media de los municipios es de unos 100.000 habitantes en el primer caso y de más de 40.000 en el segundo, mientras que en España es de unos 5.500 habitantes por término medio[195]. La fusión debería permitir una reducción en los costes de administración, garantizando a su vez una mejor capacitación administrativa de los municipios. La realidad es que la gran mayoría de los municipios españoles no son viables ya que, tal y como estimó el Consejo de Europa, los municipios con una población inferior a los 10.000 habitantes difícilmente pueden prestar de forma eficiente los servicios que se les encomienden.

Propuesta. Cuando se produzca la confusión de núcleos significativos de población de dos municipios, de modo que ya no existan dos comunidades diferenciadas con intereses distintos, sino un único

---

[194] UPyD - Consejo Territorial de Unión, Progreso y Democracia en Extremadura, *Propuesta para la ordenación del territorio de Extremadura,* UPyD, Mérida, 2013.
[195] JIMÉNEZ ASENSIO, Rafael y otros, *Elementos para un debate sobre la Reforma Institucional de la Planta Local en el Estado Autonómico,* Fundación Democracia y Gobierno Local, Madrid, 2012.

colectivo con intereses y preocupaciones comunes, se procederá igualmente a la fusión, independientemente de la población de los municipios.

Justificación. De la misma manera, los núcleos de cualquier población unidos en la práctica se regirían de manera unitaria, lo que permitiría ofrecer mejores y más eficaces servicios públicos.

Propuesta. Debería incluirse igualmente una disposición transitoria que obligara a las CC.AA. en un plazo máximo de dos años a establecer una ley de reordenación de términos municipales que reorganizara los municipios por su tamaño y su capacidad económica, para que estén en condiciones de cumplir eficazmente las tareas que les incumben. A tal efecto deberían tenerse en cuenta la existencia de comarcas naturales, las afinidades locales, así como los contextos históricos y culturales. El Estado actuaría subsidiariamente si las CC.AA. no realizaran la agrupación en el plazo previsto. Para evitar que la agrupación se realizase en función de los intereses electorales del momento, la misma disposición transitoria establecería que la efectividad de la agrupación de municipios a todos los efectos se pospondría hasta las siguientes elecciones locales, independientemente del momento en el que se haya tomado la decisión de la agrupación.

Justificación. Las CC.AA. tendrían un plazo límite para realizar la fusión municipal cumpliendo con los nuevos límites constitucionales, pero el Estado lo haría si ellas no lo acometiesen, dado que el clientelismo político está fuertemente enraizado en las regiones y localidades y a nadie se le escapa que los principales perjudicados con esta medida serán los alrededor de cien mil cargos públicos o dirigentes de confianza políticos que han hecho de la política local una forma de vida. Únicamente una reforma constitucional será capaz de recortar el número de políticos que medran en los entes locales.

Propuesta. Igualmente habría que establecer la prohibición de segregación de un municipio si condujera a que alguno de los resultantes tuviese una población inferior a 20.000 habitantes, así como a implantar para el futuro que, tras la publicación definitiva de cada Censo de Habitantes, cualquier municipio cuya población incumpla el mínimo de población deberá agruparse con otro dentro del rango establecido en ese mismo punto siguiendo el procedimiento y plazos establecidos. En este caso, los plazos comenzarán a contar desde la aprobación definitiva del Censo de población.

Justificación. De nada serviría agrupar los municipios hasta alcanzar una población mínima, si se permitiera su escisión posterior o no se previeran futuras nuevas agrupaciones si la población se redujera del mínimo establecido. Esta disposición cubriría estas hipótesis para el futuro.

Propuesta. Las competencias de los municipios serían las propias, y las delegadas o transferidas.

Competencias propias de los entes locales:

- Pueblos. Son los municipios con menos de 20.000 habitantes. Actualmente son 7.722 municipios (el 95% del total) donde vive el 10% de la población, aunque con el proceso de agrupación su número debería reducirse a unas pocas decenas, aquellos municipios alejados de cualquier otro. Sus competencias se reducirían a los equipamientos culturales de carácter público, fiestas, cementerio, promoción de la participación ciudadana y parque público.

- Villas. Municipios entre 20.000 y 99.999 habitantes. Actualmente son 332 municipios que agrupa al 66% de la población, aunque es probable que con el proceso de concentración muchos superen los 100.000 habitantes, que les permitirían asumir nuevas funciones y mantener su autonomía. Además de las anteriores, sus funciones se reducirían exclusivamente a: seguridad en los lugares de concurrencia pública y policía local; tráfico y estacionamiento de vehículos; protección contra la contaminación acústica, lumínica y atmosférica; alumbrado público; limpieza viaria; abastecimiento domiciliario de agua potable y alcantarillado; acceso a los núcleos de población y pavimentación de las vías públicas; evaluación e información de situaciones de necesidad social y la atención inmediata a personas en situación o riesgo de exclusión social; y promoción del deporte e instalaciones deportivas de uso público.

- Ciudades. Los municipios con 100.000 habitantes o más se denominarán ciudades, y mantendrán su independencia y capacidad para ejercer todas las funciones municipales. Actualmente son 62 municipios donde vive el 24% de la población. Las ciudades ejercerán como mínimo, además de las anteriores, las siguientes funciones: Protección civil, prevención y extinción de incendios; transporte colectivo urbano o comarcal de viajeros; medio ambiente urbano; urbanismo (planeamiento, gestión, ejecución y disciplina urbanística); espacios públicos; promoción de la vivienda pública; bienestar y asistencia social primaria; bienestar de la juventud; matriculación de vehículos; educación pre-escolar y recogida y tratamiento de residuos.

- Metrópolis. Los municipios con un millón o más de habitantes se denominarán metrópolis. Su gran dimensión y su influencia sobre una gran área adyacente los convierte en aptos, siguiendo el principio de subsidiariedad, para ejercer competencias delegadas de las CC.AA., que deberán establecer un régimen especial para ellos.

Competencias delegadas de los entes locales. Con el objeto de evitar duplicidades administrativas, mejorar la transparencia de los servicios públicos y el servicio a la ciudadanía y, en general, contribuir a los procesos de racionalización administrativa, generando un ahorro neto de recursos, las Comunidades Autónomas podrán delegar, siguiendo criterios homogéneos, las competencias que estimen oportunas a las ciudades, villas y pueblos. Sin embargo, no podrá utilizarse repetidamente la fórmula de convenio para la gestión de servicios de carácter permanente, sino que deberá emplearse la fórmula de la transferencia o la delegación que contemple la totalidad de los costes implicados. Las CC.AA. podrán, para dirigir y controlar el ejercicio de los servicios delegados, dictar instrucciones técnicas de carácter general y recabar, en cualquier momento, información sobre la gestión municipal, así como enviar comisionados y formular los requerimientos pertinentes para la subsanación de las deficiencias observadas. El Estado no podrá delegar competencias en los municipios.

Los municipios no podrán crear entes locales conjuntos para la prestación de servicios, ni consorcios con las CC.AA. La competencia es de uno o de otro, no de ambos, ya que eso dificulta la rendición de cuentas ante los ciudadanos y estimula la creación de entes conjuntos en los que "aparcar" cargos políticos.

Justificación. Las fórmulas de agrupación como las mancomunidades de municipios, las comarcas, las áreas metropolitanas o los consorcios, se han adoptado como solución para superar el déficit de prestación de servicios, de gestión, y la situación financiera de numerosos municipios, aunque sus resultados, en general, no han sido nada satisfactorios, presentando importantes carencias, y habiéndose convertido más en refugio de enchufados que en centros eficientes de prestación de servicios.

No cabe duda de que la mejora del marco normativo de los entes locales exige una simplificación y clarificación. Así, un sistema ideal sería aquel que contuviera un listado completo y cerrado de las competencias municipales, manteniendo diferentes escalones competenciales en función de tramos de población, ya que la realidad de los municipios españoles es muy diversa. No obstante, una propuesta como la descrita cuenta con un serio obstáculo, como es la existencia de competencias de las Comunidades Autónomas en el diseño del régimen local, que se oponen a cualquier reducción en el número de cargos públicos al haber creado un régimen clientelar partidario en el que muchos de sus afiliados y cuadros intermedios viven a sueldo de las corporaciones locales. Por lo tanto se impone establecer estos límites en la misma Constitución, para que sean de obligado cumplimiento.[196]

En los modelos federales se puede constatar la tendencia a establecer diferentes tipos de municipios fijando, también, diferentes niveles competenciales entre los mismos. De la misma forma, podemos señalar modelos en los que las grandes ciudades reciben un tratamiento constitucional particular. En las Constituciones federales podemos encontrar una atribución de las competencias propias de los entes

---

[196] RODRÍGUEZ MÁRQUEZ, Jesús, *Notas para una racionalización competencial a nivel local,* Cuadernos Manuel Giménez Abad, Madrid, 2012.

territoriales básicos, que suelen coincidir con servicios de carácter esencial para la comunidad. Esa atribución suele venir acompañada de una exigencia de suficiencia financiera que garantice el ejercicio de dichas competencias. Todavía en materia competencial, podemos encontrar una reserva de ley expresa para proceder a la ampliación de las competencias municipales, tanto a través de la legislación federal como la de los entes federados, así como una referencia más o menos expresa al principio de subsidiariedad.

En cuanto a las metrópolis, su gestión requeriría una solución específica, que considero que debería quedar fuera de las disposiciones constitucionales, más allá de indicar que deberán tener un estatuto especial a definir por las CC.AA. Como en sentido estricto solo existen dos grandes áreas metropolitanas en España –Madrid y Barcelona-, no tiene sentido una regulación detallada en la Constitución y deberán ser las CC.AA. afectadas las que establezcan la mejor forma de coordinar la prestación de servicios y las posibles competencias a delegar o transferir, especialmente la de transporte, en ellas. Eso sí, hay que reconocer que los niveles autonómicos de gobierno acostumbran a ver con desconfianza y prevención la instauración de una administración metropolitana. Competencias como educación, planificación de infraestructuras, transporte de cercanías, desarrollo económico y social, turismo, medio ambiente, vivienda social y renovación urbana son susceptibles de delegación hacia las áreas metropolitanas, siguiendo el principio de subsidiariedad, pero suponen una pérdida de poder que las regiones son renuentes a aceptar.

Propuesta. El ejercicio de competencias locales, tanto propias como delegadas o transferidas, deberá ser objeto de control o tutela por las autoridades de las CC.AA., tal y como sucede en Alemania con los municipios de los *Länder*. Es perfectamente compatible, en Derecho alemán, la garantía de la autonomía local con la existencia de control o tutela sobre la actividad municipal. Se trata de establecer sobre los municipios un control similar por parte de las CC.AA. al que propongo que debe ejercer el Estado sobre las CC.AA.

La tutela es el necesario "correlato" de la autonomía. Siguiendo el ejemplo alemán, existirán dos tipos de control: el primer tipo es el control o tutela de legalidad con una gradación de medidas: petición de información, el requerimiento u objeción, la orden de ejecución, y el envío de comisionados e, incluso, la finalización anticipada del período de mandato del alcalde. El segundo tipo es de las competencias delegadas: comprende no sólo cuestiones de legalidad sino también de oportunidad. En virtud del mismo se fijan "directrices" sobre la actuación local. El incumplimiento por las entidades locales de las "directrices" fijadas lleva aparejada la adopción de medidas coactivas por parte de las autoridades regionales, que son susceptibles del correspondiente recurso contencioso-administrativo. En caso de incumplimiento de las directrices, denegación de las informaciones solicitadas, o inobservancia de los requerimientos formulados, la Comunidad podrá revocar la delegación o ejecutar por sí misma la competencia delegada en sustitución del Municipio. Los actos del Municipio podrán ser recurridos ante los órganos competentes de la Administración delegante. La efectividad de la delegación requerirá su aceptación por el Municipio interesado. La delegación habrá de ir acompañada en todo caso de la correspondiente financiación, para lo cual será necesario la existencia de dotación presupuestaria adecuada y suficiente en los presupuestos de la Comunidad Autónoma para cada ejercicio económico, siendo nula sin dicha dotación. El incumplimiento de las obligaciones financieras por parte de la Administración autonómica delegante facultará a la Entidad Local delegada para compensarlas automáticamente con otras obligaciones financieras que ésta tenga con aquélla.

En resumen, la reforma propuesta procede a unir los municipios colindantes con el objeto de que ganen el tamaño suficiente para que puedan ejecutar eficazmente los servicios que se les encomiendan, se establecen una competencias mínimas para los municipios de acuerdo con su población, que parecen las más razonables siguiendo un criterio de eficiencia. Naturalmente, las CC.AA. podrán delegar o transferir algunas de sus competencias a los municipios, pero deberán hacerse cargo de su coste, eliminando los incentivos perversos actuales que consisten en transferir sin pagar o enviando "la cuenta" al Estado, para que se haga cargo. El Estado no podrá transferir ninguna competencia a los municipios, que las CC.AA. pasarían a supervisar.

La vocación natural y preferente de los gobiernos locales, de ser destinatarios de buena parte de las competencias que el legislador sectorial pueda asignarles, implica un reparto que evite la marginación sistemática de las instancias locales en la distribución de competencias. Probablemente, la mejor manera de garantizar esta redistribución, al tiempo que la posición misma de los gobiernos locales, consiste en lograr su efectiva interiorización en el orden autonómico, de acuerdo con el modelo seguido por los federalismos europeos, atribuyendo, a este fin, a los estatutos de autonomía, la función de delimitación competencial de sus atribuciones[197]. Una diversificación de estructuras y de regímenes, una mejor apreciación de los elementos específicos del territorio, una más fundada y efectiva vinculación preferente del nivel local con el autonómico, requiere considerar al Estatuto de autonomía como el nexo de unión con el ordenamiento local.

E) Provincias y entes locales intermedios

Propuesta. Las provincias definidas en 1833 siguen siendo, de acuerdo con la Constitución Española de 1978, piezas básicas de la organización territorial de España (artículo 141), base de las circunscripciones electorales (artículo 68) y las unidades de las que se componen las comunidades autónomas (artículo 143). De acuerdo con la reforma constitucional que propongo, se eliminarían las dos primeras referencias, de tal modo que no fuera obligatorio que fueran base de las circunscripciones electorales, ni que tuvieran personalidad jurídica propia, pero sí que se indicaría que la provincia es una entidad local determinada por la agrupación de municipios y división territorial para el Estado, así como que cualquier alteración de los límites provinciales habrá de ser aprobada por las Cortes Generales mediante ley orgánica. Igualmente se modificaría la obligación de que "el gobierno y la administración autónoma de las provincias estarán encomendados a Diputaciones u otras Corporaciones de carácter representativo", y en su lugar se estipulará que las CC.AA. podrán crear agrupaciones de municipios para la ejecución de

---

[197] FONT I LLOVET, Tomás, *La autonomía local en España a los veinte años de la Constitución: perspectivas de cambio*, Fundación Democracia y Gobierno Local, Madrid, 2008, y AJA FERNÁNDEZ, Eliseo, *El Estado autonómico. Federalismo y hechos diferenciales*, Ed. Alianza, Madrid, 1999.

sus políticas. Que estas agrupaciones coincidan o no con las de la provincia será un opción de cada Comunidad Autónoma.

Una vez realizada la reorganización de municipios que les permitiría incrementar su tamaño poblacional, las actuales diputaciones perderían buena parte de su razón de ser. Así pues, la reforma de la Constitución debería establecer en una disposición transitoria su disolución en la misma fecha que surtiera efecto la agrupación municipal. En cuanto a su personal, activos y pasivos, los asumirían las CC.AA., a menos que éstas decidieran crear nuevos entes intermedios a los que transferirlos. Estos nuevos entes intermedios en cualquier caso, se financiarían por sus propios medios o por transferencias o cesiones de impuestos autonómicos, nunca estatales, ni participarían en los tributos del Estado.

Justificación. Los grandes países con una población superior a diez millones de habitantes suelen dividirse administrativamente en cuatro niveles (estado central, región, provincia o condado, y municipio), independientemente de lo descentralizado que esté. Así, por ejemplo en Estados Unidos 48 de los 50 Estados están subdivididos en 3.144 condados (*counties*), que actúan de nivel administrativo intermedio entre los estados y los municipios, asumiendo buena parte de las funciones de los municipios pequeños y de la planificación comarcal. Dos pequeños estados (Connecticut and Rhode Island) han abolido los condados como entes funcionales. En Alemania hay 439 distritos alemanes (*Kreise*), unidades administrativas intermedias entre los *Länder* (estados federales) y los niveles locales/municipales. La mayoría de distritos (295) son rurales, *Landkreise*. Las ciudades con más de 100.000 habitantes no pertenecen a ningún distrito sino que asumen ellas mismas tales responsabilidades formando un distrito por ellas mismas. Éstos son los distritos urbanos (*Stadtkreise*). Los *Länder* con mayor población tienen incluso un nivel más, superior a los distritos, se trata de las *Regierungsbezirk* (regiones administrativas), que a su vez están divididas en distritos (*Kreise*). La población de las regiones administrativas oscila entre los uno y cinco millones de habitantes. Italia está subdividida en 20 regiones, 110 provincias y 8.100 municipios. Curiosamente uno de los estados más centralizados de Europa, Francia, tiene seis niveles administrativos: está dividida en 27 regiones, 101 departamentos, 342 distritos, 4.051 cantones y

36.697 comunas o municipios. Polonia desde el 1 de enero de 1999 se divide en cuatro niveles de unidades territoriales: el estado central, 16 voivodias o voivodatos, 379 distritos y 2478 municipios. Las grandes ciudades suelen tener la condición de distrito y municipio simultáneamente.

Los países con una población inferior a los diez millones de habitantes se suelen dividir administrativamente en tres niveles (estado central, región o condado, y municipio). En Dinamarca crearon en 2007 cinco regiones de entre medio millón y dos millones de habitantes, que reemplazaron a los antiguos condados, reduciendo simultáneamente el número de municipios de 270 a 98. Hungría está subdividida en 20 regiones. A su vez, los condados están subdivididos en 198 distritos, que actúan como municipios. Nueva Zelanda está dividida en 11 condados regionales y 67 autoridades territoriales, que actúan como municipios. Suecia, con unos diez millones de habitantes, está dividida en 21 provincias administrativas y 290 municipios. Noruega se divide en 19 regiones administrativas y 430 municipios.

Debido a su población, parece que la división administrativa en España podría incluir cuatro niveles, aunque el número de municipios (y CC.AA.) es demasiado elevado. Particularmente me gusta la división territorial alemana, donde crean distritos rurales que ejecutan en los municipios rurales menores de 100.000 habitantes (no en las ciudades) las funciones reservadas a las ciudades. Esta división permite a los entes regionales tratar con unidades más o menos homogéneas (todas con una población superior a los 100.000 habitantes) y reducir el número de interlocutores, lo que facilita los acuerdos, la planificación y la coordinación. Pero establecer esta división administrativa o no, debería formar parte de las competencias de las CC.AA. que, eso sí, deberán financiar las estructuras administrativas que creen con sus propios impuestos.

F) Órganos de representación de la administración local en las CC.AA.

Propuesta. Las CC.AA. deberán crear un órgano de representación, el Consejo de Corporaciones Locales, en el que participen los ejecutivos de sus municipios y/o entes intermedios, con funciones consultivas, deliberativas o participativas en los asuntos de su interés, especialmente ante modificaciones legales de las competencias de las administraciones locales, así como en los procesos de planificación y programación de las infraestructuras, equipamientos y servicios que, siendo de la titularidad de las comunidades autónomas, afecten a los municipios de manera directa. En tales procesos deberán ser respetados en todo caso los intereses locales, en la medida en que no sean incompatibles ni menoscaben los intereses supramunicipales afectados. Las CC.AA. deberán prever los mecanismos de resolución de los desacuerdos con el Consejo de Corporaciones Locales.

Justificación. De igual forma que las CC.AA. deben participar en la toma de decisiones estatales que les afectan, las corporaciones locales deben hacerlo con la toma de decisiones autonómicas que les afectan, abandonando su actual posición de olvidados o convidados de piedra.

G) Fuentes de financiación de la administración local

Propuesta. Las fuentes de financiación municipal deben describirse en la Constitución para garantizar la autonomía municipal, pues no hay autonomía si no existe financiación.

La propuesta de financiación para los pequeños municipios, de menos de 20.000 habitantes, consiste en un sistema muy simple. De modo resumido, las competencias de estos municipios estarían restringidas a servicios básicos y su financiación se llevaría a cabo mediante un sistema fiscal muy simple constituido por los impuestos obligatorios vigentes y las tasas. Los municipios de mayor dimensión añadirían a las competencias básicas otros servicios de carácter más personal e incluso social y se financiarían con los actuales impuestos (convenientemente reformados) y tasas y un sistema de participaciones sobre figuras tributarias de base amplia con posibilidades de territorialización, como el impuesto sobre la renta, que se atribuiría en exclusiva a las CC.AA. Las transferencias se limitarían a la financiación de las delegaciones de nuevas competencias por parte de las CC.AA. Los municipios deberían aceptar las competencias delegadas y su financiación asociada. Mi propuesta sería la siguiente:

- Pueblos. Son los municipios con menos de 20.000 habitantes. Se financiarían exclusivamente con los tributos propios. La regulación de estos tributos corresponde al Estado, si bien los municipios tienen atribuido constitucionalmente el derecho a establecer los tipos de gravamen. Son: Impuesto sobre Bienes Inmuebles municipal; Impuesto sobre Actividades Económicas; Impuesto sobre Vehículos de Tracción Mecánica; Impuesto sobre Construcciones, Instalaciones y Obras; Impuesto sobre el Incremento del Valor de los Terrenos; Impuesto sobre Gastos Suntuarios; tasas, contribuciones y precios públicos.

- Villas. Municipios entre 20.000 y 99.999 habitantes. Se financiarían con sus tributos propios, así como el 15% de la cuota líquida del Impuesto sobre la Renta de las Personas Físicas de su Comunidad Autónoma. El reparto se realizaría de acuerdo con el domicilio de residencia que el ciudadano haya declarado. El municipio podrá establecer recargos o deducciones sobre la cuota líquida del IRPF de sus contribuyentes.

- Ciudades. Municipios con 100.000 habitantes o más. Se financiarían con sus tributos propios, así como el 30% de la cuota líquida del Impuesto sobre la Renta de las Personas Físicas de las Comunidad Autónoma. El reparto se realizaría de acuerdo con el domicilio de residencia que el ciudadano haya declarado. El municipio podrá establecer recargos o deducciones sobre la cuota líquida del IRPF de sus contribuyentes.

Justificación. El gasto por habitante que suponen los servicios públicos es cuatro veces mayor en los municipios de menos de 5.000 habitantes que en los de más de 100.000. El coste por ciudadano en los pueblos con menos de 5.000 habitantes es de 2.613 euros, mientras que en los de más de 100.000 es de 652 euros. La centralización de estructuras y la prestación de servicios de manera coordinada a poblaciones que superan los 20.000 habitantes permitirían generar ahorros significativos. Con la propuesta que realizo, los escasos municipios que quedaran tras el proceso de fusión con menos de 20.000 habitantes estarían obligados a prestar únicamente servicios locales básicos para lo que contarían con sus propios recursos únicamente. Los municipios con más de 20.000 habitantes ganarían competencia sobre asuntos que requieren un mayor tamaño para ser prestados con eficacia y obtendrían para financiarlos una parte de los recursos declarados por sus habitantes en el IRPF, sobre el que podrían efectuar recargos o deducciones. Se mantiene así la rendición de cuentas ante los electores por la gestión de los servicios, de modo que los alcaldes no se limiten a pedir más recursos a las CC.AA. o al Estado, sino en gestionar los servicios encomendados con los recursos cobrados directamente a los contribuyentes.

9.3. COMUNIDADES AUTÓNOMAS

Los artículos 143, 144, 146, 148, 151 y 152 de nuestra actual Constitución en realidad están pensados para la transición del estado unitario anterior a 1978 al actual Estado de las Autonomías. Deberían haber sido planteados como disposiciones transitorias, pero lo cierto es que en la actualidad carecen de sentido, por lo que deberían ser derogados y sustituidos por nuevos artículos en los que se detallara y cerrara el modelo autonómico español.

A) Denominación y reorganización de las CC.AA.

Propuesta. Muchos autores insisten en incluir en la reforma constitucional a realizar la enumeración de las CC.AA. de las que se compone España. Algunos van más allá y proponen diferenciar entre ellas aquellas a las que se cataloga de "nacionalidades" y las que son consideradas "regiones", dado que la Constitución no especifica cual es cada cual y se deja su inclusión al Estatuto correspondiente, aunque no tiene ningún efecto práctico más allá de ese simbolismo del que tanto gustan nuestros políticos y que, en general, no produce sino indiferencia entre la población. A diferencia de estos autores, comparto con Sosa Wagner[198] su oposición a la inclusión del nombre de las autonomías en una futura reforma constitucional.

---

[198] SOSA WAGNER, Francisco, *¿Cuántas comunidades autónomas?*, El Mundo, Madrid, 2013.

Justificación. ¿Por qué me opongo a incluir el nombre de las CC.AA. en la Constitución? Sosa Wagner lo explica mejor que yo. Las razones son fundamentalmente tres:

En primer lugar, la inclusión del nombre de las CC.AA. en la Constitución no implica ningún efecto práctico más allá de que en un futuro debería realizarse una reforma constitucional para modificar no sólo su número (para ampliar o reducir las CC.AA. enumeradas en la Constitución), sino incluso su nombre. Y precisamente sobre el número actual de CC.AA. tengo, como ya he descrito, fuertes objeciones a su inmutabilidad.

En segundo lugar, las constituciones federales que incluyen los nombres de los entes federados que la integran son precisamente las que se han construido de abajo arriba. Esto es, las que son fruto de la unión de estados que fueron independientes en un estado federado. Son los casos de Alemania, Austria, Suiza, Canadá, Estados Unidos, etc. El caso español es diferente. Es una descentralización por "devolución", en el que un estado que fue unitario "devuelve" poderes a entes regionales. Así que no parece aplicable al caso. Igual que no es necesario enumerar todas las provincias y municipios españoles cuando se describe su autonomía financiera y competencias en la Constitución, no es preciso enumerar las CC.AA. para describirlas. España estará compuesta de las CC.AA., provincias y municipios que en cada momento tenga, y su número no ha sido ni tiene por qué ser inmutable, como para fijarlo en la Constitución.

En tercer lugar, si además se pretende diferenciar a unas CC.AA. de otras considerando a unas como "nacionalidades" y a otras como "regiones", auguro apasionados debates por otro tema nominativo más, tal y como parece apasionarnos a los españoles. Las posibles diferencias de niveles competenciales entre las CC.AA. a introducir en la reforma constitucional deberían ser más individuales que colectivas. Esto es, aunque Galicia, Cataluña, Navarra y País Vasco fueran declaradas nacionalidades, el concierto fiscal se aplicaría únicamente a Navarra y al País Vasco, y el Régimen Económico y Fiscal a Canarias, y no al resto. Esa diferenciación sería lógica si la Constitución fuera a consagrar únicamente dos niveles competenciales distintos para cada grupo, esto es, más competencias (pero las mismas para todas) para las nacionalidades que para las regiones, al estilo italiano, donde existen dos grupos de regiones. Pero no parece que las intenciones vayan por ahí, pues cada Comunidad tiene sus propias particularidades y hechos diferenciales (lengua, código civil, etc.) y no parecen dispuestas a renunciar a ellas.

Propuesta. Si como parece ser la doctrina dominante aboga por la inclusión de su nombre, en cualquier caso abogo por que, a semejanza del caso alemán, se incluya un artículo que incluso en ese caso permita la reorganización de las CC.AA. en un futuro sin necesidad de modificar la Constitución, pues por razones de eficiencia económica no parece que se puedan mantener CC.AA. con poblaciones de escasa dimensión. Así que abogo por incluir un artículo en la Constitución que permita la reorganización de las CC.AA. y que permita que el territorio nacional pueda ser reorganizado para garantizar que las CC.AA., por su tamaño y su capacidad económica, estén en condiciones de cumplir eficazmente las tareas que les incumben. A tal efecto deberán tenerse en cuenta primordialmente la conveniencia económica, como las exigencias de la ordenación territorial y planificación regional, así como las afinidades regionales, y los contextos históricos y culturales.

Los facultados para iniciar una posible reorganización autonómica serían: el 10% de los electores de una provincia o Comunidad Autónoma afectada, la mayoría absoluta de una asamblea autonómica afectada, o la mayoría simple del Congreso de los Diputados. Una Comunidad Autónoma se considera afectada tanto si gana como si pierde la adscripción de una provincia en el proceso. La propuesta de modificación debería consistir en la incorporación de una o varias provincias de una Comunidad Autónoma a otra Comunidad Autónoma o a una nueva siempre que, como resultado final del proceso, 1) no se incremente el número de Comunidades Autónomas, 2) que ninguna Comunidad Autónoma que pierda población acabe con menos de cinco millones de habitantes de acuerdo con el último censo de población definitivo, o 3) que las provincias de alguna Comunidad Autónoma resultaran inconexas. Es decir, se trata de prever un proceso que incremente el tamaño poblacional de las CC.AA e, idealmente, reduzca su número, a todas luces excesivo, y no a incrementar el número de CC.AA. o a reducir la población de las regiones más pobladas por otras con menos de cinco millones de habitantes.

Una reorganización de este tipo se sometería a la aprobación por referéndum del electorado de las provincias que se plantearan un cambio en su adscripción autonómica y de las CC.AA. afectadas. La votación se realizaría sobre la cuestión de si las CC.AA. afectadas deben subsistir como hasta ahora, o bien ha de modificarse la adscripción autonómica de una o varias provincias. Será positivo el resultado del referéndum cuando respectivamente lo apruebe la mayoría del censo (no de los votantes, sino del censo; voten o no voten) de la provincia o provincias que modifican su adscripción, y no lo rechace la mayoría absoluta del censo de la o las CC.AA. afectadas. No obstante, el rechazo queda sin efecto si la provincia o provincias que modifican su adscripción lo aprueba por una mayoría de dos tercios del censo y no lo rechaza dos tercios del censo de la o las Comunidades Autónomas afectadas. Si se cumplen estos requisitos, seguidamente se someterá a la aprobación del Congreso de los Diputados y el Consejo de las Autonomías en forma de decreto estatal, que podrán aprobarlo o rechazarlo tras dar audiencia a las CC.AA. afectadas.

Es decir, si el interés de alguna provincia es mayoritario (más de la mitad o incluso dos tercios del censo), para impedir que se cumpla su voluntad debería oponerse una voluntad igual de mayoritaria de las CC.AA. afectadas.

Justificación. En Alemania desde tempranas fechas, se han realizado numerosos intentos de reordenar el espacio federal alemán reduciendo el número de sus *Länder*. El Gobierno de Willy Brandt encargó a una comisión de expertos formular al efecto las propuestas pertinentes (Comisión Werner Ernst). Después de dos años de trabajos, sus conclusiones recomendaban varias fusiones en Alemania, todas ellas articuladas según el siguiente criterio: las entidades resultantes habrían de disponer de una población mínima de cinco millones de habitantes. Los avatares políticos malograron los trabajos de Ernst y sus colaboradores, pero de hecho, la reforma federal que culminó en 2006 tenía prevista una tercera fase para abordar precisamente este problema. A tal efecto se cuenta con numerosa bibliografía, que coincide en elaborar criterios para llegar a un máximo de ocho o nueve *Länder* en lugar de los 16 hoy existentes.

¿Qué lecciones podemos extraer los españoles del ejemplo alemán? Como dice Sosa Wagner "la primera es que la tarea de encauzar y orientar cualquier proceso de mudanzas en el mapa federal corresponde a la Federación (aquí diríamos el Estado). Al final el broche lo pone la Federación. Nada pues de bromas de referendos secesionistas ni de otras lindezas del hispano solar como el ejercicio del «derecho a decidir» ni de autodeterminaciones propias de la Primera Guerra Mundial o de los regímenes coloniales. La segunda es que la enumeración de los nombres de las CC.AA. en una Constitución reformada sería un cabal desatino si no fuera acompañada de un procedimiento para poder alterar la envergadura y el número de nuestras autonomías. No podemos perder de vista que nosotros disponemos de 17 comunidades autónomas y dos ciudades igualmente autónomas en el norte de África, para gobernar un censo de 47 millones de ciudadanos mientras que Alemania cuenta, con 16 Länder para hacer lo mismo con 82 millones. La necesidad de reordenar el mapa autonómico en un futuro obliga a no meterlo en el incómodo lecho de Procusto que sería un precepto constitucional."

B) Estatutos de autonomía de las CC.AA.

Propuesta. De acuerdo con el sentido federal de la reforma propuesta, los estatutos de autonomía deberían transformarse en constituciones autonómicas, subordinadas jurídicamente a la Constitución española, y cuyos textos fueran lo más breves posible recogiendo el sistema institucional propio dentro de los márgenes establecidos por la Constitución. Por comodidad y costumbre, seguiré denominándolos estatutos.

Comparto con Eliseo Aja[199] la apuesta por asemejar el contenido y el procedimiento de elaboración de los Estatutos a las Constituciones de los Estados miembros de los sistemas federales, convirtiéndose en normas aprobadas únicamente por la Asamblea legislativa de la Comunidad

---

[199] AJA FERNÁNDEZ, Eliseo, *Estado autonómico y reforma federal*, Alianza editorial, Madrid, 2014.

Autónoma y centradas en la regulación de las instituciones autonómicas y en los derechos adicionales de los ciudadanos. Así como conque, en coherencia con este planteamiento, el sistema competencial se defina en la propia Constitución y no —como hasta ahora— en los Estatutos de autonomía. Se apuesta, por tanto, por superar el principio de voluntariedad en la determinación competencial, convirtiéndose las CC.AA. en titulares de todas las competencias no reservadas al Estado y a los municipios en la propia Constitución a través de la "cláusula de atribución".

Así pues, cada CC.AA. se dotará de una Constitución o Estatuto de Autonomía democrático. Los Estatutos de Autonomía y su reforma estarán sujetos a control de constitucionalidad previo por parte del Tribunal Constitucional. Una vez éste garantice que no es contrario al derecho estatal, necesitará la aprobación de la población de la Comunidad Autónoma y deberá poder ser reformado si así lo aprueba la mayoría del electorado. La Constitución autonómica, a diferencia de lo que ocurre ahora, no será una ley orgánica estatal, sino la ley autonómica fundamental de cada Comunidad. El Congreso no podrá reformarla ni aprobarla. Únicamente deberá someterse al procedimiento obligatorio de control previo de constitucionalidad por el TC. Cada Comunidad deberá tener una representación surgida de elecciones generales, directas, libres, iguales y secretas.

Los Estatutos de las CC.AA. deberán responder a los principios del Estado de Derecho democrático y social en el sentido de la presente Constitución. Habría que modificar el artículo 147 de la Constitución[200], para modificar el contenido de los Estatutos y su forma de aprobación. Según mi propuesta, los Estatutos deberán incluir exclusivamente:

---

[200] Artículo 147 CE. "*1. Dentro de los términos de la presente Constitución, los Estatutos serán la norma institucional básica de cada Comunidad Autónoma y el Estado los reconocerá y amparará como parte integrante de su ordenamiento jurídico. 2. Los Estatutos de autonomía deberán contener: a) La denominación de la Comunidad que mejor corresponda a su identidad histórica. b) La delimitación de su territorio. c) La denominación, organización y sede de las instituciones autónomas propias. d) Las competencias asumidas dentro del marco establecido en la Constitución y las bases para el traspaso de los servicios correspondientes a las mismas. 3. La reforma de los Estatutos se ajustará al procedimiento establecido en los mismos y requerirá, en todo caso, la aprobación por las Cortes Generales, mediante ley orgánica.*"

a) La denominación de la Comunidad que mejor corresponda a su identidad histórica, la bandera y la capital.

b) La delimitación de su territorio.

c) La denominación, organización y sede de las instituciones autónomas propias,

d) Las posibles fórmulas de delegación de sus competencias recogidas en la Constitución en las administraciones locales que integren su territorio.

e) El procedimiento para definir su propio régimen local, compatible con el recogido en la Constitución.

f) Su sistema electoral, que deberá ser democrático, con elecciones generales, directas, libres, iguales y secretas, y con un sistema proporcional.

g) Los términos de modificación de su Estatuto.

h) Declaraciones de derechos adicionales y no contrapuestos a los de la Constitución.

j) La composición del órgano de representación de las administraciones locales ante la Comunidad Autónoma, así como sus funciones.

El Estatuto no incluirá las competencias de la Comunidad Autónoma, que estarán detalladas en la propia Constitución. Tampoco podrá determinar la creación de instituciones u órganos a escala autonómica con funciones similares a los contemplados en la Constitución Española. Las CC.AA. se apoyarán en los órganos consultivos, reguladores y fiscalizadores del estado para sus necesidades. No podrán crear órganos consultivos, reguladores ni fiscalizadores propios. Esto permitirá mantener criterios jurídicos, reguladores y fiscalizadores uniformes en todo el Estado.

Tampoco serán aprobados por las Cortes mediante Ley Orgánica. Serán leyes autonómicas sujetas a control automático previo de constitucionalidad por el Tribunal Constitucional.

C) Estructura organizativa

Propuesta. Las CC.AA. establecerán una estructura organizativa basada en Asamblea Legislativa, Presidente y Consejo de Gobierno. El número de representantes electos en cada Asamblea Legislativa autonómica deberá venir especificado en su respectivo Estatuto y oscilará entre los siguientes mínimo y máximo, de acuerdo con la población de la comunidad:

- Un número impar de representantes entre 23 y 29 diputados para las CC.AA. con menos de un millón de habitantes.

- Un número impar de representantes entre 31 y 39 diputados CC.AA. de uno a dos millones de habitantes.

- Un número impar de representantes entre 41 y 49 diputados para las CC.AA. de dos a cuatro millones de habitantes.

- Un número impar de representantes entre 51 y 59 diputados para las CC.AA. de cuatro a seis millones de habitantes.

- Un número impar de representantes entre 61 y 69 diputados para las CC.AA. de seis a nueve millones de habitantes.

- Y un número impar de representantes entre 71 y 79 diputados para las CC.AA. con más de nueve millones de habitantes.

Justificación. Si se asumiera esta propuesta el número de diputados autonómicos se reduciría en 469 (un 39%), al pasar de 1.200 a 731, con un ahorro anual de unos 235 millones de euros, ya que cada parlamentario autonómico cuesta medio millón de euros al año, entre sueldos, dietas, gastos y personal asistente. Realmente no es necesario el número de diputados autonómicos establecidos en nuestras CC.AA. para establecer una adecuada representatividad. Incluso en el caso de CC.AA. con menos de un millón de habitantes, con un 4% de votos se podría obtener representación si se estableciera una circunscripción electoral única, una cifra similar a la que muchos parlamentos exigen como mínimo para obtener representación parlamentaria. Únicamente habría que adaptar el número de circunscripciones electorales a los nuevos límites, pero se reduciría el número de personas dedicadas a la política que en realidad poco aportan.

Propuesta. Las CC.AA. establecerán en su Estatuto el número de circunscripciones electorales y el procedimiento de asignación de representantes a cada una. Los representantes elegidos tendrán dedicación a tiempo parcial a su tarea representativa, y no percibirán sueldo fijo por ello, sino dietas por asistencia a plenos o comisiones. Los únicos representantes que podrán beneficiarse de dedicación exclusiva, y por lo tanto de sueldo fijo, serán los miembros de la Mesa de la Asamblea autonómica y los portavoces de los grupos parlamentarios en ella.

Justificación. En el momento presente, no existen razones objetivas que justifiquen la profesionalización de las asambleas legislativas autonómicas. Éstas desempeñan básicamente tres funciones, la representativa, la legislativa (incluyendo la presupuestaria) y la de control del gobierno. En los momentos iniciales de construcción del Estado Autonómico, los Parlamentos Autonómicos tuvieron que elaborar, discutir y aprobar todo un inmenso corpus normativo, y construyeron así los diferentes subordenamientos jurídicos autonómicos. Hoy, en la medida en que todas las Comunidades han ejercido ya sus competencias legislativas, éstas se limitan a la tarea de reforma de leyes existentes o a la eventual aprobación de alguna otra nueva, pero dicha actividad legislativa, no justifica la profesionalización. Por otro lado, la función verdaderamente capital del Parlamento Autonómico, que es el control de la acción del Gobierno regional, tampoco exige la dedicación plena.[201] Desde Funciva exponen esta idea "por ello creemos oportuno establecer como regla general que los parlamentarios autonómicos puedan compatibilizar su función con su desempeño profesional y percibir no un sueldo, sino un sistema de compensación mediante dietas. Por las mismas razones, puede resultar oportuno reducir el número de diputados de las distintas Asambleas Autonómicas, y el aparato burocrático de las mismas." Dado que esperar que los propios beneficiados por estas medidas (esto es, los parlamentarios autonómicos) se reduzcan a sí mismos sus prebendas resulta algo ingenio, lo adecuado sería incluirlo en la Constitución, para que sea de obligado cumplimiento.

Se trata de una medida ya tomada en Castilla La Mancha, recurrido ante el TC por sesenta senadores del grupo socialista, y del que el TC concluye que "de la retirada del salario y la dedicación exclusiva a los

---

[201] TAJADURA, Javier y otros, *Diez propuestas para la racionalización del Estado Autónomico*, Ed. FUNCIVA, Madrid, 2011.

parlamentarios no se constata menoscabo de la función legislativa o de control de la acción de Gobierno ". Subraya que no puede afirmarse, como plantean los recurrentes, que una determinada modalidad retributiva como es la percepción de un sueldo fijo constituya parte del núcleo esencial del derecho constitucional a acceder en condiciones de igualdad a las funciones y cargos públicos.

Propuesta. Siguiendo la propuesta del Informe de la Comisión de Expertos para la reforma de las CC.AA., los ejecutivos regionales no deben tener un número de miembros superior a diez, y no existirá más personal libremente designado en las Comunidades autónomas que el estrictamente preciso para el apoyo inmediato de los órganos políticos. Así, todos los cargos con responsabilidades administrativas directas desde el nivel equivalente a Director General serán designados entre funcionarios.

Justificación. Dado que la proliferación de puestos políticos directivos ha sido enorme en las CC.AA., propongo limitar su número en la misma Constitución, tal y como establecían en su momento algunos Estatutos de Autonomía. No existe justificación alguna para que el número de miembros de los ejecutivos autonómicos exceda de esa cantidad, dado el presupuesto gestionado por las CC.AA.

En cuanto al personal de libre designación, ha proliferado en las CC.AA. mucho más aún que en la Administración General del Estado, donde los cargos de libre designación están limitados a puestos de nivel 29 o 30. El descontrol es enorme con los puestos directivos en las administraciones autonómicas. Si el intervalo de niveles dentro de los grupos de clasificación de los funcionarios de carrera va desde el nivel 1 al nivel 30, en el Estado son puestos de libre designación los de nivel 29 o 30, mientas en la mayoría de las CC.AA. la libre designación comienza en el puesto 26. Así pues, cualquier funcionario sabe que para alcanzar la cima de su carrera profesional necesita ganarse la confianza de los políticos que lo deben nombrar, y ya sabemos cuál será la contraprestación requerida para ello: docilidad y partidismo.

D) Participación de las CC.AA. en la toma de decisiones del Estado

Propuesta. Las CC.AA. participarán en aquellos casos previstos por la Constitución, en las tomas de decisión del Estado a través del Consejo de las Autonomías, especialmente en la aprobación de la legislación compartida y concurrente. El Estado informará en un tiempo razonable y detalladamente a las CC.AA. sobre sus proyectos; el Estado consultará a las CC.AA. cuando éstas se vean afectadas en sus intereses.

Justificación. Se trata de establecer implicar a las CC.AA. en el gobierno del Estado, pues Estado son, así como de obligar al Estado constitucionalmente a informar y consultar a las CC.AA. sobre los asuntos que les afecten, en una suerte de lealtad institucional que recíprocamente las CC.AA. deberán guardar con el Estado.

9.4. NUEVAS COMPETENCIAS EXCLUSIVAS DEL ESTADO

Una vez establecidos los principios generales de la estructura territorial del Estado, los distintos tipos de competencias existentes y los principios generales de organización de las corporaciones locales y CC.AA., a continuación defino las competencias exclusivas y de legislación estatal correspondientes al Estado. Por el principio de atribución residual, el resto de competencias corresponderían a las CC.AA.

Propuesta. Las competencias exclusivas del Estado se declararían exclusivas, intransferibles, indelegables e irrenunciables, al modo federal, y en su ejercicio el derecho del Estado será por definición prevalente o de preferente aplicación. Es decir, se cierra y acoraza el conjunto competencial del Estado, que de este modo no podría ser objeto de nuevas sustracciones.

Justificación. Se impide así el habitual canje de apoyo parlamentario por competencias en los casos en que los escaños de las minorías nacionalistas fuesen indispensables a falta de pacto entre los partidos mayoritarios, para la elección de Presidente de Gobierno y para asegurar la ordinaria gobernación.

Las competencias exclusivas del Estado son, en sentido estricto, aquellas en las que el Estado asume la totalidad de las funciones sobre la materia, es decir, la potestad legislativa, de desarrollo normativo y ejecutiva. Quedarán derogadas todas las leyes, reglamentos y órdenes en vigor de las CC.AA. sobre estas materias.

A las actuales competencias exclusivas del Estado habrá que incorporar en la reforma constitucional la jurisprudencia aclaratoria del Tribunal Constitucional hasta la fecha, para evitar futuros conflictos competenciales. Para evitar un largo y tedioso ejercicio descriptivo en cada materia, en este apartado me limitaré a los principales cambios propuestos sobre la situación actual. En realidad, la mayor parte de las "nuevas" competencias exclusivas son competencias que en la Constitución actual estaban reservadas al Estado pero que acabaron siendo compartidas con las CC.AA. en virtud de la delegación de competencias o de la jurisprudencia del Tribunal Constitucional.

Bajo mi propuesta, dichas competencias exclusivas serían indelegables y prevalentes, en principio y a salvo de lo que luego se dirá, sobre cualquier otra competencia nominal o materialmente distinta con la que entre en conflicto ya sea de legislación o de aplicación.

La lista y descripción de las competencias exclusivas del Estado comenzaría diciendo que "sin perjuicio de las competencias atribuidas en la Constitución a las CC.AA. en virtud de sus hechos diferenciales, el Estado tendrá la competencia exclusiva sobre:" De esta manera, se salvan las posibles excepciones (como seguridad pública), motivadas por los hechos diferenciales, cuya traducción en competencias adicionales se explicará más adelante.

A) Justicia

Propuesta. El Estado tendrá la competencia exclusiva sobre la organización, actuación y funcionamiento del Poder Judicial, la Administración de Justicia y los medios personales y materiales al servicio de la misma.

Justificación. El Poder Judicial, y especialmente el Tribunal Constitucional, debe estar realmente constituido por jueces y tribunales independientes e imparciales, garantes de una justicia igual para todos, evitando presiones políticas o de cualquier orden. Para garantizar esta independencia considero primordial el mantenimiento de un único Poder Judicial para toda España, con una sola Jurisdicción Ordinaria, cuya cúspide sea el Tribunal Supremo. Para que todos los ciudadanos españoles, estén donde estén, mantengan el mismo derecho constitucional a la tutela judicial efectiva, debe preservarse al Tribunal Supremo como el más alto tribunal de la jurisdicción ordinaria, manteniendo los recursos de casación que le son atribuidos.

Aunque los partidos nacionalistas exigen constantemente un poder judicial autonómico que culmine en su propio Tribunal Superior de Justicia, dejando para el Tribunal Supremo la tarea de homogeneizar la doctrina, y para ello ponen como ejemplo a los estados federales, la realidad es que no todos los estados federales descentralizan su administración de justicia (Bélgica y Austria no lo hacen, por ejemplo), aunque sí que lo hacen los más representativos (Estados Unidos y Alemania). Sin embargo, a diferencia de estos países en España no existe un Derecho sustantivo propio de las CC.AA. El código penal, mercantil, de comercio, laboral y, con algunas salvedades, el civil es común para toda España, igual que sus leyes procesales. La inexistencia de este Derecho autonómico propio no solo convierte en prescindible un Poder Judicial propio, sino que, en mi opinión, lo desaconseja. Si el Estado es el único competente en materia de legislación penal, mercantil, de comercio, procesal, laboral y, en buena medida, civil, creo suficientemente fundamentando por razones no solo organizativas, sino materiales, que el Poder Judicial mantenga y refuerce su estructura estatal, no solo conservando la jurisdicción sobre los jueces, sino recuperándola sobre "la administración de la administración de la justicia", esto es, los medios auxiliares de la justicia, según la creativa y exótica jurisprudencia del Tribunal Constitucional, a través de la cual se delegó en ocho CC.AA. los medios auxiliares de la Justicia.

Actualmente en la organización de la justicia coexisten trabajadores que rinden cuentas a tres "jefes" distintos. Por un lado, están los jueces, cuya autonomía está garantizada en la Constitución y que responden ante su propia organización y, en concreto, ante el Consejo General del Poder

Judicial. Por otro lado, tenemos a lo que el Tribunal Constitucional en una creativa sentencia llamó "la administración de la Administración de Justicia", es decir, al personal auxiliar de apoyo, que depende de las CC.AA. allí donde éstas han asumido esta competencia; y finalmente están los Secretarios Judiciales, encargados de la organización administrativa, que dependen del Ministerio de Justicia. Nuestra justicia trabaja con programas informáticos incompatibles entre sí, ya que únicamente cinco autonomías comparten el programa estatal (Minerva), porque no tienen delegada la competencia; con Registros de Penales y de faltas incomunicados, y con una total carencia de estructura jerarquizada de funcionamiento. Los jueces insisten en que el respeto a su autonomía incluye entrar y salir del juzgado cuando les venga en gana, y aunque la mayoría cumplen escrupulosamente su horario y trabajan fuera de su horario en casa, lo cierto es que el control resulta imposible. Tampoco al personal auxiliar se le puede controlar adecuadamente, ya que responden ante otra administración. Con este panorama, lo asombroso es que se dicten sentencias.

La administración de Justicia debe dotarse de medios materiales: unificación de los sistemas informáticos y digitalización de los expedientes judiciales deberían ser los objetivos a corto plazo para lograr un funcionamiento ágil y moderno de esta administración, tradicionalmente olvidada por los sucesivos gobiernos democráticos. Debe ser el Ministerio de Justicia, a través de los Secretarios Judiciales, el que asuma el papel de dirección y coordinación del funcionamiento de las oficinas judiciales, al menos en sus aspectos administrativos (cumplimiento de horarios, por ejemplo), respetando la autonomía de los jueces en sus aspectos jurisdiccionales. Para garantizar la independencia judicial es necesario terminar con el colapso judicial y conseguir que la justicia actúe de acuerdo con los cánones de las democracias europeas, es decir de manera rápida, efectiva, y preventiva. Se reformará el sistema judicial español en lo relativo a la formación y exámenes de los jueces, fiscales y secretarios judiciales, para adaptar sus exámenes y formación a la realidad del siglo XXI y su complejidad, aunque el contenido de esa reforma, por no ser estrictamente territorial, la detallaré en un próximo libro dedicado a la necesaria regeneración democrática.

B) Policía judicial

Propuesta. Propongo igualmente modificar el actual artículo 126[202] de la Constitución para crear un Cuerpo de Policía Judicial, de titularidad exclusiva estatal pero delegada en el Poder Judicial, que será dependiente de jueces, tribunales y fiscales, como una unidad especializada en la investigación criminal de crímenes violentos de conmoción pública, delitos de mayor gravedad y relevancia social como son, entre otros, los de terrorismo, crimen organizado, narcotráfico, delitos contra la Corona o los delitos económicos que causan grave perjuicio a la economía nacional; de la investigación criminal internacional; de la investigación contra la corrupción en los servicios públicos de todos los niveles; de la correcta ejecución de las sentencias judiciales; de la planificación e implementación de extradiciones y deportaciones; de la custodia de la documentación judicial; de la seguridad de los juzgados y tribunales, incluyendo la custodia de acusados, la protección de jueces, fiscales, abogados y testigos; de la búsqueda de fugitivos; de la seguridad y transporte de prisioneros; de la protección de testigos; y del control de materiales decomisados.

Igualmente, en un apartado de este artículo habrá que prever que, aunque para la mayor parte de los asuntos judiciales deberá servirse de este nuevo cuerpo, para una investigación en concreto los tribunales de justicia podrán asignar el carácter de policía judicial a cualquier cuerpo de seguridad, que tendrá la obligación de colaborar con los tribunales.

En la práctica, la policía judicial seguiría el ejemplo del Cuerpo de Alguaciles de Estados Unidos (*United States Marshals Service*), la institución encargada de la ejecución de las órdenes judiciales. En un sentido amplio garantizaría el funcionamiento del sistema de justicia. De esta manera, tomaría a su cargo la persecución de fugitivos buscados por las autoridades judiciales, así como el transporte de presos e inmigrantes ilegales.

Justificación. Dentro de las fuerzas y cuerpos de seguridad propongo la creación de la Policía Judicial, una unidad especializada

---

[202] Artículo 126 C.E.: "La policía judicial depende de los Jueces, de los Tribunales y del Ministerio Fiscal en sus funciones de averiguación del delito y descubrimiento y aseguramiento del delincuente, en los términos que la ley establezca."

encargada de la persecución de determinados delitos considerados graves y el auxilio a la administración de Justicia. Es a ésta a quien le debe su dependencia funcional, bajo la cual, jueces, tribunales y fiscales harán uso de las facultades que las leyes estatales les atribuyan. Así pues, el Estado, a través de los tribunales, jueces y fiscales, tendría la competencia exclusiva sobre el Cuerpo de Policía Judicial, aunque delegaría su gestión en la autonomía de la justicia para garantizar la independencia en las investigaciones. Se produciría así una separación entre la Policía encargada del mantenimiento de la Seguridad Ciudadana y una Policía Judicial con el cometido de la lucha contra el crimen organizado. Las Fuerzas y Cuerpos de Seguridad del Estado, así como las policías autonómicas allí donde existen, tienen encomendada entre sus funciones, garantizar la libertad y los derechos de los ciudadanos, empleando la coerción estrictamente necesaria para el mantenimiento del orden público.

Propongo una Policía Judicial dependiente del Poder Judicial, evitando la contaminación política que pudiera producirse en las indagaciones realizadas para esclarecer determinados delitos. Se necesita una Policía Judicial más especializada y con una dependencia funcional estrictamente acotada, para beneficiar la lucha contra el crimen organizado. El motivo radica en la intromisión que el gobierno y los partidos políticos ejecutan en las investigaciones criminales a través de sus mandos policiales. Algunas investigaciones criminales "sensibles" han estado bajo la sospecha de injerencias por parte de mandos o incluso políticos en sus pesquisas. Jueces para la Democracia[203] critica que se separe a funcionarios del cuerpo de Policía Judicial que están investigando algún hecho delictivo bajo orden judicial, debido al régimen disciplinario u otros motivos internos no explicados claramente y realizados de forma unilateral. En algunos casos, los miembros de las unidades de Policía Judicial han sido separados del caso o coaccionados con expedientes por sus superiores jerárquicos debido a intrusiones de éstos en las investigaciones. Así, la

---

[203] Nota de JUECES PARA LA DEMOCRACIA (1990), sobre la Policía Judicial. Caso de Juan Guerra en Sevilla. El Ministerio del Interior incoa expedientes disciplinarios a dos funcionarios de la Policía Judicial adscrita de Sevilla, sin ni tan siquiera escuchar al juez o tribunal con el mando funcional de esa unidad, como así lo indica el Real Decreto 769/87 de 19 de junio, de la Policía Judicial, la LOPJ en su artículo 446 y la LOFCS en su artículo 34.

dependencia gubernativa ha provocado no pocos enfrentamientos entre jueces y tribunales con altos mandos policiales y/o políticos. Por este motivo, una de las reclamaciones más importantes que hace la Judicatura respecto a la Policía Judicial es su dependencia orgánica y funcional. Este hecho, junto con la composición del cuerpo sigue siendo motivo de debate para la doctrina[204].

Sus miembros, tal y como ocurre en casi toda Europa, se seleccionarían de entre los Cuerpos y Fuerzas de Seguridad del Estado. La "Policía judicial" debería ser una policía selectiva y especializada. Selectiva, en cuanto debe estar dedicada a descubrir y perseguir los delitos más graves y sofisticados (delitos económicos, secuestros, terrorismo, tráfico de armas y trata de seres humanos, delincuencia juvenil, etc.). Especializada, en cuanto dentro de ella deben existir grupos dedicados a investigar determinados delitos, y no todos. Así pues, debería crearse un Ente de Derecho Público en el que se integre la Policía Judicial, implicando ello un trasvase de funcionarios desde la Administración Central del Estado (Ministerio del Interior) al citado Ente. Los Órganos de Gobierno del citado Ente Público serían nombrados por el Consejo General del Poder Judicial y el Consejo Fiscal, con el fin de asegurar la dependencia funcional de la Policía Judicial exclusivamente respecto de Jueces y Fiscales. Por otra parte, una "Policía Judicial" adecuada (para evitar intromisiones) habría de reservar, para sus componentes, las notas de: inamovilidad relativa (sólo separables a instancias del Juez o Fiscal competente) y dedicación exclusiva necesaria para la propia especialización y, en consecuencia, la imprescindible eficacia. Y, en fin, una Policía Judicial, cuyo régimen disciplinario se relacionase (para evitar "disuasiones" extrañas) con la propia función y se sustanciase por el que la dirige.

Siguiendo en esta línea, lo lógico sería que, en la etapa de investigación del delito, la dirección exclusiva para el ejercicio indagatorio fuese atribuida, en exclusiva, al Ministerio Fiscal, cuya independencia del Gobierno debería reforzarse, que debería ser el órgano de instrucción

---

[204] NUÑEZ IZQUIERDO, Francisco, *La policía judicial. El auxilio con la administración de justicia en la investigación criminal*, Ed. Noticias Jurídicas, Madrid, 2012.

procesal, ya que es él el responsable de poner en movimiento la acción penal[205], aunque el detalle de esta propuesta lo pormenorizo en el futuro libro de regeneración democrática.

La lucha contra la delincuencia callejera menor seguiría siendo misión de los Cuerpos y Fuerzas de Seguridad, en cuanto la misma se manifiesta colindando con las actividades de prevención.

C) Políticas activas de empleo

Propuesta. El Estado tendrá la competencia exclusiva sobre las políticas activas de empleo.

Justificación. Actualmente esta competencia está transferida a las CC.AA., cuando la bibliografía y la experiencia europea indican que lo más conveniente es que se ejercite desde el poder central del Estado. Actualmente, cada comunidad autónoma dispone de las competencias necesarias para decidir qué políticas son las más adecuadas y a través de qué instrumentos deben implementarse. Sin embargo, no exista coordinación entre los distintos niveles de gobierno para conseguir mejorar la eficacia de las políticas que llevan a cabo. La descentralización de las políticas activas entre distintos niveles de gobierno dificulta la coordinación y plantea problemas de riesgo moral que se acentúan por la falta de medios de los servicios públicos de empleo y el escaso número de evaluaciones rigurosas.

La clasificación más aceptada sobre los diferentes tipos de políticas de empleo es la sugerida por la OCDE y que distingue entre políticas pasivas y políticas activas de empleo. Se entiende por políticas pasivas todas aquellas medidas que tienen como objetivo mejorar la situación de los trabajadores/as sin empleo y asegurarles un cierto nivel de ingresos. En cambio, por políticas activas se entienden todo aquel conjunto de medidas que pretenden incidir directamente sobre el funcionamiento del mercado de trabajo para aumentar la demanda de trabajo (ya sea de manera genérica o incidiendo sobre algún colectivo específico con mayores dificultades de inserción laboral) pero también aquellas medidas que pretenden mejorar

---

[205] HERRERO HERRERO, César, *Un modelo razonable de policía judicial*, Ministerio de Justicia, Boletín 1744, Madrid.

los procesos de ajuste entre oferta y demanda de trabajo (por ejemplo, a través de programas de formación de los trabajadores/as, de incentivar su movilidad geográfica o mejorando los flujos de información entre empresas y trabajadores/as). El gasto dedicado al mantenimiento de los servicios públicos de empleo forma parte del gasto total en políticas de empleo pero no forma parte ni de las políticas activas ni de las políticas pasivas.

Las políticas activas de empleo llevan tiempo descentralizándose en los países desarrollados. La descentralización en los servicios de empleo público puede, en general, ser de dos tipos[206]: 1) descentralización en la gestión, en la que a los directivos o funcionarios locales se les concede una mayor flexibilidad para implementar los objetivos de política nacional, y 2) descentralización política, que delega la política, los objetivos y los instrumentos a otras instituciones políticas (regionales o locales).

La gestión descentralizada normalmente toma la forma de la gestión por objetivos, que es la herramienta tradicional para reconciliar la flexibilidad y la responsabilidad en la gestión. Se enfatiza la obtención de resultados antes que los medios empleados, y los gestores regionales y locales son relativamente libres de elegir las estrategias y programas que logren un mejor resultado. Esta estrategia es la dominante y más extendida entre las agencias públicas de empleo desde que comenzaron a implementarse a mediados de los años ochenta.

Del análisis que la Comisión Europea ha realizado, se observa que la descentralización política se ha realizado únicamente en diez de los países de la UE28, de los cuales en tres (Alemania, Holanda y Finlandia) únicamente se ha descentralizado la prestación de servicios de empleo para asistencia social hacia los municipios, en lugar de las regiones. La municipalización aparece también en otros tres países (Dinamarca, Polonia y Noruega). Únicamente en Bélgica, España e Italia en la UE se ha descentralizado la prestación de las políticas activas de empleo hacia las regiones, y no son precisamente los que mejor funcionan, mientras que en

---

[206] COMISIÓN EUROPEA, *Decentralization of public employment services*, Ed. DG Employment, Social Affairs and Inclusion, Bruselas, 2011.

los otros 18 países de la UE, las políticas activas de empleo se prestan a nivel nacional, aunque con gestión local o regional descentralizada.

El principal motivo por el cual la gestión de las políticas activas de empleo no se ha descentralizado políticamente es doble: por un lado, para no reducir la responsabilidad con las prioridades de la política nacional y, por otro lado, por los retos que plantea la complejidad de coordinar la prestación de los servicios. La descentralización en la gestión permite adaptar las políticas activas de empleo a las condiciones y necesidades locales, mientras se sigue manteniendo una única dirección y objetivos, pudiendo prestar los servicios con una mayor eficiencia. Con la descentralización política de estas prestaciones se pierde el control de las acciones de los agentes. Por otro lado, el partenariado con el sector privado para la búsqueda activa de empleo no es coste-efectivo a escala regional y local, pero sí nacional. La propia OCDE, en sus análisis sobre el tema, concluye que la devolución de esta competencia a las regiones es la que más probablemente conduce a problemas de responsabilidad, ya que frecuentemente, como sucede en España, una administración ejecuta el gasto que otra financia, lo que lleva a no pocas ineficiencias en el gasto por falta de incentivos al ahorro. Los gobiernos regionales diseñan y ejecutan políticas que son financiadas por el gobierno central. Es un problema de riesgo moral, ya que existe un incentivo por parte de los gobiernos regionales a intentar obtener el máximo de financiación posible para realizar actividades orientadas a la mejora de la empleabilidad de sus parados sin tener que preocuparse excesivamente por la eficacia o la eficiencia de las medidas realizadas. De hecho, y a pesar de que el gobierno central establezca unos mecanismos de control de las actuaciones realizadas, el seguimiento realizado acostumbra a consistir en el cumplimiento de una serie de requisitos administrativos, no de objetivos. Ésta es la situación que se produce en España. Asimismo, la descentralización política de determinadas políticas activas puede afectar a la movilidad del trabajador, imprescindible para un buen funcionamiento del mercado de trabajo estatal. Por ello, se observa que en la práctica muy pocos países han llevado a cabo descentralizaciones completas dentro del ámbito de las políticas activas. De hecho, con la excepción de las políticas de formación, la mayoría de estas políticas siguen gestionándose en mayor o menor medida desde el gobierno central.

Por otra parte, el presunto uso fraudulento por parte de la Junta de Andalucía de los fondos destinados a políticas activas de empleo, tanto para formación como para respaldar económicamente a empresas con problemas, que se veían obligadas a presentar expedientes de regulación de empleo, conocidos como casos EDU[207] y ERE[208], respectivamente, es una muestra más de que en determinados asuntos el fácil acceso y la relación de mutua dependencia entre sindicatos, empresarios y políticos regionales (urbanismo, medio ambiente, formación, subvenciones) es una puerta abierta a la corrupción y el clientelismo, y que el alejamiento del centro de decisión en estos asuntos reasumiendo el Estado la competencia de forma exclusiva, haría más difícil este comportamiento fraudulento.

D) Protección de la Competencia

Propuesta. El Estado tendrá la competencia exclusiva sobre la prevención del abuso de una posición de poder económico. El Estado dictará y ejecutará las normas conducentes a luchar contra las

---

[207] El caso EDU, también llamado fraude de los cursos de formación, es un presunto caso de malversación de caudales públicos vinculado a la Junta de Andalucía, en España. Está siendo investigado por la Unidad de Delitos Económicos y Fiscales (UDEF) del Cuerpo Nacional de Policía y pendiente de judicialización. La Junta habría pagado cursos de formación que no se llegaron a realizar, sin exigir justificación de la realización de estos ni demandar la devolución de los fondos en caso de que el curso no se impartiera. La investigación se inició en la provincia de Málaga y se ha extendido a toda Andalucía, con centenares de personas detenidas o bajo investigación. El total pagado por adelantado a las entidades formadoras en el período investigado, de 2007 a 2013, asciende a 2.000 millones de euros.

[208] El caso ERE en Andalucía, también llamado escándalo de los ERE en Andalucía, también conocido como caso del fondo de reptiles, es una red de corrupción política vinculada a la Junta de Andalucía, que gobierna el PSOE desde el año 1980. En el año 2001, la Junta de Andalucía, presidida por Manuel Chaves, inició un procedimiento para respaldar económicamente a empresas con problemas, que se veían obligadas a presentar expedientes de regulación de empleo, ERE, para realizar prejubilaciones o despidos, y a los trabajadores afectados por estos ERE. El origen de este escándalo andaluz estuvo en la investigación del caso de corrupción en la empresa sevillana Mercasevilla, en la que fueron detectadas prejubilaciones aparentemente fraudulentas. El caso ERE está siendo actualmente investigado por el juzgado de instrucción número 6 de Sevilla, dirigido por la juez Mercedes Alaya y por el Tribunal de Cuentas del Estado. Alaya cifra en 855 millones el desvío de fondos del "caso ERE", y afirma que las subvenciones acabaron en el entorno de la Junta o del PSOE andaluz.

consecuencias sociales y económicas perjudiciales de los cárteles y otras formas de limitación de la libre competencia. Tomará, entre otras, las medidas necesarias para: impedir que se fijen precios abusivos por parte de empresas u organizaciones de derecho privado o público que ocupen una posición dominante en el mercado; y luchar contra la competencia desleal.

Justificación. Se trata de instaurar un criterio único para la defensa de la competencia en todo el Estado, ya que cada tribunal autonómico establece sus propios criterios. Asimismo, como órgano de control de las actividades económicas de grupos muy influyentes en la política, creo más conveniente alejar el centro de control de las autonomías, con el fin de que sea menos accesible e influenciable, ya que en las regiones la cercanía suele conducir al amiguismo y el clientelismo político y se corre en riegos cierto de que estos tribunales se utilicen para cercenar el potencial de nuevos competidores y proteger a los empresarios "amigos", en un nuevo instrumento del capitalismo de "amiguetes" que ha proliferado en España.

E) Relaciones exteriores

Propuesta. Después de haber visto las disfunciones que se producen con cierta frecuencia en el ámbito de la "acción exterior" de las CC.AA. ante la ausencia casi total de una regulación pertinente, se comprueba su necesidad. Esta regulación debería ir dirigida, ante todo, a salvaguardar la competencia del Estado en la materia y, con ello, la unidad de acción del Estado en el exterior y a acabar con la inseguridad e incoherencia que hoy se produce en la materia. Puede ser de interés tomar como modelo alguno de los procedimientos previstos en relación con las relaciones transfronterizas y, desde luego, el deber de una información completa al Estado por parte de las CC.AA. de todas las actuaciones en el exterior o que pudieran afectar a la competencia del Estado sobre la materia. En este sentido se propone una regulación de la competencia de relaciones exteriores en la Constitución que introduzca las siguientes consideraciones:

1. El mantenimiento de las relaciones con Estados extranjeros compete de forma exclusiva al Estado.

2. Antes de concertar un tratado que afecte a las competencias exclusivas, concurrentes o de legislación estatal de las CC.AA., se informará al

Consejo de las Autonomías con la debida antelación. Se garantiza así, el derecho de información de las CC.AA.

3. El Gobierno del Estado permitirá la acción exterior de las CC.AA., siempre que sea necesaria o conveniente para el ejercicio de sus competencias, y siempre que sea realizada a través de las instituciones estatales, e informado con la debida antelación y de forma completa de sus actuaciones en el exterior. El Estado podrá coordinar la acción exterior de las CC.AA. dictando órdenes ejecutivas a las mismas. Con el fin de salvaguardar la unidad de acción, el Estado regulará por ley la actuación de las CC.AA. en materia de relaciones exteriores en el ámbito de sus competencias.

4. Las CC.AA. podrán tratar directamente con autoridades de rango regional de otros Estados de la Unión Europea; por lo demás las relaciones de las CC.AA. con otros Estados tendrá lugar junto a la intervención del Estado.

5. En tanto las CC.AA. tengan competencia legislativa, podrán, con el consentimiento de las Cortes Generales, concertar tratados con regiones de Estados extranjeros. Estos tratados no podrán ser contrarios ni al derecho ni a los intereses del Estado, ni al derecho de otras CC.AA. Las CC.AA. deberán publicar en sus diarios oficiales los tratados internacionales que firmen y cuenten con el consentimiento de las Cortes Generales.

6. Las CC.AA. no podrán tener oficinas de interés o representación en el exterior de España, con la excepción de una representación ante la UE en la capital comunitaria. Las CC.AA. podrán utilizar las instalaciones de las embajadas españolas en el extranjero para la defensa de sus intereses en las materias bajo su competencia. Sus actuaciones no podrán ser contrarias ni al derecho ni a los intereses del Estado, ni al derecho de otras CC.AA.

Justificación. Es decir, se garantiza la competencia exclusiva del Estado, pero al mismo tiempo se introduce en la Constitución la obligación del Estado de informar de los tratados internacionales que afecten a las competencias autonómicas, se constitucionaliza su derecho a la acción exterior de las CC.AA. que puede producirse, acompañada con el Estado para sus relaciones con otros estados, y por sus propios medios cuando se relacione con regiones. Igualmente se permite la celebración de tratados internacionales en el ejercicio de sus competencias a las CC.AA., lo que hasta ahora les estaba vedado, pero deben someterse a la aprobación tanto del Congreso como del Consejo de las Autonomías, además de ser conforme a derecho y no perjudicar los intereses nacionales ni de otras CC.AA. Finalmente, se introduce un criterio de racionalidad en la representación de las CC.AA. en el extranjero, al permitir su representación propia ante Bruselas, dado que la UE se convierte casi en una extensión natural de la política interna, mientras para el resto de países deberán utilizar las Embajadas del Estado.

F) Unidad de mercado y prestaciones básicas

Propuesta. El Estado tendrá la competencia exclusiva sobre la regulación de las medidas destinadas a garantizar la unidad de mercado y la igualdad en las prestaciones básicas. En concreto, aquellas medidas que garanticen el principio de reconocimiento mutuo de los títulos habilitantes que condicionan la actividad económica; la habilitación de una competencia estatal para armonizar regulaciones si se comprueba que hay obstáculos reales o distorsiones en la competencia; el establecimiento de medidas de regulación, fomento y ejecución, según una iniciativa formulada por la mayoría absoluta del Consejo de las Autonomías. Esta última sería el modo, por ejemplo, de activar medidas como la llamada "ley de dependencia".

Justificación. Así pues, el Estado tendría competencia para crear una normativa de armonización de las normas socioeconómicas que garanticen la unidad de mercado en España y corrijan la fragmentación actual del mercado, que afecta gravemente a la competitividad de la economía española. Esta normativa debería ser aprobada por el Consejo de las Autonomías. Igualmente, las CC.AA. armonizarán a través del Consejo de las Autonomías la normativa de etiquetado, emisiones a la atmósfera, obligaciones de la gestión de residuos, calidad del suministro eléctrico, prácticas de dumping comercial, trazabilidad en los artículos de consumo, horarios de circulación y tipos de vías autorizados en el transporte de mercancías peligrosas.

La evolución de nuestro modelo de ordenación territorial ha generado ciertas amenazas para la unidad de mercado en forma de una intrincada maraña regulatoria. Tenemos cien mil normas diferentes. Las autonomías aprueban unas seis normas a la semana. Según un informe del Instituto de Estudios Autonómicos de 2010, llegaron a producir 291 decretos-leyes, mientras que el Estado apenas aprobó 69. Hay motivos sobrados para derogar la mayoría de la multitud de normas autonómicas, ya que dañan la economía y el empleo, y deterioran la seguridad jurídica. Un país no necesita cientos de miles de normas, imposibles de conocer o cumplir, sino unas pocas leyes, claras, justas y equitativas. En múltiples ocasiones la normativa busca, como un valor en sí mismo, la diferenciación de las normas propias frente a las de otras administraciones. Esto ocurre cuando la diferenciación nace de la falta de coordinación o del desconocimiento de la normativa de otras administraciones, dando lugar a duplicidades e incluso a contradicciones.

Haciendo una clasificación de urgencia de los principales problemas que sufre la economía española, la fragmentación del mercado interior ocupa, sin lugar a dudas, una de las primeras posiciones. Hoy las empresas españolas se enfrentan a un complejo entramado jurídico (europeo, estatal general, estatal sectorial, autonómico y local) que tiene como consecuencia inmediata −el denominado "coste regulatorio"− un pesado lastre a la competitividad, un severo freno a la inversión y a su expansión, y un importante desincentivo a la creación de empresas y a la generación de empleo. En los orígenes de este marco hostil hacia el desarrollo de la actividad económica hay que situar, en primer lugar, la existencia de una pluralidad de legisladores, con áreas de competencias no siempre claramente definidas, que ha dado lugar a una hiperinflación normativa que, o bien exige un sobreesfuerzo de búsqueda de la legislación aplicable y de cumplimento, o bien desincentiva, cuando no inhibe completamente, la iniciativa empresarial; en segundo lugar, a esta obesidad normativa hay que añadir la deficiente calidad regulatoria, pues la falta de criterios económicos para legislar por parte de las distintas Administraciones Públicas ha provocado que las normas se aprueben sin respetar las alternativas regulatorias más eficaces (buenas) y eficientes (al menor coste), para sus destinatarios; y finalmente, la disposición de las

Administraciones Públicas por someterse a una disciplina que limite en sus normas costes y daños para las empresas y la capacidad de coordinación de sus respectivas competencias en favor de la Unidad de Mercado, como factor de mejora de nuestra productividad, han sido prácticamente nulas.[209]

G) Organismos comunes.

Propuesta. El Estado tendrá la competencia exclusiva para la creación de organismos comunes para todas las administraciones públicas. Las CC.AA., a través del Consejo de las Autonomías, participarán en la gestión de estos organismos, pero no podrán crear los suyos propios en las mismas materias y deberán integrar al personal y medios materiales de los ya creados en los organismos nacionales.

Estos organismos comunes incluyen: los órganos de control externo, consultivos, reguladores y supervisores; registros oficiales de licitadores y de empresas clasificadas; servicios de Astronomía, Meteorología, Geodesia, Geofísica y Cartografía; servicios de protección de datos; y Agencia Tributaria. Todos ellos serán organismos de todas las administraciones públicas.

Su regulación y creación requerirá la aprobación del Consejo de las Autonomías, y en su dirección participarán representantes del Consejo.

El Estado se hará cargo de la mitad de los gastos de estos organismos, mientras que las CC.AA. asumirán la otra mitad, repartidos de forma proporcional a su población. La regulación se hará por ley. La disponibilidad de los recursos quedará reservada como asignación obligatoria en los respectivos presupuestos del Estado y de las CC.AA.

Justificación. La labor de los observatorios consiste, con carácter general, en el seguimiento de la evolución de un fenómeno concreto, normalmente de carácter económico o social, desde una posición ventajosa. En los últimos años, en España se ha producido una proliferación de los mismos. Existen Observatorios de ámbito territorial que no aportan

---

[209] SALAFRANCA SÁNCHEZ-NEYRA, Pedro María, *La unidad de mercado: un imperativo para recuperar competitividad. Análisis del coste regulatorio de la fragmentación del mercado para la actividad empresarial*, Fundación FAES, Madrid, 2012.

información adicional a la que suministra el Observatorio de ámbito nacional.

Siguiendo la enumeración que sobre estos organismos realizan el informe CORA[210], se puede concluir que existen 13 órganos autonómicos de control externo (OCEX) cuyas funciones se duplican en la rendición de cuentas con el Tribunal de Cuentas; 11 defensores del pueblo autonómicos, que coexisten con el estatal pero con un bajo rendimiento de los recursos humanos (frente a 165 personas en el estatal que tramitan 33.849 quejas, en los autonómicos 346 personas tramitan 38.407); 17 Consejos Consultivos autonómicos, cuyas funciones podría asumir el Consejo de Estado, con un mayor nivel técnico y la ventaja de unificación de la doctrina; 6 agencias de cooperación al desarrollo, cuyas funciones asumirían las Oficinas Técnicas de Cooperación (OTC) de la AECID; 17 registros de fundaciones que podrían unificarse en un Registro Único de Fundaciones, y en un Protectorado único de Fundaciones; 2 Agencias de Protección de Datos autonómicas cuyas funciones podrían asumirse por la AEPD; 6 órganos de clasificación de empresas otorgadas por las CC.AA. y registros oficiales de licitadores y de empresas clasificadas de las CC.AA., cuyas funciones se englobarían en la Junta Consultiva de Contratación Administrativa del Sector Público y en el Registro Único Oficial de Licitadores y Empresas Clasificadas del Sector Público; 17 Juntas consultivas de contratación administrativa, cuyas funciones asumiría la Junta Consultiva de Contratación Administrativa del Sector Público; 17 Tribunales de recursos contractuales, cuyas funciones serían asumidas por el Tribunal Administrativo Central de Recursos Contractuales; 4 CC.AA. con organismos dedicados a labores cartográficas y 6 registros de cartografía autonómicos, cuyas funciones podría ejercer el Instituto Geográfico Nacional; 16 Observatorios de empleo, mercado de trabajo y relaciones laborales autonómicos, cuyas funciones serían asumidas por el IEF; 3 Observatorio autonómicos de la Negociación Colectiva, cuyas funciones podrían ser ejercidas por el estatal; 13 Observatorios autonómicos de la Inmigración y otros 3 del ámbito universitario, cuyas funciones serían asumidas por el estatal; 2 Observatorios autonómicos del Racismo y

---

[210] COMISIÓN para la reforma de las administraciones públicas (CORA), *op. cit.*

Xenofobia; 2 organismos autonómicos de Inspección de Trabajo y Seguridad Social; 3 Observatorios de Turismo autonómicos que se integrarían en el Instituto de Estudios Turísticos estatal; 40 Agencias de gestión de la energía que operan en distintos ámbitos territoriales (autonómico, provincial y local); 17 Observatorios de la Sociedad de la Información presentes en las CC.AA.; 3 Servicio Meteorológicos autonómicos, 4 CC.AA. con una red de estaciones automáticas coextensa con la del Estado, que la AEMET puede asumir; 11 CC.AA. asumen funciones en defensa de la competencia que la CNC puede asumir; otros observatorios asumibles por el Estado serían el Observatorio de Precios y Mercados (Andalucía), Observatorio Aragonés de Investigación e Innovación (Aragón), Observatorio socioeconómico urbano (Canarias), Observatorio regional de Mercado (Castilla-La Mancha), Observatorio de Emprendedores (Castilla y León), Observatorio de Logística (Cataluña), Observatorio del Precio del Agua (Cataluña), Observatorio de la Empresa y Empleo (Cataluña), Observatorio de Ciencia y Tecnología Universitario de Galicia, Observatorio para la Innovación y Regional de la internacionalización (La Rioja), Observatorio Económico (Madrid), Observatorio de Precios Agrarios de Navarra y el Observatorio Vasco de Ciencia y Tecnología; igualmente se propone la fusión de los Observatorios del Sistema Nacional de Salud, de Salud de la Mujer, de Salud y Cambio Climático y para la prevención del tabaquismo, en un único órgano que se denominará "Observatorio Común del Sistema Nacional de Salud"; 6 Observatorio autonómicos de la Infancia que se pueden englobar en el Observatorio Público de la Infancia; 10 Observatorios autonómicos de la Juventud que el Observatorio del INJUVE podría asumir. En suma, una enorme multiplicidad de organismos para ejecutar las mismas funciones que ya realizan los organismos estatales.

H) Garantía del derecho al uso del castellano

Propuesta. Siguiendo la propuesta de Uribe[211], propongo incluir en la Constitución que "el Estado tiene competencia exclusiva para regular y

---

[211] URBIE OTALORA, Ainhoa, *El problema de la lengua en España*, Universidad CEU San Pablo, Madrid, 2012.

garantizar el derecho al uso del castellano, activa y pasivamente, en las Comunidades con lengua cooficial, sin perjuicio del derecho de la Comunidad Autónoma a regular el uso de su lengua singular en sus servicios propios." Dentro de la anterior facultad, el Estado regulará y garantizará que, sin perjuicio de la enseñanza obligatoria de la lengua castellana y cooficial donde la haya, todos los españoles puedan optar en la enseñanza pública por la lengua vehicular que elijan entre las cooficiales, que la exigencia de acreditación del conocimiento de la lengua cooficial en el acceso al empleo en las administraciones públicas se establezca con arreglo a cuotas porcentuales que garanticen el acceso de los ciudadanos de la correspondiente Comunidad Autónoma en las lenguas oficiales que manejen, y que las ayudas del sector público no discriminen por razón de lengua. En cualquier comunidad con otras lenguas oficiales distintas del castellano, los ciudadanos españoles podrán:

- Elegir la lengua de escolarización tanto en la enseñanza pública primaria, como en la secundaria, formación profesional y universidad. Las materias troncales de enseñanza en cada una de esas etapas se impartirán exclusivamente en la lengua elegida por el ciudadano. La administración pública encargada de la impartición de la enseñanza pública, tendrá el deber de ofrecer a los ciudadanos un número de plazas en cada lengua equivalente al de la población que la utilice como lengua materna, de forma equilibrada a lo largo del territorio y sin discriminación respecto a la otra lengua.

- Recibir el aprendizaje obligatorio de la otra lengua oficial en un número de horas suficiente para garantizar, de forma razonable y proporcionada, el adecuado dominio de la lengua oficial que no es la de elección al final del sistema educativo obligatorio.

- Exigir que la acreditación del conocimiento de la lengua cooficial en el acceso al empleo en las administraciones públicas se establezca con arreglo a cuotas porcentuales que garanticen el acceso de los ciudadanos de la correspondiente Comunidad Autónoma en las lenguas oficiales que manejen.

- Exigir que los rótulos, formularios, oficios e instancias oficiales estén disponibles en ambas lenguas oficiales. Los ciudadanos tendrán derecho a dirigirse tanto de forma oral como escrita a cualquier institución pública en la lengua oficial de su elección y a ser respondidos en la misma lengua.

- Exigir que las ayudas del sector público a la enseñanza y a los medios de comunicación no discriminen por razón de la lengua oficial utilizada.

Una ley orgánica de la lengua, que deberá ser aprobada por el Consejo de las Autonomías regulará estos aspectos en detalle.

Justificación. Parece increíble, pero el uso del castellano está hoy en día discriminado en algunas CC.AA., principalmente en Cataluña, respecto a las otras lenguas cooficiales, de modo que se hace necesario dar al Estado la competencia exclusiva para garantizar el uso del castellano entre los ciudadanos españoles. Como ya mencioné, el derecho de los ciudadanos debe ser prioritario respecto a los intereses políticos de cualquier signo. El Estado debe ser Estado-Hotel, es decir adaptarse al cliente (el ciudadano) y priorizar sus derechos, antes que Estado-Iglesia, que prioriza los dogmas de fe (nacionalista) a los derechos individuales.

I) **Recursos y aprovechamientos hidráulicos de ríos cuyas aguas discurran por más de una Comunidad Autónoma, así como los trasvases de agua entre distintas cuencas hidrográficas.**

Propuesta. La legislación, ordenación, gestión y concesión de recursos y aprovechamientos hidráulicos cuando las aguas discurran por más de una Comunidad Autónoma, así como los trasvases de agua entre distintas cuencas hidrográficas, queda reservada para el Estado con el objeto de garantizar como principios básicos para la gestión solidaria e integral del agua, la unidad de cuenca hidrográfica, como unidad de gestión indivisible para la administración del agua, y la solidaridad entre territorios y cuencas.

Justificación. El artículo 149.22 de la actual Constitución reserva para el Estado "la legislación, ordenación y concesión de recursos y aprovechamientos hidráulicos cuando las aguas discurran por más de una Comunidad Autónoma". Cuando se trata de cuencas intercomunitarias el Estado es el garante de la unidad de cuenca, dado que cualquier actuación o determinación legal en la gestión de las aguas afecta a todos los territorios de las distintas comunidades por las que discurren. No debemos olvidar que la emisión de vertidos en un punto, el mantenimiento de caudales ambientales, las restricciones en la explotación de acuíferos estratégicos o los usos y consumos en un determinado tramo, tiene sus repercusiones directas en la totalidad de la cuenca. Nada más lógico, pero lo cierto es que desde los años ochenta hasta la aprobación de los nuevos Estatutos de Autonomía de la pasada década, se ha venido cercenando cada vez más esa competencia supuestamente exclusiva del Estado, hasta el punto de que las cuencas hidrográficas se encuentran en este momento en una situación en la que no existe una gestión integral de las mismas y en la que ante la multiplicidad de entes que interfieren en su gestión, la inacción y el descontrol se extiende.

Ya en 1987, con el Real Decreto 650/1987, de 8 de mayo, por el que se definen los ámbitos territoriales de los Organismos de cuenca y de los planes hidrológicos, comienza el proceso de fragmentación de las cuencas hidrográficas, proceso que continúa con sucesivas leyes catalanas, aragonesas, vascas, pero también estatales, y que culmina con los Estatutos de Autonomía de Andalucía y Aragón de 2007, y en el 2008 con la materialización del traspaso a Andalucía de la gestión del Guadalquivir. Lo cierto es que fueron las Cortes Generales las que aprobaron la atribución de la gestión del Guadalquivir a Andalucía o la del Duero a Castilla y León, al aprobar los correspondientes Estatutos de Autonomía. Y esas mismas Cortes aprobaron igualmente el singular régimen de determinación de los caudales ambientales del tramo final del Ebro, y han consentido el establecimiento de reservas de agua para uso exclusivo de algunos ciudadanos, autolimitando la libre disponibilidad de los recursos para el conjunto de la cuenca que corresponde al Estado. Afortunadamente Andalucía ha decidido revertir las competencias al Estado tras la sentencia del Tribunal Constitucional 30/2011 de 16 de marzo de 2011, que estimó parcialmente el recurso de inconstitucionalidad promovido por el Consejo de Gobierno de la Junta de Extremadura, y sin duda contemplando entre otros criterios la oposición a la ruptura de la unidad de cuenca planteada por diversas asociaciones, colectivos y numerosos profesionales en la materia, de lo cual solo cabe congratularse, pero eso no implica que no vuelva a intentarse de nuevo. Como indican diversos autores:

"La gestión del agua debe hacerse en el marco natural de las cuencas hidrográficas y mediante instituciones adecuadas. Las Confederaciones Hidrográficas, creadas en 1926, constituyen el gran patrimonio institucional que singulariza el modelo español de administración del agua. Sus principios configuradores (gestión por cuencas, autoridad única del agua, planificación integral, participación de los interesados, autonomía de gestión) las han convertido en un modelo imitado internacionalmente. Paradójicamente, las recientes reformas de los Estatutos de Autonomía pueden producir la fragmentación y desintegración del modelo de gestión por cuencas, fruto de su incomprensión y del injustificable autovaciamiento de las competencias constitucionales del Estado."[212]

"La unidad de cuenca en la gestión del agua ha merecido su inclusión en la Carta Europea del Agua de 1968, el aval unánime de los usuarios, la aceptación de la práctica totalidad de colectivos conservacionistas y la Directiva Marco del Agua (DMA) la incorpora como modelo a implantar en los estados de la Unión Europea. Y sería paradójico que cuando la UE asume un modelo de gestión, de patente española y universal aceptación, éste dejara de aplicarse en la administración del agua en nuestras cuencas. Paradójico y preocupante, a la vez, en la medida que, al romper la unidad de cuenca, la gestión pierde la perspectiva unitaria y de servicio al interés general y, en consecuencia, deja de garantizar el irrenunciable principio de solidaridad."[213]

Para una vez que diseñamos un buen sistema de gestión y lo convertimos en modelo a imitar, decidimos luego destruirlo.

---

[212] FANLO LORAS, Antonio, *Las competencias del Estado y el principio de unidad de gestión de cuenca a través de las confederaciones hidrográficas*, Revista de Administración Públicas, Madrid, 2010.
[213] RODRÍGUEZ CANTERO, Pedro, *La unidad de cuenca y la solidaridad*, El País, Madrid, 2010.

9.5. NUEVAS COMPETENCIAS DE LEGISLACIÓN ESTATAL

Las competencias de legislación estatal o compartidas, incluyen la potestad legislativa y la potestad reglamentaria para el Estado, correspondiendo la función ejecutiva a las CC.AA. El Estado tendrá capacidad para vigilar y comprobar la ejecución de sus competencias legislativas por parte de las CC.AA. Con este fin puede enviar comisionados a las autoridades de cualquier nivel de las CC.AA. y, si se comprueban deficiencias en la ejecución de las leyes estatales, puede decidir que una Comunidad Autónoma ha violado el derecho. El Estado podrá dictar disposiciones administrativas generales sobre el modo en que la ley debe ser ejecutada. El control estatal se extiende tanto a la legalidad como a la oportunidad de la ejecución. El Estado podrá dictar medidas automáticas de prevención, medidas correctivas, medidas coercitivas y medidas de cumplimiento forzoso para garantizar la adecuada ejecución de sus competencias legislativas.

Las Comunidades Autónomas no podrán legislar ni aprobar reglamentos, pero sí órdenes ejecutivas.

La aprobación, modificación o derogación de normas que desarrollen estas competencias por parte del Estado requiere la aprobación del Congreso de los Diputados y del Consejo de las Autonomías. Si éste último se opone, ese rechazo deberá ser salvado por una aprobación del mismo grado (por mayoría simple, absoluta o de dos tercios) que el rechazo del Consejo. Si el Consejo de las Autonomías aprueba la norma, ésta no podrá ser recurrida al Tribunal Constitucional por ningún Gobierno o Asamblea autonómico (exceptuando las afectadas por un hecho diferencial).

Para evitar un largo y tedioso ejercicio descriptivo en cada materia, en este apartado me limitaré a los principales cambios propuestos. La lista y descripción de las competencias de legislación estatal comenzará diciendo que "sin perjuicio de las competencias atribuidas a las CC.AA. en virtud de sus hechos diferenciales, el Estado tendrá la competencia compartida sobre:" De esta manera, se salvan las posibles excepciones, motivadas por los hechos diferenciales, cuya traducción en competencias adicionales se explicará más adelante.

A) Sanidad

Propuesta. El Estado se encargaría de la sanidad exterior como competencia exclusiva (como ahora), pero también ejercería la competencia de legislación estatal sobre: la coordinación general de la sanidad y de los controles y actuaciones médicos, veterinarios y fitosanitarios, con especial énfasis en la prevención contra enfermedades humanas y animales contagiosas; sobre la legislación en materia de sanidad, actividades médicas, farmacéuticas, sanitarias y clínicas, productos sanitarios, farmacéuticos, fitosanitarios y fertilizantes, y el control sanitario de las actividades y producciones agrícolas, ganaderas y forestales y de la pesca, marisqueo y acuicultura, y coordinación e inspección en estas materias, sin perjuicio de las potestades de ejecución de las Comunidades Autónomas.

Las CC.AA. serían responsables de la ejecución de la legislación en materia de sanidad, actividades médicas, farmacéuticas, sanitarias y clínicas, productos sanitarios, farmacéuticos, fitosanitarios y fertilizantes; así como del control y supervisión de la sanidad y de la higiene en el marco de la coordinación general de la sanidad y de los controles y actuaciones médicos, veterinarios y fitosanitarios, de las actividades y producciones agrícolas, ganaderas y forestales y de la pesca, marisqueo y acuicultura; todo ello sin perjuicio de las facultades de coordinación e inspección del Estado.

Mi propuesta, basada en el modelo de gestión de la Salud propuesto por la Fundación Bamberg[214], plantea la separación de la financiación, del aseguramiento y de la provisión de servicios.

- La financiación correría a cargo a los Presupuestos Generales del Estado. Sería finalista, es decir, estaría dirigida a pagar directamente las primas del aseguramiento a la población, y no se destinaría a formar parte de los presupuestos de las comunidades autónomas.

---

[214] PARA RODRÍGUEZ-SANTANA, Ignacio, *Modelo de Futuro de Gestión de la Salud: Propuestas para un Debate*, Fundación Bamberg, Madrid, 2011.

- El aseguramiento de la asistencia sanitaria, que debe cubrir a todos los españoles con una prestación sanitaria de la mayor calidad, se realizaría a través del establecimiento de una Entidad Pública Aseguradora (EPA), de carácter estatal y con autonomía de gestión, que asegure para toda la población española la cartera de prestaciones sanitarias definida por el Estado. El Aseguramiento se realizaría con carácter Universal para todos los ciudadanos, independientemente de su renta o de su condición personal, social o laboral. El aseguramiento se realizará en concurrencia de las aseguradoras privadas y la pública.

- Los ciudadanos (los asegurados) son los decidirían si quieren que su servicio sanitario lo preste la sanidad pública o una de las aseguradoras privadas concertadas con el Estado. Por este servicio, el Estado pagará a cada aseguradora (o a la sanidad pública autonómica) la prima correspondiente a la suma de ciudadanos que la han elegido. La determinación de la prima se realizaría en función de la geo-demografía y de los riesgos y grado de morbilidad de la población. Los ciudadanos serán libres de elegir en todo el territorio del Estado Español los centros y profesionales que desea que le atiendan entre los concertados con la aseguradora elegida, en concurrencia de los proveedores de servicios sanitarios públicos. Sería un sistema similar al de los funcionarios del Estado, que una vez al año pueden elegir entre MUFACE, donde los servicios sanitarios los prestan aseguradores privadas, y la sanidad pública correspondiente como prestadora de servicios sanitarios.

- El pago a las Entidades que presten el servicio sanitario dependería de la población de su área con tarjeta sanitaria del Ente Público que la hayan elegido, y no por la actividad desarrollada. El pago de esta prima se realizaría por la EPA. El dinero del Estado iría directamente a los centros asistenciales, sin pasar por las Consejerías de cada Comunidad Autónoma y sin poder destinarse a otros asuntos.

En resumen, cada habitante dispondría de una especie de "cheque sanitario" otorgado por el Estado con el que se abonaría el seguro médico en el sistema sanitario que eligiera, integrándose o bien en el sistema sanitario de su Comunidad o en la aseguradora privada de su elección, según su conveniencia particular.

La Administración Central del Estado estaría encargada de la normalización e Interoperabilidad del Servicio Nacional de Salud (SNS). Establecería, mediante la normativa correspondiente, estándares de interoperabilidad para todo el SNS, los estándares de datos clínicos y de representación de información clínica, y los requerimientos del aseguramiento (condiciones de la prestación asistencial, calidad, resultados en salud, cartera de servicios, etc.) Determinaría los derechos y obligaciones del ciudadano respecto a la salud, como desarrollo de la Constitución Española, y regularía el mercado para evitar situaciones de abuso por posición dominante, trusts, cárteles, monopolios u oligopolios. Igualmente velaría por la equidad, cohesión y calidad de la asistencia sanitaria, realizaría la evaluación y autorización de Medicamentos y tecnologías sanitarias, realizaría una potente acción de Auditoría e inspección de las prácticas asistenciales y clínicas de los proveedores de los servicios de salud, fueran estos públicos o privados, evaluaría los resultados en salud y el nivel de satisfacción de los usuarios, y controlaría el cumplimiento de los estándares de calidad y de interoperabilidad y representación de la información clínica y administrativa.

Las CC.AA. deberían planificar la prestación o provisión de los servicios públicos sanitarios en sus territorios. Sin embargo, sería el Estado el que controlaría que la provisión de los servicios sanitarios se realice con arreglo a los niveles de calidad y eficacia demandados, de acuerdo con la cobertura del aseguramiento. Para ello la Administración Central acreditaría los Centros de Referencia estatales ante determinadas patologías, y concertaría con las aseguradoras privadas y Hospitales especializados la atención sanitaria.

Las Entidades a su vez podrían atender a personas de otras áreas en cuyo caso facturarían a la aseguradora que cubriese al paciente atendido. En el caso en que un ciudadano de un área de salud acudiese a un centro que no fuera el de su Entidad o a otros centros de otras áreas, éstos facturarían a la Entidad del área a la que pertenece el ciudadano. Ello significa que el Estado debería establecer un sistema tarifario que permita la interfacturación entre aseguradoras y centros, que serían forzosamente aplicados a todas las prestaciones realizadas a los pacientes cubiertos con seguro público, independientemente de la aseguradora.

Se acabaría así con el problema de los desplazados. Si algún ciudadano precisara asistencia sanitaria y la recibiera en una aseguradora o Comunidad que no le correspondiese, las aseguradoras o CC.AA. arreglarían las cuentas entre ellas mientras el ciudadano recibiría la mejor atención. Se trata de poner al ciudadano (el cliente) en el centro del sistema para que reciba la mejor atención sanitaria, mientras los proveedores se encargan de la burocracia. Para eso, el Estado debe actuar como pagador y como garante, estableciendo la interoperabilidad entre los distintos proveedores, públicos y/o privados.

Justificación. Es hora de simplificar la legislación y las reglamentaciones burocráticas autonómicas sin valor alguno, y recuperar ciertas competencias para centralizarlas con el fin de garantizar la cohesión del sistema sanitario y el mejor servicio al ciudadano.

Exceptuando la sanidad exterior, la sanidad es actualmente una competencia concurrente entre el Estado y las CC.AA., lo que ha generado la ruptura del sistema nacional de salud, al aparecer legislaciones divergentes sobre esta materia en cada Comunidad. La ruptura de la unidad de compra del Sistema Nacional de Salud ha producido subidas de precios de medicamentos, con diferencias significativas por Comunidades. La descentralización de la provisión sanitaria, como de la dependencia o en general de las ayudas sociales, es un buen ejemplo de cómo el desarrollo del sistema autonómico ha creado diferencias entre los españoles. El lugar de nacimiento o residencia determina la lista de prestaciones accesibles para los ciudadanos, que es distinta en cada región. No se trata de diferentes tiempos de espera, ni de la mayor o menor calidad de la atención recibida, sino que en unas CC.AA. determinadas prestaciones sanitarias son cubiertas por la Seguridad Social y en otras no. Cierto que existe una lista nacional mínima, pero cada Comunidad puede elegir más o menos prestaciones adicionales, y la dinámica política lleva a una lista en constante aumento, sobre todo porque no hay una relación directa con el nivel de imposición que cada Comunidad soporta.

Ha habido una proliferación exagerada y no coordinada de legislación en las Comunidades Autónomas. El informe anual del Defensor del Pueblo del año 2010 presentado confirmó fuertes desigualdades en el acceso a prestaciones de carácter nacional según el territorio, grandes diferencias en la extensión de las carteras complementarias de servicios y graves carencias en la movilidad de pacientes. Nuestro sistema sanitario ofrece una buena calidad asistencial con un coste razonable, pero sin embargo, viene experimentando en los últimos tiempos una fragmentación en la calidad de servicio y un empeoramiento en la relación calidad/coste, con una reducción de la primera y un incremento del segundo. Tras la culminación del proceso de transferencias sanitarias a todas las CC.AA. se han puesto de manifiesto numerosas disfuncionalidades.

Por ejemplo, el sistema de vacunas no es uniforme en toda España, sino que cada una de las CC.AA. actúa por su cuenta, cuando la vacunación generalizada y sincronizada es una de las medidas preventivas más eficaces, que ha ayudado a erradicar enfermedades como la viruela y reducir de forma impresionante los casos de difteria y poliomielitis. Es un asunto de sentido común, ya que los virus no entienden de fronteras ni de competencias. Un calendario de vacunación común también permitiría abaratar los costes, al comprar un gran número de dosis al mismo tiempo, al tiempo que incrementa la eficacia de las vacunas y la reducción en la extensión de enfermedades.

Por otro lado, si un ciudadano español tiene la "ocurrencia" de enfermar en una Comunidad Autónoma distinta de su residencia habitual, verá cómo se le acumulan los problemas para disfrutar de un derecho reconocido, como es el de la asistencia sanitaria pública y gratuita. Para empezar, se le considera un "desplazado", que no llega a refugiado, pero casi. En muchos lugares de veraneo no se concede cita con el especialista a los desplazados, ya que la región de veraneo no recibe contraprestación por la asistencia sanitaria de éstos. La tarjeta sanitaria de su Comunidad no es funcional en todo el territorio nacional, pese a que cualquier ciudadano de la UE puede usar la tarjeta sanitaria europea. Y su historial médico no estará accesible, ya que cada Comunidad tiene un programa informático distinto y desconectado del de las demás. Y si un ciudadano vive en zona limítrofe entre dos regiones descubrirá que para muchos servicios, entre ellos el sanitario, existe una frontera invisible entre ellas. Así, tendrá que desplazarse a un lejano centro sanitario aunque la ciudad limítrofe a la suya (eso sí, de otra región) tenga un centro más cercano al domicilio familiar. Y es que como el gasto sanitario está territorializado y se paga en la región en que se reside, no allá donde se presta, los distintos servicios sanitarios autonómicos ponen pegas a la atención de residentes de otras comunidades. Si en la comunidad en la que le atienden tienen una lengua cooficial distinta del español, los problemas se acumulan. Pese a que todo ciudadano tiene derecho a ser atendido y a recibir las comunicaciones en cualquiera de las lenguas oficiales de una región (una de ellas, el castellano o español), en muchos casos las recetas y el diagnóstico se emitirán en la lengua vernácula de la región con lengua propia, que será difícilmente despachable en farmacias fuera de esa comunidad. No digamos nada si un ciudadano sufre un accidente en una región que no es su residencia habitual y debe ser trasladado en ambulancia a su región de origen. El servicio de ambulancias también está territorializado y únicamente se presta dentro de cada región, así que nadie cubre un trayecto entre regiones. Con suerte deberá hacer un transbordo de ambulancia al atravesar cada "frontera".

Luego están las multiplicidades de gasto. Pese a que realizar las adquisiciones de materiales médicos y farmacéuticos en común supondría enormes ahorros dado el enorme poder de compra de una sola administración, no existe una central de compras común para los distintos servicios sanitarios autonómicos. Esta pérdida del poder monopsonista que otrora tenía el INSALUD se refleja en la aparición de precios muy diferentes para productos similares pagados por los diferentes sistemas autonómicos de salud. Aunque no se dispone de estudios exhaustivos sobre diferencias de costes de material médico por CC.AA., algunos estudios[215]

---

[215] SANILINE, *Estudio Saniline del Gasto Sanitario Público*, Ed. Saniline, Madrid, 2007.

indican que tales diferencias existen y son significativas[216]. Sólo con que las distintas administraciones compartieran los datos de lo que pagan, o se pusieran de acuerdo a la hora de realizar las compras, se podrían ahorrar anualmente hasta un 20% en material sanitario. Algunas CC.AA. ante la virulencia de la crisis, comienzan ahora a utilizar los servicios centrales a tal efecto, pero únicamente porque el color político del gobierno nacional coincide con el suyo. Ninguna Comunidad que no sea del PP renuncia a ceder ese poder de compra a un rival político. En cuanto esa situación cambie, volverán a las andadas. Igualmente se multiplican los gastos de organismos sanitarios varios. Así, existe un Agencia Nacional de Evaluación de Tecnología Sanitaria, que prueba el material sanitario, pero el resultado de las pruebas y el comportamiento del material sanitario parece ser distinto en cada región, porque existen ocho agencias autonómicas con el mismo cometido.

En cuanto a la gestión farmacéutica, se han creado Comités de Evaluación de Medicamentos en Andalucía, Aragón, Madrid, Navarra, Cataluña, Galicia, Valencia, Extremadura, Murcia, Canarias y el País Vasco. Las diferentes políticas de gestión en las CC.AA. han provocado exclusión de medicamentos, limitaciones en la prescripción, cambios automáticos de las prescripciones de los médicos y sustitución de prescripciones. Quizás el paracetamol que le sienta bien a un murciano, no le vaya bien a un extremeño, pero lo dudo. Lo peor es que un enfermo podrá acceder a mejores o peores medicamentos según en qué Comunidad resida.

Igualmente, la infraestructura hospitalaria y los recursos humanos están infrautilizados en algunas comunidades, especialmente en las de reducida población. Parece mentira, pero nuestro reparto competencial incrementa la mortalidad de la población española ante determinadas enfermedades. Existe suficiente evidencia científica para establecer una relación entre mortalidad y morbilidad y volumen de actividad de

---

[216] Así, por ejemplo, la revisión de 70 concursos celebrados durante 3 años para adquirir "grapadoras de piel" en hospitales públicos reveló un precio que oscilaba entre 4 y 10 €/unidad según la región. Igualmente, para el caso de la compra de ribavirina, un antiviral que se usa en el tratamiento de la hepatitis, la diferencia encontrada fue de 1 euro a 4,75, esto es, un 375% más por el mismo producto comprado al mismo fabricante.

hospitales y profesionales para determinados procedimientos médicos y quirúrgicos. Esta relación se ha demostrado también para procesos frecuentes como el parto[217], el infarto de miocardio, la insuficiencia cardiaca y la neumonía[218]. Muchos servicios de cirugía cardiovascular no alcanzan las 600 intervenciones quirúrgicas mayores por año que recomienda la Sociedad Española de Cirugía Torácica y Cardiovascular, y lo mismo sucede en relación con otros servicios de referencia, como la cirugía pediátrica, cirugía torácica, neurocirugía, salas de hemodinámica y otros servicios del Sistema Nacional de Salud que no tienen una población de referencia suficiente para garantizar un volumen asistencial adecuado. Así, las probabilidades de morir por un infarto aumentan o disminuyen en función de la comunidad autónoma de residencia, con una disparidad de hasta el 40% entre las regiones con mejores tasas de supervivencia y las peores[219]. La calidad mínima de los centros que realizan estas operaciones no es homogénea, y, de hecho, su número debería reducirse y especializarlos en determinadas afecciones, pero como cada Comunidad desea tener el suyo, esto no es posible.

Finalmente, el espectáculo que ofrece nuestro sistema sanitario cada vez que se debe enfrentar a una posible crisis epidemiológica resulta patético. Tras la crisis de la gripe A, la del ébola ha vuelto a poner de manifiesto que nuestro Sistema Nacional de Salud no está preparado para enfrentarse a una pandemia grave. ¿Cuánto hubieran tardado las autoridades autonómicas en negarse a compartir las vacunas contra la gripe A si la epidemia hubiese estallado de forma virulenta? ¿Por qué no tenemos en España ni un solo hospital con el máximo nivel de seguridad para tratar con enfermedades infecto-contagiosas graves? ¿Es razonable crear diecisiete centros de estas características o no sería más lógico preparar uno o dos en toda España y a sus trabajadores para hacer frente a

---

[217] PALANCA. I. y otros, *Atención Hospitalaria al Parto. Maternidades Hospitalarias. Estándares y recomendaciones*, Agencia de Calidad del SNS. Ministerio de Sanidad y Política Social, Madrid, 2009.

[218] ROSS JS y otros, *Hospital Volume and 30-Day Mortality for Three Common Medical Conditions,* New England Journal of Medicine, New England, 2010.

[219] Un estudio de la Sociedad Española de Cardiología (SEC), con estadísticas oficiales del Ministerio de Sanidad, revela grandes desigualdades en la atención a las cardiopatías. Navarra presenta la menor tasa de mortalidad por infarto agudo de miocardio (6,1%), mientras que Valencia tiene la más alta (8,5%).

estas pandemias? En todo el mundo apenas existen quince centros de nivel BSL-4 de máxima seguridad ante enfermedades infecto-contagiosas, e incluso en Estados Unidos tienen únicamente nueve[220]. En España acabaremos creando diecisiete.

No resulta, pues, extraño que Rodríguez-Vigil[221] asegure que el Sistema Nacional de Salud tiende hacia un sistema no excesivamente articulado, poco armónico y de creciente heterogeneidad que, además, carece de instrumentos eficaces para fortalecer su cohesión, dado que para funcionar depende casi en exclusiva de la mejor o peor voluntad que en cada caso y momento tengan los gobiernos autonómicos. Son manifiestas las diferencias entre comunidades en relación con las vacunaciones, medicinas, listas de espera, con la salud bucodental, con los servicios de salud mental y otras especialidades. El riesgo, para Vigil, es claro: se está a un paso del "descoyuntamiento del actual servicio nacional, el cual podría llegar a mutar en 17 sistemas sanitarios diferentes".

Nuestro Sistema Nacional de Salud, ya no es tal al persistir un fraccionamiento del aseguramiento, descentralizado en las CC.AA., con una escasa capacidad de cohesión del sistema por parte del Estado. "Por ello define mejor a esta etapa el término centrifugación que descentralización. ¿Por qué se centrifuga el INSALUD? No por razones basadas en la eficiencia del sistema, pues a pesar de que existían (como ahora) apologetas de la bondad de la gestión descentralizada, los escasos indicadores disponibles no mostraban diferencias a favor de las Comunidades Autónomas con INSALUD transferido y, en ocasiones, eran mejores los de gestión centralizada del INSALUD."[222]

---

[220] RHODES, Keith, *Preliminary Observations on the Oversight of the Proliferation of BSL-3 and BSL-4 Laboratories in the United States*, United States Government Accountability Office, Washington, 2007.

[221] RODRÍGUEZ-VIGIL RUBIO, Juan Luis, *Integración o desmoronamiento. Crisis y alternativas del sistema nacional de salud*, Ed. Civitas, Navarra, 2008.

[222] CABO SALVADOR, Javier, *Políticas sanitarias y gestión sanitaria en España*, XXVI Seminario Interdisciplinar de la Cátedra de Bioética de la Universidad Pontificia de Comillas, Madrid, 2012.

En un Informe elaborado por un grupo de expertos para el Ministerio de Sanidad y Consumo sobre la cohesión sanitaria en Europa[223], en el que se analizaban las estructuras de gobierno para la cohesión en 10 países de la Unión Europea, además de España, se concluía que "en relación con la gestión, existe una poderosa tendencia hacia la centralización de la regulación y dirección de los sistemas sanitarios, así como a la descentralización de la gestión de sus servicios, incluso en aquellos países con servicios nacionales de salud descentralizados en entes territoriales con autonomía política". Esta tendencia es coherente con las conclusiones de un estudio del Fondo Monetario Internacional que mostraba un mejor control del gasto sanitario en aquellos países con gestión descentralizada en entes territoriales en los que se mantenía la supervisión del Estado[224]. Por el contrario, en España los instrumentos de cohesión del Sistema Nacional de Salud son extraordinariamente débiles.

El sistema propuesto tiene una ventaja adicional. Si alguna Comunidad Autónoma experimenta problemas para hacer frente a sus pagos, el Estado ya no tendrá que socorrerla so pena de dejar a los ciudadanos en ese territorio sin servicio sanitario. Dado que el pago se realizaría directamente a los centros asistenciales y no pasaría por la Consejería de turno, la prestación sanitaria estaría garantizada aunque la Comunidad Autónoma incurriera en impago. Así se evita el riesgo moral del que se benefician en la actualidad nuestras CC.AA., ya que saben que pueden incurrir en déficits estructurales sin problema, ya que el Estado debe acudir en su auxilio para no perjudicar los servicios públicos básicos.

En definitiva, se propone algo parecido a lo que ya existe, otra vez, en Alemania. Allí las competencias sanitarias se reparten entre el gobierno federal y los *Länder*, con la peculiaridad de que se ha producido una centralización y no al contrario. El Estado Central se encarga de establecer el marco general para garantizar la equidad, la financiación sanitaria y la presencia de un sistema de cobertura completa. Los *Länder* aseguran la

---

[223] ELOLA, J., *Informe sobre Cohesión Sanitaria en Europa*, Ministerio de Sanidad y Consumo, Madrid, 2008.
[224] CLEMENTS B., COADY D., *Macro-Fiscal Implications of Health Care Reform in Advanced and Emerging Economies*, Fiscal Affairs Department del FMI, Washington, 2010.

infraestructura hospitalaria, el pago de inversiones y la formación médica pregraduada, supervisan las instituciones corporativas regionales y se encargan de la salud pública. La financiación hospitalaria sigue funcionando como un sistema dual: mientras los *Länder* financian inversiones, costes derivados de la asistencia, mantenimiento y personal, cada paciente corre a cargo de los fondos de enfermedad. El 90% de los fondos de seguro se financian con las cotizaciones sociales obligatorias de los asalariados (todos los afiliados a seguros obligatorios pagan un 0,9% adicional de su salario bruto al seguro). Como síntesis, el Sistema de Salud alemán ofrece atención de alta calidad y los centros de atención son de fácil acceso[225].

La reforma del gobierno del Sistema Nacional de Salud en el sentido apuntado tiende a mejorar la calidad y reducir el gasto. La unificación y centralización de la capacidad de negociación y compra de los Servicios de Salud de las CC.AA. en el Estado aumentaría la capacidad de lograr mejores (y más homogéneas) condiciones laborales y mejores precios de los suministros. Asimismo, es evidentemente más económico y eficiente que las distintas agencias de evaluación de las tecnologías, de calidad, de información, etc. que han proliferado en las regiones sean comunes en el conjunto del sistema. Las carteras de servicios en las CC.AA. se unificarían y cualquier nueva prestación sanitaria debería ser aprobada centralmente por el Gobierno del Estado y el Consejo de las Autonomías. Igualmente, se reordenaría la medicina de tercer nivel y la oferta hospitalaria. Así, atendiendo al gran gasto que supone ciertas atenciones especializas de referencia, éstas se centralizarían exigiendo un mínimo de pruebas anuales para el funcionamiento de determinadas unidades de alta tecnología, partiendo de la base de que hay una excesiva oferta de medicina terciaria y de hospitales universitarios. Y un detalle más, la mortalidad se reduciría.

---

[225] CANTARERO PRIETO, David, *Descentralización y financiación del gasto sanitario en España y en la experiencia comparada*, Informe Cómo reformar las administraciones territoriales del Círculo de empresarios, Madrid, 2011.

B) Educación

Propuesta. El Estado ejercerá la competencia de legislación estatal en materia educativa. Se encargará de la regulación de las condiciones de obtención, expedición y homologación de títulos académicos y profesionales, así como de la promulgación de la legislación en materia de educación y enseñanza en desarrollo del artículo 27 de la Constitución, a fin de garantizar el cumplimiento de las obligaciones de los poderes públicos en esta materia, e igualmente de la legislación reguladora de la educación física y del deporte. Asimismo, será el encargado de la selección y nombramiento, y en su caso separación del servicio, de los profesores de los centros de enseñanza públicos, reservándose en exclusiva inspeccionar y homologar los centros de enseñanza en todo el territorio español.

El Estado garantizará en toda España el derecho de los alumnos a recibir la enseñanza en castellano o español. No obstante, en las Comunidades donde exista más de una lengua oficial podrá establecerse el aprendizaje de ésta, junto con el castellano o español, en los planes de estudio de la educación primaria y secundaria. En estas Comunidades se reconoce, asimismo, el derecho de los alumnos a recibir la enseñanza en la lengua que sea también oficial en ellas en todos los niveles del sistema educativo, sin menoscabo de su deber de aprender y conocer el castellano o español, así como su derecho a recibir la educación utilizando el castellano como lengua vehicular, si ese es su deseo.

El Estado inspeccionará y homologará el sistema educativo para garantizar el cumplimiento de las leyes, y garantizará la libre elección de centro educativo y de lengua de enseñanza para los padres en primaria, secundaria y formación profesional. Se produciría así un saludable incremento de la competencia entre centros por los alumnos y se evitaría la actual picaresca por la que las familias se empadronan en unos municipios para acceder a los centros educativos que desean.

Las CC.AA. se encargarán de impartir la enseñanza en los centros de educación públicos de sus propios territorios y, en aquellas donde exista más de una lengua oficial, de asegurarse del aprendizaje de ésta, junto con el castellano o español, en los planes de estudio de la educación primaria y secundaria. Igualmente, se encargarían de la promoción de la adecuada utilización del ocio y ejecución de la legislación aprobada por el Estado en materia de educación física y deporte.

Justificación. La transferencia de las competencias educativas en todos los niveles (educación primaria, secundaria y universitaria) y la implantación de políticas lingüísticas en determinadas Comunidades Autónomas en detrimento del castellano, lengua española oficial del Estado, junto con la práctica ausencia de ejercicio de las potestades de éste para la alta inspección del sistema de enseñanza, han conducido a la fragmentación de buena parte de los contenidos educativos y a la coexistencia en el territorio español de sistemas de enseñanza distintos, y aún opuestos. Se produce así un daño a la calidad del sistema en su conjunto. Existen igualmente lagunas en el control de la escolarización obligatoria de los jóvenes, ya que las CC.AA. no están obligadas a hacer un seguimiento de la situación de un menor cuando se traslada a otra región, y si no se escolariza en la última, nadie lo sabe. Para más inri, con las diferencias de programas educativos y lenguas, el fracaso escolar aumenta considerablemente en los traslados entre CC.AA.

La alta inspección del Estado existe pero no se ejerce, igual que no se aplican las sentencias judiciales que obligan a facilitar la escolarización en la lengua oficial de elección. España ha llegado ya al final del camino que Darnstädt[226] ve que Alemania ha iniciado. En una visión muy crítica del sistema educativo de su país, el autor señala que el ejercicio de la competencia educativa por los Estados federales no ha contribuido a la mejora de la calidad de la enseñanza, sino que la ha dañado con su burocracia e inacción, a través de una institución conjunta de los ministros de Educación de los Länder, la KMK, perjudicando, desde el absoluto consenso, eso sí, *"lo que quizá sea la única ventaja del federalismo: la competitividad"*. La solución pasa, para Darnstädt, porque los centros de enseñanza sean autónomos y el control de la calidad educativa se encuentre en manos de una agencia nacional e independiente. Todo ello desde la libre concurrencia entre escuelas. Las reformas que propone pasan por la descentralización efectiva en torno a un poder central que funcione, e

---

[226] DARNSTÄDT, Thomas, *La trampa del consenso*, Editorial Trotta, Madrid, 2005.

incluir en la Ley Fundamental alemana que la educación sea competencia estatal.

C) Territorio

Propuesta. El Estado ejercería la competencia legislativa sobre todos las funciones ligadas al territorio. Se encargaría de la legislación sobre ordenación del territorio, urbanismo, vivienda, protección del medio ambiente, parques nacionales, espacios naturales protegidos, montes, aprovechamientos forestales y vías pecuarias, así como la regulación y gestión de los parques nacionales como competencia exclusiva. Las CC.AA. se encargarían de la ejecución de la legislación dictada por el Estado sobre la ordenación del territorio, urbanismo y vivienda, incluyendo en la ejecución la aprobación definitiva de los instrumentos de planeamiento urbanístico. Todo ello sin perjuicio de las competencias de aprobación inicial y provisional del planeamiento y de gestión del mismo que dicha legislación atribuya a las corporaciones locales.

Respecto a la protección del medio ambiente y los montes, el Estado dictará las normas destinadas a la protección del ser humano y su entorno natural contra los perjuicios nocivos y molestos. Velará porque estos perjuicios sean evitados, así como para que los gastos que se desprendan de la tarea de prevención y reparación sean costeados por sus causantes. Las CC.AA. se encargarían de la ejecución de la legislación sobre protección del medio ambiente y espacios naturales protegidos, así como la gestión en esta materia, salvo en los parques nacionales. Esto incluye la declaración de dichos espacios y la aprobación definitiva de sus instrumentos y planes de ordenación. Igualmente se encargarían de la ejecución de la legislación sobre montes, aprovechamientos forestales y vías pecuarias.

Justificación. En cuanto a la ordenación del territorio, urbanismo y vivienda, solamente el alejamiento del órgano decisorio, cercado y empantanado por intereses cercanos, permitirá evitar el subjetivismo y la arbitrariedad en la gestión del territorio y la protección medioambiental. No hacerlo es insistir en que la zorra siga al cuidado del gallinero, porque la causa precisamente de la corrupción y desastre urbanístico, de la "cementación" irracional de las zonas costeras y demás flagrantes agresiones al medio ambiente, radica en la cercanía de los poderes municipales de planeamiento urbanístico, de otorgamiento de licencias y su control, y en los convenios entre promotoras, propietarios y municipios. «Hoy nos quejamos de que las Cortes Generales y el Gobierno tengan que contemplar impasibles los "desaguisados" urbanísticos porque, según declaró el Tribunal Constitucional en su desafortunada Sentencia de 20 de marzo de 1997, el Estado carece de competencias en materia de ordenación del territorio y urbanismo. Esto es sencillamente absurdo porque absurdo es no reconocer, como unánimemente se reconoce en todo el mundo, que el territorio es elemento esencial del Estado y añadir a continuación que este no puede hacer ni decir nada para ordenarlo.»[227]

En España, existen diecisiete leyes del suelo, no se sabe para qué, porque para hacer leyes urbanísticas acomodadas a los espacios concretos están los planes de urbanismo. No hace falta para nada crear diecisiete modelos distintos. Es bien sabido que la fragmentación competencial entre Administraciones autonómicas y Corporaciones Locales, acentuada tras las Sentencias del Tribunal Constitucional de 1997 y 2001 en esta materia, así como la necesidad de utilizar este ámbito para obtener recursos financieros para los Ayuntamientos, está impidiendo en la práctica la formulación de una política de suelo, vivienda y medio ambiente adecuada para todo el conjunto del territorio español y, además, fomenta la creación de redes clientelares "neocaciquiles" y de fenómenos de corrupción. No puede decirse, en este caso, que la cercanía del poder político a los administrados sea lo más conveniente. Como sucede con la Justicia, cuando se trata de decisiones con grandes repercusiones económicas, conviene que exista el suficiente distanciamiento e independencia de los intereses en presencia.

La insufrible cascada de escándalos de corrupción que nos viene asolando desde hace unos años podría desagregarse en dos grandes tipos casuísticos: los derivados del espurio cobro de presumibles comisiones en la contratación de las obras públicas y los ocasionados por una eventual y fraudulenta aplicación de los procesos de planeamiento urbanístico. El planeamiento urbanístico produce dos grandes tipos de actuaciones: las

---

[227] FERNÁNDEZ RODRÍGUEZ, Tomás-Ramón, *La España de las Autonomías: un Estado débil devorado por diecisiete "estaditos"*, Fundación Transición Política Española, Madrid, 2013.

denominadas "reclasificaciones de suelo", consistentes en el paso del suelo rústico a urbanizable con la finalidad de que absorba el futuro crecimiento urbano, y las "recalificaciones de suelo" consistentes en el cambio de uso y/o atribución de mayor edificabilidad a un suelo preexistente que ya dispone de un uso y una edificabilidad concretas establecidas por un planeamiento anterior, modificaciones realizadas sobre la base de satisfacer presumibles demandas sobrevenidas por razones de mercado.

El cuanto a la distribución competencial en medio ambiente, el galimatías normativo es absoluto. La protección del Medio Ambiente cinco CC.AA. la asumen como competencia concurrente, diez como compartida, y dos no la asumen; pero en lo que respecta a las normas adicionales de protección una la asume en exclusiva, tres como concurrente, cuatro como compartida, y nueve no la asumen; en vertidos industriales contaminantes once la asumen como competencia exclusiva y seis no la asumen; en materia de espacios protegidos una Comunidad la ejerce como competencia exclusiva, siete como concurrente y nueve no la ejercen; en materia de montes, ocho CC.AA. la ejercen en exclusiva y nueve en concurrencia. Esto genera una esquizofrenia en el Estado que debe legislar con distintos grados de detalle, según el grado de delegación de la competencia. Todo ello para que los atentados medioambientales campen a sus anchas y no se observe una mejor gestión y una mayor protección medioambiental por una mayor autonomía legislativa. Eso sí, cualquier inversor que pretenda conocer la legislación medioambiental y los procedimientos para cualquier proyecto de inversión con afección territorial se vuelve loco...o directamente acude a su amigo en la consejería de turno para que le resuelva el entuerto.

Lo que propongo es simplemente simplificar todo este entuerto. Alejar a los potenciales corruptores del legislador, establecer una legislación única para toda España, y delegar la ejecución, eso sí, sometida a inspección y control, en las CC.AA.

D) Protección civil

Propuesta. El Estado ejercerá la competencia de legislación estatal sobre protección civil, y sobre las normas para la intervención de la protección civil en caso de catástrofes, extinción de incendios, situaciones de emergencia y conflicto armado. El Estado podrá ejercer igualmente la planificación de medios para catástrofes nacionales, la coordinación y la competencia ejecutiva con medios propios y ajenos, y coordinar la actuación de los medios autonómicos cuando declare una situación de emergencia nacional. Las CC.AA. ejercerían la competencia ejecutiva sobre esta materia.

Justificación. Como ejemplo de la dispersión normativa actual, en la actualidad hay 17 protocolos de extinción de incendios distintos, con el incremento del riesgo para los pilotos de aeronaves que se desplazan de una región a otra para extinguir un incendio. Antes de que tengamos que hacer frente a una emergencia nacional por alguna catástrofe importante (terremoto, accidente químico, nuclear, etc.) deberíamos contar con un sistema nacional de información de riesgos para prevenir las catástrofes, un catálogo nacional de recursos movilizables y de planes y una red de alerta nacional y eso no se puede lograr con una colaboración horizontal entre Comunidades Autónomas. Esta fórmula permite que el Estado coordine y asume los medios en caso de catástrofe o emergencia nacional.

9.6. EXTINCIÓN DEL BINOMIO BASES-DESARROLLO Y DESARROLLO DE LAS COMPETENCIAS CONCURRENTES

Propuesta. Algunas materias actualmente concurrentes bajo mi propuesta ya han pasado a ser competencias exclusivas del Estado o las CC.AA. o incluso de legislación estatal, con una conflictividad mucho más reducida, pero para el resto es conveniente eliminar el conflictivo binomio bases-desarrollo y sustituirlo por la legislación concurrente.

Así pues, se desarrollaría un nuevo concepto de competencia concurrente para las materias que actualmente se rigen por el binomio bases-desarrollo. En estas materias concurrentes el Estado no precisará de justificación ni límite para su regulación, pues tanto el Estado como las CC.AA. tendrían la facultad de legislar y la potestad reglamentaria, aunque en caso de conflicto el derecho estatal prevalecería sobre el autonómico, mientras que la función ejecutiva correspondería en cualquier caso a las CC.AA.

Las CC.AA. tendrían la facultad de legislar mientras y en la medida que el Estado no hubiera hecho uso mediante ley de su competencia legislativa, pero en el momento en que el Estado dicta su regulación, ésta desplaza la de la comunidad autónoma en todo lo que sea contradictoria con la primera. La norma autonómica anterior continúa siendo plenamente válida en aquellas de sus previsiones que no sean incompatibles con las previsiones de la legislación estatal posterior. Ahora bien, mientras esa regulación estatal no se dicte, se aplica la norma autonómica plenamente válida.

Ejemplos de legislación bases-desarrollo actuales, que se convertirían en concurrentes serían: ordenación de crédito, banca y seguros; planificación general de la actividad económica; fomento y coordinación general de la investigación científica y técnica; legislación de la Seguridad Social; régimen jurídico de las Administraciones públicas y del régimen estatutario de los funcionarios; pesca marítima; legislación sobre montes, aprovechamientos forestales y vías pecuarias; régimen minero y energético; régimen de prensa, radio y televisión y, en general, de todos los medios de comunicación social; caza y pesca; y protección al consumidor.

Según mi propuesta, en otras materias debería alegarse una imprescindibilidad para la actuación del Estado, esto es la necesidad de intervenir por parte del Estado para la creación de condiciones de vida equivalentes en el territorio nacional o el mantenimiento de la unidad jurídica o económica. Estas materias serían las competencias exclusivas de las CC.AA. afectadas por las competencias transversales del Estado (unidad de mercado, condiciones de vida equivalentes), en las que el Estado solo podría intervenir por causas muy tasadas y justificadas, y con la mínima intervención posible.

En suma, un modelo de legislación concurrente como el alemán, que evita la conflictividad del binomio bases-desarrollo y clarifica le prevalencia del derecho estatal sobre el autonómico en las competencias concurrentes.

Justificación. La concurrencia legislativa entre el Estado y las Comunidades Autónomas a través del binomio bases-desarrollo puede contemplarse en el artículo 149 de nuestra Carta Magna. Así en aspectos tales como las bases de las obligaciones contractuales en el código civil; bases de la ordenación de crédito, banca y seguros; bases y coordinación de la planificación general de la actividad económica; bases y coordinación general de la sanidad; bases del régimen jurídico de las Administraciones públicas y del régimen estatutario de sus funcionarios; bases de régimen minero y energético; legislación básica de la Seguridad Social; legislación básica sobre contratos y concesiones administrativas y el sistema de responsabilidad de todas las Administraciones públicas; legislación básica sobre protección del medio ambiente; legislación básica sobre montes, aprovechamientos forestales y vías pecuarias; normas básicas del régimen de prensa, radio y televisión y, en general, de todos los medios de comunicación social; el Estado se reserva la legislación básica, principios y directrices sobre estas materias, mientras que las CC.AA. se encargan de su desarrollo.

Naturalmente, delimitar donde finaliza la legislación básica y donde comienza la de desarrollo ha conducido a una conflictividad sin fin ante el Tribunal Constitucional. Las CC.AA. acusan al Estado de extralimitarse en sus competencias básicas, invadiendo las suyas, mientras que el Estado acusa a las CC.AA. de extralimitarse en el desarrollo hasta el punto de que las legislaciones autonómicas difieren entre sí de una manera que pone en peligro la unidad de mercado y la igualdad de derechos de los españoles. Realmente trazar una regla general para cada materia que delimite un aspecto básico de su desarrollo es prácticamente imposible. En unas materias puede estar en un punto, y en otras en otro, de modo que la conflictividad sin fin tiene visos de perpetuarse. A esto se le añade que, si no se impugna una norma en el mismo momento de su publicación, presupone la aquiescencia de una posible invasión competencial, de modo que las administraciones se ven obligadas a impugnar "preventivamente" para defender el fuero de su competencia.

El mal de origen procede de la misma Constitución, si bien Muñoz Machado[228] también responsabiliza al propio Tribunal Constitucional. En efecto, señala así que "el Tribunal Constitucional estableció, ante la

---

[228] MUÑOZ MACHADO, *op. cit.*

perplejidad de los demás juristas del mundo, que no era inconstitucional que los Estatutos calificaran de exclusivas las competencias autonómicas sobre algunas materias que la Constitución calificaba como exclusivas del Estado, asegurando que cuando dos competencias sobre la misma materia se califican al mismo tiempo de exclusivas están llamadas a ser concurrentes. Con lo cual el Tribunal Constitucional, en lugar de colaborar a definir el concepto de exclusividad, lo desbarató y lo hizo inservible como categoría general, sin considerar que en otras constituciones de referencia, como la alemana, es el centro sobre el que gira el buen funcionamiento del sistema entero". En la práctica, según la doctrina del Tribunal Constitucional, prácticamente todas las materias son concurrentes entre el Estado y las CC.AA., así que el lío está servido. El resultado de tal galimatías es desolador, porque además de la inflación legislativa que producen diecisiete Parlamentos autonómicos, lo más grave es que "ni siquiera podemos identificar claramente cuándo una ley es del Estado o de las comunidades autónomas"[229]. No creo que sea necesario agotar todos los argumentos que expone Muñoz Machado para demostrar la inviabilidad del actual Estado. En suma, el Estado de las Autonomías no puede seguir funcionando así.

Sin llegar a nuestro nivel de conflicto, también en Alemania detectaron un problema parecido con sus competencias concurrentes y las leyes marco. Éstas últimas vienen a ser nuestras leyes de bases, mientras que, en las competencias concurrentes, se exigía un criterio de imprescindibilidad para unas 34 materias, esto es, se permitía al Estado la competencia legislativa, si y en la medida que fuese necesaria una regulación legislativa estatal en interés de la totalidad del Estado para la creación de condiciones de vida equivalentes en el territorio nacional o el mantenimiento de la unidad jurídica o económica. Naturalmente, la determinación de hasta dónde podían llegar las leyes marco, así como qué actuación del Estado era o no imprescindible llevaba a los *länder* y al Estado Federal a los tribunales con una creciente frecuencia. Como solución, decidieron eliminar las leyes marco y reducir el número de materias que exigían la imprescindibilidad en la actuación del Estado de

---

[229] MUÑOZ MACHADO, *op. cit.*

esas 34 a apenas 10. Mi propuesta para España es hacer algo parecido. Las materias que actualmente se rigen por el binomio bases-desarrollo pasarían a ser competencias concurrentes en las que tanto el Estado como las CC.AA. pueden legislar, pero donde la legislación del Estado sin necesidad de justificar la necesidad desplaza la de las CC.AA. cuando hay conflicto entre las normas. Sin embargo, cuando el Estado, utilizando su competencia transversal para legislar sobre la unidad de mercado o para regular condiciones de vida equivalentes entre los españoles, invada las competencias exclusivas de las CC.AA., debería argumentar y demostrar la necesidad de hacerlo por esos motivos, y regular estrictamente lo imprescindible.

Tanto en un caso como en el otro, la legislación en estas materias requerirá la aprobación del Consejo de las Autonomías. De este modo, las CC.AA. seguirán implicadas en la determinación de la actividad del estado en las políticas concurrentes, pero de una forma diferente. Si hasta ahora, delimitaban la actividad del Estado en estas materias recurriendo a los Tribunales, bajo mi propuesta lo harían a través de la oposición política y no la jurídica. El Estado tendría que negociar con las CC.AA. la profundidad y el sentido de su intervención en estas materias, para lo cual el procedimiento de Comisión mixta Congreso-Consejo que dirima los conflictos, debería ser una herramienta imprescindible. En Alemania, la mayor parte de los conflictos se solucionan en esta Comisión.

Así, para el Estado y las CC.AA. desaparece el instinto territorial, que puede llevar, por una parte, a regular más de lo que es necesario, por el mero afán de marcar el territorio, y, por otra, a impugnar más de lo que necesita para evitar que las CC.AA. le marquen dicho territorio, si él no lo hace. Suprimidas las razones para ese primitivo instinto territorial, la actitud estatal puede ser más relajada, y esperar y ver cómo se desarrollan las experiencias autonómicas sin abortarlas antes de desarrollarse.[230]

En cuanto a la ejecución de estas políticas, continuaría en manos de las CC.AA. Cuando las CC.AA. ejecuten como competencia concurrente las leyes estatales, regularán la organización de las autoridades y el procedimiento administrativo. El Gobierno Estatal controlará que las

---

[230] PÉREZ CALVO, Alberto, *op. cit.*

CC.AA. ejecuten las leyes estatales conforme al derecho vigente, pero este control se extenderá únicamente a la legalidad de la ejecución, y no a la oportunidad. Con este fin, el Gobierno Estatal podrá enviar comisionados ante las autoridades supremas de las CC.AA. con el consentimiento de las mismas y, en caso de negativa, con la aprobación del Consejo de las Autonomías, también a las autoridades inferiores. Si no fueren eliminadas las deficiencias comprobadas por el Gobierno Estatal en la ejecución de las leyes estatales en las CC.AA., el Consejo de las Autonomías, a solicitud del Gobierno Estatal o de la Comunidad Autónoma, decidirá si la Comunidad Autónoma ha violado el derecho. Contra la resolución del Consejo de las Autonomías podrá recurrirse ante el Tribunal Constitucional.

A) El derecho general de la economía

Propuesta. El Estado ejerce la competencia concurrente sobre el derecho de la economía en la minería, industria, energía, artesanía, pequeña industria y comercio, con exclusión del Derecho del cierre del comercio, de los restaurantes y bares, de salas de juego, de la exhibición de personas, de las ferias, de las exposiciones y de los mercados. Por exclusión, esto implica que el Derecho del cierre del comercio, de los restaurantes y bares, de salas de juego, de la exhibición de personas, de las ferias, de las exposiciones y de los mercados, pasan a ser competencias exclusivas de las CC.AA.

Justificación. La excesiva proliferación de normas que afectan a la actividad económica ha acabado por afectar a la unidad de mercado y a complicar excesivamente la actividad económica de las empresas nacionales, que deben conocer y estar atentas a posibles modificaciones en dieciocho parlamentos (el nacional y los 17 autonómicos). Al convertir el derecho general de la economía en competencia concurrente, el estado dictará la normativa nacional sobre la materia y el derecho autonómico contrario a esa normativa será inaplicable, simplificando la vida para las empresas en todo el territorio nacional, y reduciendo el ingente número de regulaciones autonómicas diversas sobre la economía. Sin embargo, el derecho de cierre queda reservado para las CC.AA., de forma similar a lo que ocurre con los *länder* en Alemania, que podrán establecer sus propias disposiciones sobre esa materia, para adaptarse a las distintas condiciones climatológicas, horario solar o, simplemente, tradiciones.

B) El fomento de la producción agraria y forestal

Propuesta. El Estado ejerce la competencia concurrente sobre el fomento de la producción agraria y forestal, incluyendo la transferencia de la tierra, de los recursos naturales y medios de producción a un régimen de propiedad colectiva u otras formas de economía colectiva; y con la excepción de la concentración parcelaria, transacciones inmobiliarias rústicas y arrendamientos rústicos, que, por exclusión, pasan a ser competencia exclusiva de las CC.AA.

Justificación. Se clarifica quién se encarga de qué en lo referente al fomento de la producción agraria y forestal. El derecho del estado prevalece sobre el autonómico, pero las CC.AA. pueden dictar normas que no sean conflictivas con el estatal, que seguirán vigentes mientras el Estado no lo considere inoportuno. Sin embargo, la concentración parcelaria, las transacciones inmobiliarias rústicas y los arrendamientos rústicos pasarán a ser competencia exclusiva de las CC.AA., ya que la situación de partida del régimen parcelario (minifundismo, latifundismo) es muy diferente en cada Comunidad y requiere una legislación diferenciada.

C) Armonización fiscal

Propuesta. El Estado será competente para fijar los principios de armonización fiscal de los impuestos de las CC.AA. y las corporaciones locales. La armonización englobará la imposición, los baremos, las tasas, los montantes exonerados de tributar y el objeto y cálculo del tributo. El Estado podrá elaborar una serie de normas para evitar la concesión de ventajas fiscales injustificadas. El Estado otorgará a las CC.AA. en esta armonización un margen de acción tan amplio como sea posible y tomará las particularidades autonómicas en consideración.

Justificación. Se armoniza la fiscalidad entre los distintos territorios con el objeto de evitar ventajas fiscales injustificadas en alguna Comunidad, pero manteniendo la posibilidad de un margen de acción tan amplio como sea posible a las CC.AA.

9.7. HECHOS DIFERENCIALES

Propuesta. El concepto de hecho diferencial se reserva para los elementos específicos de una Comunidad Autónoma, consagrados históricamente y que reciben reconocimiento constitucional. La asimetría conservaría los hechos diferenciales, donde existen, con la posibilidad de cambiar el diseño competencial de alguno. En este sentido, la Constitución Española, dentro del respeto a los hechos diferenciales de las nacionalidades y regiones que la componen:

1. Ampara y respeta los derechos y las instituciones forales de los territorios históricos de Álava, Guipúzcoa y Vizcaya, así como de la Comunidad Foral de Navarra, cuyo contenido se regulará por una Ley Orgánica.

2. Garantiza la conservación y la posibilidad de modificación por parte de las correspondientes Comunidades Autónomas de los derechos civiles forales y especiales existentes en España, tales como el derecho civil foral del País Vasco, y el de Navarra, el derecho civil especial de Galicia, el de Cataluña, el de la Comunidad Valenciana y el de Aragón. En Cataluña el derecho civil propio prevalecerá sobre el derecho civil del Estado, que actuará con carácter supletorio allí donde el derecho propio no regule algún aspecto.

3. Garantiza un régimen económico y fiscal especial para el archipiélago canario, con fiscalidad indirecta reducida y otras ventajas fiscales, consecuencia de su situación geográfica y su alejamiento de la península, que se regulará por una ley que requerirá un informe previo de la Asamblea canaria.

4. Garantiza el derecho a una policía propia para el País Vasco, Navarra y Cataluña, que ejercerán las competencias de seguridad ciudadana no reservadas a los Cuerpos y Fuerzas de Seguridad del Estado y a la Policía Judicial.

5. Garantiza el ejercicio de la competencia ejecutiva en materia penitenciaria a las comunidades autónomas de Cataluña y País Vasco.

6. Ampara y respeta los derechos lingüísticos de los ciudadanos residentes en las comunidades con lengua oficial autóctona, esto es, el País

Vasco, Cataluña, Galicia, zona vascoparlante de Navarra, Baleares y Comunidad Valenciana, y establece la obligación de todas las administraciones públicas de cumplir con la garantía del derecho al uso del español o castellano por parte de los ciudadanos españoles y empresas, tal y como se describe en las competencias exclusivas del Estado.

La modificación o eliminación constitucional de alguno de los hechos diferenciales listados requerirá la aprobación de la asamblea autonómica afectada.

Justificación. El Estado autonómico ha alcanzado una uniformización muy elevada. En cuanto a la asimetría, un hecho diferencial importante podría haber sido que no todas las CC.AA. tuviesen Asambleas legislativas, sino solo unas pocas, quedando la Asamblea en el resto reducida a tareas de aprobación de planes y presupuesto y control del Gobierno, al estilo de los plenos de los ayuntamientos, pero la deriva de incremento del poder regional llevó a que todas las asambleas pudiesen elaborar leyes, pese a que en principio ello parecía únicamente reservado a las CC.AA. del artículo 151 (Cataluña, País Vasco, Galicia y, después, Andalucía y en cierto modo Navarra). Sea como fuere, ese modelo asimétrico no es el que finalmente ha sido (con la excepción de los territorios históricos), y en ello parece radicar para algunos ciudadanos de Cataluña el problema. Desde el resto de España, donde no se entiende bien esa necesidad de reconocimiento expreso y formal de la diferencia, sí se perciben, en cambio, las diferencias de la realidad de esa comunidad.

El modelo del concierto económico, justificado por la Constitución para dos territorios (País Vasco y Navarra) por razones históricas, tiene una estructura tan simple como inadecuada para los complejos estados de nuestro tiempo. Este modelo solo podría aplicarse a Cataluña si se modificase la Constitución, pero dado el tamaño y el nivel de renta de Cataluña, de hacerlo así la solidaridad entre los ciudadanos españoles sería imposible.

En este contexto, una de las cuestiones a que debe hacer frente una reforma constitucional es la de si pueden encontrarse soluciones que den satisfacción a ese anhelo de diferenciación identitaria que puede tener una parte de la ciudadanía de esa comunidad. Tras más de treinta y cinco años de autonomía política, creo que ha llegado el momento de convencerse de que los anhelos identitarios de una buena parte de la población catalana no se pueden colmar de ninguna forma y es, por tanto, inútil intentar avanzar más en esa línea. Por otro lado, apenas queda margen de diferenciación dado el nivel de descentralización al que se ha llegado. La descentralización española es muy intensa y desde luego comparable, si no superior, a la que puedan tener los *Länder* alemanes o los Estados miembros de los Estados Unidos. Ello supone que no se está en condiciones de que el Estado pueda ceder alguna competencia a Cataluña que no haya cedido a las demás, ya sea en el ámbito legislativo, ya sea en cualquier otro ámbito. Es más, es probable, y las disfuncionalidades del actual estado autonómico así parecen confirmarlo, que se ha cedido ya demasiado para que el Estado en su conjunto sea funcional.

Aun así, puede ser oportuno establecer algunos signos diferenciadores, siempre que no impliquen un aumento en la disfuncionalidad del Estado. Así, por ejemplo, propongo la primacía del derecho civil catalán sobre el estatal. El Derecho civil propio es una de las instituciones más peculiares de Cataluña, la más característica de su modo de ser tradicional, que resume, sin duda, la mayor parte de la singularidad de Cataluña, en la medida en que en ella radica la esencia e identidad de dicha nacionalidad. Y su singularidad no tiene por qué afectar a la unidad jurídica y económica del Estado, y, si lo hiciera, el Estado podrá legislar sobre la materia (con la aprobación del Consejo de las Autonomías) utilizando la competencia concurrente del Estado para garantizar las condiciones de vida equivalentes en el territorio nacional o el mantenimiento de la unidad jurídica o económica.

La propuesta realizada constitucionaliza los hechos diferenciales y les asigna un elemento competencial relacionado con ellos, pero limita la simetría a unas pocas competencias donde se justifican con el objeto de que el Estado sea funcional. Para las CC.AA. con hechos diferenciales, la ventaja es que introduce un elemento de bilateralidad de tal modo que no se puede proceder a la reforma constitucional de los hechos diferenciales y sus competencias asociadas sin su conformidad.

9.8. COMPETENCIAS DE LAS CC.AA.

Propuesta. La reducción en el número de competencias concurrentes no solo se debe producir en el sentido de incrementar las exclusivas del Estado o las de legislación estatal, sino que también algunas de esas competencias deben pasar a ser exclusivas de las CC.AA., al igual que otros disposiciones competenciales que beneficiaban al Estado. En la práctica, mi propuesta consiste en que las CC.AA. se encarguen de todo lo relacionado con la asistencia social, las prestaciones sociales y el régimen local. Esto incluye integrar aspectos que caen actualmente en distintos ámbitos de actuación y cuya financiación es compleja. Así, ejercerían la competencia exclusiva sobre dependencia y régimen local (actualmente concurrente con el Estado); asistencia socio-sanitaria; subsidios y prestaciones sociales, incluyendo las subvenciones a alquileres de vivienda, la promoción de vivienda social, las ayudas y becas educativas; y la protección de la infancia, juventud, la mujer, las personas en riesgo de exclusión social y la inmigración.

A) Cláusula de atribución residual

Propuesta. El cambio más importante en el régimen competencial en beneficio de las CC.AA. es la atribución de la cláusula residual a las CC.AA., tal y como sucede en todos los estados de inspiración federal. Es decir, toda función o competencia que no esté específicamente atribuida al Estado o a las administraciones locales se convierte en competencia exclusiva de las CC.AA.

Por otra parte, en todas estas materias residuales se entendería que las CC.AA. podrían, previo acuerdo con el Estado, transferirle el ejercicio de dichas competencias. Finalmente, en las materias residuales de competencia exclusiva autonómica, el Estado debería, sin embargo, tener la potestad de dictar normas con carácter exclusivamente supletorio para evitar eventuales vacíos normativos.[231]

Justificación. Como se ha indicado, el cierre del sistema se produce con la atribución a las CC.AA. de las competencias no incluidas

---

[231] PÉREZ CALVO, Alberto, *op. cit.*

expresamente ni como exclusivas del Estado ni como concurrentes. Dicha cláusula residual es propia de los modelos federales y no tiene sentido que se reserve el Estado las competencias sobre dichas materias, puesto que, si no han sido mencionadas de forma específica, es porque a priori no se piensa que tengan relevancia concreta para alguno de los fines que explican y justifican la intervención central. Por otra parte, si llegara a adquirir relevancia la materia no mencionada, lo cierto es que la competencia exclusiva transversal en materia de condiciones básicas que garanticen la igualdad o las exclusivas sobre ordenación de la economía siempre permitirá encontrar soluciones a unos eventuales y difíciles de imaginar efectos negativos de esa atribución de las competencias residuales a las CC.AA.

B) El régimen local

Propuesta. El otro cambio fundamental en beneficio de las CC.AA. es la atribución en exclusiva del régimen local.

Justificación. La vocación natural y preferente de los gobiernos locales de ser destinatarios de buena parte de las competencias que el legislador sectorial pueda asignarles, implica un reparto que evite la marginación sistemática de las instancias locales en la distribución de competencias. Probablemente, la mejor manera de garantizar esta redistribución, al tiempo que la posición misma de los gobiernos locales, consiste en lograr su efectiva interiorización en el orden autonómico, de acuerdo con el modelo seguido por los federalismos europeos, atribuyendo, a este fin, a los estatutos de autonomía, la función de delimitación competencial de sus atribuciones[232]. El Estatuto de autonomía sería así el nexo de unión entre los tres niveles de organización territorial, la norma institucional básica de las comunidades autónomas que al mismo tiempo conectaría el ordenamiento local con el estatal.

---

[232] FONT I LLOVET, Tomás, *La autonomía local en España a los veinte años de la Constitución: perspectivas de cambio*, Fundación Democracia y Gobierno Local, Madrid, 2008; y AJA FERNÁNDEZ, Eliseo, *El Estado autonómico. Federalismo y hechos diferenciales*, Ed. Alianza, Madrid, 1999.

C) Dependencia y asistencia socio-sanitaria

Propuesta. Las CC.AA. ejercerían la competencia exclusiva sobre dependencia y asistencia socio-sanitaria, que ahora comparten con el Estado de forma concurrente.

Justificación. La política de dependencia es una política social que da respuesta a las necesidades de las personas que no pueden valerse por sí mismas. En cuanto a la dependencia, la Ley de Dependencia universalizó la ayuda a las personas dependientes, igual que la sanidad, la educación, y las pensiones. Pero solo alcanza al 30% de los demandantes, y es que el Estado la creó pero no provee los fondos. El usuario paga el 10% del coste, las CC.AA. el 35% y el Estado el 55%, bien de forma directa bien a través de financiación adicional que otorgan a las CC.AA. Como cada región paga una cantidad distinta, algunas incluso ingresan más de lo que gastan.

El número de beneficiarios con derecho a prestación a 31 de diciembre de 2013 es de 944.345, de los cuales reciben realmente prestación 753.842 personas. El coste total anual de la atención a la dependencia se estima para el año 2013 en 6.509 millones de euros, lo que supone un coste medio anual por beneficiario de 8.695 euros.[233]

D) Otras competencias exclusivas de las CC.AA.

Propuesta. Las CC.AA. ejercerían en exclusiva las competencias legislativas, reglamentarias y ejecutivas sobre las funciones que se describen a continuación, sobre las que el Estado no podrá legislar ni subsidiar:

- Promoción en la construcción de viviendas y del acceso a la propiedad. Las CC.AA. tomarán medidas para promover la construcción de viviendas, la adquisición de pisos y a casas familiares destinadas al uso personal de particulares. Promoverán especialmente la adquisición y el equipamiento de terrenos para la construcción de viviendas, la racionalización de la construcción, el abaratamiento del coste de construcción y del coste de la vivienda.

---

[233] DE PRADA MORAGA, María Dolores y BORGE GONZÁLEZ. Luis M., *Una aproximación al coste de la dependencia en España y su financiación*, Universidad de Valladolid, Valladolid, 2013.

- Ayudas al alquiler de viviendas.

- Ayudas a la educación. Las becas de estudios, con excepción de las becas de movilidad para estudiar en otra Comunidad Autónoma o en el extranjero, se convertirían en una competencia exclusiva de las CC.AA.

- Protección de la infancia, de la juventud, de la mujer, de las personas en peligro de exclusión social y de la inmigración.

- Derecho sobre el cierre de los comercios; los establecimientos de restauración, las salas de juego, las exhibiciones de personas en espectáculos, las ferias, las exposiciones y los mercados.

- Derecho sobre la concentración parcelaria y sobre las transacciones inmobiliarias de carácter rural.

10. RESISTENCIA AL CAMBIO Y PROCEDIMIENTO DE REFORMA

10.1. RESISTENCIA AL CAMBIO

Llegados a este punto, muchos lectores tendrán en mente la siguiente pregunta: puedo estar de acuerdo en que ésta u otra propuesta de reforma es necesaria, pero... ¿es posible hacerla? ¿No será la oposición al cambio demasiado grande?

España tiene una larga tradición de resistencia a las reformas constitucionales. De hecho, ninguna de las constituciones aprobadas ha sido reformada nunca en ningún aspecto significativo. Todas han sido demolidas y sustituidas por una nueva, normalmente partidista y no compartida, con aciagos resultados, ya que su pervivencia ha sido limitada en el tiempo y han condenado a nuestro país a graves periodos de inestabilidad política, en la que a cada cambio de gobierno, por las urnas o por la fuerza, le sucedía un cambio constitucional aceptable solo por una de las dos (o más) Españas. La actual apenas ha vislumbrado dos reformas menores y obligadas por la pertenencia de España a la Unión Europea. Y precisamente la ausencia de adaptación de los distintos textos constitucionales españoles a una realidad cambiante ha acabado por convertirlos a la larga en inútiles y desfasados. Como resultado, todas las constituciones españolas a lo largo de nuestra historia han acabado por ser derogadas en un proceso revolucionario que ha acabado erigiendo una de nueva planta, que tampoco se adapta con el tiempo y acaba sus días de la misma forma que la anterior: demolida. Este proceso se está viviendo en nuestro país en la actualidad. Los defectos señalados a lo largo de esta obra son ya evidentes para una amplia mayoría de españoles y comienzan a proliferar las propuestas de derribo, pese a que buena parte de los preceptos de la Constitución vigente mantienen su legitimación y relevancia a la hora de garantizar los derechos de los ciudadanos, tal y como han venido haciendo durante un largo período de bienestar y progreso. En mi opinión, el derribo de nuestra actual Constitución sería infundado y un ejemplo de aventurerismo político, ya que en el proceso nos arriesgamos a perder algunos de los aspectos positivos que sí que la actual Constitución ha garantizado durante más de treinta y cinco años: la garantía de nuestros derechos y libertades fundamentales y el consenso apartidista con el que la actual Constitución se diseñó y aprobó. Pero la realidad es que se ha llegado al punto en el que los riesgos de realizar la reforma son menores que los de no hacer nada. Lo que procede, en mi opinión, es la reforma de sus aspectos organizativos, tal y como detallo en este libro, así como la regeneración de las instituciones públicas, a través de medidas como las que detallaré en un libro de próxima aparición, de modo que se transforme aquello que no funciona mientras se mantienen y garantizan los derechos y libertades fundamentales de los ciudadanos.

La dificultad de ésta u otras reformas viene a ser siempre la misma: la oposición de los beneficiados por el actual *status quo*, es decir, la clase política instalada en el poder que teme perder parte de sus privilegios si la actual legislación se modifica. Los grupos privilegiados tienden a oponerse a toda medida que menoscabe su actual posición justificando sus privilegios. Por su parte, el apoyo al cambio suele ser débil, pues si bien los afectados son pocos y están movilizados ya que sus pérdidas podrían ser grandes, los beneficios suelen estar ampliamente repartidos entre toda la población, con lo que las ganancias individuales suelen ser más modestas y, de este modo, su movilización por el cambio tiende a ser reducida.

Sin embargo, el momento actual no puede ser más idóneo para las reformas. La sociedad está muy movilizada, consciente de que el actual sistema político no funciona. El 15M fue un ejemplo de ello, pero fracasó a la hora de plantear una lista de reivindicaciones claras, coherentes y sensatas, asumibles por la mayoría de la sociedad, y se empantanó en un proceso asambleario que, como mucho, podría servir para aprobar o rechazar propuestas concretas, pero no para estructurar una estrategia reformista coherente. En su lugar, su formulación de propuestas fue caótica y, en ocasiones, con ocurrencias absurdas, demagógicas o contradictorias entre sí, de ahí su fracaso final. Un movimiento ciudadano que busque la regeneración del sistema político necesita, además de un diagnóstico de los problemas que podemos considerar ampliamente aceptados, de un plan claro de reformas y una estrategia coherente para llevarlas a cabo, con una propuesta en positivo, concreta, estructurada y sensata. Este libro pretende proponer una propuesta de reforma territorial que cumpla esos cuatro principios: en positivo, porque después de diagnosticar los problemas, propone soluciones; concreta porque, a diferencia de la mayor parte de las propuestas alternativas que he leído, entra en los detalles, no solo propone modificar las competencias del Estado y las CC.AA., sino que especifica cuáles y en qué sentido, y lo mismo sucede con la cámara territorial, las relaciones entre CC.AA. y estado y la financiación autonómica; estructurada, porque afecta a los puntos fundamentales que afectan a la estructura territorial del Estado, sin dejar ningún aspecto fundamental fuera de la reforma, de tal modo que el sistema final propuesto sea coherente; y sensata, porque no supone una revolución que ponga patas arriba nuestro estado, no se trata de acabar con el "régimen del 78" ni de "asaltar los cielos" para iniciar desde cero un nuevo proceso constituyente cuyo objetivo final desconocemos, tal y como propone algún nuevo partido político y tal y como hemos realizado con nefastos resultados en numerosas ocasiones a lo largo de nuestra historia.

En beneficio de la reforma actúa también la drástica reducción de los recursos públicos disponibles, que ha multiplicado las tensiones y enfrentamientos entre los beneficiarios de un sistema que, ahora, no da para todos. Igualmente, la existencia de redes sociales, Internet y medios de comunicación digitales ha roto el oligopolio de la información existente, donde los grupos de comunicación se arrimaban a un partido político u otro en busca de prebendas a cambio de silenciar sus escándalos.

Estos factores conducen a una irresistible demanda ciudadana de cambio. Según una encuesta de Metroscopia[234], en 2014 un 75% de los españoles creían que España necesitaba una segunda Transición que modificase y actualizase muchos aspectos de nuestro sistema político, el 82% que la Constitución debería reformarse en lo que respecta a la organización del Estado de las Autonomías, el 55% de los españoles pensaba que diecisiete regiones son demasiadas para un país con el tamaño de España, y un 74% que el Estado solo debería transferir competencias a las CC.AA. cuando existan plenas garantías de su capacidad para gestionarlas adecuadamente. Estos porcentajes no han hecho sino crecer

---

[234] INSTITUTO Universitario de Investigación Ortega y Gasset de la Fundación José Ortega y Gasset-Gregorio Marañón, *Avance del Pulso de España 2014*, publicado por El País, Madrid, 2014.

durante los últimos años. Igual que el autor de este libro, los ciudadanos parecen creer que la España de las autonomías no da más de sí, pero los defectos denunciados pueden arreglarse con las reformas constitucionales propuestas u otras parecidas. Ahora bien, este cambio puede ser exitoso o fallido. La salida adecuada al fracaso de la descentralización autonómica pasa por una reforma constitucional para racionalizar el caótico, conflictivo y confuso sistema autonómico, garantizando que la distribución de competencias responda a criterios de eficiencia y economía. La inadecuada sería demoler la Constitución actual y crear una que responda al principio de "España, nación de naciones", que se asemeje más a una confederación donde el estado central sea incapaz de articular y responder a sus compromisos y donde algunas CC.AA. actuarían en la práctica como pseudo-estados, en un estadio intermedio hacia la definitiva separación, dada la disfuncionalidad del engendro creado.

En cuanto a los partidos políticos, si bien durante décadas se han mostrado reacios a cambios constitucionales, cada vez se muestran más partidarios de la reforma, aunque con excepciones. Así, el PP apuesta por el inmovilismo a toda costa, y "no abrir ese melón" hasta que no haya un acuerdo sobre qué se quiere cambiar. En mi opinión, el inmovilismo no es una solución. Nuestros actuales males no han sido causados por la crisis, sino que ésta los ha puesto al descubierto. Precisamente la falta de reformas constitucionales que adapten periódicamente la norma fundamental a las nuevas circunstancias y que modifique aquello que lleva tiempo funcionando mal, es el principal motivo de nuestra actual situación de estructura territorial inoperante. Ya desde 1981 se propusieron cambios ante la deriva territorial que se veía venir y el no haberlos acometido ni entonces ni en los treinta años siguientes nos ha conducido al enquistamiento de las tensiones territoriales, como si la permanente confrontación entre territorios y Estado central fuese el estado natural de las cosas. Sí que parece razonable que los partidos concreten con anterioridad a iniciar la reforma el alcance final de la misma, en este caso, la estructura territorial del Estado, limitándola a los aspectos territoriales de la Constitución (Senado, reparto competencial, procedimiento legislativo y poco más). De otra forma, la reforma podría derivar al recurrente y estéril debate sobre la forma de estado (monarquía o república), y los derechos y libertades, así como la regeneración democrática, etc. Aunque en mi opinión al menos esta última es imprescindible, requiere una reforma específica que no mezclaría con la territorial por cuanto se trata de asuntos distintos con plazos de implementación y debate diferentes, aunque igualmente importantes. Por ese mismo motivo mis propuestas de regeneración democrática las incluyo en otro libro de próxima aparición. Asumo que el PP, de ser minoritaria su postura en un nuevo Parlamento surgido tras las elecciones generales de 2015, aceptaría entrar a debatir el modelo territorial siempre que el modelo de estado se mantuviera al margen (pues no tiene nada que ver con la misma), y que apostaría por una "recuperación" de algunas competencias para el Estado.

El PSOE parece apostar por un federalismo asimétrico, aunque elude concretar en qué consistiría exactamente la asimetría. La dificultad de conocer lo que piensa el PSOE como organización en esta materia radica en que varias de sus organizaciones territoriales han presentado iniciativas distintas, y la del Comité Federal[235] es tan general que cabe cualquier cosa. Hay que hablar más de "iniciativas" que de "propuestas", porque los propios socialistas reconocen que precisan de una convocatoria de expertos en la materia para dar cuerpo a esa orientación federal de la que se declaran partidarios al hablar del futuro de la organización del Estado. En cualquier caso, si hacemos caso de la iniciativa del Comité Federal, proponen: Incorporar a la Constitución el actual mapa autonómico con sus actuales denominaciones, oponiéndose a reordenación alguna; clarificar las competencias, estableciendo un nuevo reparto detallando en la Constitución las competencias exclusivas del Estado y reservando para los Estatutos las competencias restantes, pero no suprimen el artículo 150.2 que prevé la delegación del Estado, de modo que el modelo permanecería abierto a posteriores renegociaciones; el reconocimiento y la constitucionalización de aquellos hechos diferenciales y singularidades simbólicas; la reforma del Senado para convertirlo en una verdadera Cámara de Representación Territorial; un nuevo modelo de financiación de las Comunidades Autonómicas, que constitucionalice los principios en los que debe basarse el sistema de financiación; la constitucionalización del

---

[235] PSOE, *La política autonómica del PSOE: Una Reforma Federal de nuestra Constitución frente al Neocentralismo y la Autodeterminación*, Madrid, 2014.

principio de participación de las CC.AA. en la gobernación del Estado, así como la incorporación a la gobernación de España de los principios e instrumentos federales de lealtad y colaboración; la reducción del entramado administrativo autonómico y local, así como el estudio y aplicación de fórmulas de cooperación entre Administraciones, para evitar duplicidades y concentrar recursos y unidades administrativas; asegurar la igualdad de los españoles en sus prestaciones básicas; y reformar el control constitucional de las Reformas estatutarias, estableciéndolo obligatoriamente con antelación a la celebración del referéndum, cuando éste sea obligado por la ley.

Como se observa, todo muy general y sin concreción, con algunas medidas que parecen apuntar a lo propuesto en este libro y otras que caminan en sentido contrario. En cuanto a las primeras, parecemos compartir las mismas ideas sobre: convertir el Senado en una cámara de representación territorial similar del *Bundesrat* alemán, clarificar las competencias de cada administración, constitucionalizar la lealtad y cooperación institucional e incluir las bases del sistema de financiación autonómica en la Constitución. Sin embargo, discrepo con su intención (al menos en sus declaraciones a la prensa) de "blindar" la lengua y la cultura catalanas en la Constitución; otorgar a Cataluña (y cabe suponer que a cualquier Comunidad que lo pida) nuevas competencias sin justificar si ello conllevaría una mayor eficacia en la gestión, sino intentando satisfacer las, a mi juicio, insaciables apetencias de mayor poder territorial; limitar la solidaridad territorial entre los españoles a un 4% del PIB, como la organización territorial del PSOE de Cataluña pretende; introducir elementos de concierto fiscal para Cataluña en la financiación autonómica, como han sugerido en otras declaraciones públicas; nominar las CC.AA. en la Constitución, de facto sacralizando el actual número de CC.AA., a mi juicio excesivo, y oponiéndose a una reordenación de nuestras Comunidades; mantener la posibilidad de ulteriores delegaciones de competencias del estado a las CC.AA., manteniendo abierto el modelo de forma permanente; profundizar en la asimetría competencial entre CC.AA., en un intento condenado al fracaso de satisfacer las apetencias de los nacionalismos; y, sobre todo, en el hecho de no ofrecer ni una sola clarificación sobre qué competencias debería o no asumir el Estado, las

CC.AA. y los municipios, y por qué. Me quedo con que parecen dispuestos a la reforma territorial, pero tengo la impresión de que aún no han acordado siquiera internamente su alcance y contenido, y como dicen los anglosajones "el diablo está en los detalles".

UPyD es el partido con la propuesta más clara de reforma territorial. Propone una reordenación de competencias en las que, por ejemplo, el Estado recuperaría la legislación en materia educativa y algunas otras (sanidad, justicia, medio ambiente, representación internacional, defensa, protección civil y recursos naturales). Igualmente proponen un modelo federal, reducir sustancialmente el número de municipios, suprimir las diputaciones provinciales, cerrar el modelo abierto de distribución de competencias, un sistema de financiación racional y la eliminación de los conciertos fiscales vasco y navarro, y la reforma del Senado para convertirla en una auténtica cámara de representación territorial. En mi opinión, estas propuestas van encaminadas en la buena dirección y se asemejan a varias de las mías, así que su postura favorable a la reforma territorial en la Constitución parece clara y expresa. Sin embargo, parece muy probable que su influencia parlamentaria en el próximo Congreso sea escasa o inexistente, dado el proceso desintegrador que sigue en beneficio de su partido "gemelo", Ciudadanos.

Izquierda Unida (IU) también es favorable a la reforma constitucional, aunque en su caso parecen más preocupados por aspectos tales como la forma del Estado (República en lugar de Monarquía parlamentaria); constitucionalizar la sanidad, el derecho a la vivienda y el derecho al trabajo como derechos reclamables ante los tribunales; declarar a España como un Estado laico, etc. Respecto al modelo territorial proponen reconocer el derecho a la autodeterminación de las regiones y eliminar la referencia a la "unidad indisoluble de la nación española" y modificar el artículo que autoriza al Estado a tomar "las medidas necesarias" si una comunidad autónoma actúa contra las leyes o contra el interés general para que esa facultad quede en manos de los tribunales. Según parece para IU el modelo territorial requiere más descentralización o dar pasos hacia una confederación de pueblos. Ni que decir tiene que no comparto sus puntos de vista, aunque, al igual que UPyD, su influencia parlamentaria futura no parece que vaya a ser relevante, al sufrir una continua descomposición en beneficio de Podemos.

Lo más probable es que la entrada en el Parlamento de nuevos partidos en ascenso sea la que precipite la reforma necesaria. Ya se vislumbran al menos dos nuevos partidos (Podemos y Ciudadanos) que promueven cambios importantes en las reglas del juego actuales. Uno (Podemos) enarbola directamente la bandera de un proceso revolucionario para demoler la actual Constitución y aprobar una nueva, es de suponer que a su gusto, aunque se desconoce cualquier propuesta concreta en ese sentido (y sobre casi cualquier asunto, la verdad). Únicamente por sus declaraciones se intuye que su estructura territorial incluiría el derecho de autodeterminación de los distintos pueblos de España y la configuración de España como una nación de naciones, con competencias asimétricas para las distintas "naciones" y una relación confederal con el Estado para las que así lo quisieran. Respecto al derecho de autodeterminación, según parece cada territorio tendría derecho a "abrir un proceso para discutir su autodeterminación", pero no tendría necesariamente "derecho a la autodeterminación", es decir, derecho automático a independizarse. Bastante confuso e indeterminado, todo hay que decirlo. Es obvio que, en mi opinión, este modelo que parecen proponer sería un desastre y conduciría a un estado disfuncional, desvertebrado y, a la postre, a la ruptura de la unidad de España y a un proceso de conflictividad sin precedentes. En cualquier caso, parece que las ilusiones políticas de Podemos "acampan claramente extramuros de la Constitución y de la democracia representativa"[236]. Podemos quiere una ruptura con la Constitución actual y una mayor descentralización, aunque cabe esperar que participe desde posiciones maximalistas en una reforma territorial una vez lanzada y acabe concretando sus propuestas.

Ciudadanos, en cambio, parece ir en la misma línea que UPyD, con la que comparte buena parte de su ideario. Consideran que el Estado debe estar al servicio de los ciudadanos, y defienden el Estado Autonómico, pero con reformas. Proponen clarificar qué competencias corresponden a

---

[236] SOSA WAGNER, Francisco, *Oración fúnebre por UPyD,* El Mundo, Madrid, 2015.

cada Administración, controlar el gasto de las administraciones limitando su capacidad de endeudamiento, reducir la estructura política y administrativa, suprimiendo las diputaciones provinciales, potenciar la colaboración y lealtad mutua entre las CCAA y el Estado, y reformar el Senado, y si no cumple sus funciones, suprimirlo. En cuanto a la financiación autonómica, proponen su revisión aunque no su constitucionalización; igualdad y garantía de todos los ciudadanos en el acceso a los servicios públicos esenciales: sanidad, educación, ayudas sociales, justicia y seguridad; crear una "Hacienda compartida" entre la Administración Central y las Comunidades Autónomas; autonomía y suficiencia financiera para que las Comunidades Autónomas puedan gestionar sus competencias; y reforzar la capacidad inspectora de la Administración General del Estado en todos los ámbitos y extender sus competencias a la supervisión de la gestión descentralizada de los servicios públicos. Ciudadanos parece claro partidario de la reforma territorial, aunque tampoco la concreta en demasía.

Finalmente los partidos nacionalistas que defienden la independencia de sus regiones se oponen a la reforma y buscan la ruptura con España, mientras que los no independentistas son partidarios de un mayor autogobierno que amplíe el poder de las CC.AA. Los independentistas, de participar en la reforma, exigirían el derecho de autodeterminación de sus pueblos, por lo que considero su participación no solo descartable, sino indeseable. En 2011 la suma de sus votos no suponía más del 10% del total, de los cuales los declaradamente independentistas vienen a suponer entre el 6% y el 7%. Ya ha indicado varias veces a lo largo del libro que la reforma territorial no debería realizarse para contentar a aquellos que solo estarán satisfechos con la independencia, sino para que el modelo territorial resultante sea eficiente, sostenible y capaz de ofrecer los mejores servicios públicos a los ciudadanos. Sí que creo que alguno de los partidos nacionalistas no independentistas podría sumarse a una reforma territorial clarificadora como la propuesta.

En suma, considero que la nueva correlación de fuerzas que surja tras las próximas elecciones generales, en las que todo induce a pensar que aumentará el pluralismo de opciones políticas, abrirá un proceso de reforma constitucional de la estructura territorial del Estado en la que se debatirán los aspectos tratados en esta obra. La previsible correlación de fuerzas del nuevo Parlamento, lejos de la mayoría absoluta de una fuerza y con cuatro partidos nacionales con un número de escaños relevante, hará que, por primera vez desde la restauración democrática, para gobernar sea indispensable una coalición o colaboración entre partidos de ámbito nacional, lo habitual en Europa, de modo que los partidos nacionalistas no podrán someter al vencedor de las elecciones al chantaje habitual hasta ahora: mi voto a cambio de más transferencias y poder para mi región.

La voluntad ciudadana es abrumadora, con un 82% de la población reclamando estabilizar un modelo territorial que hace aguas, y con PSOE, UPyD, IU, Podemos y Ciudadanos planteando ya abiertamente su disposición a la reforma. El mensaje ciudadano es simple: hay que "avanzar en la construcción de un orden constitucional renovado, basado en la moderación, en el estudio sereno de los problemas sociales y económicos así como en la búsqueda de soluciones lúcidas y sensatas"[237]. El PP se sumará al debate si, como parece, no dispone de mayoría absoluta en el Congreso, así que la reforma parece factible. No será una tarea fácil, sino todo lo contrario. Los puntos de partida parecen muy distantes, pero en realidad no lo son tanto si se dejan aparte las posturas maximalistas que nunca alcanzarán el consenso suficiente en la sociedad ni en los partidos políticos, y se apuesta por la funcionalidad del Estado resultante, por lo que el acuerdo parece no solo posible, sino probable. Dado que no se trataría de un proceso constituyente (por el que solo parece apostar uno de los partidos reseñados), sino una reforma parcial, aunque importante, de la actual Constitución, no cabe aspirar a un consenso como el del 78, prácticamente unánime, sino que basta con la voluntad mayoritaria aunque reforzada de los partidos (dos terceras partes en ambas cámaras) y de los ciudadanos (con un voto mayoritario en un proceso refrendario), ya que el texto final debería presentarse a consulta ciudadana aunque no fuese legalmente necesario, con el fin de legitimarla. A la postre, será la voluntad ciudadana de todos los españoles la que dictamine si el resultado final es adecuado o no, como no podría ser de otra forma.

---

[237] SOSA WAGNER, Francisco, *Oración fúnebre por UPyD*, El Mundo, Madrid, 2015.

10.2. PROCEDIMIENTO DE REFORMA

Parece razonable pensar que, dado lo profundo de la reforma prevista, el procedimiento más lógico sería crear una Comisión parlamentaria, la Comisión para la Reforma Constitucional, asistida por un Comité de Expertos con funciones asesoras. Dadas las urgencias electorales del año 2015, y lo probable que resulta un cambio sustancial en la correlación de fuerzas políticas, lo más prudente sería conformar esa Comisión en el año 2016 tras la celebración de las elecciones generales previstas para finales del 2015. En esta Comisión participarían todos los grupos parlamentarios conforme a los procedimientos establecidos en el reglamento del Congreso de los Diputados.

Puesto que todos los asuntos propuestos responden a una sola cuestión de fondo, la estructura territorial de España, lo razonable sería englobar la modificación de todos los títulos propuestos en una única reforma, para lo que parece necesario un tiempo de uno o dos años de negociaciones, debates y propuestas. Otra serie de reformas que se antojan necesarias (la electoral, de partidos políticos, control de la corrupción, justicia, etc.) sobre los que también pienso proponer mi parecer en un próximo libro, podrían completarse con meros cambios en leyes ordinarias u orgánicas, aunque incluir alguno de los aspectos fundamentales de las mismas en la Constitución otorgaría mayor compromiso de permanencia en las reformas propuestas. En cualquier caso, a diferencia de la reforma de la estructura territorial, se trataría de cambios menores que se podrían acometer de forma parcial en cuanto se alcanzara el consenso necesario.

Ahora bien, promover reformas del marco institucional sin tener claros los objetivos que se pretenden y sin reunir los consensos necesarios en torno a los mismos es muy peligroso. Sin esas condiciones básicas, el proceso de reformas corre el riesgo de convertirse en una competición partidista, prolongarse en el tiempo de forma extenuante y producir resultados insatisfactorios que empeoran el equilibrio anterior. La reforma del Estatuto de Autonomía de Cataluña nos ofrece un ejemplo sangrante del pésimo resultado obtenido. Nació sin un ámbito y alcance claro y terminó siendo una carrera para ver quién era más soberanista con la aprobación de un texto a todas luces inconstitucional y, por lo tanto, ilegal.

Por ello, antes de conformar la Comisión debería acordarse entre los principales partidos qué aspectos de la Constitución deben ser reformados. En este punto no es preciso el consenso sobre el contenido concreto de la reforma a realizar, sino únicamente sobre qué aspectos versaría. Propuestas hay para todos los gustos, desde el Preámbulo; al Título Preliminar para reformar el concepto de nación o la forma política del Estado; el Título Primero para cambiar y ampliar los derechos y deberes fundamentales; el Título II para modificar la sucesión al trono y otros aspectos; y, en fin, todos ellos porque alternativas hay muchas. La mía se ciñe a aquellos aspectos que considero imprescindibles para lograr una estructura territorial para España que funcione eficazmente. Para ello no es preciso reformar la forma política del Estado, ni solucionar los problemas sucesorios el trono, ni tocar una coma de los derechos y deberes fundamentales de los españoles, este último el aspecto mejor desarrollado de nuestra actual Constitución. Esos aspectos deberían relegarse a otros debates y posibles reformas, pero no mezclarlos con la reforma territorial, que tiene ya suficientes complicaciones sin añadir otros asuntos.

Una vez acordados los títulos y artículos a modificar, la Comisión procedería a negociar la nueva articulación dentro de los límites fijados en su mandato, de modo que al menos estaría claro qué aspectos quedarían fuera del debate y no se generaría una espiral de máximos, sino la búsqueda de la concreción de los aspectos esenciales que se ha acordado reformar. Para alcanzar el consenso necesario sobre el contenido concreto de la reforma se crearía la Comisión, de modo que el consenso no debería ser previo a la misma, como tampoco lo fue antes de iniciar los trabajos constitucionales en 1977. Si ese consenso existiera hoy no sería necesaria, se plantearía directamente a votación el texto consensuado y sería innecesario el plazo de uno o dos años para acordar los términos de la reforma. Para ello, el papel del Comité de Expertos se antoja fundamental, pues se trata de definir una reforma que dote a nuestra actual Constitución de elementos clarificadores jurídicamente sólidos de la que la actual redacción carece.

Algunos arguyen, el PP entre ellos, que una reforma de la Constitución que no alcance el grado de consenso inicial que tuvo la de 1978 no sería aceptable. Discrepo de esa opinión. El contexto histórico en el que se alcanzó ese consenso, en un momento en que el mismo régimen democrático se antojaba frágil y, quizás y como otras veces en nuestra historia, efímero, posibilitó un consenso casi unánime que se antoja imposible de repetir. Se trata de un consenso imprescindible para una nueva Constitución, pero no para reformar la actual, especialmente si, como propongo, no modifica los aspectos que la misma Ley Fundamental considera esenciales y, por la tanto, susceptibles de una reforma por el procedimiento reforzado del artículo 168. La reforma que propongo ni es total, ni afecta al Título preliminar donde se define la soberanía nacional, la forma política del Estado, y el derecho a la autonomía de las nacionalidades y regiones que la integran y la solidaridad entre todas ellas; ni a los derechos fundamentales y a las libertades públicas establecidas en el Capítulo segundo, Sección primera del Título I; ni a la Corona tal y como viene definida en el Título II. Se limita a modificar la asignación de competencias entre el Estado y las CC.AA., y a configurar una cámara de representación territorial que pueda cumplir eficazmente con sus funciones. Por lo tanto, no es necesario un consenso casi unánime como el alcanzado en 1978, sino que basta uno mayoritario. Eso sí, cuanto mayor fuera éste, el camino de la reforma sería más sencillo. Idealmente, debería contar al menos con el apoyo de la mayoría de los grupos nacionales y, desde luego, con el de los mayoritarios.

El acuerdo de los partidos nacionalistas sería conveniente pero, embarcados como están algunos de ellos en la búsqueda del paraíso independentista, parece complicado y es por lo demás, prescindible. Los partidos independentistas nunca aceptarán una Constitución que no admita su derecho a la autodeterminación, una cláusula que no existe en ninguna Constitución del mundo por sus consecuencias autodestructivas, y tampoco estarán interesados en que el Estado de las Autonomías funcione. Para ellos, cuanto peor, mejor. Así que en la tarea de integrar a los nacionalismos hay que contar con su falta de colaboración e incluso con su más que posible deslealtad en el camino de la reforma. Se trata de conseguir que la mayoría de la sociedad, no de los políticos, incluso en las comunidades más nacionalistas considere que la mejor salvaguarda de sus intereses está en la integración y no en la ruptura. Por ese motivo, el objetivo de quienes queremos un país que funcione, debería ser modificar la estructura territorial del Estado para que España se pueda gobernar con eficacia, y no se puede contar con los partidos nacionalistas para esa tarea. Un país que funciona bien, se hace más querido y más difícil de abandonar, y los independentistas no estarán particularmente interesados en que eso ocurra.

Dado que las reformas previstas no afectan a los títulos o capítulos que exigen el procedimiento reforzado de reforma constitucional previsto en el artículo 168 (aprobación en las Cortes por mayoría reforzada, convocatoria de elecciones generales y nueva votación reforzada de las Cortes), la reforma de la Constitución que propongo, aunque profunda, podría realizarse por el artículo 167, que exige únicamente mayoría absoluta de las Cortes, aunque considero imprescindible que una vez aprobada en las Cortes, se realizara una consulta al depositario de la soberanía nacional, el pueblo español, utilizando el procedimiento descrito en el artículo 167.3 de la actual Constitución que indica que "aprobada la reforma por las Cortes Generales, será sometida a referéndum para su ratificación cuando así lo soliciten, dentro de los quince días siguientes a su aprobación, una décima parte de los miembros de cualquiera de las Cámaras." Así, el pueblo español legitimará una reforma que, a la postre, debe estar destinada a su servicio, ejerciendo su inalienable derecho a decidir. Solo espero que esta obra como las de tantos otros contribuya a un buen final. Modifiquemos la Constitución para que podamos "estar cómodos" todos los ciudadanos españoles, no solo algunos. Cambiar la Constitución para modificar los aspectos mencionados sería una reforma pensada para solucionar los problemas de los ciudadanos y no los de los políticos. Necesitamos plantear un nuevo proyecto de España que sea capaz de ilusionar. Y crear entre todos un país que funcione lo es.

BIBLIOGRAFÍA

AJA FERNÁNDEZ, Eliseo, *El Estado autonómico. Federalismo y hechos diferenciales*, Ed. Alianza, Madrid, 1999.

AJA FERNÁNDEZ, Eliseo, *Estado autonómico y reforma federal*, Alianza editorial, Madrid, 2014.

ÁLVAREZ CONDE, Enrique, *Reforma constitucional y reformas estatutarias*, Fundación FAES, Cuadernos de pensamiento político, Madrid, 2006.

ARAGÓN, Manuel, *El grave error fue la reforma del Estatuto, no la sentencia*, Crónica global, Barcelona, 2014.

ARREGI, Joseba, *Algo de Marx y mucho sentido común*, El Mundo, Madrid, 2014.

BARBERÁN ORTÍ, Ramón y URIEL, Ezequiel, *No todo vale en las balanzas fiscales*, El País, Madrid, 2014.

BARREIRO RIVAS, Xosé Luis, *La España evidente*, Ed. Nobel, Asturias, 2014.

BENEGAS, Javier y BLANCO, Juan, *Catarsis. Se vislumbra el final del Régimen*, Ed, Foca, Madrid, 2013.

BLANCO VALDÉS, Roberto, *El laberinto territorial español*, Alianza editorial, Madrid, 2014.

BORRELL, Josep y LLORACH, Joan, *¿Dónde están los 16.000 millones?*, El País, Madrid, 2014.

CABO SALVADOR, Javier, *Políticas sanitarias y gestión sanitaria en España*, XXVI Seminario Interdisciplinar de la Cátedra de Bioética de la Universidad Pontificia de Comillas, Madrid, 2012.

CÁMARA VILLAR, Gregorio y otros, *Por una reforma federal del estado autonómico*, Ed. Fundación Alfonso Perales, Sevilla, 2012.

CANTARERO PRIETO, David, *Descentralización y financiación del gasto sanitario en España y en la experiencia comparada*, Informe Cómo reformar las administraciones territoriales del Círculo de empresarios, Madrid, 2011.

CLEMENTS B., COADY D., *Macro-Fiscal Implications of Health Care Reform in Advanced and Emerging Economies*, Fiscal Affairs Department del FMI, Washington, 2010.

COLINO, C., *La acción internacional de las comunidades autónomas y su participación en la política exterior española*, Ed. Fundación Alternativas, Madrid, 2007.

COMÍN, Antonio, *Federalismo de la diversidad, en nombre de la igualdad*, en Hacia una España plural, social y federal, Anoia: Catalunya Segle XXI y Mediterrània, Barcelona, 2005.

COMISIÓN EUROPEA, *Decentralization of public employment services*, Ed. DG Employment, Social Affairs and Inclusion, Bruselas, 2011.

COMISIÓN para la reforma de las administraciones públicas (CORA), *Reforma de las Administraciones Públicas*, Ministerio de Hacienda y Administraciones Públicas, Madrid, 2013.

CONDE-RUIZ, J. Ignacio, *Mejorando la corresponsabilidad fiscal de las Comunidades autónomas: ¿ceder el 100% del IRPF?*, Blog Nada es gratis, 2014.

CONSEJO General de Economistas - Asesores Fiscales (REAF), *Panorama de la Fiscalidad Autonómica y Foral de 2015*, REAF, Madrid, 2015.

CONTRERAS CASADO, Manuel, y otros, *Propuestas para una reforma constitucional. Mejora de la calidad democrática y reforma del modelo territorial*, Ed. PSOE-Aragón, Zaragoza, 2013.

CONVIVENCIA CIVICA CATALANA, *Las cuentas claras de Cataluña*, Ed. CCC, Barcelona, 2014.

CUENCA, Alain y GONZÁLEZ, Rosa, *Cesión del 100% del IRPF a las CC.AA. de régimen común: un ejercicio de simulación*, Fundación de las Cajas de Ahorro (FUNCAS), Madrid, 2014.

CUMMINS, J.: *"The role of primary language development in promoting educational success for language minority students"*. Ed. California State Department Of Education: Schooling and Language Minority Students. A Theoretical Framework. Los Angeles, California State Department of Education, 1981. También *"Bilingualism and Special Education: Issues in Assessment and Pedagogy"*. Clevedon, Multilingual Matters, 1984, asi como *"Conversational and academic language proficiency in bilingual contexts"*, en Ed. J. H. Hulstijn.

DARNSTÄDT, Thomas, *La trampa del consenso*, Editorial Trotta, Madrid, 2005.

DE CARRERAS, Francesc, *Adelante, adelante: ¿sin ideas y sin plan?*, El País, Madrid, 2014.

DE CARRERAS, Francesc de, *Contra los referéndums*, El País, Madrid, 2014.

DE PRADA MORAGA, María Dolores y BORGE GONZÁLEZ. Luis M., *Una aproximación al coste de la dependencia en España y su financiación*, Universidad de Valladolid, Valladolid, 2013.

DE LA FUENTE, Ángel, *Reflexiones sobre el proyecto de Estatuto catalán*, El País, Madrid, 2005.

DE LA FUENTE, Ángel y otros, *Sistema de Cuentas Públicas Territorializadas (SCPT): Informe sobre la dimensión territorial de la actuación de las Administraciones Públicas, Ejercicio 2011*, Ministerio de Hacienda y Administraciones Públicas, Madrid, 2014.

DE LA FUENTE, Ángel, *¿Qué dicen las cuentas territorializadas?*, El País, Madrid, 2014.

DE LA FUENTE, Ángel, *Algunas propuestas para la reforma del sistema de financiación de las comunidades autónomas de régimen común*, Ed. Instituto de Análisis Económico (CSIC), Madrid, 2012.

DE LA FUENTE, Ángel, *Los mecanismos de cohesión territorial en España: un análisis y algunas propuestas*, Fundación Alternativas, Madrid, 2005.

DE LA FUENTE, Ángel, *Los mecanismos de cohesión territorial en España: un análisis y algunas propuestas*, Fundación Alternativas, Madrid, 2005.

DE LA FUENTE, Ángel, *La financiación territorial en España: situación actual y propuestas de reforma*, Ed. CEOE, Madrid, 2010.

DE LA QUADRA SALCEDO FERNÁNDEZ DEL CASTILLO, Tomás: *"El modelo territorial español treinta y cinco años después"*, Fundación Alternativas, Madrid, 2014.

DE LA QUADRA-SALCEDO JANINI, Tomás, *El tribunal constitucional en defensa de la Constitución*, Revista Española de Derecho Constitucional, Madrid, 2010.

DE RAMON, Juan Claudio, *¿Es democrático el derecho a decidir?*, El País, Madrid, 2014.

DÍEZ, Rosa, *Una propuesta para la igualdad*, El País, Madrid, 2013.

DOMÍNGUEZ LUIS, Carlos, *¿Es rentable desobedecer a la Justicia?*, El Mundo, Madrid, 2014.

ELOLA, J., *Informe sobre Cohesión Sanitaria en Europa*, Ministerio de Sanidad y Consumo, Madrid, 2008.

FANLO LORAS, Antonio, *Las competencias del Estado y el principio de unidad de gestión de cuenca a través de las confederaciones hidrográficas*, Revista de Administración Públicas, Madrid, 2010.

FERNÁNDEZ, Ángel, *Frenar el secesionismo totalitario vía artículo 155*, Instituto Juan de Mariana, Madrid, 2008.

FERNÁNDEZ LLERA, Roberto y DELGADO RIVERO, Francisco J., *Nuevos fondos de convergencia y nada de compensación interterritorial*, Estudios de Economía Aplicada, Valladolid, 2010

FERNÁNDEZ RODRÍGUEZ, Tomás-Ramón, *La España de las Autonomías: un Estado débil devorado por diecisiete "estaditos"*, Fundación Transición Política Española, Madrid, 2013.

FERNÁNDEZ RODRÍGUEZ, Tomás Ramón, *La reforma del modelo territorial*, Fundación FAES, Madrid, 2012.

FONT I LLOVET, Tomás, *Autonomía local y Estatutos: crónica de un compromiso*, Fundación Democracia y Gobierno Local, Anuario del Gobierno Local, Madrid, 2006.

FONT I LLOVET, Tomás, *La autonomía local en España a los veinte años de la Constitución: perspectivas de cambio*, Fundación Democracia y Gobierno Local, Madrid, 2008.

GARCÍA DE ENTERRÍA, DE LA QUADRA-SALCEDO; WAGNER; MONTANER; RAMÓN FERNÁNDEZ; SÁNCHEZ MORÓN; y MUÑOZ MACHADO: *"Informe de la Comisión de Expertos sobre las Autonomías"*, Centro de Estudios Constitucionales, Madrid, 1981.

GARCÍA MORALES, María Jesús, *Instrumentos y vías de institucionalización de las relaciones inter-gubernamentales*, Ed. Institut d'Estudis Autonòmics, Barcelona, 2009.

GARCÍA ROCA, Javier, *Un bloque constitucional local conforme al principio de subsidiariedad: Un desarrollo constitucional pendiente*, Revista de Estudios de la Administración Local y Autonómica, Madrid, 2004.

GARICANO, Luis, *El dilema de España*, Ed. Península, Barcelona, 2014.

GÓMEZ-POMAR, Julio, *Economía Política de un cambio en las Administraciones Territoriales*, Círculo de Empresarios, Madrid, 2012.

GONZÁLEZ-VARAS IBÁNEZ, Alejandro, *España no es diferente*, Ed. Tecnos, Madrid, 2002.

GONZÁLEZ-VARAS IBÁNEZ, Alejandro, *El régimen jurídico de las lenguas en las escuelas españolas*, Revista jurídica de Castilla y León, Valladolid, 2011.

HERRERO HERRERO, César, *Un modelo razonable de policía judicial*, Ministerio de Justicia, Boletín 1744, Madrid.

HOOGHE, L., MARKS, G. and SCAHKEL, A. H., *The Rise of Regional Authority: A Comparative Study of 42 Democracies*, Ed. Routledge, New York, 2010.

INSTITUTO Universitario de Investigación Ortega y Gasset de la Fundación José Ortega y Gasset-Gregorio Marañón, *Avance del Pulso de España 2014*, publicado por El País, Madrid, 2014.

J. F. MATTER: Reading in two languages, AILA review, 1991, e "*Interdependence of first and second language proficiency in bilingual children*", en E. BIALYSTOK: Language processing in bilingual children. Cambridge, University Press, 1991.

JIMÉNEZ ASENSIO, Rafael y otros, *Elementos para un debate sobre la Reforma Institucional de la Planta Local en el Estado Autonómico*, Fundación Democracia y Gobierno Local, Madrid, 2012.

JULIANA, Enric: "*Modesta España: Paisaje después de la austeridad*", Ed. RBA, Barcelona, 2012.

RHODES, Keith, *Preliminary Observations on the Oversight of the Proliferation of BSL-3 and BSL-4 Laboratories in the United States*, United States Government Accountability Office, Washington, 2007.

LAMO DE ESPINOSA, Emilio, *¿Importa ser nación?*, El País, Madrid, 2015.

LEAL SEQUEIROS, Carmen, *Precisiones sobre 'bilingüismo' y 'bilingüe'*", El Mundo, Madrid, 2013.

LEÓN ALONSO, José Alberto, *Cuentos de hadas*, Diario de Avisos, Tenerife, 2013.

LEÓN ALONSO, José Alberto, *Hacer una tortilla sin romper los huevos*, Diario de Avisos, Tenerife, 2013.

LEÓN ALONSO, José Alberto, *Reforma a medias de la administración local*, Diario de Avisos, Tenerife, 2013.

LÓPEZ RAMÓN, Fernando, *Políticas ante la fragmentación del mapa municipal*, Revista de Estudios de la Administración Local y Autonómica, Madrid, 2010.

MARIMON, Ramón, *Interdependencia (no independencia)*, El País, Madrid, 2014.

MOLINAS, César, *Qué hacer con España: Del capitalismo castizo a la refundación de un país*, Ed. Destino, Barcelona, 2013.

MOSTERÍN, Jesús, *El Estado como hotel y como Iglesia*. El País, 1996.

MUÑOZ MACHADO, Santiago: "*Informe sobre España: Repensar el Estado o destruirlo*", Ed. Crítica, Barcelona, 2012.

NUÑEZ IZQUIERDO, Francisco, *La policía judicial. El auxilio con la administración de justicia en la investigación criminal*, Ed. Noticias Jurídicas, Madrid, 2012.

PADROS ABELLÓ, Alejandro, *Balanzas fiscales: historia, política y metodología*, Papeles de la Economía Española, n° 99, Madrid, 2004.

PALANCA. I. y otros, *Atención Hospitalaria al Parto. Maternidades Hospitalarias. Estándares y recomendaciones*, Agencia de Calidad del SNS, Ministerio de Sanidad y Política Social, Madrid, 2009.

PARA RODRÍGUEZ-SANTANA, Ignacio, *Modelo de Futuro de Gestión de la Salud: Propuestas para un Debate*, Fundación Bamberg, Madrid, 2011.

PENADÉS, Albertos y SANTIUSTE, Salvador: "*La desigualdad en el sistema electoral español y el premio a la localización del voto*", Revista Española de Ciencia Política, núm. 32, Madrid, 2013.

PÉREZ CALVO, Alberto, *Estado autonómico, Unión Europea y mundialización*, Fundación Alternativas, Madrid, 2010.

PÉREZ ROYO, Javier, *Curso de Derecho Constitucional*, Ed. Marcial Pons, Madrid, 2007.

PÉREZ ROYO, Javier, *Conflicto sin solución*, El Periódico, Barcelona, 2014.

PÉREZ VEJO, Tomás, *El nudo gordiano del laberinto catalán*, El País, Madrid, 2014.

POLITIKON, *La viabilidad económica del Estado de las Autonomías*, Fundación Alternativas, Madrid, 2012.

PSOE, *La política autonómica del PSOE: Una Reforma Federal de nuestra Constitución frente al Neocentralismo y la Autodeterminación*, PSOE Madrid, 2014.

REQUEJO, Fernando y NAGEL, Kristen, *Descentralització, asimetries i processos de resimetrització a Europa. Bèlgica, RegneUnit, Italia i Espanya*, Ed. Institut d'Estudis Autonòmics, Barcelona, 2009.

REUTER, Konrad, *El Bundesrat y el Estado Federal: El Bundesrat de la República Federal de Alemania*, Ed. Director del Bundesrat, Berlín, 2006.

RODRÍGUEZ BEREIJO, Álvaro, *La Constitución y la articulación del Estado español*, Ed. Fundación para el Análisis y los Estudios Sociales (FAES), Cuadernos de pensamiento político, Madrid, 2013.

RODRÍGUEZ CANTERO, Pedro, *La unidad de cuenca y la solidaridad*, El País, Madrid, 2010.

RODRÍGUEZ MÁRQUEZ, Jesús, *Notas para una racionalización competencial a nivel local*, Cuadernos Manuel Giménez Abad, Madrid, 2012.

RODRÍGUEZ PRIETO, Fernando, *Cataluña tras el referéndum secesionista (I). Lo que no sirve*, Blog ¿Hay Derecho?, 2014.

RODRÍGUEZ-VIGIL RUBIO, Juan Luis, *Integración o desmoronamiento. Crisis y alternativas del sistema nacional de salud*, Ed. Civitas, Navarra, 2008.

ROMERO GONZÁLEZ, Joan, *España inacabada*, U. Valencia, Valencia, 2011.

ROSS JS y otros, *Hospital Volume and 30-Day Mortality for Three Common Medical Conditions*, New England Journal of Medicine, New England, 2010.

RUBIO LLORENTE, Francisco, *Ciudadanos de Catalunya*, La Vanguardia, Barcelona, 2014.

SALAFRANCA SÁNCHEZ-NEYRA, Pedro María, *La unidad de mercado: un imperativo para recuperar competitividad. Análisis del coste regulatorio de la fragmentación del mercado para la actividad empresarial*, Fundación FAES, Madrid, 2012.

SANILINE, *Estudio Saniline del Gasto Sanitario Público*, Ed. Saniline, Madrid, 2007.

SENSERRICH, Roger, *Democracia no es sólo votar*, Blog Politikon, 2014.

SENSERRICH, Roger, *Los límites de la reforma constitucional*, Vozpopuli, Madrid, 2014.

SOLOZÁBAL ECHEVERRÍA, Juan José, *La reforma federal: España y sus siete espejos (dossier del siglo XXI)*, Ed Biblioteca nueva, Madrid, 2014.

SOSA WAGNER, Francisco, *El Estado fragmentado. Modelo austro-húngaro y brote de naciones en España*, Ed. Trotta, Madrid, 2006.

SOSA WAGNER, Francisco, *Estatutos de autonomía y fragmentación de la administración. La lealtad federal*, Ed. Anales de la Cátedra Francisco Suárez, Granada, 2008.

SOSA WAGNER, Francisco, *¿Cuántas comunidades autónomas?*, El Mundo, Madrid, 2013.

SOSA WAGNER, Francisco, *Oración fúnebre por UPyD*, El Mundo, Madrid, 2015.

TAJADURA, Javier y otros, *Cinco propuestas para la reforma constitucional en clave federal*, Ed. Fundación Ciudadanía y Valores (FUNCIVA), Madrid, 2012.

TAJADURA, Javier y otros, *Diez propuestas para la racionalización del Estado Autonómico*, Ed. Fundación Ciudadanía y Valores (FUNCIVA), Madrid, 2011.

UPyD - Grupos de Economía y Administración Pública, *El coste de las Entidades Locales*. Unión, Progreso y Democracia (UPyD), Madrid, 2011.

UPyD - Consejo Territorial en Castilla y León, *Propuesta para la ordenación del territorio de Castilla y León*, Unión, Progreso y Democracia, Valladolid, 2013.

UPyD - Consejo Territorial de en Andalucía, *Propuesta para la ordenación del territorio de Andalucía*, UPyD, Sevilla, 2012.

UPyD - Consejo Territorial de en Extremadura, *Propuesta para la ordenación del territorio de Extremadura*, UPyD, Cáceres, 2013.

URBIE OTALORA, Ainhoa, *El problema de la lengua en España*, Universidad CEU San Pablo, Madrid, 2012.

VILARRUBIAS, Mercè y DE RAMÓN, Juan Claudio, *Blindar la convivencia, no las lenguas*, El País, Madrid, 2014.

ZUBIRI, Ignacio, *Propuestas para la reforma de la financiación autonómica*, Instituto de Estudios Económicos, Barcelona, 2013.